電子メディアを飼いならす

異文化を橋渡すフィールド研究の視座

飯田卓 IIDA Taku ＋ 原知章 HARA Tomoaki 編

せりか書房

古典的なドキュメンタリーや民族誌にひそむ虚構性に気づいたフィールド研究者たちは、氾濫する活字と映像による現実と虚構の境界が崩れつつあるこの世界で、最低限のリアリティを取り戻そうと困難な探求を余儀なくされている。メディアに媒介されたフィールドとオーディエンスの二つの世界の対話は、はたして可能なのだろうか。電子メディア社会に普遍的なこの問題は、フィールド研究の最前線が抱える切実な課題でもある。活字を駆使して現実を描こうとしてきた人類学者、社会学者、民俗学者、地域研究者たちが、テレビ番組やインターネットを論じつつ、電子メディアを介した社会関係の将来を構想する。

電子メディアを飼いならす　目次

Ⅲ　メディア活用の現場を知る

Ⅳ　新たなコミュニケーションを構想する

エピローグ

本書に登場するおもな地名・国名・民族名

民族名

❶ マヌーシュ（p.213）
❷ ジプシー（p.213）
❸ バンナ（p.33）、ムルシ、コエグ（p.132）
❹ サンブル（p.221）
❺ ツチ、フツ（p.212）
❻ マガール（p.55）
❼ サハリンアイヌ、ニブフ（p.69）
❽ カナダ・イヌイト（p.245）

地名・国名

A 青森県恐山（p.213）、宮城県鮎川（p.127）、石川県皆月（p.146）、岐阜県高山（p.181）、和歌山県太地（p.128）
B 沖縄県（p.166）
C セブ広域都市圏（p.200）
D マラッカ海峡（p.79）
E バリ島（p.214）
F パプアニューギニア（p.91）
G ヴァヌアツ（p.91）
H ハワイ諸島（p.104, p.164）

プロローグ

電子メディアを飼いならす

飯田 卓

世間は私たちに対して——
自分の知っている女優でいてほしいと願う
変わることも成長することも許さないの
（中略）
私は成長したいし母親で女優なの
エマニュエル・ベアール
（「デブラ・ウィンガーを探して」より）

不透明なメディア社会

二〇世紀に発達し、われわれの日常生活を音と映像で埋めつくすようになった電子メディアを、われわれはいかにして「飼いならす」ことができるのだろうか。本書は、この問いを共有しようとするすべての人びとにむけて編まれたものである。

といっても、本書の寄稿者は情報技術の専門家ではないし、各種メディアの動向を解説する評論家でもない。動画映像やインターネットのコンテンツ制作を手がけた者もいるが、もっぱら情報の受け手として電子メディアとつきあってきた者も少なくない。寄稿者が共通して専攻してきたのは、人類学や社会学、民俗学、地域研究などのフィールド研究である。そうしたわれわれが本書を企てた理由は、追って述べよう。

まず、われわれが問題にしようとしている現在のメディア状況を俯瞰しておきたい。ひとことで言うなら、現代は、素性の曖昧な情報が日常生活を取り巻く時代である。そこでは、それぞれの情報をどこまで信頼してよいのか、容易には判断できない。

もちろん、いつの時代でも、情報というものはある程度の不透明性をはらんでいた。対面的コミュニケーションでは、噂話による風評被害などにみられるように、情報の出所や意図が不透明なことが多い。いっぽうマスコミュニケーションでも、記録の作成や編集において印象操作がどの程度意図されているのか判別できず、やはり不透明である。歴史記録の信憑性などが問題になるのは、後者の例であろう。被写体の外見的細部を忠実に再現する写真や映画、ビデオなどの映像情報ですら、カメラのフレームによって現実を切り取っていることを考えれば、何らかの限定なしに「客観的」と呼ぶことはできない。動画映像において編集者が挿入する言語情報（ナレーションや字幕）も、由来が明示されないため必ずしも信頼できない（飯田 2001）。登場人物の語りも、必ずしも実情に即しているとはかぎらないし、前後をカットして文脈から独立させた映像は、別の意味を新たに担う場合がある（米山 2001）。そうした意味の変換や付加について、ここではいちいち例をあげないが、本書の前半部にいくつかの事例を見いだすことができるだろう。いずれにせよメディアは、時間や空間を越えて情報を伝達できるかわり、時間的・空間的文脈に即した現実のすべてを再現するわけではない。人類が音声言語をメディアとして用い始めて以来、このことは変わっていないといえよう。

しかし、そうした不透明な情報に依存しなければならないという状況は、時代が下るにつれて深刻になりつつある。その理由は、社会生活全般において、直接的な経験の重要性が相対的に低下していることにあろう。従来、周囲の自然や社会に働きかけながら生活を維持する技法は、地域社会の助けを借りつつ直接的な経験として習得されていた。しかし、地域社会の崩壊により、知識や技術を伝承する場が断片化し、各種メディアへの依存度が増えつつある。また、メディア技術の発達も、この傾向を加速した。情報が個人に直結するようになり、何らかの社会的集団が情報を媒介する必要がなくなったからである。たとえば近年にいたるまでは、パーソナルなメディアとして発展してきた電話ですら、玄関や食堂に置かれて家族による情報の選別を受けていた。しかし、携帯電話や携帯端末が発達した今や、個人は他者の干渉を受けることなく情報を享受するかわり、メディアの作用に対して無防備にさらされている（水越・吉見 2003）。さらに、情報の流通範囲が拡大した結果、個人は世界じゅうの情報にアクセスできるようになった反面、すべての情報を直接経験的に検証することはもはやできなくなっている。

いいかえれば、身近な環境や他者との交渉が減少するのと入れ替わりに、各種メディアが供給する不透明な情報への依存が増大している。それが、われわれの生きる時代の趨勢である。こうした状況に付随する問題は、技術的な対処のみでは解決できない。すでに指摘されてきたように、メディア社会の問題は、人間と社会、情報技術の複雑な相互作用をふまえて論じられる必要がある（水越 2002）。

映像情報の氾濫

そうした意味でのメディア研究が抱える課題は、人間の存在論まで視野に入れた壮大なものである。われわれの時代状況の改善も、一朝一夕になしうるとは思えない。それにもかかわらず、近年における情報技術の進展は著しく、メディア研究の依拠する前提をたえまなく更新し続けている。そうした進展のなかでも、もっとも変化の著しい映像分野（静止画像と動画映像の両方）について、若干の補足をしておきたい。

映像分野の技術的進展は、デジタル技術と通信技術という、二つの異なる電子技術分野にまたがって生じた。デジタル技術分野で生じたのは、コンピュータで処理できるよう規格化されたデジタル・ファイルの開発である。この結果、カメラで撮影した映像を加工、編集、複製することが容易になり、銀塩フィルムやブラウン管による旧来のメディアにも応用されるようになった。これと前後して、撮影のためのカメラや、編集のためのコンピュータも、軽量化すると同時に高性能化した。いっぽう通信分野では、インターネットや携帯電話を通じて、デジタル・ファイルを瞬時に遠方まで伝達できるようになった。

これらの進展は、ふたつの重要な帰結をもたらした。ひとつは、マス的な映像メディアの個人的消費が加速されたことである。すなわち、それまで映画館という公共の場で見ていた映画や、家族的な空間で見ていたテレビやビデオが、完全に個人的に楽しめるようになった。この事態に対して配給者側は、情報が個人的に複製され流通することを警戒し、著作権の保護に躍起になっている。いっぽう情報を享受する側は、先にのべたように、身近な社会集団による選別を経ないまま情報にさらされるようになった。

もうひとつの帰結は、マスメディアから独立した個人が映像を制作し流通させるようになったことである。これらの映像は、写真作品や動画映像作品のほか、未完成の断片としても流通する。また、インターネットで公表することもできるし、携帯電話によって仲間うちで回覧することもできる。映像表現が容易になっただけでなく、発表の手段が多様化したことで、日常生活場面で映像情報が活用される機会はますます増えていくだろう。いまや映像情報は、言語情報なみに自由に生み出され、引用され、伝達される。こうしたコミュニケーション形態は、人類史をつうじて、過去一〇年ほどのあいだ以外にはみられない。この変化は、幅広い表現が専門家の独占物でなくなった点で歓迎すべきだが、情報の素性をますます不透明化させることにもなった。現在流通する多くの映像情報は、印象操作を判別しづらいというマスコミュニケーションの不透明性だけでなく、情報の出所や意図を特定しにくいという対面的コミュニケーションの不透明性も兼ね備えている。こうした二重の不透明性に対処しつつ、日常生活のあり方を問い直していくことは、きわめて現代的な課題であろう。

メディア実践としてのフィールド研究

メディア研究の専門家でさえ手を焼きそうなめまぐるしい変化のなかで、人類学者をはじめとするフィールド研究者は、いったい何を発言できるだろうか。実は、社会科学分野のフィールド研究は、ある種のメディア実践[2]にほかならない。すべての学問は、活字印刷によるマスコミュニケーションをとおして変化するメディア現象なのかもしれないが、フィールド研究は、それ以上の意味においてメディア的性格をもっている。ひとことでいえば、フィールド研究の成果は研究者と読者を橋渡しするだけでなく、研究の対象となった人びとと読者をも橋渡しする。つまり、フィールド研究自体がメディアの役割を果たすのである。したがって、メディア研究がメディアにむけた分析のメスは、隣接分野とみられているフィールド研究にも及ぶことになる。このことこそ、本書の寄稿者たちが独自の視点からメディア問題に取り組もうとする理由である（原によるエピローグも参照）。

社会科学は一般に、錯綜した情報を交通整理する役割を、多かれ少なかれ担ってきた。たとえば歴史学は、文字記録として残された史料を主たる手がかりに、過去の社会的状況を推測する学問である。そこではまず、数ある史料にもとづく情報を比較しながらふるいにかけ、妥当な情報のみを選ぶという手続きがふまれる。そして、選ばれた情報を素材として考察が進められ、新たな情報として結論が提示される。このように、多数の情報を相互に比較しつつ関連づけと選別をおこない、最後に新たな情報を生み出すことは、社会科学一般の特徴であるといってよい。

フィールド研究も同じ手続きによって進められるが、文献史学と異なり、あつかう情報の形態ははるかに多様である。そこで検討されるのは、先行研究の記述や統計値など既存の文字情報のほか、調査者の観察や計測によって得た情報《データ》、情報提供者《インフォーマント》の証言や口頭伝承などである。そして、観察や計測、証言や口頭伝承などの非文字資料を利用するためには、それらをまず文字化しなければならない。フィールド研究の問題は、まさしくここにある。文字化される出来事は、あくまで研究者が体験した範囲内から選別されるのであり、調査地における膨大な数の発話と比べればごく一部である。したがって文字化過程は、調査地における一部の言説のみを拾いあげ、他の言説を捨象することにほかならない。これはたとえば、テレビや映画のドキュメンタリー作品が特定の登場人物を選び出し、他の人物をフレームの外にとどめて現実を単純化することに似ていよう。また、切り取られた言説は、調査地の文脈から離れて他の雑多な情報と比較し並置されるなかで、新たな文脈を与えられる。このことは、ドキュメンタリー作品における映像素材が編集され、ひとつの作品に仕立てあげられることに似ていよう[3]。

映像表現もフィールド研究も、二つの文脈のあいだで情報を移転させる。すなわち、撮影地ないし調査地（以下、「取材地」または「取材の文脈」と呼ぶ）から情報を脱文脈化させ、取材地から遠く離れた視聴者ないし読者のあいだ（以下、「流通の文脈」と呼ぶ）で再文脈化させる[4]。こうしたメディア実践の推進力となるのは、二つの文脈における情報価値の落差である。二つの文脈は、何らかの意味において交渉が少ないため、ひとつの情報に異なった価値を与えている。だからこそ、映像表現者も研究者も、取材地では変哲のない出来事をわざわざ取材に行くのである。逆に言えば、交渉が少ないために、メディア実践者の仕事は検証を受ける機会が少なかった。[5] このため、情報が流通の文脈にのせられたとき、取材地に埋め込まれていたときとはまったく異なる意味をはらみ、さまざまな問題を生じさせることになる。

そのひとつは、これまで例示してきたような、個々の作品における不透明性の問題である。フィールド研究のメディア的性格といえば新しい議論のように思えるが、[6] 人類学者の書く現地報告（民族誌）の不透明性そのものは、まったく異なったよそおいのもとに、学界内部でしばしば取りあげられてきた。これら一連の議論は、民族誌批判などと呼ばれている。民族誌批判の端緒となった『文化を書く』という論文集（クリフォード／マーカス 1996）は、人類学のみならず、ポストコロニアルという知的潮流にまつわるすべての分野（社会学、歴史学、文学など）におなじみかもしれない。この論文集が提起した問題のひとつは、一九七〇年代頃までに書かれてきた民族誌が純粋に客観的ではなく、特殊な社会的経歴をもつ書き手の立場から構成されたものだということだった（本書の湖中論文、大村論文を参照）。人類学者は、社会的権威を後ろ盾にして、調査対象社会の文化を「説明」するのでなく「発明」してきた。そして、さまざまなレトリックを用いつつ、民族誌に客観性をよそおわせてきたというのである。今から思い返せば、こうした議論が明らかにしたのは、人類学や隣接分野におけるフィールド実践のメディア的性格にほかならない。

不透明性と心象形成

メディア実践にまつわるもうひとつの大きな問題は、心象形成に関するものである。この問題のあらわれ方は、映像情報を重視する作品と言語情報を重視する作品とで互いに異なるので、整理しながら述べてみたい。

多くのメディアは、映像情報と言語情報から構成される。写真や絵画といったメディアでは、表題を示す言語情報も付随するが、映像情報の比重がはるかに高い。いっぽう、フィールド研究者が多用する活字印刷メディアは、言語情報に多くを依存する。この両者の中間には、映像情報と言語情報を織り交ぜた多数のメディアが存在する。たとえば多くの動画映像は、映像情報のほかに字幕やナレーション、登場人物の証言といった言語情報も含む。フィールド研究者の作成する映像作品（民族誌フィルム）も、同様である。また新聞や雑誌では、写真やイラストすなわち映像情報がしばしば言語情報を補完する。

　映像情報を重視する作品の場合、いかに特異的かつ具体的な心象を残すかが作品の評価につながりやすい。このことは、写真や絵画の性質を思い起こせば明らかだが、言語情報が比較的少ない黎明期の映画作品からもわかる。リュミエール社が撮影した映画の多くは、通り過ぎる機関車や工場の機械、町の雑踏など、時間の流れを巧みにとらえて表現したものである（Film Preservation Associates 2002a）。多重露光を多用したメリエスや、小刻みのモンタージュを好んだヴェルトフなどは、逆に非現実的（ないし超現実的）な時間の流れを表現し、衆目を浴びた（Film Preservation Associates 2002b; Vertov 2000）。時代をくだって近年では、世界貿易センタービルに激突する大型旅客機の映像が、衝撃的なものとして語られた（ムーア 2002）。映像情報は、細部の形状や時間的経過を忠実に描写できるため[7]（Hastrup 1992）、人びとに新たな心象を喚起する点では言語情報よりすぐれているのである（本書大森論文も参照）。

　しかし、こうした映像情報の利点は、ネガティヴな心象を再生産するという欠点と表裏一体である。たとえば、文化的他者の「奇習」に関する映像情報に接した視聴者は、その映像により、当該文化と自己との隔絶を強く印象づけられる（ヤコペッティ 2004）。実際には、映像中の人物の多くは同時代を生きており、近代的生活と「奇習」の折り合いをつけようと努力していることが少なくない。場合によっては、生活を成り立たせるためにやむなく「奇習」を演じ、先進国社会の関心を呼び込んでいることもあろう。さらに、映像からは「奇習」が当該文化に一般的であるように見えても、現実にはそうでないかもしれない。こうした可能性を映像情報が伝達できないのは、言語情報のように抽象的な意味を担わないためである。言いかえれば、「奇習」に関する映像情報が言語情報によってじゅうぶん補足されなければ、映像中の文化的他者がネガティヴに評価される可能性がある。描写機能に突出した映像情報の独り歩きを未然に防ぐため、言語情報によって出来事の背景や文脈を紡いでいく必要があるのである。

これに対して言語情報は、出来事の描写よりも、出来事の意味づけをおこなう点で力を発揮する。文学作品などではある種の心象形成が意図される場合もあるが、その過程では、登場人物のふるまいや心理描写についての背景や文脈が詳細に記述されるだろう。フィールド研究論文の場合も同じで、一般的な命題や理論を導くにあたっては、出来事の背景を分析して因果関係や構造を抽出するという手続きがとられる。命題や理論そのものは調査地の文脈に位置づけられない構成物であり、調査地の人びとの意識とはほど遠い場合も少なくないが、その導出のためには、ともかく調査地の文脈が丹念に調べあげられるのである。この手続きを省略して、取材の文脈をないがしろにした研究は、フィールド研究としては評価されにくい。また、文学作品のように出来事を細かく描写して読者に新たな心象を与えることは、フィールド研究ではほとんど試みられない。

しかし、フィールド研究者の生産する論文にも、心象形成の力はある。論文一本だけではその力が弱いが、複数の論文が対象の一部局面だけを偏って取りあげるならば、読者がその局面と対象を連想式に結びつけるようになるのは避けられない。たとえば、欧米における中東の心象形成においては、研究者が少なからぬ役割を果たしてきたと指摘されている（サイード 1996）。また白川千尋によると、日本におけるメラネシア地域の偏った心象も、人類学的研究が全体として特定のテーマに注目しがちだったことと関係しているという（白川 2004）。フィールド研究が偏りをもって反復されると、マスメディアをはじめとする他のメディアもこれに追随する。たとえ個々の研究者に責任がなくとも、著者の意図を超えたかたちで論文が参照されることは避けられない。そうした複合的な作用の結果、他者に対する心象の偏りがゆるぎないものになってしまうのである。

以上は、次のようにまとめられよう。映像情報を偏重する一部の映像表現は、心象の原型となりやすい事物や出来事を取材の文脈から切り離し、映像情報として流通の文脈に投げ入れる。この場合、情報の価値は映像情報自体にすでに含まれているため、取材の文脈があらためて顧慮されるとはかぎらない。これに対してフィールド研究論文は、取材の文脈をできるだけ吟味することによって一般的命題に到達するため、取材の文脈はある程度まで保持される。[8] こうした相違はあるものの、両者は、以下の点を共有している。すなわち、情報が流通の文脈に投げ込まれたとき、視聴者や読者がすでに有している情報と呼応し、新たな心象を生じさせうるということである。

本章の冒頭に掲げた女優の発言も、情報の反復によって思いがけない心象が形成されることを述べたものである（アークエット 2004）。彼女の場合は、人びとに心象を与えることを職業とするため、ある程度まではこうした結果に甘んじなければなるまい。しかし地球の片隅には、たんに「風変わりな」習慣を有していたばかりに、今なお未開イメージの原型を引き受けさせられる民族集団もある。そうした心象形成においては、人類学者も、全面的ではないにせよ責任の一端を負っているのである。

本書の構成と主要な論点

フィールド研究者がかかえる問題は、われわれが住むメディア社会の問題に通底している。このことをふまえて編まれた本書は、書き手の特殊な立場を反映して、想定される読者の日常生活とは異なった現実を多く扱うことになった。しかしこのことは、日常的なメディアの問題がどこまで広がるかを見渡す手がかりになろうし、メディア社会の錯綜した現実を理解するうえではむしろ利点であろう。本章と最終章を除く一四の論文は、テーマにより四部に分かれる。メディア社会の一般的現実から理解しやすいテーマを前の方に配置したが、確固たる基準にもとづいて判断したわけではない。電子メディアの発達により、立場が違う者どうしのコミュニケーションが今まで以上に促進すれば、四部構成の順序はほとんど意味をなさなくなると思われる。

第I部は、電子メディアのなかでもとくに影響力が強いテレビについて論じている。われわれがふだん接しているテレビ番組のうち、教養番組や情報系番組といわれるジャンルが、異文化社会をどのように描いているのか。そのレトリックやプロセスがよくわかるような論考を、この第I部に収めた。

増田論文では、取材地のコーディネーターとしてテレビ取材に協力した著者が、番組づくりの作法を精細に記述している。いっぽう南論文は、調査をとおしてすでに付き合いのあった人たちから話を聞くことで、テレビ取材のようすを再構成している。前者は取材現場に居合わせた強みがあるいっぽう、後者は取材班との利害関係からじゅうぶんな距離を置いており、互いに補完的な視座をもつといえよう。両者が共通して指摘するのは、誤りや作為と見なしうるような事がらが、さまざまな意図や偶然によって作品に反映していることである。増田はこれらを「例示」「再現」「誘導」「ねつ造」の四つに分けて、南は「間違った解釈」「事実の誤認」「視聴者が知りえない演出」の三つに分けて論じている。すべての番組がこれらの要素を含むわけではないが、文化的背景がわかりにくい対象を撮影した作品では、めずらしくないのかもしれない。番組づくりにも改善の余地があろうが、視聴者もまた、制作上の制約やスポンサーの意図といった番組づくりの文脈をよく理解しておくべきだろう。

このことに関連して、民族呼称の取捨選択という特定の局面を分析したのが、大西論文である。著者はリサーチャーという立場で番組づくりに参加しており、先行する二章とは違った視点に立っているが、先行章と同様に、視聴者に看過されがちなレトリックを扱っている。そして、番組で用いる民族呼称を決定するプロセスにおいては、人類学の知見も作用していると指摘している。知識のひとり歩きは自然科学の分野でも問題になっており、一九七〇年代のアメリカでは、この問題に対する取り組みが新しいメディア研究の潮流を生んでいる（詳細は原によるエピローグを参照）。特定の文脈から得られた知識が別の文脈でも妥当するかのように語られる実状は、複雑な知のシステムをもつ現代社会の課題を示していよう。

門田論文は、本書のなかで異色の語り口をみせているが、これは、著者が他の執筆者と違って映像制作をなりわいとしていることによる。大学所属の教員と異なり、映像作家は、自作の評価を高めることで次の仕事を取りつける。そのことによる葛藤を、門田はボヤキを交えて軽快に語るが、それだけにいっそう、問題は深刻なものに思えてくる。テレビ番組づくりの仕事が単純でないということを、メディア社会に生きる個々人はよく理解し、そのうえで氾濫する情報に接するべきであろう。

第Ⅱ部では、第Ⅰ部に引き続いてテレビを主に取りあげるが、各論文はそれぞれ複数の作品を取りあげ、第Ⅰ部にもまして複雑な問題に取り組んでいる。具体的には、第Ⅰ部ではコミュニケーションにまつわる不透明性が主な問題になっていたのに対し、第Ⅱ部では、心象形成に関する問題が明確なかたちをとってくる。吉岡論文は、脚色がかなりの程度まで許容されうるバラエティ番組を取りあげ、それが心象形成の問題をはらむことを論じている。そこで指摘されるのは、日本の視聴者にとって文化的に縁遠いメラネシアがエキゾチックに演出され、メラネシア人の他者性が強化されるということである。「われわれ」と「彼ら」のあいだに横たわる差異と共通性がステレオタイプ的に描かれれば、両者の溝はますます広く深くなる。人類学とマスメディアはこの溝を共同で埋めるべきだと吉岡は提案しているが、こうした提案がなされる背景には、心象形成の問題が特定の作品や表現／研究領域に限定されないということがあろう。事例として取りあげられた作品には、他者たるメラネシア人だけでなく、視聴者たるわれわれが共同で築いてきた世界観が映っているのである。

いっぽう、「われわれ」と「彼ら」の溝がせばまる例もある。山中論文は、同じオセアニアのハワイに関する表象を系譜的に跡づけ、その変化を論じている。それによれば、高度成長期日本の苛烈な現実からの逃避先としてハワイは表象され続けたが、先住民運動が活気づいた一九八〇年代以降、ハワイ人自身の文化的主張をふまえた表象が一般的になっていく。もっとも、このことをもって社会的理想の実現だと喜ぶのは早い。コミュニケーションというものは、個々の参与者がもつ情報の落差にうながされるものであるから、マスコミュニケーションにおいては、別の立場から異論が生ずる余地はつねにある。とくに、「文化」について何かが語られる場合、その当事者を任ずる多数の者たちが、自分の利害に見合うようにこの抽象的な概念を操作しようと競い合うだろう。したがって、先住民の声をあるていど反映した現在の表象も、山中が指摘するとおり一時的に実現しただけであり、より多くの消費者を動員する別の語り口に取って代わられる可能性がある。

しかし、このことは、メディアの理想形を考えるうえで示唆を与えてくれる。いくら視聴者／読者に支持されたメディアであっても、支配的な価値観だけを反映して少数者を無視するようなら、健全とはいえない。異論の表明によってこそ、コミュニケーションは展開するからである。われわれは、マスメディアなり電子メディアなりに向き合うとき、情報の取捨選択に熱中するあまり、日常的な現実を再編する手段としてメディアを使いこなす意志をしばしば忘れてしまう。きらびやかな衣装を選ぶだけで、自己のセンスを主張することなく自室に閉じこもるかのようである。しかし、この状況に甘んずることなく、自分が手にした情報を広場でもう一度誰かに投げ返してみれば、交流の契機が開かれるはずだ。重要なのは、自分に似た誰かが広場で衆目を浴びることではなく、自分自身が広場で他者と交流し、磨きをかけることではなかったか。それ自体として目的になってしまったかにみえるメディア受容を、社会的な手段として取り戻し「飼いならす」ことは、完璧たりえないコミュニケーションを日常生活に役立たせるうえで不可欠な技法であるはずだ。

松田・赤嶺・飯田の共著論文は、テレビの受容を問題にする点で先行各章に共通するが、メディア社会における参与の問題を考察しており、先行各章の問題提起を後続の章に引き継いでいる。三人の著者による試みの先にあるのは、作品の作り手に多くを期待することなくメディアを「飼いならす」方法である。松田らは、大学授業の場において、同じテーマに関して複数の映像を関連づけて視聴させたり、撮影地での体験談を聞かせながら映像を視聴させたりした。いずれも、テレビ視聴のありかたとしては、通常からかけ離れている。しかし、ひとつひとつの映像視聴を視聴者が体験として記憶するならば、他の映像を批判的に受容するための材料が増える。吉岡論文の言い方にしたがうなら、未開人として表象される人物に対して「ただ『未開な人々がいる』という認識だけを持って通り過ぎる」のではなく、カメラやわれわれ自身のまなざしを意識化する契機になる。広場で多くの他者（作品）に接してセンスを磨くよう、ここでは提案されているのである。視聴者／読者側のこうした対応には限界があるが、市民の参与によってメディア社会を成り立たせるうえでは、基本的な心構えとなろう。

第Ⅲ部では、テレビだけでなく、ラジオやインターネットも取りあげる。社会とコミュニケートするための手段としてメディアを活用するために、どのような実践がありうるのか。どのような動機にもとづいて、どのような条件のもとで多様なメディアを使い分けていけばよいのか。そうした問いを念頭に置きつつ、第Ⅲ部の四章は、人びとの日常生活の文脈に配慮しながら、メディア活用の事例を提示している。川村論文は、北陸地方の小正月行事について報告したものである。多くのメディアは、地域の人びとが担う伝統としてこの行事を表象してきたが、それは現実の一面でしかない。当該地域の在住者が開設したホームページをみると、彼らがテレビの取材を受け入れ、行事の楽しみとしていることがうかがえる。マスメディアによるイメージを流用したり拒絶したりする次元とはまったく無関係に、電子メディアは日常的な経験に織り込まれているのである。こうした生活感覚は、マスメディアやフィールド研究が看過してきたものだが、民俗の構成要素として無視できない。また、そうした生活感覚は、支配的なメディアから距離をおきつつも実体験を同時代人に表明するうえで、ぜひともふまえておかなければならない点であろう。

原論文は、山中論文と同じくハワイを対象にしているが、外の社会による表象のしかたではなく、ハワイ社会の一部である沖縄系住民が自己表象のためにいかにメディアを利用してきたかを通時的な視点から論じている。また、川村が述べるような微細な生活感覚ではなく、オキナワン・コミュニティの維持と地位向上において電子メディアがはたした役割をとりあげ、フィールド研究の立場からメディア利用をあつかう場合の要点を網羅的に示している。とくに「オフラインとオンラインの相互浸透」の問題は、川村の指摘にも通じるものであり、現代社会をとらえる視点として今後重視されることになろう。いっぽう岡田論文は、原論文と同じく、特定社会のメディア利用を通時的に論じている。対象である飛騨高山の祭組は、産業振興や観光振興に関連した自己主張をおこなううえで、外からの「まなざし」をたくみに利用してきた。あるいは、そのような社会経済的な働きかけが、そもそもメディアの発達にうながされていたのかもしれない。「オフラインとオンラインの相互浸透」(そしてオフエアとオンエアの相互浸透)は、こうした身近な局面にも見いだされるのであり、動画映像メディアの発達期に生を受けたわれわれは、メディア研究の広大な「フィールド」の前に立たされているといえる。

川田論文は、イメージによる知覚を先鋭に問題化した岡田論文と対照的に、聴覚がわれわれの体験をどう紡ぎだすかを考察している。また川田は、ラジオ聴取に焦点をしぼることで、原論文とは別の切り口から問題領域の広がりを提示する。特筆したいのは、メディア受容行動を地域社会やグローバル社会への「参加」と位置づけ、フィールド研究の考察対象に据える視点である。電子メディアはこれまで、われわれの五感を拡大してきたが、同時に「認識することの不安」をもかきたててきたと思う。青少年への影響や差別意識の助長を懸念する声は、そのあらわれである。くり返される問題への対症療法も必要だろうが、われわれは、不安の根治をもっとも必要としているのではなかろうか。電子メディアによって無秩序に拡大してしまった知覚を、ふたたび個人の身体で交わるものとして統合し、生活世界を再構成することが課題であろう。そうしたバランス感覚を、川田はフィリピンのラジオ聴取者に見てとり、電子メディアにもとづいた市民社会を構想する手がかりとしている。このことはまた、松田・赤嶺・飯田が論ずるような視聴の体験化を試みるうえでも、示唆に富むように思われる。

第Ⅳ部には、フィールド研究者自身のメディア利用に関する論考を集めた。すでに述べたように、フィールド研究とは、不完全なコミュニケーション手段によって他者を語る試みである。この点で、電子メディアを用いた各種表現と本質的に異ならない。フィールド研究の論文は、完結した作品というより、終わりなき作業の一到達点として読まれる必要があろう。それにもかかわらず、作品発表後の対話を軽視したためにさまざまな批判が起こったわけだが、作品のなかに対話過程をうまく織り込むことができれば、こうした批判は大幅に軽減できるはずである。このことについての詳しい見通しは後述するが、第Ⅳ部の各章はこれをふまえ、電子メディアを用いて対話を研究に反映させせようと模索している。その議論の前提となるのは、一方向的かつ線形的にのみ情報を伝達する活字印刷と異なって、電子メディアは多様なコミュニケーションを実現しうるということである。

大森論文は、動画映像を用いたフィールド研究について述べたもので、民族誌映画論概論という性格も帯びている。映画やビデオといった媒体は、電子メディアの先駆けではあるが、一方向的・線形的な情報提示という意味では活字印刷物との共通点が多い。とくに、取材段階での対話が不可欠であり、複数の作品をとおしてはじめて趣旨が伝わることもあるにもかかわらず、取材段階で重視された対話が作品公開の途端に打ち切られる点では、活字印刷物と同じ問題をかかえている。この問題は、後続の二章の主題にも深く関わるもので、大森はそれを理解するための材料を提供している。大森論文はこのほか、余計な言語情報を付加することに注意をうながし、第Ⅰ部の各章を補足する役割もはたしている。

湖中論文は、インターネットを活用したオンライン民族誌の可能性について論じたものである。インターネットは、活字印刷や放送がかかえる一方向性・線形性の問題を解消するようなメディアであり、おおいに期待できる。もちろん固有の問題もあるが、重要なのはむしろ、インターネットと旧来のメディアを組み合わせながら対話を実現する方法であろう。大村論文は、それを実現するための見通しを、主として理論的な側面から検討している。大村が提唱するのは、文字テクストや音声、動画、静止画などの異質なメディアをまとめあげ、さまざまな経歴の利用者によって不断に書き換えられる「オープンなデータベース・システム」である。線形的な整合性をもった作品としてではなく、進行中の対話として民族誌を公開するうえで、デジタル技術は大きな可能性を秘めている。現時点のデジタル技術では大村の提案を実現できないが、技術的な問題が解消したときのために、その実現可能性を検討しておくことは重要であろう。

以上の各章のほかに、本書では、結論的な論考として原によるエピローグをおいた。本書全体が提起した問題を解決するという意味での結論ではないが、大多数の寄稿者が共通して専攻する人類学（文化人類学）におけるメディア研究を通覧し、本書の各章との関わりを論じている。人類学の初学者にとっては、読書案内にもなるだろう。

対話型のメディア実践にむけて

『文化を書く』の問題提起を受けて、一部のフィールド研究者は、調査地の人びとを関与させながら民族誌を書く方法を模索するようになった。別の者たちは、研究者自身を調査対象の射程に置こうと、新しい問題領域を模索していった。いずれの動きも、客観性をよそおわずに文化的他者の実情をよりよく記述するための模索であった。しかし、問題の改善を「書き方（記述）」にのみ求めることは、あまり適当ではないように思える。民族誌がひとつのメディアである以上、不透明性を完全に排除することはできないからである。フィールド研究実践を書き方に限ってしまうのではなく、むしろ新たなフィールド研究実践を構想し、二つの文脈による対話を進めることこそ必要ではなかろうか。このことは同時に、映像表現の信頼を回復させるうえでも、少なからぬ示唆を与えてくれるように思う。

フィールド研究は、対話の学問であると言われる。研究者は、たんに仮説検証のためにフィールドへ行くのでなく、フィールドでの見聞をたえず仮説に反映させていく。ときには、仮説の立て方そのものが誤っていると判明し、まったく違ったテーマを追究することもある。こうした仮説と現実との対話過程において、調査者は、調査地の人びととの対話をくり返す。人びととの対話によって得た考えを人びとにもう一度投げかけ、それによってさらに新たな考えを得る、その作業の繰り返しがフィールド研究である。このように多くのフィールド研究者は、論文を発表するまで、きわめて意識的に対話をおこなう。しかし、論文を流通の文脈に投げ込むことによって始まるかもしれない対話――「取材の文脈」と「流通の文脈」のあいだの対話――について、じゅうぶん取り組んできたとはいえない（原 2004）。

従来、調査地から帰った研究者は、もっぱら学界という特殊な読者集団からの評価を意識して論文執筆にいそしんでいればよかった。しかし、情報の流れが世界じゅうで加速した今や、研究者が生産した情報の「流通の文脈」は、予想以上の広がりをもつ。研究者の論文は、国際援助機関やテレビ制作会社、旅行会社などによって参照され、調査地の現実を遂行的に変化させていく。また、研究者のメディア実践は、他のメディアに参照されることで、実際の読者より幅広い集団に心象形成の効果を与えうる。これらの過程が進行するなかでは、研究者に対する懐疑も表明されるかもしれない。[9]

ひとつひとつの論文発表に関して、こうした「意図せざる効果」を回避するのは容易でないだろう。だが、流通の文脈に生じた情報移転の効果を取材の文脈にフィードバックし、それに対する反応を再び流通の文脈に投げ返すというように、一連の論文発表を対話の過程としてまとめあげることができれば、かなりの問題は解決するはずである。そこでは、調査者が読者に情報を伝えて終わるのではなく、「取材の文脈」と「流通の文脈」が対話できるよう、調査者が媒介となるよう求められる。ひとつひとつの実践を束ねて二つの社会の対話をうながすこと、このことこそ、「メディア実践」という表現に真にふさわしいものであろう。

さいわい、メディア技術と交通の発達により、対話型メディア実践の可能性は大きく広がりつつある。従来は、調査地での対話をまとめて出版するだけで大仕事だったが、現在は、何度も追跡調査をおこなう研究者が少なくない。調査報告の媒体も、学術雑誌にとどまらず、映像メディアを含め、さまざまな読者を想定してさまざまなメディアが用いられるようになっている。本書で湖中と大村が指摘するように、デジタル技術をうまく使えば、大きな可能性が拓かれよう。また近年は、調査地に向けた人類学的情報発信を制度的なかたちでおこない、人類学的議論を欧米（および日本）社会から調査地のそばに引き戻すという「人類学のローカル化戦略」（清水 2001）も提唱されている。このように、研究者が調査地との結びつきを強めている現在、研究者が取材の文脈に働きかける準備はすでに整っている。

以上のことは、映像表現者の実践においても考慮されるべきだろう。映像作品は一般に強い心象形成作用をもつため、その制作にあたっては、取材の文脈をよくふまえておく必要がある。映像表現者と取材対象者の対話は不可欠であろう。また、作品の完成をもって取材を終えてしまうのではなく、フィードバックの結果が重要な取材対象となりうることを念頭に置いておくべきだろう。この点で大きく期待されるのが、近年のビデオ・ジャーナリズムである（野中 2003）。フリーのビデオ・ジャーナリストたちは、特定の地域やテーマに関して専門性や取材経験を有することで、評価を高めてきた。そうした専門性は、たんにニュース映像を取材の文脈から切り取るのでなく、取材地の背景を考慮して報道するうえで、かけがえのない資本である。今後、その利点を生かしてさまざまな事実が発掘されるだろうが、その過程では、視聴者の反応を取材地に投げ返して再帰的に取材対象を見いだしていくことも考慮されてよい。こうした報道には商業的論理も関わってくるため、必ずしも楽観はできないが、映像表現者の媒介性を考慮したひとつの可能性であることはまちがいない。

研究者と映像表現者は、これまで、互いを同業者として認めてきたわけではない。しかし今後は、メディア実践の専門家として、ある程度まで議論を共有することも必要ではなかろうか。[10] それはもちろん、異業種間の棲み分けを模索するためではなく、ましてや既得権益維持をはかって談合するためでもない。非職業的にメディア実践にたずさわる人びととも協働しながら、われわれの社会を築いていくうえで、そうした議論があらたな潮流の源になると信じるからである。

メディア社会の問題は、なにも専門家だけの問題ではない。もちろんそうした側面もあるが、もっとも大きな課題は、不断に変化する技術をいかに社会に奉仕させるかということであろう。電子メディアは、コミュニケーションのために使いこなすべき道具であり、人類が培ってきたもっとも古いメディアである音声言語と同じく、便利さと不便さを兼ね備えている。つまり、われわれはそれによって友好関係を築くこともできるし、敵対を深めることにもなりかねない。こうした両刃の剣を「飼いならす」ためには、音声言語の場合と同じように、個人個人がわがこととしてメディアに向き合うことが不可欠であろう。メディア社会を生きぬく構成員として、本書の提起する問題を受け取っていただけるなら、執筆者一同にとって望外のよろこびである。

［謝辞］
本書は、国立民族学博物館の新領域開拓研究プロジェクト「多重メディア環境と民族誌」（二〇〇二―〇三年度）の成果報告である。資料のとりまとめにあたっては、サントリー文化財団から受けた助成金「海外ドキュメンタリー番組制作における産学連携の研究」（人文科学、社会科学に関する研究助成、二〇〇三年度）の一部を使わせていただき、出版にあたっては、国立民族学博物館の出版補助を受けた。研究会には、寄稿者のみならず多数の研究者と映像作家が参加し、活発に意見を述べてくださった。その過程を逐一示せないことは、くりかえし述べたように活字印刷メディアの限界であり、心苦しいかぎりである。せめて、関係者ならびに参加者の皆様に対し、衷心より厚く御礼申し上げます。

広範な市民の目にとまるかたちで本書を出版できたのは、せりか書房編集部の船橋純一郎さんのおかげである。出版依頼を持ちかけた直後に、編者のひとりが雲隠れしてしまったにもかかわらず、船橋さんは本書の可能性を認めて辛抱強く連絡を維持してくださった。また、数々の出版企画の合間に丁寧な朱入れとコメントをほどこしてくださらなければ、本書はかくも順調には出版されなかったかもしれない。重ねて御礼申し上げます。

注

1　電話による家族や友人とのコミュニケーションは、マスコミュニケーションでも対面的コミュニケーションでもないが、参加者全員が相手の全人格に注意を払いながら時差のない双方向的コミュニケーションをおこなう点で、後者に近い。本稿では紙面の制約上、マスコミュニケーションと対面的コミュニケーションを多様なコミュニケーションの両極端として代表させたが、他にもさまざまなコミュニケーション形態があることは留意しておいたほうがよい。メディア人類学の可能性をふまえたコミュニケーション類型については、原（2004）を参照。

2　水越と吉見（2003）は、「メディア・プラクティス」という語を用いるにあたり、「メディア実践」の次元における意味合いと「メディア論的実践（ないしメディア実践研究）」の次元における意味合いを併せもつよう定義している。このうち「メディア実践」としてのメディア・プラクティスは、「さまざまなメディアを通じて伝え、語り、演じ、表現していく人々の社会的・文化的実践」「文字通りメディアに媒介された社会的、身体的実践」とひとまず定義されたうえで、さらに次のように限定的な意味で用いられている。「グローバル情報化のもとで精緻に体系化され、管理されることで巧妙に環境化したメディア状況を積極的に組み替える、編み直す、デザインするといった志向性を持った活動全般」。本稿における「メディア実践」は、前者すなわち広義のメディア実践の意味に近いが、とくに、距離的ないし心理的に離れた二つの文脈を架橋する実践を想定している。そうした意味での映像表現やフィールド研究は、メディア状況に対する対抗的な働きかけを必ずしも意味するわけではない。いっぽう、後述する対話型メディア実践は、不透明なメディア状況への対処を意図する点で、水越と吉見のいう狭義のメディア実践に含まれる。本書に収められた諸論考も、狭義のメディア実践を見通したものであり、水越と吉見のいう「メディア論的実践（ないしメディア実践研究）」の一環である。

3　また、日常会話で「〜はひどい」「〜は危ない」といったとき、実在との厳密な対応が必ずしも問題になっていないことに、注意する必要があろう。これらの言述はしばしば、特定の見方や秩序を会話の場に導き入れることを意図している（杉島 2001）。民族誌のなかでは、こうした言述の文脈を適切に述べるよう最大限の配慮をすべきであるが、文脈は時間的・空間的にどこまでも連なっていく性質をもつため、完全な透明性は期待できない。

4　厳密に言うなら、取材の文脈はひとつではない。複数の登場人物は異なった経歴をもつはずだし、地理的に近い二つの社会が異なる背景をもつことも少なくない。同様に、視聴者や読者も多様なため、ひとつの文脈とは言いきれない場合があろう。とくにフィールド研究の読者の場合、学会に所属して主に学術雑誌から研究者の仕事を知る読者と、学会に所属せず学術雑誌以外のメディアによって研究者の仕事を知る読者とでは、大きな違いがある。しかし、そのように重なり合うさまざまな文脈をクラスターとしてとらえるなら、取材の文脈と流通の文脈をそれぞれにひとつのものと考えることができるだろう。ただし、このような見方は、自己と他者の二分法を必要以上に強調する危険もはらんでいる。注意が必要であろう。

5　とはいえ、こうした状況は近年に変わりつつある。以下で述べる諸問題が顕在化したのも、交通や通信手段が発達し、メディア実践が検証にさらされるようになったことが一因である。情報価値の落差は、あいかわらずメディア実践の原動力となっているものの、もはやそれは交渉の欠如が原因なのではない。本稿の後半部で述べるように、曖昧ないし散漫なかたちでおこなわれている交渉を対話として組織しなおすことこそ、今後のメディア実践の課題である。

6　初期におけるそうした試みとしては、ポストモダニズム人類学を先駆けたクリフォードの著作がある（Clifford 1988）。

7　ハストラップはこの対比を映像とテクストの対比として言及しているが、音声言語もまた、テクストと同様に映像と対比できる。テクストと音声言語を一括し、映像情報と言語情報の対比としたほうが、問題の整理には好都合であろう（飯田 2004）。なお、映像人類学者のドゥヴローは、ここで述べた映像情報と言語情報の役割分担を「結節点（node）と網（web）」、「もの（thing）と関係（relationship）」という対比で表現している（Devereaux 1995）。

8　一部の動画映像作品は、全面的に映像情報に依存しているものの、他の多くの場合には映像情報と言語情報を併用しており、本文で述べた二つの対比の中間的性格をもつ。すなわち、視聴者に対して新たな心象をある程度まで与えると同時に、取材の文脈もある程度まで提示するのである。ただし、そうした動画映像作品は、娯楽的要素が強いテレビ・ドキュメンタリーから民族誌フィルムに至るまで、幅広いジャンルを含み、互いに異なった性格を有する。たとえば民族誌フィルムは、言語情報を最小限にとどめ、視聴者に解釈の余地を残そうとする傾向がある（本書大森論文を参照）。いっぽうテレビ・ドキュメンタリーは、不特定多数の視聴者の関心や共感を不断に喚起し続けることが要求されるため、過剰な言語情報によって視聴者を特定の見解に導いていくことがある（飯田 2004）。

9　さらに、こうした動きのなかでは、文化人類学が研究対象としてきた文化はもはや調査地に内在するものではなく、調査地の人びとが外部の人びとと関係を取りもつなかで操作され変形されていく。二つの文脈の関係そのものを問題とし、メディア実践をメタ的に分析することの重要性は、このことからも明らかであろう。本書第Ⅲ部の諸論文を参照。

10　本書の母胎となった研究会でも、こうした試みにむけて何人かの映像関係者に参加していただき、相互交流をおこなった。本書ではいくつかの事情のため、それをじゅうぶんに反映できなかったが、門田修や宮澤京子は、その時の議論を刺激のひとつとして、映像表現者と研究者のコラボレーションを標榜したＤＶＤパッケージを制作している（海工房 2004a, 2004b）。活字出版されたものとしては、康・一谷・飯田（2003）を参照。

文献

Clifford, James 1988 *The Predicament of Culture: Twentieth-Century Ethnography, Literature and Art.* Cambridge: Harvard University Press.

クリフォード、ジェイムズ／マーカス、ジョージ（編）1996『文化を書く』春日直樹ほか（訳）、紀伊國屋書店

Devereaux, Leslie 1995 "Experience, Re-presentation, and Film," in Leslie Devereaux and Roger Hillman (eds.), *Fields of Vision: Essays in Film Studies, Visual Anthropology and Photography*, Berkely: University of California Press, pp.56-73.
原知章 2004「メディア人類学の射程」『文化人類学』六九（一）、九三―一一四頁
Hastrup, Kirsten 1992 "Anthropological Visions: Some Notes on Visual and Textual Authority," in Peter Ian Crawford and David Turton (eds.), *Film as Ethnography*, Manchester: Manchester University Press, pp. 8-25.
飯田卓 2001「イメージの中の漁民――ある海外ドキュメンタリー番組の分析」『民博通信』九二、八一―九五頁
―― 2004「異文化のパッケージ化――テレビ番組と民族誌の比較をとおして」『文化人類学』六九（一）、一三八―一五八頁
康浩郎・一谷牧男・飯田卓 2003　「座談会 民族誌映像の可能性」『民博通信』一〇二、一二―一五頁
水越伸 2002『新版　デジタル・メディア社会』岩波書店
――・吉見俊哉 2003「メディア・プラクティスとは何か」水越伸・吉見俊哉（編）『メディア・プラクティス――媒体を創って世界を変える』せりか書房、六―一九頁
野中章弘 2003「デジタル時代と新たなジャーナリズムの創出」水越伸・吉見俊哉（編）『メディア・プラクティス――媒体を創って世界を変える』せりか書房、一八六―一九九頁
サイード、エドワードW．1996『イスラム報道』浅井信雄・佐藤成文（訳）、みすず書房
清水昭俊 2001「日本の人類学――国際的位置と可能性」杉島敬志（編）『人類学的実践の再構築――ポストコロニアル転回以後』世界思想社、一七二―二〇一頁
白川千尋 2004「日本のテレビ番組におけるメラネシア表象」『文化人類学』六九（一）、一一五―一三七頁
杉島敬志 2001「ポストコロニアル転回後の人類学的実践」杉島敬志（編）『人類学的実践の再構築――ポストコロニアル転回以後』世界思想社、一―五一頁
米山リサ 2001「メディアの公共性と表象の暴力――NHK『問われる戦時性暴力』改変をめぐって」『世界』七月号、二〇九―二一九頁

動画映像

アークエット、ロザンナ 2004『デブラ・ウィンガーを探して』DVD、九七分、ポニーキャニオン
Film Preservation Associates 2002a *The Great Train Robbery and Other Primary Works* (*The Movies Begin: A Trea-*

sury of Early Cinema 1894-1914*, Volume One), DVD, Kino on Video.
—— 2002b *The Magic of Méliès* (*The Movies Begin: A Treasury of Early Cinema 1894-1914*, Volume Four), DVD, Kino on Video.
ムーア、マイケル 2002『ボウリング・フォー・コロンバイン』ＤＶＤ、一一〇分、ジェネオン エンタテインメント
海工房 2004a『パプアニューギニア・ニューアイルランド島から』ＤＶＤ、九四分、（有）海工房
海工房 2004b『アジアの海から１　毒とバクダン』ＤＶＤ、一〇六分、（有）海工房
Vertov, Dziga 2000 *Man with a Movie Camera*, DVD, 70 min., Bfi Video Publishing.
ヤコペッティ、グァルティエロ 2004『ヤコペッティの世界残酷物語』ＤＶＤ、九八分、ジェネオン エンタテインメント

I　テレビ制作の現場を知る

ある成人儀礼のドラマ化

「現地の案内人」から「表象の橋渡し」へ

増田　研

はじめに

異文化の専門家としての文化人類学者と、異文化表象の強力な手段としてのテレビ放送。両者のあいだには、制作上の主導権のあり方や表象の手法、世界観の違いなどに応じた多様な関係性が混在する。イギリスの人類学者で『消えゆく世界（disappearing world)』の番組制作に関わってきたデイヴィッド・タートンは、テレビ番組の制作過程において人類学者に期待される役割を、以下のように簡潔に述べている。

人類学者の役割として明らかな――そしてほとんどの制作者にとってはおそらく主要な――ものは、彼もしくは彼女が長い年月をかけて、親密で信頼できる関係を築いてきた人びと、そしてその社会へのアクセスを提供することなのだ。（Turton 1992: 115）

つまり、人類学者はまず、現地をよく知る案内人、あるいはよく言ってアドバイザーであることが求められているのである。

この章では、人類学者としての私が関わった、あるテレビ番組の制作過程をふり返り、とくに日本におけるテレビ特有の語り口を検討したい。この分析の過程では、いわゆる「やらせ」に該当するような箇所の指摘もあるが、本章のねらいはそのようなテレビの「悪」を露呈することにあるのではなく、むしろそうした語り口や描き方が必要とされる背景を見定め、テレビと人類学者の関わり方を模索することにある。

私が関わった番組とはＮＨＫが制作・放送した『地球に好奇心』である。この番組は衛星放送（ＢＳ２）において、七〇分超という長い時間を割き、主に外国の文化や生活を取り上げてきた。この番組枠で、二〇〇一年一〇月六日に放送された「少年は牛の背を渡る――エチオピア、強き男への旅立ち」の制作過程で私は、取材地を熟知した人類学者として、企画段階から編集まで関わった。[1]

そもそもの発端は、その年の一月に発表された私の写真とエッセイである（増田 2001a）。この文章は、私のフィールドであるエチオピア南部のバンナで行われている成人儀礼をとりあげたもので、発行されてから数日してテレビ番組制作の申し出を受けた。かねてより動く映像で民族誌的な表現をしてみたいと考えていたこともあり、私はこの申し出をありがたく受け入れた。その際に私が付した条件のひとつは、現地取材に私を同行させることである。

その理由として三点ほどを挙げることができよう。第一に、取材地におけるコーディネーター兼通訳としては私以外に候補がいなかったことが挙げられる。取材の時点でバンナ語を話せる日本人は私しかいなかった。第二に編集の過程で翻訳をする関係上、やはり現地で取材につきあっておく必要があった。取材班が持ち帰ったテープだけを見て、脈絡を知らずに翻訳に従事することは非常に難しい。そして第三に自らの調査地を荒されたくないという気持ちがあった。

最後の点については、私自身に妙ななわばり意識があったことを認めなくてはならない。私が一〇年あまりにわたって世話になってきた村に、機材を担いだ取材班が乗り込むことで、後の調査に支障が起きては困ると思ったからである。

エチオピア南部はすでに、日本・海外を問わず、テレビ番組の題材として多く取り上げられてきた。海外の主なものを見てみよう。現在、教育用ビデオの形で入手可能なものとしては、グラナダ・テレビによる『消えゆく世界』のシリーズがある。この中にはオモ川流域のムルシおよびクウェグの、戦争と民族間関係を中心テーマとした巻が含まれており、先に紹介したタートンが制作に深く関与している。[2] またイギリスBBCによって制作された「ハマル三部作」[3]には、人類学者のジーン・ライダルが全面的に関与し、ライダルとともにハマルで研究を続けてきた人類学者イヴォ・シュトレッカーも、一九七〇年代から民族誌映像を撮り続けている。[4] いずれも、一九六〇年代以降、この地域でおもにヨーロッパの文化人類学者が続々とフィールドワークをはじめたことと関係していると言えるだろう。

日本の場合、人類学者が直接参加してこの地域で番組取材をするようになったのは一九九〇年代後半になってからである。重田眞義と篠原徹が放送大学の特別講義『HUMAN』シリーズの一巻に自ら出演して解説を加えたのは一九九七年である。[5] 二〇〇〇年にはNHKの人間講座「東アフリカ・色と模様の世界」において、人類学者の福井勝義がやはり自ら画面に出てボディ社会を紹介している。

これら以外に、日本の場合、クイズ番組やバラエティ番組においてエチオピア南部を取り上げた例がいくつかある。たとえば『世界ウルルン滞在記』（TBS系）は二〇〇一年一月から翌年一一月の間に、じつに四回もこの地域を取り上げている。[6] 二〇〇一年には探検家・関野吉晴氏の『グレートジャーニー』でもエチオピアでの撮影が行われた。私が参加した『地球に好奇心』もこの年の夏に取材を行っている。[7]

日本で制作されたこれらの作品のなかで、『地球に好奇心』は他の番組と、ある一点において決定的に異なっていた。クイズ的要素がないとか、盛り上げるための特別な趣向が凝らされていなかったとか、そういうことではない。これらの中で、『地球に好奇心』だけが唯一、画面の中に日本人の登場しない番組だったのだ。画面の中で若手芸能人が体験したり、研究者が解説したりするのではなく、そこではただ現地の人だけが登場し、彼らの習慣にならって行動する。カメラはその動作を追い、ビデオテープに記録する。その点でこの番組はきわめて映画的であり、その制作過程にはさまざまな構造化の手法が用いられていた。とりわけこの番組では物語化、あるいはより正確には、登場人物の心情に踏み込んだドラマ化が顕著であったと考えられる。この章では、企画・撮影・編集という三つの段階において、客観的なドキュメンタリーを装ったこの番組における、そうした加工のプロセスを腑分けしようと思う。

「少年は牛の背を渡る」が七〇分を超える長時間（それは短めのの劇映画一本分に相当する）にわたって視聴者を惹きつけるためには、儀礼の過程を人間の物語あるいはドラマとして提示する必要があったことは否めない。結論を先取りすれば、そうしたドラマ化のために持ち込まれたモチーフは「家族愛」と「成長」である。後述するように、「少年は牛の背を渡る」では、この「成長」モチーフはさらに「修行」と「理想的な大人」というふたつのモチーフに細分化されていた。ここでは詳しく述べないが、たとえば『世界ウルルン滞在記』においてもまた、家族愛と成長は基本的なドラマ化モチーフとなっている。この番組のエピソードの多くは、若い日本人が、異国の人びとと家族的な絆を結び、そこで未知の生活を経験して去ってゆくという展開を踏む。

時間軸に沿った要素の連鎖としての物語、そして登場人物たちの内面の葛藤というドラマ。これらを構成するのは、演出家としてのディレクターの役割だが、完成作品においてはひとえにナレーションの力によるところが大きい。ここではこうしたテレビ番組特有の構成の妙と、その規約性をあぶり出すために、放送された完成版からいくつかの場面を取り出して分析する。

コンセプトの成立——番組企画の立案から準備まで

先に述べたように、「少年は牛の背を渡る」が制作されるきっかけとなったのは、私が執筆した写真付きエッセイである。このエッセイは「アーツァ」と呼ばれる成人儀礼の描写と解説をおこない、その中にバンナの生活文化や価値観といったものを織り込んで、私自身の回想録のようなテイストを持たせて仕上げた文章であった。このエッセイが掲載された『季刊民族学』（千里文化財団発行）は、テレビ番組の題材発掘を専門としているリサーチャーたちにとっては必須の参考文献となっているようで（本書南論文も参照）、私が発表したものに対しても、テレビ企画が二件持ち込まれた。

ここで、この成人儀礼「アーツァ」について概要を記しておこう。バンナでは一〇代半ばの男子が子ども（ナーシ）から大人（ドンザ）になる過程にこの儀礼が介在する。日本のように特定の日に集団で行うものではなく、親が息子ひとりひとりのために準備する。準備作業の多くは、来客のための酒造りである。そのため成人儀礼は七月から八月にかけての収穫期に集中して行われる。

儀礼を行うことになった少年は身につけていた装飾品をすべてはずし、額上部の髪を剃って「ウクリ」（ロバの意）と呼ばれるようになる。その後、儀礼に必要な木の棒（ボコ）を入手し、この棒を見せて回って親族の女性達から腕輪を集めてまわり、ついで小さなヒツジの革袋に牛糞を詰め込んだもの（バンジ）を手に入れて儀礼の当日を迎える。当日は朝から親族の女性たちが歌をうたい、客を歓待し（客は多いときには三〇〇名以上になる）、そして夕方に一列に並べられた牛の背中を二往復して第一段階を終える。

アーツァの第二段階は深夜に行われる。ここでウクリは髪をすべて剃られ、成人名を与えられて「マズ」という段階に進む。マズはドンザになるまでの過渡的な段階であり、彼らはいくつかの食物禁忌を守りながら、近隣でのアーツァに招待されて、ウクリをマズに移行させる儀礼を行う。このマズが婚約の儀礼を行うとドンザとなるのだ。

ところで、こうした成人儀礼を日本のテレビ番組として紹介するには、紹介するに値するなんらかの番組コンセプトを打ち出す必要がある。たとえば『世界ウルルン滞在記』の二〇〇一年九月二日放送分は、やはり同じ儀礼を取り上げていたが、そこでは、怠け者であるがゆえに成人儀礼を許されなかったハマルの青年を日本人青年が励まし、一緒に「牛の背渡り」にチャレンジするという、一種の成長と友情の物語として描かれた。『地球に好奇心』では、企画者は以下の二点をとくに重視していた。一つは二〇〇一年当時、日本各地で「荒れた成人式」が問題となっており、バンナの成人儀礼を伝えることで社会への問題提起としたいという点。もう一つはこの儀礼を通して、少年が大人になるとはどういうことであるかを考えるという点。[8]私自身はこうした制作コンセプトの練り上げには関与していない。

さて、ひとつの儀礼の顛末をのっぺりと記録するのではなく、起伏のあるストーリーとドラマへと昇華させ、なおかつ限られた日程で撮影をこなすため、担当ディレクターは取材をはじめる前からすでに構成案を作っていた[9]（表1）。

この構成案（A）は、基本的には『季刊民族学』に掲載された拙稿と、筆者の他の論考の内容に基づいて作られている。たとえば筆者の論考「武装する周辺」（増田 2001b）はA—7に、

表1　構成案　A

チャプター	小見出し	概要
A-1	導入＋タイトル	
A-2	「大人の男」が仕切るバンナの社会	成人男性(ドンザ)の役割、神(バルジョ)への祝福、少年たちのドンザへの憧れ
A-3	バンナの男として生きる道	子どもから大人へといたる人生過程について
A-4	働く子どもたち	家庭でさまざまな仕事に従事する子どもたち、働き者が評価されるというバンナの価値観について
A-5	一夫多妻の暮らし方	大家族ほど経済的に成功しているという例の紹介、妻たちの共同労働について
A-6	火おこし、火の祝福	火おこしを行うグドゥルの紹介、同じ火を用いることと村への帰属意識
A-7	侵入する貨幣経済	ハチミツ採集とその売却、エチオピア帝国への編入と貨幣経済の侵入、カラシニコフ銃の入手
A-8	村のマーケット、カイ・アファール	定期市でものを売り買いするバンナの人びと
A-9	アーツァの約束	アーツァの日取りを知らせる「アーツァの約束」と呼ばれる紐を配り歩く少年
A-10	「脱・バンナ」の少年	バンナの習慣を捨て、プロテスタントに改宗した人びとについて
A-11	アーツァ・男らしさの証し	儀礼の当日、マズたちにムチ打たれる女たち
A-12	少年は牛の背を渡る	牛の背渡りの場面
A-13	出発・そして……	バンナとして生きること、ドンザとして生きること、正しい生き方をすることと、バンナとしての幸福について

「火がとりもつ住まいの縁」（増田 1999）はA—5とA—6に、バンナのマーケット活動について論じた論文（増田 1995）の内容はA—7とA—8に組み込まれている。

この構成案（A）はあくまでも叩き台であり、放映された完成版とは異なる面も多い。だが、あとで見るように、この構成案（A）の基本コンセプトは細かな変更をくわえられながらも完成作品にまで反映されていた。私の研究成果をもとに、取材する以前からすでに完成品のイメージができあがっていたとも言える。

取材現場にて

「少年は牛の背を渡る」の撮影は二〇〇一年の八月に三週間にわたって行われた。私はそれに二週間先行してエチオピアに渡り、バンナの地で一〇日ほどをすごした。期間中にアーツァを実施してもらうための根回しと、現地の情勢把握のためである。まず私は近隣の町で、学期末休み中だった青年をアシスタントとして雇った。彼の実家がいとなむハチミツ酒屋にはバンナの人びとが多く出入りしており、またバンナ語が堪能なこともあって、いろいろと役に立つと考えたからである。

この先行現地入り期間中、私は取材班が到着してすぐに撮影にとりかかれるよう長老たちに打診し、アーツァの実施の可能性を探った。また取材班のテントを張る場所を決め、そこにいたる簡単な道路を拓いた。ここまで準備して私は首都アディスアベバにもどり、取材班と合流した。先ほどの構成案（A）をはじめて眼にし、それに基づいて具体的な撮影計画を話し合ったのもこの時であった。われわれは一夫多妻家族の生活をきっちりと取材し、その中で少年が大人になってゆく姿を描くというだいたいの方針を決めた。

さて、撮影班が村に来てから、まず手をつけたのは実際にアーツァをやってもらう少年を選ぶことだった。これについてはすでに私が打診していたため、二人の少年が候補に挙がっていたが、われわれはオルゴという少年を今回の取材対象に選んだ。取材する側からすると、オルゴを主人公にすることでいくつもの利点があった。まず私自身がオルゴの父親（ボヤ）をよく知っており、一九九三年にはオルゴの割礼にもつきあっていたということがある。いわばお互いに顔見知りであり、撮影をするにあたって予想される困難（警戒心、撮影拒否など）が軽減される見込みがあった。またボヤに三人の妻がいて、子だくさんであり、大規模な一夫多妻家族であったことも取材の目的にかなった。そして、ある意味ではこれこそがもっとも重要なのだが、ボヤの住まいが、われわれ取材班のテントからすぐ近くのところにあったことも幸いした。

三週間の撮影期間中、われわれは主に儀礼に関わることと、日常生活に関わることの二本立てで撮影項目を洗い出した。最初の数日で農耕や牧畜といった、生活に関わる撮影を押さえておき、儀礼が近づくにつれてそちらの取材に比重を移しながら、適宜インタビュー映像を収録した。

撮影が始まって、まず私が学んだのは、カメラの画角の外に出るということだった。放映されるのは、それこそ無色透明なカメラ・アイが撮影した「純粋」なバンナの映像であり、取材班の姿が出てくることはその世界を壊してしまいかねないからだ。したがってカメラマン以外の日本人三人は、レンズがどちらを向いているかを常に把握し、カメラが自分のいる方を向くようなことがあれば、藪に隠れる、地面に伏せるなどの行動をとらなければならなかった。また現地の人びとにも、撮影されるにあたってのいくつかの約束事を覚えてもらった。その一つは「カメラ目線の禁止」である。バンナの人びとがカメラに目線を送ってしまっては、視聴者がカメラの存在自体を意識することになり、先に触れた映像世界を破壊してしまうことになるからだ。

同じことはインタビューについても言える。最初、撮影の原則を知らなかった私はインタビューに際して、日常会話の延長のような受け答えをしていた。通常私たちの会話は、お互いの発言が交錯したり、相づちをはさんだりという相互行為として成り立っている。「インタビュー」という言葉の「inter」という部分が、まさにその相互性を示している。ところが、撮影される「インタビュー」では、質問者はその存在を隠さなくてはならない。ディレクターが日本語で質問をし、それをレンズの真横に陣取った私がバンナ語に訳して質問する。編集の過程ではそうした日本人の声はカットされ、バンナ人の発言だけがつなげられる。そのためには、私の相づちは編集作業をやりにくくするものになってしまう。

実際に通訳を行った者として、私は最後までこうした「インタビュー」には馴染めなかった。その理由のひとつはすでに述べた相づちの禁止である。だがそれ以上に私を困惑させたのは、テレビで用いられる日本語常套句がバンナ語に訳せないことであった。たとえばディレクターから発せられる質問に必ずといっていいほど含まれる「いま、どのようなお気持ちですか？」という問いかけ。勝利した力士、賞を受賞した芸能人、ヒーローインタビューにおける野球選手、こういった人たちが必ず聞かれる「いまの気持ち」が、そのままバンナの人に問われるのだ。この日本のテレビ的常套句をそのままバンナ語に翻訳できなかった私は、そのニュアンスをアムハラ語に置きかえたうえでアシスタントの青年と協議し、「あなたの思考の中は今どのような状態か？（*ana qaabinka amin dettsi ne?*）」という表現を採用した。

ただこのように聞いても、答えの多くは「うれしいよ」で終わってしまい、それ以上の詳細なコメントが引き出せない。インタビューにおいてもっとも苦労したのはこの点だったといえる。たとえば日本の街頭で、ある新製品についてマイクを向けられたら「欲しい」や「欲しくない」という単純な返答にくわえて、その判断の根拠などを軽く付け加えたコメントが得られるだろう。ところがそうした報道番組はおろか、テレビ放送そのものを観たことがないバンナの人びとが、「いま、どのようなお気持ちですか？」と聞かれても、喜怒哀楽の表明以上のものを付け加えようがないのである。オルゴやその周辺の人びとに「いまの気持ち」を問いながら、いかにして「使えるコメント」を引き出すか、それがインタビュアーとしての私に問われたのである。

編集過程と最終構成案

二〇〇一年九月初頭に帰国したわれわれは、直ちに編集作業に取りかかった。この段階で私がやったことは、合計四八時間におよぶ映像素材のなかの、インタビューや日常会話、および歌の部分を翻訳すること、そして編集に際して必要とされる種々のアドバイスを提供することだった。

翻訳は、実際に現地に赴いたアシスタント・ディレクターと二人でチームを組んでおこなった。まずディレクターからどの部分の翻訳が欲しいかを記したリストが渡される。これに沿って当該箇所を繰り返し再生し、タイムコードを見ながらこまかく翻訳してゆく。[10]インタビューの部分については現地で内容を確認してあるのでそれほど大変ではなかったが、人びとの日常会話を、脈絡も知らずに翻訳するのは難しかった。事実、単語も表現も知っているのに、何を話題にしているのかさっぱり分からず、翻訳をあきらめた箇所も少なくない。

ディレクターと編集担当者の突貫作業のおかげで、最終構成案が完成したのは三週間後である。[11]この編集過程については、私が直接参加していないということもあって詳しくは知らない。

表2　最終構成案（構成案Ｂ）

チャプター	小見出し	概要	物語要素
B-1	オープニング		全体的コンセプトの提示
B-2	近代から隔絶する大地溝帯	大地溝帯とバンナの村の様子	視聴者への情報提供
B-3	牛とバンナ社会	バンナの人びと、とりわけ男たちにとっての牛の重要性	バンナの価値観
B-4	オルゴの牛の世話	主人公オルゴの紹介、牛の放牧などについて	働き者
B-5	オルゴ君一家	一夫多妻家族の紹介、一家の長であるボヤ氏の紹介、理想的ドンザとしての父親	家族のあり方
B-6	ドンザとバルジョ	朝のコーヒーとバルジョ（神）への挨拶の儀式	理想的な大人
B-7	ドンザ会議	村のドンザたちが集い、オルゴの成人式を認める	共同体からの承認
B-8	巣箱作り	オルゴの巣箱作り。ハチミツを売って家計の足しにしようとするオルゴ	修行
B-9	女たちの仕事・３人の母	オルゴの母３人が協力して働く姿	家族愛
B-10	子どもたちのあこがれ、牛の世話	オルゴの弟で、ヤギの世話をするダイナ君と、 木の実を使って牛の世話のおままごとをするビト君。	理想的な大人
B-11	カイ・アファールの市場	近隣の町カイ・アファールで牛を購入するオルゴの兄、ガルテンバさん。	働き者
B-12	ハチミツ採り	仕掛けた箱を空け、ハチミツ採集をするオルゴ。	修行
B-13	成人儀礼の解説		
B-14	牛耕するオルゴ	お父さんのような立派なドンザになりたいというオルゴのインタビュー	理想的な大人
B-15	ボヤの朝の儀式	オルゴの成人式が成功するように祖先に祈りを捧げるボヤ	家族愛
B-16	オルゴ、装飾品をはずす	装飾品をはずしウクリになるオルゴ。　そしてオルゴは旅に出る。	修行
B-17	第一のアイテム	行ったことのない村へ、オジのアイケさんから木の枝を受け取る。 初対面の人びとから温かく迎えられるオルゴ。	修行
B-18	酒造り始まる	モロコシを発行させる酒の作り方。深夜に及ぶ女性たちの粉ひき。	家族愛
B-19	ヤギ失踪事件	放牧中にヤギが4頭行方不明になった事件。ボヤの怒りが炸裂する。 翌日はしっかり仕事をしたダイナを、父親はほめる。 「悪いことをしたら叩く、ちゃんと仕事をしたらほめる」という ボヤの教育哲学が開陳される。	修行
B-20	第二のアイテム	儀礼に必要なボコという木の棒を手に入れ、次なるアイテム、 腕輪をもらいに行くオルゴ。手ぶらで訪問したため叱られる。	修行
B-21	マズの暮らし	１ヶ月前にアーツァを終え、マズとして村を離れて暮らすラーレ。	修行
B-22	マズの儀式・日程の決定	３人のマズが、オルゴの成人式の日程を９日後と決める。	
B-23	酒造り本格化	酒造りの最終工程	家族愛
B-24	前日の準備	髪の毛を赤く染める女性たち。アーツァの際のムチ打ちでできた、 背中の傷について。	家族愛
B-25	ドンザの心構え	ボヤがオルゴに向かって、ドンザの心構えを語る。	家族愛、理想的な大人
B-26	ムチ打ち	会場にやってきたマズの前に立ちはだかり、ムチ打ちを受ける女性たち。	家族愛
B-27	牛の背を渡る	牛を整列させるマズたち、牛の背を渡るオルゴ	修行
B-28	オルゴ、マズになる	マズによる儀式。オルゴの髪を剃り、ビザンバという成人名を与える。	修行
B-29	エンディング	オルゴへのインタビュー、受け継がれてゆく伝統。	まとめと後日談

ここでは放送された完成版をもとにドラマ的な構造化の手法を見てみよう。

表2はその最終構成案である。ここでは先の叩き台（構成案A）との比較のために構成案（B）と呼ぶことにしよう。完成版は二九のチャプターからなるが、ここでは場面ごとの特徴や脚色の方針を「物語要素」として取り出してみた。B―1のオープニング、B―2の情報の提供、B―3のバンナの価値観概要、B―13の儀礼の解説、B―28の後日談を除けば、ほとんどすべてが「理想的な大人」「家族愛」「修行」の三つの要素のいずれかに分類できる。

「理想的な大人」と私がよぶチャプターは三つある。おもに主人公のオルゴが「父親のような立派な大人になりたい」という気持ちを持つことを示す場面であるが、こうしたあこがれの対象は父親という個人からさらに敷衍され、大人になることそのものへの憧れ、あるいは年長者（たとえば兄）への憧憬の念という主題へと広がりを持つ。その点からいえば、働き者であるがゆえにオルゴを大人と認めても良い、といった内容を含むB―4や、大人たちの話し合いでオルゴの成人儀礼を許可する場面（B―7）もこれに含めてよい。

「家族愛」を表現するチャプターは六つある。この場面の特徴は親子の絆、家族の支えといったものをインタビューとナレーションで紡いでゆくという点にあるが、とくに登場人物の内面（心情）を代弁するナレーションの力が大きい部分でもある。

「修行」という要素を含む場面は九つある。その多くは成人儀礼に伴う諸手順をこなしていくオルゴの姿（B―16、17、20、26、27）であるが、ほかにハチミツ採りの技術習得（B―8、12）、食物規制に耐えながら生活するマズの姿（B―22）、ヤギが行方不明となり父親に叱られる少年（B―19）といった場面もここに含めた。番組全体が、少年が大人になることを主題としている以上、この「修行」場面こそが、物語進行の軸となっていることは間違いない。

いくつかの場面の分析

1　オープニング（B―1）

まずはテーマ曲にのせて流れるオープニングのナレーションを見てみよう（以下、説明のために、便宜的に行に分け、各行に番号をふることにする）。

① 成人式にのぞむ、一六歳の少年。
② 気の荒い牛の背中を渡りきれば、大人の仲間入りができるのです。
③ エチオピア南部、バンナと呼ばれる民族に伝わる、成人の儀式です。
④ 「強い男になって欲しい」、女性たちは少年に体をむち打たせます。
⑤ 儀式を見守る父親。

⑥　少年の目標は、父親のようなたくましい男になることです。
⑦　過酷な風土で暮らす、バンナの人びと。
⑧　大人になるためには、何が必要なのでしょうか？
⑨　一人の少年の挑戦を、追いました。

このオープニング・コールには、先に挙げた三つの主要な物語要素がすべて含まれている。②「大人の仲間入り」と⑥「たくましい男」は「理想的な大人」要素に、④「女性たちは〜」と⑤「見守る父親」は「家族愛」要素に、⑥「少年の目標」と⑨「ひとりの少年の挑戦」は「修行」要素に、それぞれ対応していると言えるだろう。

2　ドンザ会議（B—7）

①　ナレーション（以下、ナ）：アデノさんの家に、村人が集まります。オルゴ君の成人式について、会議を開くためです。
②　ナ：成人式を受けられる基準は、大人の体格になっていること、そしてバンナのしきたりを守って、勤勉に働いていることです。
③　ボヤ（字幕）：「聞いてくれ、おれは息子に牛の背の儀式を受けさせたい。」
④　ランダ（字幕）：「賛成だ。オルゴは父や兄と同じ道を進んでいる。」
⑤　ナ：村人たちは、オルゴ君の働きぶりを長老に伝えます。
⑥　ボヤ（字幕）：「どうか力を貸してくれ。みんなで盛り立てよう。」
⑦　ナ：成人式に反対する声は、ありませんでした。

これは番組では「オルゴの成人儀礼を許可する会議」となっているが、このような会議はふつう開かれない。成人儀礼は父親の一存で決められるからだ。番組の構成上、ドンザたちが一丸となって少年の大人への仲間入りを「許可」するという体裁を取りたかったらしく、私自身はディレクターから「みなさんがオルゴ君のアーツァについて話し合うところを撮りたいんですよ」という要請を受けた。ここにはディレクターの持つ世界観が、番組の演出にあたって大きな役割を果たしていることが見てとれる。

映像では狭い家屋に男たちが集って話している場面が流れている。このときに男たちが集っていたのは事実で、その意味ではこれは決して「やらせ」でも「ねつ造」でもない。しかし撮影時点で実際に行われていたのは、撮影のための成人儀礼を誰にしてもらうかという、取材班と男たちとの間の交渉であって、男たちの発言はほとんどが交渉役としての私に向けられていたのである。したがってこの場面は、そうした交渉の映像素材を、現地の人びと同士の話し合いという方向へと転用してしまったものだといえる。

じつは③と⑥のボヤの発言は一続きのもので、現場で収録されたテープにはこういう発言が続いていた。

③聞いてくれ。俺は息子を飛ばせるつもりだ。ここにいるドンザは、みんな私の先輩格だ。儀礼をやるとなると、お酒をたくさん用意して、三日も四日も彼らをもてなさなければならない。そういうのが必要だ。酒、ヤギ、コーヒー、そういうのを準備しなくちゃいけない。大変なんだ。食べ物をたくさん用意しなければいけないんだ。マズには別のものを用意しなければいかん。マズは穀物は食べられない。私たちと、私の親族と、妻の親族と、マズと、それぞれに用意する。本当に大変なんだ。何が大変かってそれだよ。アーツァをすることになったが、日にちも迫っているので、⑥一緒に準備をしようじゃないか。おまえが飛ばせ役だ。おまえがやるといえば、俺たちもやろう。

傍線を引いた部分は編集段階で削除された部分である。ボヤにとっての心配事は成人儀礼の準備のことだったというのが分かるだろう。そして⑥において「おまえ」と呼ばれているのは私（増田）だ。実際、⑥の発言のあと、字幕には出ていないが、ボヤのとなりにいる男性が私に向かって、「そういうことで、おまえの仕事（撮影）に協力しようじゃないか」と言っている。取材者の存在は消され、バンナの大人たちだけの話し合いが、透明なカメラ・アイによって捉えられているかのような編集である。

3　オルゴ、装飾品をはずす（B—16）

①　ボヤ（字幕）:「オルゴ、身につけているものはすべてはずしなさい。いま旅に出るんだ。」

②　ナ:旅を前に、オルゴ君はこれまで身につけていた装飾品を、すべてはずします。大人に生まれかわる意志を示すためです。

③　ボヤ（字幕）:「俺達が子供の頃は、猛獣を殺して初めて一人前になれた。そういう時代だった。」

④　ナ:オルゴ君にとって、遠く離れた村を訪ねるのは初めての経験です。いつも子供に厳しいボヤさん。しかしこの日は、息子の旅立ちに不安を隠しきれません。

①において「いま旅に出るんだ」というボヤの発言は、正しくは「おじさんのところに行きなさい」である。成人儀礼の諸手順は、少年が年長の男性（その多くは近親者で尊敬される人物）からバラザという木の枝を受け取ることからはじまる。その木の枝を受け取るために出かけなさいというのがボヤの発言なのだが、これが字幕において「旅に出るんだ」となったのは、「少年はつらい旅をくぐり抜けて儀礼を果たす」というディレクターの解釈にもとづく脚色である。この「旅」はもちろん象徴的な意味で用いられているのであるが、実際にオルゴは徒歩で六時間あまりかけて木の枝を受け取りに行かねばならず、その

行為は「遠距離の移動」という点でまさに旅のイメージに合致したのだ。その一方、ナレーションはボヤの心情を代弁し、「息子の旅立ちに不安を隠せません」と語る。表2においてこの場面は「修行」要素のみを指摘しているが、「家族愛」要素もまた大きな影を落としているといえよう。

4　マロ村に到着（B—17）

装飾品をすべてはずし、粗末な布一枚だけを腰に巻いたオルゴは、父親の言いつけにしたがって「旅」に出た。目指す先は村から六時間ほど歩いたところにあるマロ村である。

（オルゴが、オジのアイケさん宅に到着する）

①　道案内をした男性（字幕）：「こいつは成人式をやるそうだ。」

（カメラがアイケ老人を写す）

②　ナ：一人のお年寄りが現れました。母方のオジ、アイケさん。（字幕：叔父アイケさん（七二歳））初対面です。

③　アイケ（字幕、以下同）：「お前はだれの子だ」

④　オルゴ（字幕、以下同）：「ボヤの子です」

⑤　アイケ：「どこから来た？」

⑥　オルゴ：「ボリ村からです」

⑦　アイケ：「オレの妹サルパの子か？」（オルゴの返答：「んーーー」）

⑧　アイケ：「これから成人式をやるんだろう？」（オルゴ：「んーーー」）

⑨　アイケ：「儀式をやってほしいんだろう？」（オルゴ：「んーーー」）

⑩　アイケ：「お前の兄さんもおれの所に来たな」（オルゴ：「うん」）

⑪　アイケ：「そうだおれが跳ばせたんだ」

⑫　アイケ：「お前も跳ぶんだな」（オルゴ：「んーーー」）

⑬　アイケ：「手伝ってやろう」

（木の枝を採りに行くアイケ）

⑭　ナ：アイケさんは裏山にバラザという木の枝を取りに向かいました。バラザは、バンナの神が宿る聖なる木。これを受け取ることは、成人式を迎える証になります。

私がこの「少年は牛の背を渡る」を学生たちに見せると必ず質問を受けるのが、この場面におけるオルゴの態度についてである。とくに⑦から⑫にかけて、アイケの問いかけに対してオルゴが示す態度（「んーーー」とぞんざいな返事をしながら自分の爪をいじっている）については、老人に対してあのような態度をとるのがバンナのしきたりなのかと聞かれるのだ。この場面には以下のような背景がある。

マロ村に住むオジのところに到着したわれわれ取材班は、まずアイケから撮影の許可を得る必要があった。そこでカメラマンほか三名には待機してもらい、私とオルゴの二人でアイケに面会した。私もオルゴも、ともにアイケとは初対面であった。アイケとオルゴはお互いに初対面の挨拶を交わし、私は来意を告げたうえで撮影の許可を得た。ところが撮影が承諾されたことを告げると、ディレクターは「初対面の挨拶の場面」をどうしても撮りたいと言いだした。オルゴの「初めての旅」を描く必要上、感動的な初対面は番組構成の上でどうしても必要だと言う。

すでに済んでいることをもう一度演技してもらうよう依頼するのは心苦しかったが、私はアイケとオルゴにその旨を頼み、アイケに対しては、実際に行われた初対面の挨拶と同じことを言ってくれればいいといって、台詞の指導までした。オルゴが爪をいじりながら「挨拶」をしていたのは、それまでにも数多く体験した演出上の注文にたいする「飽き」があったのかもしれない。[12]

5　ヤギ行方不明事件（B―19）

① ナ：ボヤさんの家では、ヤギの飼育係・ダイナ君をめぐって、ちょっとした事件が起こっていました。前の日に放牧にでたとき、ヤギが四頭、行方不明になったのです。ダイナ君のうっかりミスでした。

（怒るボヤ）

② ボヤ（字幕、以下同）：「ダイナ！　どこへ行った！」

③ ナ：大切な財産を失い、ボヤさんはカンカンです。叱られるのが怖いダイナ君、いち早く姿をくらませてしまいました。

④ ボヤ：「ダイナ！　どこだ！　後でこらしめてやるからな」

⑤ ナ：ダイナ君は放牧地の藪に隠れていました。すっかりしょげかえっています

（中略）

⑥ ナ：夕方、家に帰ったボヤさんがヤギの数をチェックしました。

⑦ ボヤ：「子ヤギに乳は？」

⑧ ダイナ（字幕、以下同）：「飲ませたよ」

⑨ ボヤ：「よし、今日は全部いるな。昨日みたいなことはダメだぞ。今日はいい、よくやった」

⑩ ナ：ボヤさんはダイナ君の乳搾りに手を貸します。

⑪ ダイナ（インタビュー）：「今日はほめられました。うれしいです」

⑫ボヤ（インタビュー）：「悪いことをやったら叩く、ちゃんと仕事をしたらほめる。これが教育というものだ。」

現場での撮影が、ある程度準備されたシナリオをもとに行われたことは、すでに述べた。しかし実際にはさまざまな予期し得ないハプニングがあり、こうした出来事もまた作品の脈絡に

放り込まれることで、ドラマの一部を構成することがある。このヤギ失踪事件はそうした「待ち望んだハプニング」の一例であった。

事件を待ち望むのは、テレビ番組制作者だけでなく、フィールドワークをおこなう人類学者もまた同じである。葛藤は社会のさまざまな矛盾や問題点をあらわにし、その収束にいたるまでの処理のあり方を見ることが、その社会を理解する糸口となりうるからである。

この場面は、放牧中のヤギを見失ったダイナが、その失敗を教訓に、翌日は見事に信頼を取り戻したというストーリーを形成する。ここでは省いたが、作品では⑤と⑥の間に、ダイナがみごとにヤギの出産を介助したという場面が挿入されており、ここでダイナの成長が暗示されている。「修行」要素の濃い場面であるといえよう。

この場面の締めくくりには、父親のボヤがちゃんと放牧をしたダイナを褒め、父子いっしょになってヤギの乳搾り作業をするという「家族愛」要素も見られる。息子を褒める場面は「誘導」によるものである。ダイナが放牧から帰宅するのを私たちが撮影していたときに、ちょうどボヤがほろ酔い加減で帰宅してきたため、「今日はダイナは立派だった。ぜひ褒めてやってくれ」と私が誘導したのである。

6　父が息子に語る（B—25）

次に見るのは、成人儀礼を直前にひかえたオルゴに対して、父親であるボヤがドンザの心構えを語って聞かせる場面である。映像は家の中で向かい合って座っている二人を交互に映す。

① ナ：ボヤさんは息子に、成人式にむかう心構えを言い聞かせます。

② ボヤ（字幕）：「言っておくが、たくさんの客の前で牛から落ちたらみっともないぞ。常に足元を見ながら跳ぶ、それがコツだ。お前は牛を追い、やがて結婚するだろう。自分の家を作り、畑を耕し、家畜の世話も一人でする。一人前の男の立場は非常に厳しい。とにかく今のおれの願いは、息子がうまく牛の背を渡ることだ。ドンザになったら、責任はお前一人にある。お前に伝えることは、それだけだ」

このシーンは、いわゆる「やらせ」である。「父が息子に心構えを言い聞かせる場面」すなわち、父親が息子に言葉によって伝授する場面が撮りたいというディレクターの要望に応じて撮影された。

私の知るかぎり、バンナでこのような形で知識や「心構え」が伝授されるということはなく、撮影の趣旨をボヤに説明してもきょとんとされるだけだった。結局、撮影にあたっては家族の人たちには一時外に出てもらい、ボヤに対して語るべき内容の例を私がアドバイスすることで撮影は成立した。

この場面の性格は「理想的な大人」要素を内容として含みながらも、父から息子への手向けの言葉が語られるという意味では、むしろ「家族愛」要素が濃いといえる。

7　エンディング（B―29）

最後にエンディングのナレーションを見てみよう。

①　成人式を終えたボリ村。
②　農作業に忙しい日々が戻りました。
③　ボヤさんの家では、オルゴ君に代わって、弟のアブリ君が牛の飼育を始めました。
④　ヤギを受け持つダイナ君。
⑤　今年は出産が多く、子ヤギの世話に追われます。
⑥　エチオピア南部、
⑦　過酷な風土に生きるバンナの人びと。
⑧　やがて子供たちは、成人の儀式に臨みます。

エンディングでは、それまでの「家族愛」「修行」「理想的な大人」という三つの要素が薄まり、「受け継がれる伝統」とでもいうべき新たな要素が顔を出している。オルゴの仕事を受け継いだアブリや、ヤギ飼育を担当するダイナもまた、オルゴの後を追って成人儀礼を受けるのだというように、ここではむしろ「伝統」の側面が顔を出す。

じつは儀式の後もオルゴは牛の世話に従事するので、③の「オルゴ君に代わって、弟のアブリ君が～」という部分は事実を歪曲している。そのうえこのようなナレーションからは、「牛の世話→成人式→牛の世話（の修行）の卒業」という制度があるかのように受け取られるだろう。この部分は「後日談」に相当し、実際「後日談が必要なので、アブリ君が一人で牛の世話をしている絵がほしい」とディレクターから要請を受けた。

「やらせ」の四水準

前節において示した、オルゴとアイケの初対面の場面、あるいはボヤが息子に心構えを語って聞かせる場面。こうした場面は、ドラマ化の過程において不可欠のものとして撮影されたがゆえに、強い作為性を持っている。それこそ、初対面の場面での演出は、「すでにやってしまったことをもう一度やらせる」という点で、あるいは「心構え」の場面は「やりもしないことをやらせる」という点で、いわゆる「やらせ」の一種と見なすことができる。たとえば、渡辺武達は「やらせ」をこのように定義している。

情報送出において、その主題と全体の編集、およびそれに関連する具体的小項目について、社会的・科学的真実と異なる形で意図的に番組制作したり、番組を脚色・演出、ないしはレポートする、あるいは番組内で出演者にそのように表現させること、もしくは局外者からそのような番組制作および情報送出をさせられること、の総称（渡辺 2001: 176）。

この定義のなかで最も重要なのは、テレビなどのメディアにおいて送出される情報の内容が「社会的・科学的真実とは異なる形」であり、なおかつそれが「意図的に」なされているという点だろう。そのうえで渡辺はテレビ番組に関する「やらせ」を九種類に分類しているのだが、私は自分が関わった範囲で、とくに民族誌的事実の映像化ということに関する「やらせ」の四つの水準を示しておきたいと思う。これは現地の人びとが実際にやっているか、やっていないか、という基準にもとづいた分類である。

① 例示：やることもあるが今はやらない、ということを撮影のためにやってもらう。
② 再現：過去にやったことをもう一度やってもらう。
③ 誘導：ある流れの中で「こうやってほしいな」と思う方向に誘導する、あるいは「こう言ってほしいな」と思うことを言ってもらう。
④ ねつ造：日常的にやりもしないことをやらせる。

私が関わった「少年は牛の背を渡る」においては、これら四つの水準の「やらせ」がすべて行われていた。もっとも、渡辺の定義する「やらせ」がたいへん幅が広いものだということ、その一方で世間一般における「やらせ」の含意が、ほとんど「ねつ造」と同義であること、その両者を考え合わせると、「少年は牛の背を渡る」において行われた撮影・編集上の作為をすべて「やらせ」という言葉で一刀両断にすることは誤解を招きかねない。また私がとりだした四つのタイプの「やらせ」で、番組制作上の作為をすべて分析できるとも、考えられない。いくつか例を出して議論してみよう。

構成案（B）のB―10のなかで、オルゴの弟たちが木の実をウシに見立てて牛飼いのまねごとをする「ウシ遊び」が紹介されている。これは常日頃やっている遊びを、ぜひ我々が見ている前でやって欲しいと頼んでやってもらった「例示」である。また前節でとりあげたB―19における「息子を褒めるボヤ」は、ここでこういうことを言ってもらったら流れがうまく整うと感じた私による「誘導」だ。だが、B―17における「アイケとオルゴの初対面」は、ここでは「再現」に含めるが、一般的な「再現映像」とは趣が異なり、むしろ「演技のやり直し」に近い。またB―25の「大人の心構えを語るボヤ」も、ふだんやらないことをやらせるという意味では「ねつ造」であるが、しかし、そこで実際にボヤは、オルゴに向かって語ってくれたのであり、事実としてそれは存在した。つまりここでいう「ねつ造」

は、報道番組におけるねつ造とは違うのである。たとえばこの作品においては、ボヤが息子に向かって大人の心構えを語ったことが事実であるかねつ造であるかは、まったく問われない。それは「家族愛」や「理想的な大人」や「修行」といった物語要素からなるドキュメンタリー的ドラマを、まさにドラマたらしめるための必要不可欠な構成要素として構想されたものなのである。

ただ、こうした諸水準の「やらせ」のうち、「ねつ造」以外の多くはBBCをはじめとしたヨーロッパのフィルム・ドキュメンタリーの常套手段として用いられているともいわれる。『地球に好奇心』で演出を担当したことのある小川浩基によれば、そうした「仕込み」の多いヨーロッパのドキュメンタリー撮影を経験した現場では、被写体となる人びとが演技の指示を待つような癖をもってしまっているという(旅行人 2002)。その点からすれば、「少年は牛の背を渡る」の撮影における例示・再現・誘導は、ドキュメンタリー撮影としては「常識」の範囲内に属するのかもしれない。

内面を語るナレーション

『地球に好奇心』は、番組のジャンルから言えばドキュメンタリーに属するが、一方では犯罪や社会問題を深く掘り下げようとするドキュメンタリー番組とは明らかに異なる。『地球に好奇心』の枠で放送されたすべての作品を一括して論じることはできないが、すくなくとも「少年は牛の背を渡る」に関しては、事実を追いかけるドキュメンタリー的側面は保持しつつも、その構成において「家族愛」のようなひとびとの内面や心情を前面に出したドラマ性が大きな役割を担っていたことは間違いない。そして、その「内面」を語るのはインタビュー映像と、ナレーションである。

NHKで長らく制作に携わってきた山登義明は「その人の胸の内をのぞいたわけでもなく、神様でもないのに、まるで見たかのようにナレーションで語られる場合」を排し、インタビューによって当人の口から語られてはじめて登場人物の心情を語ることができると、心情表現におけるナレーションの過大な役割を批判している(山登 2000: 96)。

インタビューの収録にてこずったことについてはすでに書いた。作品における人びとの「内面」という点に関しては、すでに述べた「いまどのようなお気持ちですか」というのが人びとの内面をすくい上げる質問として注目されよう。取材前の打ち合わせにおいてディレクターは、私にたいして「人びとの思いを描きたい」と語っていたが、それはまさに「内面」を描くという目論みのことだったのだ。

しかしこうした内面(あるいは「思い」)を、まとまった言葉によって取り出すことは、すくなくともバンナでは非常に難しい。エンディング(B—29)の冒頭にあるオルゴへのインタビューでのやり取りがそのことを示している。放映されたものでは、成人儀礼を終えたオルゴは、字幕ではこう語っていたことになっている。

①　オルゴ（字幕）：「今はとてもすっきりした気分です」

②　オルゴ（字幕）：「ドンザになったら牛やヤギを、できるだけたくさん飼いたい。そして結婚し、家を持ちたい。父のように立派な男になったら、自分の子に牛の背に挑戦させます」

①の「今はとてもすっきりした気分です」（バンナ語では単に「うれしいです」）は、まさに「いまどのようなお気持ちですか」という問いに対する簡潔な答えである。その後の言葉にディレクターが求めたのは「これからの抱負」である。私はバンナ語で「今後、どのように生きてゆきたいか」と聞いたがオルゴはきょとんとして返答できず、私はまたもやいくつかの例を示して「将来にわたる生き方についての答え方」を指南した。②において整然と「自分のやりたいこと」をオルゴが語っているのには、そのような背景がある。

日常的にテレビを見て、その中で人びとが雄弁にコメントする姿を見慣れた日本人とは異なり、バンナの人びとはカメラの前で自分が何を求められているのかを知らない。もちろんそうした人びとの内面・感情・思いをすくい上げることは重要であり、それこそが視聴者の興味を引き出すカギとなることもある。ただカメラとマイクにむかって、自らの感情を言葉によって語るという、きわめてテレビ的な作法に慣れている人びとと、そうでない人びとがいることは確認しておく必要があるだろう（本書川村論文も参照）。

そうした内面のドラマを進行させるために、大きな役割を果たしたのは、むしろナレーションであったといえる。番組冒頭部のオルゴの映像には、「成人式が決まったオルゴ君、父親のような立派なドンザになりたいと思っています」というナレーションが入る。B―16で装飾品をはずし終え、オジのもとに「旅立」ったオルゴを見送るかのように配置された父親ボヤの映像にかぶされたナレーションは「いつも子どもに厳しいボヤさん。息子の旅立ちに不安を隠せません」というボヤの気持ちの代弁であった。儀礼において、マズたちに積極的にムチ打たれる女性たちの気持ちは「強い男になって欲しい」というナレーションによって説明された。「少年は牛の背を渡る」の物語は、主人公であるオルゴがさまざまな手順を踏んで成人儀礼を終えるまでの事実だけではなく[13]、その物語の推進力としてのドラマを必要としたのである。

テレビ語とテレビ文法

ドキュメンタリー番組における登場人物の内面への踏み込みとドラマ化は、しかし、制作者たちにとってはむしろ当然の作業であっただろう。B―29の後日談として必要とされた「ウシ放牧を引き継いだアブリ」の映像を撮るために、私は「明日はウシ放牧の仕事をしてくれ」と伝えなければならなかった。撮影のために、人びとにさまざまな要求をしなければならないことにいらだちを募らせていた私をなだめるように、ディレクターは「テレビにはテレビの文法があって、どうしても押さえておかなければならない映像というのがあるんですよ」と教えてくれた。B―17における「初対面のやり直し」も、B―25における「父から息子への心構えの伝授」も、文法ミスを犯さないための不可欠の要素ということになる。

撮影から編集にいたる番組制作は、高度に専門的であって、なおかつ確立された分野である。テレビ番組としてふさわしい物語の進行と、その進行をうながすドラマ性。それらを満たすために必要なテレビ文法からなる「テレビ語」とでも言うべき言語の存在。こうした言語の比喩を用いるなら、テレビというメディアを介してメッセージを送出する側とそれを受け取る側には、物語の進行とドラマ化のあり方について、共有された言語体系があると考えるべきだろう。

素材を配列し物語化することは、テレビ番組の制作においては必要欠くべからざる作業であるといわれる。先述の山登は、出来事を雑然と並べるだけで視聴者を退屈させないよう、エピソードを再配列し、物語として提示することが必要であると説く（山登 2000: 150）。「少年は牛の背を渡る」において、そうした物語性は、まさに映画的ドキュメンタリーあるいはドキュ・ドラマを制作するにあたって不可欠のものであったといえるだろう。だが、そうした物語化は、ある種のイデオロギーを隠蔽する効果も持っている。メディア・リテラシー教育の教科書においてシルバーブラットらはこう述べている。「ポピュラー・メディアの物語は、たいていの場合、自明化された認識と一部のオーディエンスによる受け入れに依存している。だから物語を分析することによって、こうした前提の背後にあるイデオロギー的原理を明らかにすることができる」（シルバーブラットほか 2000: 157）。

「少年は牛の背を渡る」における、登場人物たちの人物描写（キャラクター設定）を取り上げてみよう。主人公であるオルゴは、勤勉にウシの世話をする少年であり、父親のような立派なドンザになりたいと願っている。父親のボヤは口うるさく仕事の指図をする人物で、厳しい反面、息子の成長を心配する「よき父親」でもある。オルゴの弟ダイナはヤギの世話に従事しているが、いずれは兄のようにウシの世話をしたいと願っている。[14]ダイナの弟たちはまだ家畜を任せてもらっていないので、木の実を使って模擬放牧の遊びに興じている。ボヤの三人の妻たちは、仲良く仕事をし、子どもたちを分けへだてなく育ててきた。「村長」アデノさんたち村のドンザは、勤勉に働くオルゴに、成人儀礼を受ける許可を与えた……。

こうした人物描写と、内面に踏み込んだナレーションがもたらすドラマ性は、視聴者の一部（全部とは言わない）に対しては共感しやすい「家族愛」と「成長」の物語として受容されるだろう。たとえば構成案（B）のB―22において、「儀式に向けて、村が一つになろうとしています」というナレーションが挿入されるとき、まさにオルゴの「成長」を、村全体の「家族愛」でもって支えていくという、表だっては決して語られない暗黙のメッセージが潜り込んでいるのである。

もちろんそのようなメッセージが、そのままの形で視聴者に受容されるという保証はまったくない。スチュアート・ホールの「エンコード／デコード」理論（Hall 1980）は、制作側が番組制作の過程で暗号化（エンコード）したメッセージが、同じやり方で視聴者によって解読（デコード）されるとは限らないことを指摘したが、「家族愛」や「成長」のドラマという演出は、視聴者に対してそうしたデコードの方向性に一定の制限を加え、受け手の解釈の幅を狭める役割を果たしているものと考えられる。

神の視点・天の声

ここまで企画、取材、編集、完成作品を駆け足で分析し紹介してきたが、そこで明らかになったことは、映像と音声からなるテレビ番組が、音声とりわけナレーションによって推進力を得ているということであった。われわれは映像作品を分析するとき、カメラの動きやシークエンスの取り方など、おもに絵のほうに関心を向けがちである。しかしある作品が物語性を持ち、なおかつ人々の「思い」を軸にすえたドラマ性を帯びるとき、注意を傾けるべきなのはむしろ言葉の方なのである。

山登はテレビ番組、とりわけドキュメンタリー番組におけるナレーションを「神様の視点・天の声」とよぶ。

ドキュメンタリー番組には、通常、特定の誰かでないナレーションが使われています。これを「天の声、神様の視点」と私は呼んでいます。番組という物語を司っている人、物語の一部始終を知っている人としての語りの主語を設定するのです。」（山登 2000: 183）

オルゴの成人儀礼ドラマは、透明なカメラ・アイすなわち神の視点と、誰でもない語り手すなわち天の声によって紡ぎ出された作品である。物語分析の手法を真似るならば、神の視点と天の声は一体となって、小説における「地の文」の役割を担っているといえるだろう。異文化を表象するテレビ番組をより詳しく知るには、ひとつひとつの作品の「物語内容」だけでなく「物語行為」の側面からも分析する必要がある。その「語る行為」の分析手法はしかし、まだ未開発のままであり、今後の課題として残されている。

『地球に好奇心』における私の役割は、ターナーが述べたとおりの「現地をよく知る案内人」にとどまってしまった。番組のエンドロールにおける私の立場が「取材協力」であったことが、この番組の演出における人類学者の位置づけを如実に表している。だが、フィールドワークを通じて手に入れたデータを加工し、モノグラフを記述することを生業とする文化人類学者は、その人類学独自の表象手法を、テレビ独自の表象手法、つまり私が言うところのテレビ語とテレビ文法とになじませるべく努力するべきだろう。

注

1　なお、同じ素材による別編集版が同年十二月十二日に総合チャンネルの『地球に乾杯』で放送された。

2　*The Mursi*（1974), *The Kwegu*（1982), *TheMigrants*（1985）の三作はいずれもレズリー・ウッドヘッドの制作、デイヴィッド・タートンの監修によるものである。また筆者は未見だが、彼らは一九九一年には *Nitha* および *The Land is Bad* という二作を制作している。

3　*The Women Who Smile*（1990), *Two Girls Go Hunting*（1991), *Our Way of Loving*（1994)の三作。いずれもジョアンナ・ヘッドの制作、ジーン・ライダルの監修によるものである。

4　代表的な映像作品として *The Leap Across the Cattle*（1979), *The Father of the Goats*（1983), *The Song of the Hamar Herdsman*（1984）などがある。

5　「HUMAN――人間・その起源を探る――　「農耕民の社会と文化」エチオピア」（1997）

6　「エチオピア南部でムルシ族の大家族に…金田直が出会った」（二〇〇一年一月二八日）、「エチオピアのハマル族に…高田宏太郎が出会った」（二〇〇一年九月二日）、「エチオピア　雲の上に暮らすコンソ族に…玉木宏が出会った」（二〇〇二年五月五日）、「エチオピアのコエグ族に…内田朝陽が出会った」（二〇〇二年一一月一〇日）の四回。松田ほかによる本書収録論文も参照。

7　エチオピアが「取材しやすい国」になったのは、一九九一年に軍事政権が崩壊したことと、経済の自由化がすすみ、民間の旅行代理店がそれぞれ企業努力を発揮できるようになったことが関係している。この国で外国のテレビ局が取材しようと思ったら、まず情報省の許可証（プレスカードである）を得る必要がある。かつてはこのプレスカードの取得にひどく時間がかかったと聞くが、いまでは旅行代理店の同業者団体が働きかけたこともあって、取得はたやすくなったという。

8　残念ながら私は、企画者がNHKに提出した企画書を見ていない。ここに書いたのは、この人物が電話で私に伝えてきたことである。

9　この構成案（A）を作成したディレクターは諸般の事情により現地取材に参加できなくなり、別のディレクターが仕事を引き継いだ。われわれは、この構成案を叩き台として取材を進めた。

10　この翻訳に際してはディレクターから、字幕作成のために詳しい翻訳が要求された部分（とりわけインタビュー）と、素材として使えるかどうかを判断するために概要を要求された部分（日常会話）というように、翻訳の精度に対する要求の差があった。また、プロデューサーの一人からは「あまり生真面目にならずに、面白おかしく訳してください」という注文を受けた。この要求に対しては、ことさらに面白おかしくしようとしているのではなく、物語化・ドラマ化を円滑にすすめるためのものであったと解釈している。

11　放送は、当初は一〇月二〇日の予定であったが、取材開始時点で一〇月一三日になり、帰国途中でそれが一〇月六日に繰り上がったのを知らされ、編集が始まってみれば九月二九日になっていた。じつに四週間も繰り上がってしまったのである。実際にはアメリカでのテロ事件（二〇〇一年九月一一日）の影響もあって、一〇月六日に放送された。なお九月二四日に私の元に最終原稿案が送られてきたが、この日までにすでに二回ほどの試写が行われていた。

12　主人公であるがゆえに、取材班は多くの時間をオルゴとともに過ごした。構成上必要な場面が生じた際には、オルゴをその場に連れ出すこともしばしばである。とくにオルゴが「旅」の過程で道を歩く場面や、牛を追っている場面においては、カメラが先回りして人物がやってくるところを撮る、いわゆる「迎え撃ち」を多く行ったが、その際にはカメラのセッティングが終わるまでオルゴを足止めすることも多かった。

13　より正確には、儀礼の手順のすべてが作品に盛り込まれたわけではない。たとえば儀礼に必要な儀礼的アイテム（ボコ、腕輪二本、バンジ）のうち、ボコと腕輪一本については作品に登場したが、もう一本の腕輪とバンジは省略された。これらは人類学者が行う民族誌記述では絶対に省けないものであり、取材でもその一部始終を映像として収めていながら、作品には盛り込まれなかったのである。

14　構成案（B）のB—10におけるインタビューの字幕でダイナは、「牛の世話をしていたいけど、今はヤギで手いっぱいなんだ」と語ったことになっている。実際には「牛の世話なんかしたくない」といっているのだが。

文献

Hall, Stuart 1980 Encoding/decoding, In Stuart Hall, Dorothy Hobson, Andrew Lowe and Paul Willis (eds.) *Culture, Media, Language: Working Papers in Cultural Studies, 1972-79*. Routledge, pp.128-138

Turton, David 1992 Anthropological Knowledge and the Culture of Broadcasting. *Visual Anthropology Review* 8(1): 113-117

シルバーブラットほか 2001『メディア・リテラシーの方法』安田尚監訳、リベルタ出版

増田研 1995「エチオピア西南部オモ系農牧民バンナのマーケット活動」『大阪外大スワヒリ&アフリカ研究』六号、八三—一〇一頁

—— 1999「火がとりもつ住まいの縁」佐藤浩司編『住まいにつどう』（シリーズ建築人類学・世界の住まいを読む2）、学芸出版社、一七三—一八八頁

—— 2001a「男として、ウシの背を渡る」『季刊民族学』九五号、四—三三頁

—— 2001b「武装する周辺——エチオピア南部における銃・国家・民族間関係」『民族學研究』六五巻四号、三一三—三四〇頁

山登義明 2002『テレビ制作入門——企画・取材・編集』平凡社

旅行人 2002（雑誌記事）小川浩基インタビュー「撮られる側が、撮りたい側の期待に沿って動く。だから海外ロケは難しい」『旅行人』三／四月号、一〇—一二頁

渡辺武達 2001『テレビ——「やらせ」と「情報操作」』〔新版〕、三省堂

海外情報型クイズ番組と人類学

『世界ウルルン滞在記』を事例として

南　真木人

1　バラエティ化するテレビ番組

一九九〇年代以降、テレビ番組は「バラエティとドキュメンタリーの相互乗り入れ」（斎藤 2003: 43）が浸透し拡散しているといわれる。バラエティ化すなわち娯楽化したドキュメンタリー番組の典型は、再現映像を多用し予定調和的な構成を貫く『プロジェクトX――挑戦者たち』（NHK）に見いだされよう。他方で、ドキュメンタリー的な要素を取り入れたバラエティ番組いわゆる「ドキュ・バラ」のほうは、『トリビアの泉――素晴らしきムダ知識』（フジテレビ系列）、『どっちの料理ショー』（日本テレビ系列）、『恋愛観察バラエティー――あいのり』（フジテレビ系列）などゴールデンタイムの人気番組がずらりとならぶ。『なるほど！ ザ・ワールド』（フジテレビ系列、一九八一－一九九六年）に端を発し、『世界・ふしぎ発見！』（TBS系列、一九八六年――継続中）や『世界ウルルン滞在記』（TBS系列、一九九五年――継続中）などに続く海外情報型クイズ番組（石田 2003a: 219-223）も、若手タレントを起用し、クイズやスタジオのトークを織り込むというバラエティ仕立てで海外取材のドキュメンタリー的映像を見せている。

だが、バラエティ化は必ずしもドキュメンタリー番組に限ったことではなさそうだ。最近では報道・スポーツ番組や語学・料理などの教養番組においても自社キャスターではなくタレントを起用し、バラエティ仕立てにした軽妙な番組が増えている。テレビ番組における総バラエティ化の傾向は、番組を面白く見せ、わかりやすく解説し、権威主義を廃して親しみを抱かせる、といった視聴者にやさしい番組作りの帰結であったと思われる。

テレビ番組の総バラエティ化はその内容が現実か虚構かという問いを無に帰する。斎藤（2003: 45）が述べるように、「『やらせ』が問題視されるのは、テレビの中に真実があると信じられている場合に限られる」からだ。むしろ、テレビはそれまでの現実とも虚構とも違った、新たなテレビ的なリアリティを創り出し、「人々の中にもこのテレビ空間を生きることの方がより『現実らしい』という倒錯が生まれている」（丹波 2003: 95）。いうなれば、『プロジェクトX』の再現映像を「作り物」だと認識しても、「やらせ」だとは思わない了解感覚がそれだ。あるいは、『NHKアーカイブス』で再放送される一昔前のドキュメンタリー『新日本紀行』より、もったいぶった演出や芝居（再現）に満ちた『その時歴史は動いた』（NHK）の方がよりリアルに感じる感覚ともいえるかもしれない。

これが視聴者と制作者が築きあげた一国のメディア環境でとどまるのであれば、それらにチャンネルを合わせる我が身を振り返りつつ、冷笑するしかない。しかし、バラエティとドキュメンタリーが交錯した番組作りは、異文化の人びとをまきこんだ海外取材にも及んでおり、そこにおいてより顕著な問題が生じていると思われる。異文化を表現する点で人類学と接点がある海外情報型クイズ番組は、石田（2003a: 222-223; 2003b: 125）によれば、「あくまで〈日本人からみて面白い〉視点」を基本にして〈異国〉や〈異文化〉をエキゾチックなものとして商品化する視点」で作られているという。同様に、あるドキュメンタリー番組を批判的に分析した飯田（2001; 2004: 149）は、昨今のテレビ・ドキュメンタリーでは「異文化を忠実に伝えることよりも視聴者の共感を喚起すること」が番組の成功につながり、よって番組制作者は「受け手の嗜好にあわせて映像素材を加工するという『パッケージ化』に励む」と指摘する。パウエル（Powell 2002: 65, 87）も、日本のテレビ番組における旅行ドキュメンタリーは「自文化中心主義的で、人種差別的な世界観を表現していて問題だ」とし、とくに「日本人の娯楽を充たす資源として非日本人が据えられている」ことを批判する。これらに共通する批判は、海外ドキュメンタリーないし海外ドキュメンタリー的番組が日本人視聴者の視点で構成され、撮影地の文脈が軽視されている点にある。

本章では、テレビマンユニオンと毎日放送が制作した『世界ウルルン滞在記』の「ネパール・山奥の山奥のマガール族に……井本由香が出会った」（二〇〇二年九月一五日放送、以下「番組」と呼ぶ）を事例として、ドキュメンタリー的バラエティ番組が海外でどのように撮影されているのかを報告する。そして、撮影地の文脈がどのようにして軽視ないし無視されるに到るのかを検証し、海外情報型クイズ番組の限界と可能性、人類学との異同について考えたい。この番組を取りあげるのは、これが『季刊民族学』という雑誌に書いた拙稿（南 1994）で取りあげた村で撮影されたもので、取材対象となった人びとの声を直に聞くことができたからである。[1]

2　「ネパール・山奥の山奥のマガール族に……」

そもそも、私が取材の事実を知ったのは放送の一二日前、番組制作にあたったディレクターからの電話による。それは、私が調査してきたボジャ村を番組で取りあげるので、クレジットに「協力」として私の名前を載せたいという問い合わせであった。私は名前の記載と面会の申し出を断ったが、放送直後にディレクターの訪問をうけたので、『世界ウルルン滞在記』（以下『ウルルン』と呼ぶ）の趣旨、番組の意図、取材の経緯などをうかがった。そのなかで印象的だったことは、『ウルルン』はクイズがあるからバラエティだが、自分は記録映画だと思って制作しているという発言と、こんな所にもこんなに良い人がいるよ、ということを子どもにもわかるように伝えたいという『ウルルン』の制作意図であった。

ご存知のように『ウルルン』は、レポーターと呼ばれる若手のタレントが海外での生活を一週間ほど体験する映像と、スタジオでのクイズとトークを組み合わせたバラエティ番組である。[2]番組の概要をその日の『毎日新聞』（朝刊）のテレビ欄から拾うと、「山岳道を歩いて二日やっと着いたネパール雨大好き村▽増水した川でお祭り漁」とある。さらに、同じ新聞の番組解説欄には次のように紹介された。[3]

世界ウルルン滞在記（毎日＝後10・00）井本由香がネパールの山奥にマガール民族の村を訪ねる＝写真。井本は村一番の大家族、村長のカラックバードル・サルーさん宅にホームステイ。雨期（原文ママ）を迎えた3カ月間は1年のうちで最も楽しい時期。田起こし、田植えと並ぶ〝ビスカケ〟は、しびれ薬の〝ビス〟の実を流して魚を捕る漁だ。同時に男女の出会いの場でもある。井本は村の娘たちの出会いにも一役買う。

ここでは番組の主な構成をイメージできるよう、村人から聞いた撮影のスケジュールとその内容を挙げておこう。

二〇〇二年八月

〈ロケハン〉

一日　日本人ディレクター一人と現地コーディネーター二人がボジャ村を訪問。撮影の許諾を得る。

〈撮影本番〉

八日　低地からボジャ村に徒歩で向かう。夜一一時頃、途中のチャルチャレ村着。
九日　夜遅くボジャ村着。
一〇日　村入り場面の撮影、午後に田植えの撮影。
一一日　サーダ川で予定していた魚毒漁が雨で延期。ブタを殺し宴会の場面撮影。
一二日　カマンディ川で魚毒漁の撮影。
一三日　厩肥運び、シコクビエの植え付け、トウモロコシの茎運び撮影。おそらく歌垣の撮影。
一四日　クイズ二問（草刈りとヒルの刺傷、忌避される宴会中のくしゃみ）の場面撮影。
一五日　隣のターディ村へ移動。ヘリコプターで離村。

放送直後の二〇〇二年一〇月、私はかねてからの予定通りボジャ村を訪ねた。村に着くなり「あなたの友だちがきたよ」とか「ユカの家は近いのか？」といわれ、おどろいた。レポーターの女性は、一週間という短期の滞在にもかかわらず皆から好感をもって語られていた。子どもたちは聞きかじった日本語を使ってみては笑い転げ、村長は「あなたにマガール語を教えたとき、代わりに自分は日本語を習っておくべきだった」と真顔でいう。村人にとってレポーターと過ごした取材の日々が、忘れがたい、楽しい記憶であることは疑いようがない。「あなたが彼らをここに送り込んだのだろう」という人もいて、取材地にこの村が選ばれたことを多くの人が喜んでいた。

3　間違った解釈

村ではビデオカメラのモニターを使った番組の上映会を夜に屋外で開き、ナレーションやトークを私がマガール語及び一部ネパール語に通訳しながら、村人の大半に番組を見てもらって感想を聞いた。それはおおむね好評で、その場は笑いと歓声で満ちた。だが、マガール人の飲酒の習慣に関しては、「私たちは農民だ。朝から酒を飲んで仕事ができるか？　毎日、宴会をやっているか？　酒、濁酒、肉を用意し、そのようにやれといったのは彼らじゃないか」と怒り出した。番組では「田植えが終わると、村人全員で宴会が始まる。雨季の仕事が終わると収穫の季節、この時期は毎日宴会だ」、あるいは「何をするにも一緒のマガール族、雨が降ったら昼間から宴会です」というナレーションで、飲酒の習慣がことさら強調されていたのだ。さらに、その後のトークではレポーターが「はい、寝起きからお酒を飲みます」と述べ、クイズ解答者は「そりゃ皆笑顔のはずですね」、「朝から酒飲んでベロベロじゃ……」、「お酒飲んでいるから、ね、お酒の勢い借りて何かナンパできそうだけど……」といった発言を繰り返した。

番組にたびたび登場した酒はトウモロコシで作った濁酒である。それは日本の濁酒よりも水っぽく、誰も酒だとは考えていない飲み物だ。実際よほどアルコールに弱い人でない限り酔うことはないので、子どもにもすすめるし、子どもも平気で飲む。一日二食の食生活にあって濁酒は重要なエネルギー源になっている。これについては、在日して働いているマガール人の友人も、私に電話で不快感を伝えてきた。放送の翌日工場へ行くと、同僚の日本人に「ネパール人は朝から酒を飲むのか？」とからかわれたというのだ。

飲酒の強調は、村人の名誉に抵触するため彼／彼女らは敏感に反応した。他にも番組には、村人は何もいわないが、私からみて首をかしげざるをえない解釈が散見された。一つは、テレビ欄と番組解説の紹介からも見て取れるように、番組では終始「雨季が楽しい季節である」という不適当な解釈が強調されたことである。少し考えればわかるように、雨季は伝染病が流行しやすく、病弱な老人や乳児が死んでいく過酷な季節である。農繁期で疲労がたまる雨季において、かつて魚毒漁は束の間の楽しみをもたらしてはいたが、人びとは雨が大好きなわけではけっしてない。

第二は、マガール人の未婚女性がシャイで、好きな異性すら自ら見つけられないという解釈である。番組ではそのように決めつけたレポーターが、出会いの場を作ろうと隣村の未婚男性を招いて合コン（歌垣）を開く。だが、そうした解釈が見当違いであることは、誤訳され、無視されたマガール語の発話を見れば明らかだ。歌垣にやってきた未婚男性に向かって未婚女性は、マガール語で「（吹き出しながら）私たちと一緒に過ごすのよ」【どうしよう恥ずかしいわ】（以下、【】は番組での翻訳テロップ）といい、別の女性もふざけた口調で「何なの、ほら。私たちと一緒に、ボジャ村の黒い顔した人（私たち）と一緒に過ごすのよ」【本当に来るとは思わなかったわ】と悪ふざけをして挑発する。さらに、歌垣が終わる頃、レポーターが男性一人ひとりに「仲良くなれそう？」と尋ねると、女性はカップルに仕立てられた男性に向かって「『はい』っていいなよ！」【テロップなし】と命じている。

そこには、私がマガールの女性らしいなと感じる自由闊達で、かなり積極的ですらある言葉がならぶが、番組ではそれをシャイという解釈で表現してしまった。ときどきもれ聞こえる指図の言葉において、現地コーディネーターはネパール語を使っており、マガール語ができるとは思えない。せめてマガール語の通訳を雇っていれば、このような誤訳とそれによる誤解は避けられたであろうし、もっと女性の別の側面が見えたことであろう。興味深いのは、そうした一面的な解釈と矛盾するような映像が映し出されており、クイズ解答者の一部もそこに気がついていることだ。それは次のようなトークの、とくにタレントBの発言に見てとれる。

タレントA：「積極的に女性が、こう何ていうんでしょう、行動するという文化をこう持って行ったと思うんですよ」

司会：「彼女（レポーター）がねー」

タレントA：「ですから、これから男性と女性の交流というのが、もう少し交流が盛んになると思うんですね。そういう良いものを置いていきたなと思います」

タレントB：「皆シャイなのにさ、『連れて帰る』『良いわよ』みたいな……急に早いんだよね」

タレントC：「ま、打ち解けるまで〈間がある族〉やんね。こんなあきまへんの、そんないいませんの？」

4　事実の誤認

少しの確認を怠ったため事実を誤認してしまった内容もある。一つは番組のメインテーマである魚毒漁だ。じつはボジャ村では、ビス[4]（ゴシュユ）という木の実とその樹皮を使った魚毒漁を四~五年前から全くやっていない。このあたりでは一九九三年頃から、ゴシュユに代わってジョル・ビス（液体の毒）と呼ばれる市販の殺虫剤が、危険なことだが魚毒として川に流されている（南 1993: 405-406）。そのため村人は不用となった私有のゴシュユの木を切り倒してしまい、現在はほとんど残っていない。二〇〇二年にゴシュユの実を使った魚毒漁は、依頼されておこなった撮影のとき一回だけであったが、案の定、その実と樹皮は村に残っていた木からだけでは足りず、不足分は近隣の村からかき集めたそうだ。魚毒漁が現在もおこなわれているか否かは、ディレクターが下見（ロケハン）に村を訪問したとき少し確認すればわかったはずだ。それをしなかったのは、魚毒漁と後述する田植えが企画段階から必ず撮影すべき行事として想定されていたからであろう。

第二に番組では、歌垣と田植え後の宴会でジャブレという歌と踊りが演じられたが、撮影した月は本来これをおこなって良い時期ではなかった。マガール人は七種類の歌舞を楽しむが、それらは慣習的にそれぞれ解禁と終了の日が決まっており、ジャブレのそれはカーティック月（一〇・一一月）の新月からアサール月（六・七月）の満月までである。現地撮影はサウン月（七・八月）、すなわち西暦の二〇〇二年八月八日から一五日までおこなわれたが、雨季で農繁期でもあるこの月に番組で取りあげたような歌垣が開かれることはまずない。

時期の逸脱という点では、レポーターが家畜置き場から雨に濡れたドロドロの厩肥を背負いかごで運びだし、畑にまいた作業も本来雨季にはしない。畑への施肥は厩肥が乾いて運びやすくなる、乾季の一一・一二月から三・四月にかけて専らおこなうのだ。

5 視聴者が知りえない演出

先に述べたように、バラエティ番組において「やらせ」や「仕込み」という演出は、視聴者もそうしたことがありえるだろうとシニカルに見ていることで許容される。それどころか、私たちはそのほうがリアルなものとして受け止めてしまう『「やらせのリアリティ』とでもいうべき感覚」（斎藤 2003: 45）に達していることも指摘した。だが、村人から聞いた番組の演出（再現映像）は、私には視聴者の予想を超えた過剰なものと思える。

一つは、盛大に繰り広げられた田植えの映像だ。番組のなかでレポーターが皆と田植えをした水田は、ディレクターがロケハンに来た八月一日以前の七月二三日、既に田植えを終えていた。二〇〇二年、ボジャ村の最後の田植えは七月三一日だったのだ。ところが、取材班は水田の持ち主に例年の収穫分の金銭を補償することで、八月一〇日の午前中に稲を引き抜かせ、午後に「二度目の田植え」をさせた（図1）。村人によれば、この事実はレポーターに絶対に伝えないよう指示されたらしい。村人の約半数の五七人が、長く伸びきった苗を再び植える作業に駆りだされた。村人の名誉のため付言すれば、この依頼に少な

図1　色が異なる上部半分の水田（約10アール）で二度目の田植えが撮影された。例年約220キログラムの米が収穫される。

くとも二所帯は水田の提供を断っている。

もう一つは、取材班が草刈りをしているレポーターの足に背後からこっそりヒルをつけ、血が止まらない刺傷を撮影したという話である。ヒルをつけるところを除くこの映像は、マッチの擦る部分を何に使うか（答えは止血）というクイズに使われた。じつは標高約七三〇メートルのボジャ村にヒルは生息せず、約九〇〇メートルより上で見られるようになる。撮影に使った数匹のヒルは、取材班の食事を作る現地スタッフ（シェルパ人）が朝山へ登り、生け捕りしてきたものだった。このときも一部始終を見ていた村人に緘口令が出され、皆は憤りながらそれに従ったそうだ。村人は取材班がレポーターをいじめていると感じ、レポーターへの同情と取材班への反感を強めたという。だが、駆け出しのタレントにあっては、こうした演出（やらせ）は了解済みのことだったのかもしれない。

視聴者が知りえない演出は別れの場面にもあった。番組では「一日かかるから、気をつけて帰りなさい」というホームステイ先の父の言葉に、レポーターは「そうなんだよね」と答え、あたかも往きの険しい山道を再びたどるかのように描かれた。だが、実際はレポーターを含む日本人五人と現地コーディネーターのネパール人三人は、隣の村からヘリコプターに乗り込んでポカラという都市へ飛んでいた。[5]村人が笑顔で手をふる別れの映像のこちら側には、ヘリコプターがあったのだ。二往復したというヘリコプターを画面から排除するのは、レポーターの苦労を視聴者に追体験してもらいながら番組を終え、「山奥の山奥のマガール族の村」という修辞を壊さないためであったろう。ヘリコプターを包み隠さないほうが村の生活の苦労を伝えられただろうが、番組はあくまで村人のではなく、タレントの苦労を見せたかったのだと思われる。

ヘリコプターには余談がある。大きな魚が捕れるところを撮りたいと臨んだという魚毒漁は、わずかの小魚しか捕れずに終わった。すると、取材班は衛星電話で首都カトマンズの現地コーディネーターの事務所に連絡し、迎えにきたヘリコプターでポカラの湖の養殖魚[6]（コイ）を届けさせた。そして、着陸地点の畑で「たも網」にその魚を入れ、大漁に喜ぶ男性の姿を撮影したという。さすがに、このシーンが番組で使われることはなかった。

私がヘリコプターの一件を気にとめる理由はほかにもある。それは、ヘリコプターを二往復チャーターしたという高額の出費を、制作会社の上司やプロデューサーが知らないとは考えがたく、こうした演出はテレビマンユニオンという会社の制作方針ではないかと思われるからだ。レポーターの安全を考慮するとヘリコプターの使用は当然だろうし、雨季に片道を丸二日かけて歩いたことだけでも驚嘆に値する。だが、それを視聴者に見せないことで見えづらくしていることは、金さえあればヘリコプターをチャーターして何でもできるというネパールの現実と、村人の生活との間にある大きなギャップである。また、番組の現地取材費の大半が、ドル払いがふつうのヘリコプターのチャーター代や、現地コーディネーターが経営する会社への手数料として使われているという現実である。

ディレクターによれば、ボジャ村における謝金は、全て現地コーディネーターに任せていたので把握していないという。撮影地におけるルピー払いの支払いなど、ヘリコプターのチャーター代に比べれば、領収書も不要なほどのはした金なのだ。取材班がどれくらいの謝金を村長やレポーターのホームステイ先、二度目の田植えをした水田の持ち主などの個人に渡したかは、私はあえて尋ねていないのでわからない。だが、それはけっして多くはないと思われる。というのも、村人皆に関わる謝金では、一四所帯にそれぞれ六〇〇ルピー（一ルピーは約一・八円）、田植えに二頭のオウシと犂を出した人に一〇〇ルピー、濁酒の購入に一五〇〇ルピー、肉の購入に一五七五ルピーが支払われたらしいからである。また、現地コーディネーターの配慮からであろう、個人ではなく既婚女性が全員参加する婦人会（アマー・サムハ）には少し多い三〇〇〇ルピーが渡されたそうだ。だが、私が訪ねた撮影の二カ月後には、この謝金の会計をめぐって確執が起こり、同会は二派に分裂していた。何れにしろ、いくら現地の物価を勘案するとはいえ、商業番組の出演料ないし謝金がこの程度で済まされる番組作りは、搾取の誹りを免れないのではないか。

6 好感と異文化理解

既に述べたように、村人のレポーターに対する好感と同情はきわめて高かった。ミネラルウォーター以外は全て現地食をとおし、怖がっているのにゴシュユの木に登らされ、村人の目には取材班から何も知らされていないように映るレポーター。「かわいそうに、木から落ちたらどうする気なんだ」というのが、村人のディレクターに対する非難であった。翻って取材班は「持ちこみの美味しいものをシェルパに作らせて宿舎で食べ、川に魚毒漁の撮影に行ったときもレポーターの見ていないところで自分たちだけビスケットを食べていた」と村人は憤慨する。そうした取材班への彼らなりの抵抗は、魚毒漁のとき大量のイラクサを刈って川に流し、川に浸かって撮影している日本人にいやがらせすることであったという。

村人は、ヘリコプターが来ることもレポーターは直前まで知らなかったと信じて疑わない。彼女の臨場感あふれる表情を撮るためには、ありうる話かもしれない。たしかに現場には、いじわるな取材班と無垢なレポーターという構図があり、それが短期間のうちに村人にレポーターへの好意を抱かせる大きな要因になっていたと思われる。嫌われ役の取材班と好かれるレポーターという対照は、『ウルルン』の戦略的な、あるいは結果的に功を奏した取材技法なのかもしれない。

興味深いことに、このレポーターの立場は「何もわからない奴で、何でも教えてやらなければならない」と村人が感じる、調査をはじめて間もない頃の人類学者に通じるものだ。彼女は間違いなく異文化理解のスタート地点に立っている。番組でもレポーターは、はじめこそ現地コーディネーターに教わったと思われる片言のネパール語を話しているが、同年代の女性たちと行動するなかで、本人はそれとは気づかずにマガール語を話しはじめているのだ。そうしてできた未婚女性たちとの信頼関係は、けっして作り物と思われない。だが、もう一歩でその社会、文化の深みを垣間見ることができるところまできており、映像にはそのヒントが映し出されているのに、そこに入り込めないでいる。

たとえば、レポーターと同い年ということでスポットがあたり、家族も番組のなかで紹介されたインドラ・マヤ（以下マヤと呼ぶ）の涙は考えさせられる。彼女ははじめ自分の年齢を五歳若くいい、すぐにそれを否定して本当は二一歳であるといった。そのとき、まわりのマヤより年若い一五歳から一八歳の女性たちは、「あれ！」とはいったが、誰一人「違うでしょ」とはいわなかった。そこには、女性は一七〜一八歳くらいでほとんど嫁ぐのに、マヤはそうでないことへの気遣いがあった。だが、レポーターや取材班はそうした反応を読み取ることができず、マヤが結婚していない事情や彼女の気持ちを思いはかることができない。人一倍まじめなマヤは、レポーターが日本語で何をいっているのかを知りたい一心で、レポーターが発言するたびに通訳に視線を向ける。それは、他の村人がすっかり俳優気取りで役割を演じきっているのとは対照的だ。彼女がレポーターと出会い、自分にとりわけ関心を寄せてくれた喜びと、レポーターとの別れの悲しみ、婚期が後れている不安を番組はすくうことができなかった。

先述したように、未婚女性たちにボーイフレンドがいないことを聞きつけたレポーターは、皆で彼氏を探そうと、隣村の独身男性と合コン（歌垣）をすることを提案した。歌垣じたいは、マガール人の配偶者探しの手立ての一つであり自然なことだが、レポーターは唐突に、くじ引きでカップルをつくりあげ、他愛もなく歌い踊らせる。だが、マガール人にとって恋愛や結婚の相手は誰彼でもよいのではない。結婚は男性にとって母方のオジの娘（母方交叉イトコ婚）とすることが望ましいと考えられており、逆に同じ父系クラン（氏族）の人は兄弟姉妹とみなされるので忌避される。番組ではこうした文化的な嗜好を学ぶことも、配慮することもなく、押しつけの歌垣をやらせた。

7　ドキュメンタリーの将来

なぜ番組制作者は明らかに異文化理解のスタート地点に立ちながら、さらなる一歩が踏み出せないでいるのか。おそらくそれは、現地で何かを新たに発見する余裕がないような日程で取材を進めることに大きな原因があるのではないだろうか。そのため、自分たちがイメージする村の生活像や女性像を押しつけてしまい、現地コーディネーターの提案に任せた撮影をおこなってしまうのである。すなわち、短期間に絵になる映像ばかりを求める日本人取材班と、その希望にそうよう村人をいかようにも動員する現地コーディネーターの共犯関係が、対象とする人びとの文化や習慣を軽視ないし無視させるのだ。

好意的にみれば、日本人取材班の耳には、田植えの再現を断った所帯があったという事実が届いていないのかもしれない。交渉や金銭にまつわる仕事は、懐柔策に長けた現地コーディネーターに任せていたらしいからだ。あるいは彼らの目には、マヤの喜びや悲しみ、通訳を追う視線は映らなかったのかもしれない。そうであるならば、こうしたスタイルをとる海外情報型クイズ番組は、そもそも異文化を表象することに限界があるのではないか。誤解を恐れずにいえば、前述した『恋愛観察バラエティ――あいのり』のほうが、海外映像を日本人出演者の雰囲気づくりにのみ利用している点で潔いといえるかもしれない。つまり、日本人の娯楽のつけを非日本人にまわしていないからだ（ただし本書吉岡論文も参照のこと）。

ドキュメンタリー番組は高コストかつ低視聴率のため不振に陥っているといわれる（康・一谷・飯田 2003: 13）。今となっては、海外情報型クイズ番組は海外ドキュメンタリーの最後の砦ともいえる。それは、本来ドキュメンタリーの制作を志す人びとが、番組をバラエティ仕立てにすることで自らの表現する手段をぎりぎりの妥協点で確保しているような番組なのだ。必然的に取材は、番組制作者の本意はともかく、バラエティ番組なみの予算内で、時に過剰な演出を駆使して短期間にすすめざるをえない。それにもかかわらず、編集と番組の構成では本音のドキュメンタリー的な〝良心〟とそれ風の映像が混ざりこむ。この番組制作者が抱えた自己矛盾あるいは葛藤こそが、『ウルルン』を見たときに私が感じる、何ともいえない「居心地悪さ」の正体なのではないか。

正直にいって私は、この番組の映像の質が高いことには感嘆する[7]。それは、村人がじつに豊かな表情と笑顔で映っていることだ。短期の滞在で、どうしてあんなにいい表情が撮れるのか。もしかすると、それは『ウルルン』という番組のデザインが、先の取材技法を含めて優れているからなのかもしれない。因みに『ウルルン』は、二〇〇一年に財団法人日本産業デザイン振興会からテレビ番組として初めて、グッドデザイン賞（審査委員長特別賞、メディア・デザイン賞）を受賞している[8]。だとすると、デザインを活かすのは取材と編集の現場にあろう。本稿

図2　左の建物二棟が1970年代に建てられたユナイテッド・ミッションの元ヘルス・ポスト。現在は空き家で取材班の宿舎になった。

で取り上げたような問題点は、次のような課題をそれぞれできる範囲で改善することで、かなり是正されるのではなかろうか。それは、ドキュメンタリーを制作したいという番組制作者の志を視聴者、さらにスポンサーの意識改革にまでもっていく努力によって、番組制作の形式と本音のギャップを小さくすること、時間にゆとりをもった番組づくりに変えていき、現地コーディネーターの資質を吟味することで[9]、取材地の人の話をしっかり自分で聞く取材環境を整えることなどだ。

8　おわりに――異文化の表象とオリエンタリズム

何かを表現する（切り取る）ということは、何かを表現しない（切り捨てる）ことと同義である。その意味で人類学者にも特権的な地位などない（本書大森論文も参照のこと）。じつは私はこの小稿を書いていて、私と番組制作者の表現に質的な違いはないのではないかという厳しい現実を直視させられている。なぜなら、ここに載せた村の写真（図2）を探し出すのにけっこう苦労したからだ。私がこれまで撮ってきたボジャ村の大半の写真にも、岩村昇医師らの提案で一九七〇年代に建てられたユナイテッド・ミッションの元ヘルス・ポストの建物（岩村 1975; 隅谷 1990）が写っていなかったのだ。

絵になる情景を撮りたいという誰にもある欲求は、無意識のうちに近代的な建物やヘリコプターをファインダー内から排除させる。そして、表現者がもつそれらで汚されていない既存の「ネパールの山村」イメージを再生産し、固定・強化させるのに一役買う。見たいものしか見えないし、見せられない、という「オリエンタリズム」（サイード 1993）は、何かを表現する者にとって共通のくびきなのだ。もし「オリエンタリズム」の陥穽からのがれようとするならば、たとえば写真を撮るときに広角レンズを使って、半強制的に視界を拡げることは、ある程度の実効性があろう。それは喩えれば、きれいな農村風景の横にある巨大スーパーや、ゴミ捨て場、工場、高速道路をも写真に写しこむという方法だ。

仮にテレビのドキュメンタリー的番組がこうした構図を試みたとき、私たちはそれを夢がなく、美しくないと拒むのであろうか。あるいは、現実を直視しようとしているとして歓迎するのか。テレビ・メディアの場合、私たちが何を見せられ、何を見せられなかったかは、じつは私たちが何を見たいと思っており、何を見たくないと思っているかの、かなり正直な写し絵であることを肝に銘じなければならないのである。

付記

本稿は、「多重メディア環境と民族誌」の第四回研究会（二〇〇三年七月一二日）での発表を基にする。その際コメントをいただいた諸先生、その後個人的にご意見をいただいた飯田卓氏、小池誠氏（桃山学院大学）、ウプレティ美樹氏、及び『季刊民族学』の元編集長小山茂樹氏の適切な助言に感謝いたします。

当該番組のディレクターには最終稿を見ていただき、本章とは別の見解をいただいた。それをふまえて訂正したのは、明らかに不適切な表現二ヵ所のみである。現地の人びとが語ったことの解釈と、制作者側の説明との不一致に関しては、別稿で論じたい。

注

1 本章は『季刊民族学』に掲載するため、二〇〇三年一二月から二〇〇四年三月まで同誌の編集者と協議を重ね改訂してきた原稿を基にする。同誌が海外ドキュメンタリーの取材地選びの参考資料として利用されることが多く（本書増田論文も参照のこと）、ここでとりあげた番組もそれにあたることから、問題提起の意味でとりあげられる予定であった。だが最終的に、「同誌にはなじまないし、視聴者と番組制作者に対する愛が足りない批評になっている」という理由で掲載が見送られた。後者の理由については読者のご判断を仰ぐしかない。

2 パウエル（Powell 2002）はウルルンをTearfulと訳しており、番組関連本における司会者の「はじめに」からも番組の売り物の一つが涙であることは明らかである（TBSサービス 2002）。だが、その原義は番組のホームページ（http://www.ururun.com/）によると「ウー→出会う。ル→泊まる。ル→見る。ン→体験」である。

3 『ウルルン』のホームページにも放送回ごとの番組紹介欄があり、滞在地紹介として拙稿を引用した小文が載る。テレビマンユニオンの著作権表示（©）もあるので、これでは剽窃ではないのかとディレクターとの面談で話したところ、数カ月して同欄には「ご要望にこたえ、参考にさせて頂いた文献をご紹介します」として文献一覧が掲載されるようになった。この処置は遡って、それまで皆無であった他の放送回の一部にも適用された。

4 南（1993; 1994）において私は、ビスをミカン科サンショウ属の植物と述べたが、後に龍谷大学の土屋和三先生の同定により、それがミカン科ゴシュユ属のゴシュユ（*Euodia rutaecarpa*）であることがわかり、南（2002: 212）において訂正した。

5 帰路にヘリコプターを使うことがどの時点で決められたのかはわからない。当初からの予定にしては不用意なのは、上空から着陸する村を探す土地勘のある人が必要だということで、急遽カトマンズで働く村長の息子が狩り出されたことである。彼はカトマンズからバスでポカラの空港に向かわされ、ヘリコプターに同乗してきた。

6 残るネパール人スタッフ九人は、ボジヤ村以外の村から雇用した一六人のマガール人のポーターとともに徒歩で低地の車道まで下った。私は村へ向かうとき、偶然ポーターとして雇われた人びとと会い「夕食にポカラのコイを食べながら、荷物を運びおろした」という話を聞いた。だが、その時点では、ポカラのコイも池のコイもこのあたりで手に入るはずがないので、私の聞き間違いか勘違いだと思っていた。

7 もう一つ感心したことは、取材班がゴミ一つ残さず持ち帰ったことである。

8 財団法人日本産業デザイン振興会のホームページ（http://

www.g-mark.org/library/2001/sinsaoete.html）では、審査講評として「本年度から新設された「審査委員長特別賞」のひとつに、テレビ番組「世界ウルルン滞在記」が選ばれていますが、この受賞はメディアもまたデザインの対象であるという表明である以上に、この番組が示す「まなざし」をめぐっての高い評価でした。自分達とは異なる生活文化を見下すものでも、客観的に分析するものでもない。その中に裸で飛び込み、笑い、泣き、真剣に話し合う、お互いの経験を重ね合う。それこそデザイナーがユーザーと向き合う「まなざし」そのものでないでしょうか」と述べ、『ウルルン』が高く評価されている。

9　少なくともこの番組がネパールで雇用した現地コーディネーターは問題が多い。詳述しないが、彼らが設問したクイズは二問ともボジャ村では見られないことであり、他の地域や村での現地コーディネーターの知見をあてはめたものであった。また、彼らは取材中、上京したら連絡をとるようにと村人に連絡先を残したが、先のヘリコプターに同乗した村長の息子がカトマンズに戻り電話をかけてみると、一日目は「忙しいから明日また」といわれ、翌日は知らないふりをされたという。現地コーディネーターによる取材対象者の使い捨ては、再会番組を制作することが多い『ウルルン』のような番組においても見られるようだ。

文献

飯田卓 2001「イメージの中の漁民——ある海外ドキュメンタリー番組の分析」『民博通信』九二：八一—九五
—— 2004「異文化のパッケージ化——テレビ番組と民族誌の比較をとおして」『文化人類学』六九（一）：一三八—一五八
石田佐恵子 2003a「いつかハワイにたどり着くまで」石田佐恵子・小川博司編『クイズ文化の社会学』世界思想社、一九九—二三二頁
—— 2003b「テレビ文化のグローバル化をめぐる二つの位相」『思想』一二月号、一一四—一三二頁
岩村昇 1975『ネパールの碧い空——草の根の人々と生きる医師の記録』講談社
康浩郎・一谷牧男・飯田卓 2003「座談会——民族誌映像の可能性」『民博通信』一〇二：一二—一五
南真木人 1993「魚毒漁の社会生態——ネパールの丘陵地帯におけるマガールの事例から」『国立民族学博物館研究報告』一八（二）：三七五—四〇七
—— 1994「マガールの魚毒漁」『季刊民族学』六九：六—一七
—— 2002「ネパール山地民マガールの藪林焼畑」寺嶋秀明・篠原徹編『エスノ・サイエンス』（講座生態人類学7）京都大学出版会、一八七—二一四頁
Powell, Lindsey 2002 Offensive Travel Documentaries on Japanese Television: Secret Region and Japan!! and World Tearful Sojourn Diary. *Visual Anthropology* 15: 65-90.
斎藤環 2003「『電波少年』打ち切りにみる一つの感性の終焉」『中央公論』一月号、四二—四五頁
サイード、エドワード W（今沢紀子訳）1993（1978）『オリエンタリズム　上・下』（平凡社ライブラリー）平凡社
隅谷三喜男 1990『アジアの呼び声に応えて——日本キリスト教海外医療協力会二五年史』新教出版社
丹羽美之 2003「ポスト・ドキュメンタリー文化とテレビ・リアリティ」『思想』一二月号、八四—九七頁
TBSサービス 2002『世界ウルルン滞在記——旅ではじけた一一人の新しい魅力』青春出版社

テレビ番組における人類学的知識の流用
北方少数民族の呼称をめぐって

大西秀之

1　番組制作というフィールド

われわれの日常生活は、現在、幾重にも多層化した諸種のメディアに取り囲まれている。質やレベルに差異があるものの、こうしたメディア環境が、現代社会に無視しえない影響を与えていることは疑うべくもない。それゆえ、メディアを扱った既存の研究の多くは、個々の研究領域や理論・方法論に拘わらずメディアが社会やその構成員に及ぼす影響や役割を明らかにしようとしてきた（Gerbner & Gross 1976; 田島・児島 1996）。なかでも、「民族呼称」などに代表される他者表象の構築・再生産とメディアとの関係は、ひとつの主要なトピックとして追究されてきた（Gross et al 1988）。

ところで、現代社会において最も影響力のあるメディアは、インターネットという新たなシステムが登場したとはいえ、依然としてテレビや新聞などのマスメディアであるといえよう。また、総体としてのマスメディアは、今日、一定の権力性・政治性を有する社会制度として存在している。このため、多層化したメディア環境の中核に位置するテレビや新聞が、現代社会のなかで他者表象の構築・再生産に果たしている役割を問うことは、人類学と隣接領域にとって単なるメディア論の枠にとどまらない重要なテーマとして推進されている。

しかし、現在のメディア論には、ひとつの課題が指摘できる。それは、メディアと社会との関係性などに比して、メディア内部のメカニズムや構造に対する理解が十分になされてきたとは言い難いことである。というのは、ひとつの社会制度として振る舞うマスメディアも、その内部は様々な役割を担い担わされた人々が従事する場にほかならず、そうした人々の実践は外部から眺めただけで明らかにしえるほど単純なものではないからである。

であるならば、テレビや新聞などのマスメディアが果たす他者表象の構築・再生産を検討するためにも、外部において対峙するだけでなく研究者自身がメディア内部に参入し、そのメカニズムや構造を理解することが求められる。そこで求められる方向性のひとつには、メディア内部の場を民族誌調査のフィールドとして位置づけ明らかにする、人類学にとって常套手段的な試みがあげられるだろう。ただ、こうした試みは、まだまだ例外的なアプローチといわざるをえない[1]。

他方、メディア内部への参入には、今ひとつの重要な研究意義があげられる。その意義とは、各種のマスメディアが他者表象の構築・再生産をおこなうなかで参照している様々な知識や情報の使われ方とその問題点を把握することである。それはまさに、異文化を始めとする他者表象に携わる人類学が担うべき役割といえよう。

以上の課題を踏まえ、本章では、筆者自身が制作に関わったテレビ番組を対象とし、その制作過程でアイヌの人々を始めとする日本列島北方地域の少数民族の表象が構築されてゆくプロセスを、放送メディアの内部に身を置いた視点から提起・検討する。とくに、人類学を含めたアカデミズムにおける研究成果が番組制作のなかで参照される場面に着目し、テレビという放送メディアによる他者表象の構築に人類学的知識が消費される過程を概観してゆく。本章の目的は、現代の多層化されたメディア環境のなかで、人類学的知識がメディア資源として扱われている実態を番組制作というメディア内部の実践から把握するとともに、絶大な影響力を誇るテレビという放送メディアが人類学を始めとするアカデミズムの知識や情報を消費しつつ、現代社会のなかで他者表象を構築している姿を浮き彫りにすることにある。

2 番組の概要

本章で取り上げる番組は、NHKが一九九四年二月に『歴史発見』として放映した、「ロシア国境を探れ――間宮林蔵、北方探検の密命」である。『歴史発見』は、当時NHKで毎週放送されていた歴史番組シリーズで、毎回歴史上の人物や事件などに焦点を当て、当時の時代的背景を探ってゆくものである。NHKのホームページを閲覧すると、同シリーズは、「ドキュメンタリー／教養」の範疇に位置づけられている。事実、番組は、史料的な裏づけや論拠に基づいて考証を行うとともに、毎回ゲストとして招いた有識者や専門家のコメントを挿入しつつ進行する、というスタイルが採られている。また、現在放映中のシリーズ『その時歴史が動いた』では、各回で引用・参照した資料・文献の出典を含む番組制作に関連する情報を、ホームページで公開している[2]。『歴史発見』放映時は、現在のようなインターネット環境が整っていなかったが、放映後に番組内容を再録した出版物のなかで同様な情報を掲示している[3]（NHK 1994）。

とはいえ、同シリーズは、NHKの地上波では「総合」チャンネルで放映されていることからも、学術的・教育的な専門性に重きを置いたものではなく、幅広い層の一般視聴者――もっとも歴史に興味関心のある層が中心ではあるが――をターゲットにしているといえる。本章で対象とする「ロシア国境を探れ」は、このようなコンセプト・スタイルの枠組みのなかで制作・放映された番組である。

番組の概要は、間宮海峡発見の契機となった、間宮林蔵によるサハリン・アムール地域の探検を検討するなかから、間宮林蔵の人物像、探検の行程や内実、背景となった国際情勢などを描き出すというものである。間宮林蔵や彼の北方探検に関する理解として、本番組は取り立てて目新しい内容ではなく、既存の定説を紹介したレベルといえる。ただ、その人物名や間宮海峡の知名度に対して、さほど実像は知られていないことを勘案するならば、いわゆる歴史好きの一般視聴者にとっても、本番組は十分に知的好奇心を満足させるものであったと推察される。

本章では、上記のような主題そのものではなく、探検成功の伏線として語られるアイヌの人々を始めとするサハリン・アムール地域の少数民族の描かれ方に注目する。間宮林蔵の探検と北方少数民族との関係――とりわけサハリンアイヌやニブフの協力によって探検そのものが達成されたこと――は、わずかな専門家を除けば、ほとんど一般には知られていない知識といえる。このため、探検と少数民族との関連は、視聴者を十二分に引きつけうるトピックとして番組構想の段階からスタッフに明確に意識されていた。

もっとも、間宮林蔵との関係以前に、視聴者の多くは、サハリンを始めとする北方地域の少数民族そのものに関して寡聞であるといえるだろう。それゆえ、北方少数民族の語られ方に注目することは、テレビ番組が一般社会に周知されていない対象を、どのように描き出しているかを知るためのケーススタディとなる。と同時に、それは、人類学を含むアカデミズムの知識が、マスメディアによって加工され社会に向けて発信されるプロセスの一事例として読むことも可能となる。

3　制作スタッフとその役割

『歴史発見』は、公式には「NHK歴史発見取材班」によって制作されたことになっている。ただ、「NHK歴史発見取材班」なる組織が、必ずしもNHK内の特定の部署に常態的に存在しているわけではない。『歴史発見』の各回は、中央局のみで制作されているのではなく、内容によっては地方局が請け負うケースがある。この場合、担当局のディレクター個人が中心になって制作することとなる。「ロシア国境を探れ」も、NHK札幌放送局によって制作されたものであった。

「ロシア国境を探れ」は、スタジオでの収録以外、中央局からの企画を受けた札幌放送局のFディレクターが、番組の基本コンセプトから構成までを担当した。無論、制作過程では、局内外の様々な人物の協力があったが、最終責任者として番組そのものを制作したのはFディレクターである。

しかし、経済系番組を中心に関わってきたFディレクターにとって、「ロシア国境を探れ」は、初めて担当する歴史系番組であった。このため、アドバイザーとしてMディレクターが番組制作に関わった。Mディレクターは、数多くの歴史系番組の制作を担当していた人物で、北方史関係にも詳しくアドバイザーとして適任者であった。制作過程においてMディレクターが担った役割は大きく、Fディレクターとともに同番組を実質的に制作した人物といえる。

以上のスタッフによって制作された番組に、筆者は、リサーチャーという立場で番組制作にコミットした。リサーチャーとは、番組制作の過程で必要とされる情報や資料を収集することを主な役割とする。ただ、情報や資料の収集以外にも、番組制作における時々の要請に応じて、様々な仕事を請け負うことが珍しくない。筆者が知る限りにおいても、正規スタッフに代わっての写真撮影や事前交渉、場合によっては資料の翻訳などを任されるケースもあった。

なお、リサーチャーの身分は、基本的に時給で雇用されるパートタイマーである。リサーチャーの能力や経歴などによって、個々の待遇に差があるかとは思われるが、各人は採用に当たってNHK側から基本給、職務内容、被雇用者としての義務などが提示され雇用契約を結ぶこととなる。

ちなみに、筆者がリサーチャーとなった契機は、NHK札幌放送局が番組制作のリサーチャー探しを当時在籍していた大学院のある教員に依頼した結果、北方史を研究している大学院生として筆者が紹介されたことにある。だが、筆者が必ずしも適任のリサーチャーであったかどうかは定かではない。というのは、当時、筆者は、北方史を研究しているとはいえ、番組のターゲットとはほど遠い先史時代を主要な対象としていたからである。しかも、大学院の修士課程に進学したばかりで、関連する人類学や歴史学の知識にも乏しかった。[4]

ともあれ、結局、筆者は、番組終了まで、札幌放送局の唯一人のリサーチャーを務めることとなった。[5] 同番組の制作過程で、筆者が請け負った主な仕事は、次の四つに分けることができる。

① 研究者などの番組協力者から知り得た情報の出典に当たり、その情報の正否を確認するため、原典が所蔵されている図書館などに出向き閲覧し、該当箇所があった場合コピーを取ってくる。

② 番組に使用する資料の収蔵者・機関に対して、撮影のための承諾や事前交渉、撮影当日の準備・セッティングなどをする。

③ 番組制作に必要となる新たな情報を見つけ出すため、ディレクターにより指示された文献を読み、その内容を要約して伝える。

④ 番組の内容・構成に関するディレクターの議論に参加し、リサーチャーとして知り得た情報や見解を提供する。

ディレクターをメインPCにたとえるならば、上記の仕事は、モバイル端末機と外付けハードディスクを備え併せたような役割といえよう。要するに、筆者の担った仕事は、取り立てて特別な専門知識が求められるものではなく[6]、多忙なディレクターが直接できない雑務を代わりにこなすことであった。これらが、番組制作において筆者に割り当てられた立場と役割であった。

4　制作現場の内幕

ここでは、リサーチャーとして番組制作にコミットした筆者の経験に基づき、番組構想の段階から放映に至るまでの制作過程を簡単に記述する。ただ、本章を執筆している現時点で、すでに番組の制作・放映から一〇年以上の歳月が過ぎている。このため、以下の記述は、あくまでも当時の記憶を呼び起こしたものである。したがって、記憶を再構成するにあたって、少なからぬバイアスが介在していることは疑いない。とくに、他者表象に関わるメディアへの問題意識は、筆者の研究履歴とともに当時と現在で相当変化していることを注記しておきたい。

繰り返し指摘したように、「ロシア国境を探れ」は、NHK札幌放送局が企画を受けて制作したものである。ただ、NHK内のどの部署で企画が立案され、どのような経緯で札幌放送局が請け負うことになったか、筆者自身は聞かされなかった。

リサーチャーに就いた段階で筆者に伝えられたことは、この企画が『歴史発見』という全国的な番組枠で放送されるということだった。その時点では、企画のアウトラインやキーワードなどが決まってはいたものの、番組の具体的な構想を詰めてゆく途上にあった。

とはいえ、二人のディレクターの間では、おおよその構想が練られていた。それは、間宮林蔵の探検がロシアとの国境問題が緊張するなかで、外交上の重要な意義を有していたことを番組の主題とするというものであった。また、副題として、サハリンアイヌやニブフなどの現地の少数民族の人々の協力によって、探検が達成された様を描き出すことが決められていた。

結果的に、放映に至るまで制作作業は、もっぱら史料的な裏づけを取りながら構想の検証を重ね、ディテールを詰めてゆくことに当てられることとなった。そうした意味では、番組の方向性は最初から規定されており、その枠のなかで制作が進められていったといえる。したがって、リサーチャーとしての筆者の仕事も、自ずとこのラインに沿ったものとなった。

ところで、こうした構想は、メイン・アドバイザー的な有識者から聞いた話を基に作成されたようである。加えて、ディレクターたちは、番組制作の過程で専門家や研究者にたびたびコンタクトを取りアドバイスを仰いでいた。これらの有識者は、出演や資料提供などの直接的な関与をしなくても、番組終了時のテロップや出版物などにおいて制作協力者として公式に名前が明記される。

上記のような協力者は、番組制作のプランに関する情報を与える点で不可欠な存在であった。同番組のディレクターたちにとって、有用な知識や情報を提供してくれる協力者をひとりでも多く得ることが、番組そのものの成否の鍵を握っている、といっても過言ではなかった[7]。

もっとも、ディレクターたちは、短絡的に協力者から聞いた話を鵜呑みにするわけではなかった。彼らは、ある程度の裏づけを取るまで、番組のネタとしての採用を保留する慎重さを持っていた。たとえば、ある時には、ひとりの協力者から聞いた話を別の協力者に問い合わせ確認することさえあった。ただ、裏づけ作業は、ディレクターがみずから行うこともあったが、主としてリサーチャーである筆者が担う役割であった。事実、筆者に要請された作業の大半は、協力者から聞いた話の史料的裏づけを取ることであった。

やや乱暴に表現をするならば、ディレクターたちは、可能な限りの人的ネットワークを駆使し、番組内容に関わる情報を収集して裏づけを取った上で、使えそうなネタを取捨選択しつつ番組制作を進めていたといえる。無論、ディレクターの立場に立つならば、専門的な知識や経験の有無に拘わらず割り振られた仕事を、限られた時間内で達成するための最も効率的な戦略であるといえよう[8]。このような番組制作の戦略のなかで、人類学的な知識もまた消費されていったのである。

5　メディア資源としての人類学的知識

総体として、「ロシア国境を探れ」では、歴史学に比して、いわゆる文化人類学プロパーの知識や研究成果の参照はほとんど直接的には行われなかったといえる。サハリンやアムールの少数民族に関する情報や知識も、基本的には、歴史学系の協力者や文献などから得られたものであった。もっとも、番組内容を勘案すれば、これは当然の結果であるといえよう。

しかし、番組制作を主導したディレクターたちが、必ずしも人類学的知識に疎かったわけでも無関心であったわけでもない。とくに、アドバイザーとして参与したMディレクターは、歴史学のみならず北方地域を対象とした人類学関連の研究事情に多少とも精通していた。こうしたMディレクターの情報源は、番組制作の経験のみならず、人類学者が主催する研究会などに参加し、個人的にネットワークを構築していたことに由来するものであった。

人類学的知識が直接的に参照されなかった理由は、ひとえに同番組の制作過程において必要と判断されなかったからにほかならない。ただ、その判断も、積極的に下されたわけではなかった。実際、制作過程のなかで、必要なコメントを提供してくれる有識者を捜している時に人類学関係の研究者の名前が挙げられることがあったが、歴史学系の協力者に問い合わせたところ要件が満たされたため、結局はコンタクトがとられなかったというケースもあった。加えて、逆説的ではあるが、個人的に人類学者とコネクションを持つMディレクターがいたがゆえに、取りあえず試しにでも問い合わせてみる、という判断が下されなかった側面もある。

とはいえ、結果として直接的な参照はなされなったものの、人類学的知識が番組制作においてまったく利用されていなかったわけではなかった。とりわけ、それは、北方少数民族の人々を描く場面において見出された。

最も端的な例は、サハリンやアムールの民族呼称に関して認められた。ディレクターたちは、番組放映において、民族呼称を「現在の自称」に統一することを確認していたのである。民族呼称のほかにも、北方少数民族の人々を描くなかで、それぞれのエスニックグループのリーダーは、「酋長《しゅうちょう》」ではなく「村長《むらおさ》」とすることや、集落を「コタン」と表現するのはアイヌの人々のケースにのみ限定することなど、ディレクターの間でたびたび確認されていた。このように、北方少数民族の人々をどのように表現すべきか、制作過程のなかで注意すべき事項とされていた。

ところで、これらの表現方法は、史料の記述に合致したものではなく、かなりの部分で逸脱が指摘できる。間宮林蔵の時代の記述に厳密に沿うならば、番組中で「樺太アイヌ」とされた人々は単に「蝦夷」か「夷人」であったし、「ニブヒ」[9]とされた人々は「スメレンクル夷」や「ギリャーク」などと表記されていた。ただ、こうした表記も、「和人」の記述に限定されたものであり、多くの場合ロシアや清朝では異なる表記がなされていたことが指摘できる[10]（佐々木 1996:22-58）。


では、ディレクターたちは、いかなる判断の下に表現方法を決定したのであろうか。その判断は、番組で描かれる北方少数民族の人々が、現在国内外で政治的・社会的マイノリティとされていることに配慮した選択であったといえる。マイノリティ問題ならずとも、放送・報道される側の人々に配慮することは、現在、公共性の高いマスメディアにとっての当然の義務となっている。また、近年、放送・報道される側の人権が強く意識されるようになり、放送メディアを監督・指導する機関や部署が内外に設置されていることから、番組における表現には細心の注意が払われている。

ただし、「ロシア国境を探れ」で使用された民族呼称を始めとする表現方法は、基本的にディレクターたちの自主的な判断によるものであった。つまり、同番組における表現方法は、放送コードや局独自の内部規定などに従ったものではなかったのである。

にもかかわらず、ディレクターたちが表現方法に気を配っていた理由は、たとえ直接的な規制がなくとも、番組で対象とする北方少数民族の人々——わけてもアイヌの人々——がマイノリティとして日本社会のなかで位置づけられており、公共の放送メディアにとって無視できない社会的課題であったからにほかならない。さらに、この認識は、テレビ局にとって経験に裏づけられたものであった[11]。しかも、同番組が放送された一九九四年は、「国際先住民年」の初年度であったこともあり、敏感にならざるをえない状況があった。

人類学的知識は、上記のような社会的課題に対して、ひとつの判断基準を与えてくれるものとして参照されたのである。事実、番組における表現方法の選択・決定に主導的な役割果たしたMディレクターは、文化人類学関連の著作や研究者から直接的・間接的に情報を得ていた。もっとも、現代の政治的・社会的状況を踏まえつつ、マイノリティとされる人々に対する民族呼称や表現方法を議論してきたのは、人類学と隣接領域におけるエスニシティ論などであることを勘案するならば、直接的に人類学を参照しておらずとも同番組における表現方法は人類学的知識を使用したものであるといえよう。

以上を是認するならば、人類学的知識は、同番組制作のなかで、放送メディアが対峙する社会的課題に対する判断基準として参照されたこととなる。とはいえ、同番組制作における人類学的知識に対する期待・扱いを想起するならば、その利用はせいぜい緩衝剤的な役割か便宜的な免罪符として消費されたに過ぎない、との判断が妥当かもしれないが。

6　放送メディアにおける表象の生産構造

「ロシア国境を探れ」の制作の場を概観した結果、政治的・社会的マイノリティとされる北方少数民族の人々を描くなかで、積極的ではないにせよ人類学的知識が参照されていたことが明らかとなった。そこで問題となるのが、本番組によってどのような北方少数民族の人々の表象が構築され、それがいかなる背景から産出されたかである。

まず、本番組に関する限り、しばしば問題とされる放送メディアによる悪質と見なされうるような表象の誘導や捏造など（Martinez 1997; 飯田 2001; 白川 2004）は、回避されているといえる。制作過程でも指摘したように、番組の性格上、放映内容は、史料的な裏づけ作業を経たものであった。

もっとも、本番組においても、まったく意図的な表象の誘導がなされなかったわけではない。たとえば、本番組では、サハリンアイヌやニブフなどの北方少数民族の人々の知識を学ぶことによって間宮林蔵は調査を成し遂げることができた、とする説明が繰り返しなされていた。こうした説明には、北方地域の自然環境に適応し生存する少数民族の人々と、その術を持たない「和人」である間宮林蔵という対比が鮮明に描き出されている。これによって視聴者の多くは、「過酷」な環境のなかで生きる術を知らない間宮林蔵＝「和人」の側にみずからの身を置き、北方少数民族の人々を他者として眼差すこととなる。

しかし、上記のような表象は、歴史的に形作られてきたものであり、同番組に限ったあり方ではない。また、その表象の語り口に権力性を見出し糾弾することは容易であるが、それでは一般的な表象論に終始してしまう感が否めない。むしろ、放送メディアと人類学の関係において他者表象の問題を捉えるならば、民族呼称に代表される表現方法の選択に目を向けるべきである。というのは、この問題は、人類学的知識の利用と関連しているだけでなく、放送メディアによる新たな他者表象の構築であるとともに、その生産構造を読み取ることができる事例でもあるからだ。

すでに指摘したように、同番組における北方少数民族の表現方法は、歴史番組であるにもかかわらず、「現在の自称」を用いることが選択されていたが、これは今日の政治的・社会的課題に配慮した結果であった。筆者個人としては、この選択は必ずしも問題があるとは考えてはいない。むしろ、筆者が問題と考えるのは、ある選択をしたとき、良きにつけ悪しきにつけ他に取りえたはずの可能性が消されてしまうことである。

同番組を例に取るならば、歴史番組のなかで注釈もなく「現在の自称」を使用した場合、一般の視聴者はそれが過去においても民族呼称として使用されていたと判断してしまい、民族呼称が形成されてきた歴史的なダイナミズムを想起する可能性が棄却されてしまうこととなる。また、こうした認識は、一歩間違うと「民族」なるものが悠久の歴史から連綿と続く実体と見なす、スタティックな民族観を導きかねない危険性を孕んでいる。

さらに、ここには、今ひとつの問題が指摘できる。それは、番組制作という視聴者が窺うことのできない、ブラックボックスのなかで選択・決定される反面、受容する視聴者にとっては唯一の選択として一方通行的に提示されることである（ブルデュー 2000）。実際、番組制作に携わったディレクターたちは、必ずしも「現在の自称」が過去から万世一系的にあったものではなく、むしろ近代以降に形成された可能性があることを知っていながら民族呼称を「現在の自称」にすることを選択していた。

ここで問題とすべきは、そうした可能性を知りつつも、確信犯的に「現在の自称」の使用を選択したことではなく、そうした決定が視聴者の窺い知ることのできない場でなされ、その後も選択・決定がなされたプロセスが視聴者に対して開示されないことである（飯田 2004）。これは、一般視聴者のメディア・リテラシーの限界を超えたものであり、放送メディアと視聴者の不均等な関係に端を発する構造的な問題といえる。

もっとも、他者表象に拘わらず、情報が発信されるまでのプロセスが外部に秘匿されているという構造は、放送メディアに限ったものではなく、レベルに差はあれどもすべてのメディアに通底する問題である。[12] ただ、放送メディアの場合、限られた一過性の時間のなかで効果的に情報やメッセージを伝えなければならないという制約が強いため、自ずと相当数の附帯的な情報を——基本的には二度と回復されない形で——割愛せざるをえないことが指摘できる。この点を考慮するならば、本章で紹介した事例は、特定の番組制作において筆者が経験した限りのものではあるが、個別事例に囚われない放送メディアに顕著に窺われる構造的問題の一端を捉えたといえるだろう。

以上のように、「ロシア国境を探れ」における他者表象の問題は、個々の番組制作のあり方やスタッフによって生起したものではなく、放送メディアそのものの構造に根ざしたものであった。とりわけ、本章では、放送メディア側に表象の選択権が占有されているとともに、そのプロセスが外部に対して秘匿されていることを指摘した。このような放送メディアの構造は、その内部で人類学的な知識や成果が消費されているという問題にとどまらず、現代社会における他者表象の構築・再生産を考える上でも無視し得ない観点となるだろう。さらに人類学には、こうした構造的問題を自省的に捉え、みずからの営みを他者表象に関わる同列なメディアとして相対化（白川 2004: 132; 飯田 2004: 151）していくことが望まれる。

注

1 ただし、近年、欧米などでは、メディアを対象とした民族誌的研究の重要性が意識され、具体的な調査・研究事例が蓄積されつつある（原によるエピローグを参照）。

2 同番組ホームページのＵＲＬは、http://www.nhk.or.jp/sonotoki/ である。

3 この書籍は、番組放映後に各回の内容を文章化したもので全一五巻が出版されている。

4 もっとも、専門的な知識や能力は、必ずしも制作サイドが求めるリサーチャーの第一条件ではないといえる。というのは、後述するように、制作サイドがリサーチャーに求めるのは、少しでも番組制作の意図を理解し、限られた期限・条件のなかで効率的に仕事を処理することだからである。

5 番組制作の過程で一度だけ、東京のリサーチャーに北海道では入手できない文献の検索・コピーが依頼されたことがある。

6 しいて求められる資質を挙げるなら、専門的な文献史料――といっても一次史料ではなく活字化された書籍――にある程度親しんでいること、文献の引用や要約に慣れていること、さらには、みずから得た知識に基づくディスカッションができることだろうか。もっとも、これらを身につけることは、専門的な知識の有無にかかわらず多少の経験を積めばさほど難しいことではないと思われる。

7 ただし、同番組における協力者の紹介や開拓は、アドバイザーであるＭディレクター個人の人的ネットワークに依存したものであった。これは、協力者を紹介・開拓するためのシステムが、ＮＨＫの内部に準備されていないことに由来するものであった。さらに、同様なことは、番組制作を経て蓄積された情報やノウハウに関しても窺われた。実際、当事者であるディレクターたち自身が、番組制作のために必要な人的ネットワーク、情報、ノウハウなどが、あくまでも個々人のレベルにとどまり、局内のシステムとして構築されないことを問題視していた。

8 筆者の個人的な見解ではあるが、同番組に携わった二人のディレクターは、他者から聞き得た情報の扱いにおいて、非常に有能であるとともに真摯な態度で臨んでいた、と判断される。

9 現在、「ニブヒ」よりも「ニブフ」という呼称が、研究領域のみならず一般社会においても使用されている。ただ、ことの正否は別として、本番組では、Ｍディレクターの意見によって「ニブヒ」が採用された。詳細は割愛するが、その決定も、Ｍディレクターが個人的な付き合いのある研究者コミュニティから得た知識に基づくものであったようだ。なお、この呼称は、放送後に出版された書籍においても踏襲されている。

10　もっとも、エスニシティ論の多くが明らかにしてきたように、サハリンやアムール地域に拘わらず、現代の民族名と史料記述にある民族名を完全に一致させることは困難であるといえる。

11　たとえば、同番組を担当したディレクターたちは、具体的にどのようなクレームが、どんな団体からよせられる可能性があるか想定していた。

12　無論、メディアとしてのアカデミズムの情報発信とても例外ではない。であれば、人類学を含むアカデミズムもまた、みずからが社会に対して発信する知識や情報の生産過程についても可能な限りオープンにすることが求められるだろう。

文献

飯田卓 2001「イメージのなかの漁民——ある海外ドキュメンタリー番組の分析」『民博通信』九二号、八一—九五頁

—— 2004「異文化のパッケージ化—テレビ番組と民族誌の比較を通して」『文化人類学』六九巻一号、一三八—一五八頁

NHK歴史発見取材班 1994「ロシア国境を探れ——間宮林蔵、北方探検の密命」『歴史発見』一五巻、角川書店、八四—一二三頁

佐々木史郎 1996『北方から来た交易民——絹と毛皮とサンタン人』、日本放送出版協会

白川千尋 2004「日本のテレビ番組におけるメラネシアの表象」『文化人類学』六九巻一号、一一五—一三七頁

田島篤郎・児島和人（編）1996『マス・コミュニケーション効果研究の展開』（新版）北樹出版

ブルデュー、ピエール 2000『メディア批判』櫻本陽一（訳）、藤原書房

Gerbner, G. & L. Gross 1976 "Living with Television: the violence profile." *Journal of Communication*, 26 pp.172-199

Gross, L., J. S. Kate & J. Ruby 1988 *Image Ethics: the moral rights of subjects in photographs, films, and television*. Oxford University Press.

Martinez, D.P. 1997 "Burlesquing Knowledge: Japanese quiz show and models of knowledge." *Rethinking Visual Anthropology*. M. Banks and H. Morphy (ed.) pp.105-119 Yale University Press.

テレビ・ドキュメンタリーの制作現場から

門田　修

映像の仕事

初めて出会った人に、わたしが映像制作の仕事をしていると言うと、「どんな番組を作っているのですか?」と問い返されます。そこで、「主にテレビのドキュメンタリーを作っています」と答えます。この短いやりとりの間に、わたしの心はザワザワとして落ち着きを失ってしまうのです。その理由は二つあります。まず、映像の仕事というと、私に問いかけた相手はすぐにテレビを思い浮かべるようです。あるいはテレビしか思い付かないのかもしれません。たしかに日常生活においては、映像の最大の供給者はテレビ画像です。多重メディアの時代といっても、映像と言えばCS、BSを含めたテレビを念頭におくのはやむを得ないことです。「映像にもいろいろな分野があるのに」というわたしの思いが、相手に対して、ほんの少しですが苛立たせるのです。さらにテレビの仕事にかかわっている奴は、どうも信用できない、嘘つき、派手好き、他人の家に土足で入り込む、というような評価がつきまとうようで、相手の反応はあまりいいものではありません。

次に、わたし自身も、答えている自分の言葉に矛盾を感じるのです。テレビでドキュメンタリーという分野の仕事に携わってはいるが、果たして、自分のやっていることが本当にドキュメンタリーというものに値するのかどうか、疑問なのです。胸を張り、自信をもってテレビ・ドキュメンタリーを作っていると言えない、情けない状況があります。

「今のテレビでは、まともなドキュメンタリーは作れないよな」

「バラエティかレポーターを連れていくようなドキュメンタリーしか、視聴率がとれないらしいよ」

まともなドキュメンタリーを作ってきたと自負するプロダク

ションの人間が集まれば、必ずこんなボヤキが交わされます。

従業員二〜三人の零細、かつ弱小プロダクションの嘆きはつきません。そんな制作現場の置かれた現状を、なるべく卑近な言葉で語ってみようと思います。現場を語るには論理ではなく、いろいろな意味を包含した、つまり曖昧な日常の言葉がふさわしいようですから。

そのまえに、ちょっとだけわたしの立場を述べておきます。その人の立場により映像の捉えかた、テレビとのつきあい方などが大きく異なるからです。

わたしはフォトジャーナリストとして長くやってきました。写真を撮り、文章を書き、雑誌に掲載したり本にまとめたりという仕事です。テーマを見つけ、一人で取材をしてきました。

フォトジャーナリストして出版した本を元にしてドキュメンタリーを制作するというので、レポーター役でテレビにかかわったこともあります。また、雑誌に掲載した記事に興味をもったテレビ番組制作者たちに、いろいろと情報を提供もしました。

現在は零細映像プロダクションを主宰していますが、本腰を入れてテレビ番組を作り始めてから八年になります。多少ともわたしが映像制作の現状について語る意義があるとすれば、それは活字媒体の世界も、出演者としての立場も、情報提供者の立場も経験しているということでしょう。

つい最近の話です。立場によってこんなにもテレビに対する感じ方が違うのかという経験をしました。

二〇〇五年三月一四日、マラッカ海峡で日本人二人とフィリピン人の船員が誘拐されるという海賊事件がありました。一五年前に、わたしは「海賊のこころ」という本を出しています。その後も海賊についてときどき書いたり話したりしていますので、テレビの取材班がコメントを求めて事務所に来ました。三〇分ぐらい東南アジアの海賊について話し、それを収録していきました。その結果は、ニュース番組のなかで数秒使われました。わたしが力を入れて喋った、アジアで海賊事件が発生する歴史的な背景ではなく、身代金がいくらぐらいだろうかという、その場の世間話のようなところだけが、番組のストーリーにそって挿入されたのです。

このことについて文句を言っているのではありません。番組の構成者としては当然の処理をしたのですから。わたしが制作者として逆の立場であれば、やはり同じように余分と思われるところはすべてカットして、自分が欲しいところだけを、ほんの少しだけ使うでしょう。でも喋った本人としては、「おいおい、なんじゃい。適当に利用されちゃったな」という感じはまぬがれません。テレビに不審を抱くわけです。

毎日、無数の人々がテレビに登場し、インタビューされ、語っています。おそらく、ほとんどの人たちが、自分の語ったことと、テレビで流された自分の言葉との間に違和感を覚えていることでしょう。見る、作る、出るという立場の違いには、大きくて深い溝があります。そして、同じ作る立場の人々の間にも、いろいろな環境、条件の違いがあります。

企画を通すこと

さて、零細かつ弱小プロダクションがいかにテレビ番組を制作していくかを話しましょう。具体的に番組名などを挙げたいところですが、局とのつきあいもあり、それができません。弱小プロダクションたるゆえんですね。

ある番組があります。その番組作りに参加したいと思っても、だれでもができるわけではありません。その番組制作を外部プロダクションに発注する体制でなければなりません。さらに、特定の大手プロダクションの独占ではなく、不特定のプロダクションが参加できる番組でないと、企画書の提出もできません。番組がたくさんあるようでも、制作に参加できる番組の数は限られています。そこに大小のプロダクションから企画書が殺到するのですから、まず、企画を通すこと自体が大変です。週一回放映する番組のプロデューサーの机のなかには五〇〇通の企画書が入っているとも聞きました。

番組にはそれぞれ番組コンセプトがあります。番組のことを枠ともいいますが、「あの枠では、こんな企画はだめだろう」とか「あの枠向きだ」とか使います。番組により話の展開の仕方、結論、いいたいことが決まっています。それからはずれると「番組として成立しない」ということになります。つまり、企画は自由奔放ではなく、番組に合わせた、枠にはまったものしか受け付けません。

たとえば人間賛歌を打ち出す番組であれば、最後は「人間って素晴らしい」「生きていてよかった」「逞しく生きる少年」とか、そういったメで終わらないといけないのです。「オトシドコロ」とも言います。どこで、どうやってオトスか、つまり視聴者をどう納得させ、感動に繋げるかが企画書の眼目です。六〇年代のドキュメンタリーでは、告発調の色が濃く「いったいどうなるのだろ?」「これでいいのだろうか?」などという疑問を投げかけて終わっていましたが、今は「どうだ、驚いただろう」、「なんて素晴らしいんだ」、といったように、番組内で感動を完結させないといけないようです。これでもかと感動を盛り上げないと番組としてはまずいわけです。作る方も大変です。職業人としての訓練と技術がより必要になってきました。

プロダクションにとって局のプロデューサーは神様です。何ヵ月もかけて調査し、練り上げた企画もプロデューサーが首をかしげて「何が面白いの?」と言えば、それまでの苦労も水の泡です。番組担当プロデューサーは変わることがあります。そうすると今度のプロデューサーは何に興味をもっているか、どんな思考をする人なのかが、プロダクションの関心事となります。

とはいえ、基本的にいい企画は採用されます。いや、採用されたからいい企画と思えるのでしょう。死屍累々たる企画書の山のなかから採用されるのですから、書いた本人は自慢をしていいはずですが、なかなかそう素直には喜べません。本当はこっちのほうをやりたかったのに、どうでもいい企画が通ちゃった、ということがあるからです。

どういう経緯で企画が審査されるのかは藪のなかです。企画会議、ブレーン会議というのがあります。また広告代理店やスポンサーとの話し合いもあります。番組のラインアップの都合上、ちょうどアフリカものを欲しがっているときに、偶然アフリカ企画を提出して通ることもあります。いずれにしても、プロダクションは企画を考えるという、根幹の知的作業をしているわりには、非常に受け身な、選ばれる立場にあります。

企画の源は、ほとんどが活字媒体からです。もっとも今はインターネットが全盛で、机に座ったまま世界中の情報を集め、企画書が書ける時代になりました。インターネットが無い時代には、専門雑誌を図書館で漁ったり、人に会って話を聞いたり、調査取材をしたりしました。今は企画書自体が誰でも書けるようになったと言えます。それだけ企画書の製造数も多くなったということです。

もっと極端な例をいえば、テレビ番組を取材源としたテレビ番組があります。これは極端な例ではなく、ますます増えているようにも見えます。人気のあるクイズ番組や若者が異文化を体験する番組などは、頻繁に番組から番組を作っています。おそらく日本のテレビで紹介されるのは初めてだろうという取材を、何度かわたしはしていますが、それが放映された数カ月後には、人気番組でちゃっかりと取り上げていました。取材対象にたいしてわたしが独占権を持つわけでなく、文句をつける筋合いではありませんが、「ようやるよ」と思わずつぶやいてしまいます。

テレビの企画の問題は根深いものがあります。採用された企画が番組となりますから、どんな番組を作るかという問題です。

企画のヒントを与えてくれるのは主に活字媒体だといいました。それには理由があります。活字媒体のほうがより先鋭、前衛的だからです。活字媒体は個人プレーによって成り立っています。個人は純粋な問題意識から取材活動を行うことができます。数人の合意のもとに企画が通り、初めて取材にとりかかるテレビとは違い、個人の判断で冒険ができます。そこで自ずと新たな視点で問題を掘り起こす可能性がでてきます。テレビは安全策をとって、それに追随するのです。大きな予算で動く以上、失敗は許されません。一度活字になったものがあれば、それをとっかかりとして番組を作る方が安全なのです。

もう一度、海賊の例をあげましょう。一九九九年にもマラッカ海峡で日本人船員が乗った船が海賊に襲われる事件が起きました。その前年から海賊事件は頻発していたので、わたしは海賊取材の企画をテレビ局に提出しました。しかし、担当プロデューサーは海賊については全く知らず、いったい海賊に会えるのか？　なにが撮れるのか？　どうやってまとめるのか？　などと次々に質問を発し、結局は採用されませんでした。それじゃ、ということで、個人的にシンガポールに行き、インドネシアの島に収監されている海賊シンジケートの親分に会って話を聞き、雑誌に掲載しました。雑誌が発売されて一ヶ月後ぐらいには、テレビで海賊レポートというのをやっていました。一部はわたしの記事をなぞったようなものでした。まあ、個人的なヒガミ、ボヤキと思っていただいて結構ですが、こんな話は活字媒体で勝負している人にはいっぱいあります。

ともかく、外部プロダクションは当たるも八卦当たらぬも八卦で、企画を数多く出してみるしかないのです。企画をたてるには綿密なリサーチが必要なのは当然です。海外取材の場合、現地コーディネーターに頼んで動いてもらうこともします。資料も買い、時間と資金をかけます。それで企画が通らなければ、タダ働きどころかかなりの出費になります。いかに零細プロダクションが泣かされているかお分かりでしょうか。複数のプロダクションとのつきあいがありますが、こぼす愚痴はみんな同じですから、これはわたし個人の恨み節とは思わないでください。

次々に愚痴はでてきますが、要は現在プロダクションの置かれている立場がいかに不安定で、弱いかということです。自分たちが企画し、取材して仕上げても、著作権はテレビ局のものです。いくらブロードバンド時代といわれても、プロダクションは自由に使えるコンテンツは何も持っていません。記録されたテープは内容を熟知しているディレクターの手から離れて、テレビ局の倉庫に眠っているのです。これじゃ、まともにテレビ相手に仕事はできませんよね。

取材

企画が通れば、あとは一気呵成に取材対象に突っ込んでいくだけです。できれば短期の取材で終えられれば取材費もかからずいいわけです。番組により制作費は三倍ぐらいの差がありま す。三〇分番組で一四〇〇万円ぐらいの制作費がでるものもあれば、四〇〇万円ぐらいのものもあります。つまり、予算に合わせて取材の仕方も、機材、人員も変わってきます。CSなどでは一時間ものを取材費三〇万円で作ってくれなぞという、信じられないようなことがあります。予算が潤沢だからいい作品ができると言うわけではありませんが、同じようにメディアが多様化してきたから面白い作品ができるというわけでもないのです。

ここでは海外取材を前提に説明しましょう。まず、撮影に入る前にロケハンに行きます。企画書通りの取材ができるかどうか、そしてどういう段取りで取材していくか、登場人物の確認、種々の許可取りなどもロケハン時に解決してこなければなりません。

現地のコーディネーター、あるいは通訳がどういった人物であるかを見きわめるのも大事な仕事です。普通は通訳と取材コーディネーターは兼務していますが、その人のテレビ番組の理解度や、取材対象に対する知識、興味のもち方により、作品のでき自体が大きく左右されることがあります。言葉の通じない所ではなおさら通訳の力が大きくなります。

コーディネーターには大きく分けて二つのタイプがあります。

一つは、あくまでも取材者の立場にたって動いてくれる人と、もう一つは現地の人々の立場で取材者に注文をつけるタイプです。短時間に企画書通りのものを取材したければ前者のコーディネーターの方が便利であることは間違いありません。こちらの意図をよく理解してくれ、取材者が喜びそうな情報を集めてくれます。悪気はないけど、ときには嘘もつきます。無理だと分かっていても、現地の人々に注文をつけてくれます。通訳するときも、番組の主旨にあったように、うまく訳してくれます。取材はスムーズにいくけど、事実をちゃんと伝えてくれているのかどうか、注意が怠れません。

一方、現地の人の立場にたつコーディネーターとは、しばしば衝突することがあります。現地の人に質問したくとも、「そんな質問は失礼だ」と訳してくれないのです。車をチャーターしたいとき、現地の人が観光客値段でとんでもないことをふっかけてきても、それに応じてしまうことがあります。取材班は一時的な滞在者であるという認識ですから、現地の人々と長くつき合わなければいけないコーディネーターは現地の味方をするのです。また、コーディネーターは現地のことをよく知っているのだという自負を持っていますから、取材班の新鮮な驚きを無視して、他のことに注意を向けようと誘導します。あるいは取材班をテレビ屋だとバカにすることもあり、そうなると仕事はうまく進みません。まあ、まじめな研究者がアルバイトでつき合う時に多いトラブルですね。

とにかく、いろいろな性格や知識、社会的な背景を持つコーディネーター、通訳が与えてくれる情報はそれなりに吟味してとりかからなければ、とんだ誤解やトラブルを起こすことになります。

取材に最適な時期に合わせて本隊が出発します。そしてロケハンのときに決めたスケジュールになるべくそって取材を進めていきます。その前にカメラマンの選定があります。ドキュメンタリーの場合はディレクターがいちいちファインダーを覗いたり、モニターを見てカメラ・アングルを決めるわけではありませんから、カメラマンの視点が映像として記録されます。どうしても気心の知れた、信用のできるカメラマンに撮影を頼むことになります。

テレビ・ドキュメンタリーのディレクターに求められるのは、取材対象をより深く追求することではありません。もちろん、次々と湧き上がる疑問や、興味を追いかけたいのは山々ですが、それよりも番組の構成を考え、どんなシーンが必要であるか、それを漏れなくカバーすることに心を砕きます。こういったシーンが撮れ、次にどんなシーンが必要か、どこで視聴者をうならせるか、そんなことを考えながら撮影を続けます。

番組を終わらせる最後の〆の言葉も考えなければいけません。取材対象者に是非とも感動的なコメントを話してもらいたいと思います。もっとも安易な方法は「あなたにとって～とは？」という質問です。「～」は番組のテーマです。相手がうまくまとめて喋ってくれれば、それで番組はできあがりです。

テレビ人としての職業意識が強いディレクターは、つい暴走してしまうこともあります。ディレクターとして有能であることと、暴走とは紙一重です。いや、「やらせ」と暴露されたときが暴走であり、だれも気付かず、面白い番組ができた時は有能であるということです。

『テレビの嘘を見破る』という、作り手の立場から書かれた本があります（今野 2004）。著者はテレビ・ドキュメンタリーにおける「やらせ」とはなにか、ドキュメンタリーとフィクションの境界線はどこにあるか、などを自問自答しながら書いています。そして、結語は「ドキュメンタリーとは自由なものなのです」と締めくくっています。つまり、やらせと一般に言われることにたいして寛容であり、そんなことにこだわるよりも、いかに世界と向き合うかの方が、番組としての存在価値が大きいということでしょう。

現場に立ったディレクターは、その人の資質や考え方によりますが、番組として成立させるためであれば何でもやるものなのです。

仕上げ

編集作業は刺身を作るようなものです。収録されたテープは完成品の大体二〇倍から四〇倍ぐらいあります。頭や尾や骨を取り除き、皮を剥いで、食べられる身だけにします。さらに脂ののった美味しそうなところだけを選びだし、小片に切ります。それをいかに見栄えよく、食欲をそそるように並べるかが編集の仕事です。

仕上げには編集者と構成作家が関わってきます。ディレクターによっては編集者を嫌い、かなり完成に近いところまで自分で編集作業をする人もいます。編集者の役割は、当然ながら編集作業のオペレーターであると同時に、写った素材の面白さを客観的に判断できることでもあります。撮影現場を知らない編集者は、カメラマンがどんなに苦労して撮ったものでも、面白くなかったり、ストーリー展開と関係なければ無情に切り捨てます。現場をよく知っていて、感情移入の強いディレクターにはできない作業です。また、画面だけに集中して、モンタージュを駆使して感動を盛り上げるのも編集者の仕事です。

この二、三年で、ほとんどがコンピューターによるノンリニア編集になっていて、挿入、削除、並び変えが簡単にできることから、編集時間はずいぶんと短縮されました。予算の少ない番組などでは、ディレクターが自分で編集することも多くなったようです。ただ、そういった現実的な理由だけでなく、編集作業に番組作りの面白さを感じるディレクターもいます。取材することよりも編集のほうが創造的な作業だというのです。

編集によりいかようにも作品は姿を変えていきます。ある出来事の時系列をバラバラにして並び変えることにより、まったく別の出来事にしたり、関係のない二つの出来事を一つにまとめてしまうこともできます。こうやって繋げば視聴者に誤解を与えるのは充分承知しています。しかし、写っていることは事実だから、まるで嘘をついているのではないと、自己弁護します。編集ほど「良心」の必要な作業はないでしょう。

さて、ここで構成作家の登場です。構成作家はテレビ局では作家先生と呼ばれます。それほど局から信頼された人たちです。構成作家の役割は、粗編集の終わったものを見て、いろいろと注文をつけることにあります。それは作品をいかにテレビ番組にふさわしいものにするかという、いわば翻訳家のような仕事と言っていいでしょう。思い込みの激しい、独り善がりな作品を、一般視聴者が理解し、感動するものに訳していくわけです。もちろん、番組により構成作家の重要性は異なりますが、海外取材の場合、構成作家も取材現場とその背景を詳しくは知らないわけですから、出来上がったものが、番組コンセプトに合致し、視聴者に感動を与え、視聴率が取れるかいうことを最重点に考えて判断します。さらに構成作家はディレクターの書いたナレーション原稿に手を入れ、易しい語り言葉にしていきます。多少オーバーな表現であったり、現場を知っている者には、はっきりと言い切れないことも、断定的に書き直すこともあります。視聴者が必要とする情報が過不足なく入っているかチェックすることも大事です。

最終的に番組プロデューサーのOKがでれば、いよいよ本編集のスタジオ、録音スタジオに入って仕上げです。本編集のスタジオでは画面の色や明るさの微妙な調整をしたり、タイトルやテロップを入れます。ぼんやりテレビを観ていれば気がつきませんが、三〇分番組でも数十枚、時には一〇〇枚を超えるテロップが入っています。テロップ入れの作業はなかなか大変で、時間のかかるものです。どんな書体、大きさ、文字の色、位置かにより、作品のもつ雰囲気、性格も変わります。番組により書体やどういうところでテロップを入れるかなど、基本的なことは決まりがありますが、やりすぎればバラエティ風になったり、情報過多になったりします。

また、現地の人が話す言葉を翻訳テロップで流すか、声優による吹き替えにするかなどによっても、その番組の性格、信頼性が変化します。話していることを正確に伝えるには吹き替えのほうがいいでしょう。なぜなら、話している言葉を逐語的に日本語に変えても、そのまま伝えることができるからです。これをテロップにすると、話している内容を三分の一ぐらいに要約しなければなりません。一枚十数文字のテロップを最低六秒以上は流さないと、視聴者は読み取れません。その間に話者の話はどんどんと先に進んでいます。とても逐語訳を画面に文字で表わすことはできないのです。しかし、吹き替えにも問題はあります。現地の人の言葉をほとんど聞き取れないぐらいにボリュームを下げて日本語を重ねますから、正確に訳されたものか検証できません。声優の感情の入れ方により、話から受ける印象も左右されます。テロップにするか吹き替えにするかは、結局は話の長さによります。一分を超える話では吹き替えにすることが多いでしょう。画面上で文字を追うのが苦痛だからです。

次に音の整理があります。これは音効さんが担当します。耳障りなエンジン音や雑音の音量を下げたり、森のシーンに別の場所で録音した鳥の声をつけたりします。観ている人がなるべく自然に感じられるように音を整理するのです。たとえばヤシの実が落下したとき、たまたま草の上で大きな音がしなかったとすれば、ドスンという音をつけます。視聴者は無意識のうちに期待している音が、適切なタイミングで入っていないと、「あれ?」と疑問を持つものなのです。現在では取材中の音をビデオで同時録音できるので、よほどのことがない限り、新たに効果音を作ってはめこむという作業はやられていません。

音楽は選曲さんが担当します。あくまでもその場面の雰囲気にあったもの、あるいはより感情を盛り上げるために使われます。いわば強制的に感情を誘導するわけですから、それが嫌だったら音楽をつける必要はありません。音の整理はどうしても必要ですが、音楽は意図的につけたりはずしたりできます。基本的にはディレクターの意図により音楽をつけるのですが、選曲さんにより、最初から最後まで音楽を入れたがる人もいれば、必要最小限にとどめる人もいます。

ナレーター選びは男女の別、年齢、声質などを考慮して決めます。ナレーション原稿もナレーターを想定しつつ書きます。です、ます、にするか、だ、である、にするか、体言止めを多用するかなど、ナレーターの声を想い浮かべつつ書き進めます。ゆったりと読んでもらうか、情報が多いから速めに読んでもらうかなども決めていきます。

こうやって、どうにかマスメディアに流すことができる、人工調味料がたっぷりと入った、予定調和のテレビ・ドキュメンタリーができあがるのです。何人もの、それぞれの分野のプロが参加して、初めて商品になります。

商品としてのテレビ・ドキュメンタリー

番組はできあがりました。それではディレクターはドキュメンタリーを作ったと自負するのでしょうか? なかなか微妙です。自分の思い通りに作れれば、胸を張ってドキュメンタリーを制作したと言うでしょう。しかし、構成作家やプロデューサーによって大きく内容が変更されたときには、「テレビ用の商品を作ったのさ」と、自嘲するでしょう。

テレビのドキュメンタリーとはなんでしょう? フィクション(ドラマ)以外は事実を基にして構成されるものであるから、すべてドキュメンタリーと言うことができます。ドキュメンタリーという概念は人それぞれで違うので、ファクチュアル(事実に基づいた)番組と言った方が的確でしょう。アメリカやイギリスではクイズ番組も、日本で言う情報バラエティ番組も事実を基にしたリアルなものだということで、ドキュメンタリーの範疇に入るようです。スポーツや音楽の中継もまさにドキュメンタリーです。ニュース枠でスポーツを流せばニュースですし、一人の選手なり、チームを追い掛ければ、一般にイメージするドキュメンタリー番組になります。みんなファクチュアルなものです。

テレビ・ドキュメンタリーは視聴率第一主義の商品としてのドキュメンタリーです。商品である以上、流行り廃れがあるのは当然でしょう。いろいろな手法が考えだされています。衝撃的な映像だけを飽きさせることなく繋げるのもドキュメンタリーです。映像の強みは写っているものが事実だと思い込ませることができることです。文字で書かれたものは事実かどうか判然としません。「それは言葉のうえだけのことだよ」と突き放すことができます。でも映像に写っていれば逃げも隠れもできません。写っていること自体が事実なのです。

しかし、わたしには映像のワンカットは、象形文字のように思えます。山が写っていれば「山」であり、人ならば「人」です。そんな象形文字をいっぱい組み合わせて一つのストーリーが出来上がっていきます。番組用であれば、その番組枠（コンセプト）に合致した組み合わせをします。人類学者ならば、意図することの目的に合うように組み立てます。映像に携わる人たちは、みんなが組み立て作業に頭を悩ますのです。

レンズにより映像対象が切り取られ、マイクにより音が記録され、走るテープにより時間が読み込まれます。いったんテープに記録されたものは、編集作業により自由自在に切り刻まれ、再構成されます。つまり、記録された時点で現実は現実でなくなり、構成のための素材となります。現実は切り刻むことができませんが、少なくともその素材が事実であると、暗黙の了解、あるいは善意の解釈により、ドキュメンタリーは作られていきます。

映像と音はレンズとマイクロフォンという器機を通して、器機のバイアスをかけられて記録されます。ただ時間だけは器機を通過することなく記録されます（正確に言えば、三〇分の一秒ごとに時間を細分化しているのですが）。厳密なドキュメンタリー、つまり事実の記録だけにこだわるとすれば、ドキュメンタリーは時間だけの記録にとどまるでしょう。八時間眠り続ける男の姿をベッドの上から撮り続け、八時間の作品を作れば、正真正銘のドキュメンタリーということになります。でも、だれも見ないでしょう。そういう試みをしたという話だけでいいのです。見られなければ作品ではなく、ましてや不特定の視聴者を買い手とした商品にはなりません。

テレビ・ドキュメンタリーの制作にかかわるということは、いかに映像の持つ力を利用して、いかに興味深いものを、自分が知らない人々に提供できるかということです。

それにしても、零細・弱小プロダクションの置かれた環境は悲惨すぎるぞ。

文献

今野勉 2004『テレビの嘘を見破る』新潮新書

column

電子メディアの盛栄と民族誌の受難

湖中真哉

「民族誌」とはなんだろうか。一般的には、特定の社会集団の生活や文化を記述した書物とされ、その記述対象はアフリカの採集狩猟民からシリコン・ヴァレーのハッカーにまで及ぶ。ただし、実は、民族誌を厳密に定義することは意外に難しい。例えば、同時多発テロ生還者の証言集を民族誌と呼び得るのかについては、議論の分かれるところだろう。さらに、「民族誌的フィルム」の登場は、民族誌という概念を書物以外の電子メディアの領域に拡張した。ならば、本書で吟味されているような異文化を扱ったテレビ番組のコンテンツも民族誌的フィルムと呼び得るのだろうか。

さしあたって、本書の議論を整理するために、「狭義の民族誌」と「広義の民族誌」の区別をここに持ち込むことは有意義だろう。ここでは狭義の民族誌を、職業的な人類学者が長期のフィールドワークに基づいて制作する著作物に限定しておこう。これに対して、広義の民族誌には、ドキュメンタリー作品はもとより、異文化を扱った紙面やテレビ番組、さらにはインターネットで公開されている海外旅行記なども含まれる。人類学の講義で異文化間交流を描いた映画を教材として利用している講師は、その映画を広義の民族誌とみなしているわけである。ヘロドトスの『歴史』や『魏志倭人伝』に広義の民族誌のルーツを辿ることも可能かもしれない。

黎明期の人類学者達は、植民地期の宣教師や冒険家による異文化についてのアマチュア的著述――ここでいう「広義の民族誌」に含まれる――と狭義の民族誌がいかに異なるかを力説しようとした。とくに、植民地行政というそれまでの後ろ盾が失われた第二次大戦後、人類学は「社会の自然科学」として独自の地位を築こうと企てた。すなわち、植民地行政への貢献に代わって、壮大な人類進化系統の復元、地球規模の通文化的な比較、人類普遍の心的構造の発見などを目指すグランド・セオリーへの貢献が、狭義の民族誌執筆行為を意義付け、新たな後ろ盾を提供した。

しかし、二〇世紀終盤、狭義の民族誌は受難を迎える。まず、グランド・セオリーが各地からつぎつぎに報告された民族誌的事例に必ずしもあてはまらないことが判明し、狭義の民族誌は、その後ろ盾をはからずも内部から自壊させてしまった。さらに、狭義の民族誌の砦は、外部からも崩された。民族誌家が神のような視座から対象社会を客観的に記述できるという狭義の民族誌のいわば大前提を、解釈学が突き崩した。また、オリエンタリズム批判により、狭義の民族誌を書くこと自体が孕むソフトな権力性に、誰もが無自覚ではいられなくなった。つまり、狭義の民族誌は、後ろ盾を無くして迷走している状態にあり、広義の民族誌と自らを画然と区別する企てにも成功したとは言い難い。

狭義の民族誌のこうした苦境と反比例するかのように、広義の民族誌は爆発的に量産され、電子メディアのネットワークにのって瞬時にして世界中に配信されるようになった。その多くは、自由市場と民主主義の時流にふさわしく、普遍的真理ではなくオーディエンスの支持を後ろ盾としている。当然、広義の民族誌は、はたして狭義の民族誌が辿った苦難の道程をクリアしているのかという疑問が浮かばざるを得ず、それは本書の各所でも検証されている。アラモの砦に立てこもって最後まで狭義の民族誌を墨守するというのも、もちろんひとつの選択肢であり、私はあえてそれを否定しない。しかし、植民地科学によって狭義の民族誌として一元的に組織化される以前の異文化間コミュニケーションの在り方は、そもそも無限に多様であったはずである。この受難を糧として、かつての多様性を回復し、民族誌という実はかなりゆるい概念を草の根的に押し広げてゆく選択肢も考えられないだろうか。民族誌は確かに受難を迎えたが、終焉を迎えたわけではないのだから。

参考文献

クリフォード、J 2003『文化の窮状――二十世紀の民族誌、文学、芸術（叢書　文化研究三）』（太田好信・慶田勝彦・清水展・浜本満・古谷嘉信・星埜守之訳）人文書院

クーパー、A 2000『人類学の歴史――人類学と人類学者』（鈴木清史訳）明石書店

杉島敬志 1995「人類学におけるリアリズムの終焉」合田濤・大塚和夫（編）『民族誌の現在――近代・開発・他者』、弘文堂、一九五―二一二頁

Ⅱ　テレビ視聴を再考する

バラエティ番組における未開の演出

吉岡政徳

はじめに

一九七三年、シカゴで開催された第九回国際人類学・民族学会議の映像人類学部会に招かれた牛山は、テレビ報道における民族フィルム制作の基本として、次のようなことを述べている。「テレビ放送の本質は、映像というコミュニケーション手段による報道機能である。いま、テレビ放送の花形になっている娯楽番組はほかのメディアによって代替できるが、映像による今日性のある報道だけはテレビ固有の意義を持つ」(牛山 1979:252)。彼は、「世界諸民族の日常生活をありのままに記録し、民族によって異なる精神文化を描く」ために「担当者は毎年六か月以上はその地域に定着し、撮影対象の人々と一緒に生活」し、「今後十年間は、担当地域を変更しない」という約束事を設け、多くのドキュメンタリーフィルムを制作した。日本テレビ系列で一九六六年から一九九〇年にかけて放映された『すばらしい世界旅行』は、牛山の意図が明確に提示された番組の一つであったと言える(牛山 1979:254)。

しかし、彼の言う娯楽番組も、映像というコミュニケーション手段によって様々な試みを行い、近年は、ドキュメンタリーとは異なった形態の「異文化の映像描写」を盛んに行うようになった。そして、こうしたバラエティ番組における異文化表象は、ドキュメンタリー番組におけるそれよりもはるかに多くの視聴者の目に触れるという点で、重要な異文化イメージの供給源ともなっている。様々な番組が百花繚乱のごとく登場しているが、どの番組をとっても、基本的には、「我々と彼らの差異の強調」→「我々の側のとまどい」→「我々と彼らの交流」→「差異を超える共通性の発見」、あるいは、「彼らの中に我々の側にはない人間としてのすばらしさの発見」というプロセスを基調とした描き方が見出せる。差異を強調するために好んで選ばれる社会が、いわゆる未開社会であり、そうした社会をこのように描くことは、多くの視聴者の共感を呼ぶものとしてバラエティ番組における異文化表象の「王道」をなしているように思えるが、この「王道」は、よくよく考えて見ると進化主義的な視点が背後に存在しているのである。この点については本稿の最後で再び取り上げるが、バラエティ番組の中には、「王道」による異文化表象とは異なり、我々と彼らの差異だけを強調するような異文化の描き方を行うものも見出せる。こうした極端な異文化表象は、「文明社会」の我々と「未開社会」の彼らという対比においてしばしば行われる。そして、「未開社会」として、現在、最も多く登場するのが太平洋のメラネシア地域なのである（白川 2004）。

本章では、メラネシアを対象としたバラエティ番組での映像を取り上げるが、中でも、メラネシア世界を「未開」として特に強調して差異化する番組を取り上げる。そうした映像が顕著な形で現われていたのが、二〇〇〇年一〇月から翌年の九月にかけてフジテレビ系列で放映された『ワレワレハ地球人ダ』と、同じくフジテレビ系列で一九九九年一〇月から放映が始まり現在も継続している『あいのり』なのである。

1 『ワレワレハ地球人ダ』内のコーナー『ジャングルクエスト』

『ワレワレハ地球人ダ』はいくつかコーナーから成り立っていたが、ここで取り上げるのはその中の一つのコーナー、『ジャングルクエスト』である。それは、一二年前に南太平洋で消息を絶ったオランダ人宣教師の行方を探すという企画で、二〇〇〇年一〇月から翌年の六月まで全部で一三回放映された。初回から六回目までの舞台は、メラネシアのヴァヌアツ共和国、続く五回分は、同じくメラネシアのパプアニューギニア、そして最後の二回分はインドネシアであった。ここでは、筆者が長年人類学的フィールドワークの経験を持ってきたヴァヌアツについての描写を中心に論じる。

番組は、ヴァヌアツ共和国の首都ポートヴィラにあるヴァヌアツ人コーディネーターの事務所から報告を受けた日本人ディレクターが、宣教師を探すべく現地に赴くという形で始まった。ディレクターとヴァヌアツ人案内人、それに日本人の通訳は、ある島に宣教師の手がかりがあるのではないかという情報に基づき、その島に向かう。が、そこに上陸した一行は、忽然と現われた槍と斧などをもった裸の原住民集団に取り囲まれ、襲われそうになる。結局、案内人の説得で難をのがれ、第一回目の放送は終わった。第二回の放送では、同じ島で、原住民の村に入って宣教師の行方を聞こうとするディレクターの姿が描かれる。彼は原住民と交渉するが、村に入るためには崖から飛び降りて勇気を示さねばならないと言われ、彼はそれを断念する、という話が展開された。

第三回目の放送では、コーディネーターからの新たな情報に基づき、別の島に向かう。そして、一行が乗ったボートがその島の海岸に近づくと、岸に集まっていた原住民が、突然、弓矢と槍での攻撃を開始した。クライマックスでは、矢がボートに飛びこんでくる映像まで放送された。最後に次回の予告では、つい最近まで首狩族だったとされたある島に出かけた一行が、裸の原住民に取り囲まれる場面が映し出された。

ヴァヌアツを知っている者ならば、ここまで放映されたことが現実とは異なることがすぐに理解できる内容だった。首都ポートヴィラのコーディネーターの事務所とされた所は、筆者も何度か行ったことのある旅行会社の事務所だった。撮影用に貸し出されたものであることは、旅行会社の担当者に問い合わせて分かった。島の名前もデタラメなものであった。明らかに、ドキュメンタリーとしての真実を伝えるという姿勢とは異なった姿勢による放送であることは明確であったが、あまりにも現実とかけ離れた描き方であったため、この段階で、筆者はテレビ局に連絡して、話し合いを持つことになった。その時の筆者の主張は、以下のとおりである。

① ヴァヌアツ共和国で、今時、「裸の原住民」が弓矢や槍をもって襲ってくることはありえない。
② ヴァヌアツでは一二年前にオランダ人宣教師が行方不明になっていない。
③ 最近まで首狩をしていたところはない。
④ 「やらせ」を現実であるかのように映し出すのは、やめるべきである。

テレビ側は、それについて検討するということで、第四回目の放送の二日前に連絡があり、以下の四点が提案された。

① 放映は第四回目の放送でひとまず終わる。
② 今後継続してやっていくが、ヴァヌアツ共和国という特定の名称はやめ、南の島という言い方にする。
③ 「原住民」という表現はやめて「先住民」とする。
④ ジャングルクエストのコーナーでは、「これはストーリーです」というナレーションなどを入れる。

テレビ側は、『ジャングルクエスト』の放送内容が現実のものではなく、創作されたものであることは認めていた。だからこそ「ストーリーです」というナレーションを入れるという対策を打ち出したのである。しかし、筆者はその表現では弱いと考えていた。そして、「これまでの放送はフィクションでした」という点を明確に視聴者に伝える必要があると主張した。というのは、これまでの放送を見て、南の島では、今でも、裸の原住民に弓矢と槍などで襲われるということが現実に起こる、と真顔で考える者が筆者の周りにもいたからである。しかし、フィクションとストーリーの間のギャップは埋まらなかった。テレビ側の主張は、以下の通りであった。

① 宣教師はヴァヌアツではなくパプアニューギニアにいる。
② 話は心温まる方向へと展開していくのであり、その後の話の展開とのギャップを作るためにああいう演出をした。確かにやりすぎだった。
③ 槍をもって襲ってくるという今までの日本人の未開人イ

メージを、これまでの放送でやったのだ。

④　決して南太平洋やヴァヌアツを愚弄する意図はなく、基本的に、南太平洋の人々を主役にしたような放送をしたい。放送はこれから変わっていくので、その辺りを見てほしい。

⑤　あれは物語として受け取って欲しかった。専門家の方にも、「ばかなことをやっている」と笑ってもらえることを想定していた。

⑥　ドキュメンタリーではなく、バラエティとしてみてもらいたかった。

⑦　ニカウ主演の『ブッシュマン』という映画は、それだけ見ると彼らを侮辱したような映画だが、映画として筋が通っている。そうしたものを作りたい。

2　テレビ側とのギャップ

第四回目の放送では、確かにテレビ側から提案された四つの件は取り入れられていた。ヴァヌアツ共和国の地図を用いる点は変わりなかったが、そこから国名と地名は削除されていた。また、ナレーションでもヴァヌアツという名前は出てこなかった。そして「原住民」は「先住民」に変更されており、さらに、コーナーの始まる前には、「これは少年の心を持った大人に贈るドリームストーリーです」というテロップとナレーションが入るようになった。ただ、第一回目の放送からのダイジェストは放映された。つまり、裸のメラネシア人が弓矢と槍で襲うという場面は繰り返し放映されることになった。

さて今回は、元首狩族というレッテルを貼られた村落の人々と仲良くなったディレクターが、村の少女の恋の仲立ちをするという物語が展開された。ここでは「先住民」は、第三回までの「攻撃的で野蛮な原住民」とは異なった描かれ方をしていた。主人公の少女は、「裸の未開人」というよりも「先住民の村の少女」を演出した形で描かれ、裸ではなく、グラススカート風のスカートに上半身を露にしない工夫をした衣装をつけていた。少女とディレクターの対話を中心に話が進むが、それは、『ブッシュマン』のようなメッセージ性があるわけでもなく、日本人ディレクターを「いい者」に仕立てる内容の放送であった。

この放送から「ドリームストーリー」というテロップが挿入されることになったわけだが、司会やスタジオにいる観客の反応は、時には、ストーリーが実話であるかのような空気を作り出し、番組は、「創作」と「実話」の間を揺れ動くような印象を視聴者に与える形で構成されていたと言える。しかし、提案された変更は実施されていた上、先住民たちの「演技」が笑いを誘い、番組がバラエティであるという点を以前より強調するような場面も見られた。さらに、これでこのコーナーが「ひとまず終わ」ったことも確かだったので、問題点は収束の方向に向かっていると思われた。ところが、約一ヶ月後、『ジャングルクエスト』が再び二週連続で放映されたのである。

再開された第五回目の放送では、第一回目からのダイジェストが長々と繰り返し放送され、「裸の未開人」「文明人を弓矢や槍で襲う未開人」というイメージをもたらす映像が、相変わらず登場した。そして、今回も、今までとは違う島へ行くという設定で話が進んだが、その話の中心は、「裸の未開人」がディレクターたちの持ってきた荷物を闇にまぎれて盗み取るというものであった。この盗賊を追いかけて彼らの村へ行ったディレクターたちが見たものは、その荷物の中にあった食料を手当たり次第に貪り食う先住民の姿であった。しかし、先住民の親が子供に食料を与えている姿を見て、案内人が幼い頃に別れた父親を恋しく思い、思い悩んでいるのを、ディレクターが一肌脱いで、会いにいくということで放送が終わったのである。テレビ側の論理では、第三回までの放送で「未開の演出」をしたのは、「心温まる話とのギャップのため」であった。ところが、心温まる話が何なのか分からないうちに、再び「未開の演出」が行われたのである。今度は、槍などで襲う「野蛮な未開人」ではなく、盗みも平気で行う「無知で蒙昧な未開人」、動物のように食べ物を貪り食う「哀れな未開人」の演出である。言うまでもなく、こうした描き方は「槍などで襲う未開人」同様、完全な捏造である。

第六回目の放送は、「ジャングルに一歩足を踏み入れればそこは戦場！」「元首狩族の襲撃」「弓矢の総攻撃」というテロップとナレーションが出た後、「生きて帰れるのか？」と問いかけ、第一回目からの「未開の演出」映像がダイジェストで流れる。そして本編。今回は設定が変わる。ディレクターが悪者になるのである。彼は、先住民の村落近辺にある立ち入り禁止の標識を引き抜いて入っていき、案の定一行は、その先で先住民に槍などで再び囲まれ、村の裁判にかけられることになる。ディレクターたちに罪があるという裁定がおりたとき、一人の先住民狩人がディレクターたちを弁護する。村人は、この狩人が豚の背に置いたココヤシの実を一発で射抜いたら、ディレクターたちを解放するが、失敗すれば一〇〇叩きの刑に処すと宣言。結局、ウィリアム・テルよろしくこの狩人は弓の射抜きに成功し、ディレクター一行は助かるという物語だ。そして最後に、宣教師の手がかりはパプアニューギニアにあることを告げて、終わる。

この、いかにも創作であることを十分に臭わせる描き方で作られていた「南海のウィリアム・テル」物語は、創作劇としては、確かにテレビ側の言う「心温まる話」や「南太平洋の人を主人公にした物語」であると言えよう。しかし、この放映を笑いをもって見ていた視聴者が、「真実」と「創作」の間をゆれる形で描かれた「未開人」像に対しては、必ずしも同様の反応をしていなかったことに注目すべきである。テレビ側は、日本人の未開人イメージを踏襲して「槍などで襲う原住民」を描いたという。つまり、そうしたイメージが視聴者の側にある、ということを前提として物語が作られているのである。ある意味巧妙に仕掛けられた異文化記述の仕方であり、視聴者は「ばかばかしい」と思いながらも、あるいは、「まさか」と思いながらも、「あり得るかも知れない」ということを頭のどこかに置かせるような演出であったといえる。そして、最後に、「次はパプアニューギニアだ」と実名を入れることで、再び「ストーリー」を「真実」と「創作」の狭間に落とし込むことが行われたのである。

さて、舞台がパプアニューギニアに移っても、「裸の未開人」イメージは継続して映し出されていた。「謎の仮面原住民」（インターネット上公開されている『ワレワレハ地球人ダ』のホームページでは、二〇〇五年四月の時点でも原住民という表現が用いられている）に襲われたり、「謎の部族」に囲まれたりする様子が描かれる。そして、ヴァヌアツ、パプアニューギニアを通して、コーディネーターと案内人以外は、伝統的な衣装を身にまとった裸の未開人として描かれていくのである。ちなみに、最後の舞台となったインドネシアでは、こうした「未開の演出」は見られなかった。この点は、次に取り上げる『あいのり』の場合でも同様である。未開の演出が適用されるのはメラネシア地域だけなのである。

3　『あいのり』に描かれたパプアニューギニア

『あいのり』というのは、恋愛実験室とでも呼べるような状況をつくり、そこにおける男女の恋愛の生成を覗き見する番組で、見知らぬ男女が、ミニバスにのって世界を旅する間に、様々な恋愛を体験するという設定になっている。インドから始まった旅は、トルコ、地中海周辺の国々、南米、中米を経て、ニュージーランド、オーストラリアへ、それに続いて、二〇〇二年一〇月二一日の放送から五回にわたってパプアニューギニア編となった。そしてパプアニューギニアは「ミステリーアイランド」「秘境」として紹介され、放送初日からそれまでのどの国でもなかった演出、すなわち「未開の演出」が始まったのである。

若者たちは、オーストラリアから飛行機でパプアニューギニアに飛ぶのだが、彼らが最初に降り立ったのは田舎らしき小さな空港であった。そして、空港を出るとたんに、裸の男たちがダンスをして一行を出迎える場面が放映される。さらに、この番組では若者たちを運ぶミニバスの運転手は現地人と決められているが、なんと、パプアニューギニアだけはこの運転手が、「裸の未開人」衣装なのである。バスは、空港から最寄の町へ向かうが、そこで、この場所がニューギニア中央高地のマウント・ハーゲンであることが示される。若者たちのパプアニューギニアの旅が、地方の町マウント・ハーゲンから始まるようにセッティングされているところに、番組の趣旨が現れていると言える。現実には、オーストラリアから飛行機でやってくると、まず、国際空港のある首都のポートモレスビーに到着する。しかし、ポートモレスビーは近代的な都市であり、若者たちの驚きの旅を演出するには、不適切な場であったのだ。

マウント・ハーゲンからバスで移動し、一行は、村落部へと向かい、まずラルバング族のところで儀礼に参加する。そして、

「奥地を旅する」というナレーションが入り、次に、チンブー族のところで行われている結婚式を見る。次第に、パプアニューギニアの人々と若者たちとの差異化が進んでいく、つまり、「未開」に向かう形の演出が行われるのである。最初のラルバング族は、「昔ながらの生活を続けている少数部族」として紹介され、人々は、Tシャツ姿で登場する。彼らは、「伝統文化を守りながら生活を続ける少数民族」という位置づけで描かれているため、「未開人」としては描かれない。そして、次に遭遇するチンブー族は、奥地に行くという設定のため、未開に近づいたイメージで描かれる。人々はもはやTシャツではなく、伝統的な衣装と思わせる格好で登場する。しかし、若い女性は上半身を巧みに隠すいでたちで、いわゆる「裸の未開人」とは多少異なる姿として描かれていた。

そして、第二回目の放送でついに「野蛮な未開人」が登場した。若者たちがバスで「さらに奥地へと進み」、マイルボボ山の麓でバスをおり、山頂めざして歩き出す。苦労の末たどり着いた開けた場所で、いきなり槍を持った裸の男たちに襲撃されるのだ。若者たちの中の一人の女性は、恐怖で泣き始めた。そうした状況の中、自らも裸の衣装であるバスの運転手が我々は敵ではないと叫び、これら裸の未開人を説得して、一件落着する。彼らは、神聖な戦士の墓を荒らしに来た連中だと勘違いされた、というナレーションとともに、白骨遺体が並んでいる映像が映し出される。『あいのり』でのこうした手法は、言うまでもなく『ジャングルクエスト』のそれと同じである。いきなり槍を持った未開人に襲撃され、番組進行役の芸能人やスタジオの観客は、一斉に驚きの声を挙げる。そしてナレーションは次のように語る、「標高二〇〇〇メートルの高地で今なお文明に接することなく暮らす未開の部族」。もちろん、現在のパプアニューギニアでこうした「襲撃」に出会うことはない。

この体験が終わったあと、一行は、小学校を訪れる。「まだまだ教育制度が整っていないパプアニューギニアでは、経済的な事情から子供のおよそ二割しか学校に通えない」というナレーションが入り、スタジオからは「そうなんだ」という声が聞こえてくる。これも根拠のない数字であり、現実には、プライマリースクールへの入学率は一九九九年から二〇〇〇年にかけての統計では八四％なのだ。田舎の風景の中にある学校を映しだし、そこで学ぶ子どもたちを描くことで、パプアニューギニア全体を未開地として描写しない演出は、むしろ、未開を際立たせる効果をもっていると言える。というのは、パプアニューギニアのどこへ行っても「槍で襲ってくる未開人」ばかりであれば、独立国家として成り立たないし、オリンピックに出てくるパプアニューギニアの人たちは何なのだ、ということになる。従って、全体として「低開発」で「田舎」で「遅れている」ところなので、中には、まだ「未開人」が居るという描き方をした方が、説得力をもつのである。『ジャングルクエスト』でも、未開人オンパレードのように描かれながら、案内人のヴァヌアツ人やコーディネーターは「未開人」イメージでは描かれていないのである。

4　背景としての異文化

第三回目の放送は、マダンという都市部が中心の場面となる。ところが、マダンの市街地での物語であるはずなのに、「奥地をゆく」というナレーションとともに、バスが樹木を切り開いて作っただけの凸凹道を走る場面が挿入される。そして場面は再びマダン市に戻る。こうした演出は、過酷な旅という状況を示したいためのものだろう。そして、それほど「嘘」ではないと主張できるものでもある。というのは、確かにマダン市ではあっても、舗装されていない凸凹道があり、ちょっと郊外に出れば、放映されたような状況を見つけるのは難しくないからである。しかし、それは「奥地」ではない。テレビ側の描き方は、必ずしも「嘘」ではないかも知れないが、視聴者に与える印象は、現実からは離れたものになる。そして、テレビ側は、そうした視聴者の見方が分かった上で、こうした演出をしていると言えよう。

この回の放送の冒頭では、バスに乗った一行が突然、泥の仮面をかぶり槍を持った連中に襲われるという場面があった。若者の一人は「またかよ！」と言い、別の若者は「窓を閉めて！」と叫ぶなか、バスは奇怪な集団に取り囲まれる。前回と同様の設定ではあるが、今回は、実はこれが観光客用のパフォーマンスであることが明かされる。そして若者たちは観光客として、泥の仮面を被った装束に変身して、ニューギニア観光を楽しむ。前回の「野蛮な未開人の襲撃」と対照をなす今回のパフォーマンスの描写は、巧みな演出であると言える。視聴者は、二番煎じの「驚愕の場面」だと思ったとたん、それの裏をかかれる。そして、前回の「襲撃」の場面が現実なのかどうなのかを考えることなく、新しい展開に目を向けることになる。ここでは、真実らしく描かれた「未開人の襲撃」や、今回の「窓を閉めて！」という台詞回しによって「襲撃」があたかも真実であるかのように思わせる演出は、そのまま受け止められそして視聴者の記憶の奥にしまい込まれるのである。

第四回目の放送では、ニューギニア本島沖合いのニューブリテン島のドゥクドゥクが紹介された。内容は以下のとおりである。若者達がニューブリテン島のある村に到着し、その村の「神」に会うということになる。とても神聖なので笑ってはいけない、というナレーションが入ったあと、「神」が現れる。その「神」は、人間が扮装したもので、枯葉を重ねたものを頭から全身すっぽり被った格好をしており、彼らが踊りながらやってくると若者の中の女性やそれを見ているスタジオの観客はくすくすと笑いはじめる。

今日のニューブリテン島の人々はキリスト教徒で、彼らの神はキリストである。しかし、伝統的な信仰体系では精霊に対する信仰があり、それがかつては、放映されたような姿で村落に現れるとされていたようである。テレビで放映された神は、確かにかつて信仰されていた精霊に似たものを示しているといえよう。しかし、現在の神ではない。それは、まるで、『千と千尋の神隠し』に登場してくる八百万の神を指して、あるいはその中の大根のお化けのような神を指して、日本の神に会わせるから笑わないように、というのと同じであろう。かつての日本の民間信仰における神々の体系は、これこれであり、その中にはお化けや妖怪なども含まれていたなどの解説があった後に「大根のお化け」を紹介するのと、日本人の神はこれですが笑わないように、という形でいきなり「大根のお化け」を紹介するのとは全く異なるのである。後者は、笑いものにするための演出なのである。しかも『あいのり』で行ったこの演出は、「秘境ニューギニア」というキャッチフレーズのもとでの、演出なのである。

パプアニューギニア編最終の第五回目は、全編が若者たちの恋愛物語であったため、これといった異文化表象は見られなかった。そしてパプアニューギニアを後に、一行は、トンガへと旅立った。トンガでは、「未開人」の演出は一切行われなかった。続いてフィジーが舞台になったが、「南太平洋の楽園フィジー」は世界有数のリゾート地。フィジーは古来から様々な文化が行き交い南太平洋の十字路と呼ばれてきた」という紹介からも分かるように、「ミステリーアイランド」とは全く異なった描き方が行われたのである。

さて、『あいのり』における異文化表象、特に「未開の演出」について述べてきたが、重要なことは、こうした異文化表象は、番組のメインテーマではないということである。『あいのり』は、生成される若者たちの恋愛を覗き見することが主題であり、テレビ側も視聴者側も、その点に力を注ぐ。若者たちが旅をする世界各地の様子は、その背景にすぎないのである。従って、異文化の表象は、そんなに目くじらを立てて議論するほどのことはないという程度にしか視聴者には受け取られないのである。しかし、それは背景であるが故に、まるでサブリミナル効果のように脳裏にとどまるとも言えるのである。

5　バラエティにおける「やらせ」と「演出」

テレビドラマでは、通常、最後に「これはフィクションです」という断り書きが入る。しかし、バラエティ番組内に挿入されるドラマないしは寸劇には、こうした断り書きが付加されない。挿入されているものがドラマであると視聴者に明確に判断できる場合は、まだ良い。バラエティ番組内で起こったり描かれたりする出来事は、タレントたちが迫真の演技をしているのか、現実のものなのか分からない形で描かれることがしばしばある。そして、視聴者の側も、最初から「バラエティだからフィクションかも知れない」という目で見るという姿勢が出来ていると言える。しかし、視聴者に良く知られたタレントたちが創作を現実らしく見せようと演じている場合と、素人が行っている演技を現実のものとして提示することとの間には、ズレが生じる。演技の専門家ではない素人の方が、現実におこる出来事を示していると視聴者が考えているからである。その場合、もし素人をつかった創作でそれを現実のものとして提示すれば、「やらせ」ということになり、これはバラエティ番組でも許容されないものとして批判されることになる。

さて、『ジャングルクエスト』や『あいのり』で行われてきたことは、この後者の場合に該当すると言える。日本の視聴者には「素人」以外の何者でもないメラネシアの人々に演技をさせ、それを現実の出来事のように提示したのだから、やはり「やらせ」という批判を免れないであろう。しかし、テレビ側の演出が巧みなのは、必ずしも「現実の出来事」であるものとして提示しているとは言いがたいような部分もあるという点である。視聴者は現実の出来事かどうか、半信半疑で番組を見ることになる。インターネット上で公開された『ワレワレハ地球人ダ』に関する意見では、「原住民とのやり取りとかがちょっと出来過ぎかなと思うところも多いが、たとえこれがフィクションであっても面白い」、「古典的コントのパターンの連続で笑えます」「本当に打ち合わせとか無しでやってるんでしょうか。毎回、原住民に遭遇して殺されそうになっても、必ず結局は助かるなんて、話がうますぎるような気がしますが」「まっ、ヤラセ番組でしたから」、「あからさまにヤラセっぽい演出に赤面しています」などの意見が掲載されており、「やらせ」と「ドキュメント」の間でゆれる視聴者の姿が見えてくる。

そうした意見の中に、次の様なものがあった。「しかし、『ヤラセ』であるとかないとかいう議論は、この番組に関してはまるでお門違いのものなのだろう。おそらく番組を作っている人達の共通認識は、〈面白ければそれで良い〉」。確かに『ジャングルクエスト』に関してテレビ側が、「物語として受け取って欲しかった。専門家の方にも、ばかなことをやっていると笑ってもらえることを想定していた」、「ドキュメンタリーではなく、バラエティとしてみてもらいたかった」と主張していることから考えれば、様々な演出は面白さの追求のためのものであると言いたいことが理解出来る。しかしバラエティだからと言って、面白さのためには何をやっても許されるわけではないことは言うまでもない。

『ジャングルクエスト』において描かれた人々は、視聴者からはかけ離れた世界に生きていると考えられてきたメラネシアの人々なのである。彼らは、長い間「未開人」というレッテルを貼られてきた人々であり、視聴者の側にもあらかじめそれがインプットされた存在だったのである。第1回目の放送は、筆者には衝撃的だった。それは、忽然と「未開人」が石斧を振りかざして現れる場面だが、「未開人」の登場が衝撃的だったわけではない。筆者にとって衝撃だったのは、その場面を見た司会者や会場の観客が驚愕の声をあげたことだった。我々ヴァヌアツを知っているものにとっては明白に「やらせ」の場面が、それを知らない人々にとっては、現実かも知れないと思われてしまう点が衝撃だったのだ。

通常のバラエティ番組が「やらせ」として批判されるのは、素人、あるいは知られていない役者の演技した出来事を、あたかも現実であるかのように提示することに起因している。この場合は、しかし、視聴者は「やらせ」かも知れないと思いながらも、現実を覗き見するような快感を持つという効果が生まれる。一方『ジャングルクエスト』における異文化表象は、これとは異なった効果を視聴者に与える。それは、視聴者の側にあるなんとなく持っているイメージや思い込み、つまり、「今でも野蛮な未開人が世界のどこかに存在するかも知れない」というあやふやな視点を、半信半疑ながら「やっぱり今でも未開人がいるのだ」という認識に変えさせるという効果をもたらすのである。つまり、創作による嘘の情報を与えて、視聴者にとってはある意味でどうでも良い思い込みを、これまたどうでも良いと判断できるような描き方の番組を通して、どちらでもよいけど「やっぱり本当だったのだ」と思わせるということなのである。マスメディアだからこそ出来ることであり、だからこそ、問題にもすべきなのである。

一方、『あいのり』も同じくバラエティ番組で、そこで展開される若者たちの恋愛を、わくわくして見ながらも、「やらせかもしれない」「役者が演じているかもしれない」という思いが頭の片隅にある人たちも多いと言う。そしてここで創作された未開人イメージは、『ジャングルクエスト』で作り出されたものよりも、やっかいな効果をもたらす。というのは、『ジャングルクエスト』では「未開人」が視聴者の好奇のターゲットであり、「やらせかもしれない」という意識まじりで見ることもあるが、『あいのり』では若者たちの恋愛がターゲットであり、未開人イメージは、その背景にまわってしまうからである。もっとも、視聴者にとって関心のある「背景」は、それなりに意味を持つ。今年の四月、南アフリカでアパルトヘイトによる差別を受けた人々が押し込められた居住区・タウンシップを背景とした放送が行われたが、番組ではそれをきっかけに、「多くの問題で苦しむアフリカの人々」に対する「あいのり募金」を募り、多くの人々がそれに協力している。しかし、差別、偏見、餓え、などの問題には高い関心を持つ若者達にとっても、「未開人の生活」は、「未開人」故にどうでもよいことなのだ。そして、『あいのり』に登場したパプアニューギニアの「未開人」は、「へー、こんなところがまだあるんだ」という感想だけを残して、視聴者の関心からは姿を消してしまうのである。

6　視聴者の側の自文化中心主義

メラネシアは、一八世紀の大航海時代以来、長い間ポリネシアとの対比によって描かれてきた。ニューギニアをはじめとするメラネシアの島々は「秘境」として、タヒチやトンガをはじめとするポリネシアの島々は「楽園」として扱われてきたのである。これは、プロテスタントの布教活動が活発に展開され始めた一九世紀に、布教の進み具合との関係で確立された見方と言える。そして、例えばアメリカにおいては、一九世紀を通して、「(宣教師たちをも殺害し食べてしまう) 野蛮な食人種の住むメラネシア」が「文明への道を歩みつつあるキリスト教徒の住むポリネシア」と対比されていたという (中山 2000:58)。確かにメラネシアでは宣教師が殺害されたりする事件があった。しかし、それは一人メラネシアに限られたわけではなく、非西洋世界が西洋世界と接触する過程で、世界各地で起こった現象である。また、メラネシアでは確かに食人の慣行が報告されている。しかしそれはポリネシアでも報告されているだけではなく、世界各地から報告されており、そもそも食人慣行を意味するカニバリズムという言葉は、西インド諸島住民のカリビアンに由来しているのである。

二〇世紀に入ってもこうしたメラネシア・イメージはそのまま生き続けるが、非西洋である日本においても、それは継承される。一九四〇年一一月から二ヶ月間、南太平洋を旅した秋本は、ニューヘブリデス (現ヴァヌアツ共和国) について、「離島や山奥深くに入れば獰猛な食人種・毒蛇・鰐等も沢山に棲息している」と記している (秋本 1943:338)。彼は、離島に存在すると考えられる「食人種」を毒蛇や鰐と同列に扱い、「棲息」するものとして把握している。同じころ出版された別の図書でも類似のことが少し詳しく語られている。つまり、「マレクラ島、サント島、アラアラ島においては未だ食人の慣習ありて、往々海岸地帯に居住する欧人を襲撃し殺戮することあり。海岸に居住する原住民族は暗黒色のメラネシヤ人種にして縮毛なるも比較的キリスト教に帰依し性温順となり、一般に saltwater men と呼称され、漁業、耕作に従事し居れども、内陸山間に居住するものは性凶暴にして馴化せず海岸居住者を攻撃して食人するの風あり。一般に bushmen と称され恐怖され居れり」(荘司 1944:137)。

キリスト教布教当初には、こうした状況が見出せたことは想像に難くない。しかし、ニューヘブリデスに初めてキリスト教が布教されたのは一八三九年のことであり、これらの図書が出版されるまでには、既に一世紀以上の布教活動の歴史が横たわっているのである。また一九世紀後半には、ブラックバーディングと呼ばれる労働者徴集によってオーストラリアのプランテーションで働いた経歴を持つ者も多く生み出され、二〇世紀に入るとすぐに英仏共同統治領に、そして一九四二年には、太平洋戦争のためにサント島にアメリカ軍が一〇万人規模のキャンプ都市を建設し、多くの島民がそこで働いた経験を持っていたのである。こうした歴史は全く無視され、メラネシアの人々は、あたかも初めて西洋世界と接触したファーストコンタクトの時代のままの生活を送り続けているという見方が継続し、そして現在のテレビにおける「未開の演出」を生み出したと言えるのである。

こうした (テレビ側だけではなく、何度も指摘しているように、視聴者の側にもある）発想の背後には、進化主義的視点が存在している。一九世紀に登場した進化主義は、すべての社会は同一の進化の道筋を辿るという前提の下、進化の進んでいるところを文明、進化の遅れているところを未開と呼び、世界中の社会を進化の度合いに応じて上下関係に配列していった。つまり、未開社会とされたところはやがて開かれて文明社会へ至るであろうが、進化が遅いため、なかなかそれが達成されないという視点が存在したのである。とすれば、未開社会はいつまでたっても未開社会であるということになる。西洋を中心とした文明社会が不断に進化を遂げて新しい姿へと変化していくのに対して、未開社会ではいつまでたっても裸で野蛮な状態が継続していると捉える発想の基本は、ここにあるといえる。

進化主義的な見方は、『ジャングルクエスト』などの番組における極端な異文化描写だけではなく、実は、バラエティ番組における「王道」の異文化表象の背後においても見出せるのである。既に紹介したように、特に「未開社会」を対象とした番組においては「我々と彼らの差異の強調」→「我々の側のとまどい」→「我々と彼らの交流」→「差異を超える共通性の発見」、あるいは、「彼らの中に我々の側にはない人間としてのすばらしさの発見」、というプロセスを基調とした描き方が行われる。しかし、差異を超えた共通性というのは、我々の側にある価値観との共通性のことであり、未開な彼らの社会にも我々文明の側と同じ共通性があるという発想と関連している。また、我々の側にはない人間性とは、我々文明の側が失ってしまった人間としての素晴らしさを、彼らは（進化が遅れているから）いまだに持っているのだ、という発想と結びついているのである。

進化主義的なものの見方は、自己中心的な文化観でもある。というのは、すべての社会が同じ進化の道筋を辿るという前提は、自分たちの社会が辿った道筋を他の文化にも適用できるということを保証し、自分たちの価値観が他の社会にも適用できることを認めるからである。その結果、進化主義的見方では、それを論じる者のいる社会を中心に世界が整理されることになる。そして、それからかけ離れた価値観に基づく異文化は、必然的に未開に追いやられることになるのである。この自己中心的な文化観は、自文化中心主義によって形成されている。自文化中心主義というのは、無意識のうちに自分の文化的フィルターを通して異文化を見てしまうという姿勢のことである。国際化が叫ばれる現在、世界には多様な価値観が存在していてそれぞれを尊重しなければならないと考えている人々は多い。しかしこれらの人々でさえ、知らず知らずのうちに自分の価値観というフィルターを通して異文化を見てしまっているという現実が存在するのである。

『あいのり』で論じた視聴者の反応、つまり、紛争や差別などの問題で苦しむアフリカの人々に対しては真剣に対応を考える人々が、パプアニューギニアの「未開人」については、ただ「未開な人々がいる」という認識だけを持って通り過ぎる、という反応も、同様である。自分たちと接点のある、あるいは自分たちとの差異化がそれほどなされなくなった異文化（言い換えるならば進化してきた異文化）には関心を持つが、接点がない、あるいは差異化が強調される異文化（言い換えれば進化しない異文化）には関心が薄いというのは、まさに自文化中心主義的な見方から生まれているのである。制作者の側にも視聴者の側にもあるこの自文化中心主義的な異文化表象を正面から見据え、場合によってはそれを告発するという発想こそが、異文化表象を扱うマスメディアに要請されることなのではないだろうか。人類学とマスメディアの接点、あるいは共同作業の場がそこにあるように筆者には思われるのである。

文献

秋本貫一 1943『南太平洋踏査記』日比谷出版社

牛山純一 1979「テレビ報道にとっての映像人類学」ポール・ホッキングズ、牛山純一編『映像人類学』日本映像記録センター、二五一―二六二頁

白川千尋 2004「日本のテレビ番組におけるメラネシア表象」『文化人類学』六九（二）、二一五―二三七頁

荘司憲季 1944『太平洋島嶼誌　メラネシヤ篇』三省堂

中山和芳 2000「人食い人種とキリスト教――19世紀アメリカの新聞に見るオセアニア人観」吉岡政德・林勲男編『オセアニア近代史の人類学的研究――接触と変貌、住民と国家』国立民族学博物館研究報告別冊21

テレビCMにおけるハワイの文化表象の展開

日本におけるハワイ・イメージの形成と変容の一側面

山中速人

1　はじめに

「トリスを飲んでHawaiiへ行こう!」というコマーシャルメッセージ（CM）は、戦後、ハワイが日本の商業広告に本格的に登場した最初の記念碑的意味を有していたといえるかもしれない。戦後間もない一九四六年にサントリーが発売したトリスウイスキーは、大衆的な洋酒としてロングセラー商品となったウイスキーである。戦後日本のCM文化を牽引したといわれるサントリー宣伝部にあって、この強烈なキャッチフレーズを書いたのは、その後、作家として数多くの作品を世に送り出した山口瞳であり、ウイスキーを愛飲する苦み走ったアンクルトリスというCMキャラクターを描いたのは柳原良平であった。

日本の戦後経済が高度成長期に突入する一九六〇年代という時代にあって、ハワイは高嶺の花の海外旅行先であった。当時、誰でもが観光目的に海外旅行ができる時代ではなく、一般の日本人の観光目的の海外旅行が自由化されたのは、一九六四年になってからである。そこで、このCMキャンペーンでは海外旅行が自由化される四月一日直後にハワイにいくことができることを謳い、サブコピーとして以下のような一文が添えられていた。

「世界中のみんなが憧れる夢の島ハワイへ行ける海外旅行積立預金証書が一〇〇名様に当たる抽せん券つきトリス・スペシャル・セール!」

このCMコピーは新聞向けに構成されているが、これと並行して、当時黎明期にあったテレビCMも制作された。いずれにせよ、サントリー・ウイスキーを飲んで抽選でハワイ旅行が当たるという企画は、高度成長期を迎えようとしていた日本人にとって、これから到来するだろう華やかな消費文化の一つの到達点を目に見える形で提示するものであったといえる。

この時代、ハワイは「夢の」という常套句つきで表現されていた。たとえば、一九六三年から一九八五年にかけて大阪の毎日放送が制作し全国放送された、ロート製薬提供の『アップダウン・クイズ』という長寿番組があったが、この番組の冒頭で司会者が繰り返すキャッチフレーズは「一〇問正解して、夢のハワイへ行きましょう」であった。出場者は夢のハワイ旅行を賭けて、クイズに挑戦したのである。箱形のゴンドラに乗った出場者がクイズに正解するたびにゴンドラが一段ずつ上昇する。全問正解すると、スチールギターを効かせたハワイアン音楽のBGMが背後に鳴り響く中、頭上にせり上がったゴンドラに飛行機のタラップが横付けされ、日本航空の女性フライトアテンダント（当時、スチュワーデスといった）がレイを勝利者の首に掛け、賞品である日本航空のハワイ行き航空券と副賞の目録を手渡すのである。その後、正確な時期は不明であるが、七〇年の半ば頃には「夢の」という形容詞は取り外された。それは、急速に豊かになっていく日本社会にあって、海外旅行としてのハワイ旅行が「夢」ではなく、誰でもできる現実の一部となったという事実を反映したものといえるだろう。しかし、今日、海外旅行が大衆化し、毎年、数百万人が観光目的で海外旅行する時代となっても、ハワイ旅行に日本人旅行者が期待するものに夢のような楽園の風情があることは間違いない。

本稿では、このような日本人のハワイ・イメージの形成にテレビとりわけテレビCMがどのような関わり方をしてきたかを考察すると同時に、記号としてのハワイがテレビCMの中でどのように利用されてきたかをあわせて考察してみたい。

2 日本におけるハワイ・イメージの源流

先述の「夢のハワイ」というイメージは、一九世紀にヨーロッパ世界で流布した太平洋楽園幻想に起源をもっているといっても過言ではなかろう。このようなイメージが形成された歴史的な背景には、一八世紀末に行われたジェームズ・クックの太平洋探検があり、その源流はヨーロッパ啓蒙主義の時代において提出された「高貴な野蛮人」の言説にまでさかのぼることもできる。そして、一九世紀に進行したヨーロッパ列強による太平洋地域の植民地化、また、二〇世紀に入ってからは、ハリウッド映画を始めとするさまざまな映像メディアが、そのようなイメージの拡大、普及に協力に関与してきた。これらのハワイ・イメージの形成過程については、すでにいくつかの研究が明らかにしているので（山中 2004）、ここでは省略するが、日本人のハワイ・イメージには、この太平洋の楽園としてのハワイ・イメージが大きく影を落としている。

たとえば、一八六八年に横浜の貿易商ヴァン・リードによって企画され、密出国同然の状態で行われた第一回ハワイ移民で移民たちの元締役を務めた牧野富三郎がリードに対して送った報告文には、現地ハワイについてつぎのように記されている（今野・藤崎 1986）。

当地は随分熱国にて、……昼中は冷水もぬるま湯同様に御座候、しかも年中草木の葉落散不申、霜雪ふらす、西瓜、マンゴ果、林檎、葡萄、桃など年中相絶へ不申、住居よき処に御座候。昼夜共酔狂人、乱暴人など一人も往来不仕、人気もいたつて穏にて、一同大仕合候。

この文章は、リードが横浜で発行していた『横浜新報もしほ草』の明治六（一八七三）年八月二七日付けの紙面に掲載されたもので、日本人による最初のハワイ見聞録となった。この牧野のハワイに対する印象にも、常夏の穏やかな自然とおおらかでおだやかな住民が生活する太平洋の楽園というイメージが色濃く投影されていた。

この後、日本からのハワイ移民はしばらく中断するが、一八八三年にハワイ王朝政府と日本政府との間に締結された移民条約によって移民が再開された。この際、移民募集に当たって、外務省が応募者に配布するために発行した『出稼心得書』には、ハワイの気候や住民の気質や特徴などについて、簡単な解説がなされている。

まず、ハワイ先住民については、「該国の人情は誠に温和にして外国人を取扱ふ事至て、親切なれば是迄すでに渡航し居る日本人も更に帰国の念を起きざる由」と述べ、また、ハワイの農業については、「該国の地味は沃饒なれは米穀そのた植物を栽培（うえつくる）も肥料を用ゆる事なく多分の収穫あるへし」と記している。

この外務省の文書でも、住民の穏やかな気質や農作物の実り豊かなハワイの楽園イメージが強調されている（今野・藤崎 1986）。ハワイへの日本人移民の拡大に応えてハワイ宣教を企図して渡航した日本人キリスト者の一人に奥村多喜衛がいたが、この奥村の主著『太平洋の楽園』には、ハワイ先住民について次のような記述が見られる（奥村 出版年不明）。

土人は体躯頗る壮大。性質順良。外来人に対しては頗る親切である。今日は世界各国人々雑居し。公立学校や幼稚園に於いては。顔色の異れる児童が少しの区別なく取り扱はれ。且つ生計の道容易にして乞食者を見ない。したがって風俗純朴。公徳盛んに行われてゐる。

奥村はキリスト教牧師であったから、先住民のモラルについてことさらに言及しているが、いずれにせよ、先住民については、その大柄な体形を強調しつつ、性格が温厚で、開放的な風俗を持つ友好的な民族であると紹介している。このような印象は、あきらかに一八世紀末にクックらが残した先住民の印象をなぞるものだった。

日本からのハワイ移民は、その後、ハワイがアメリカに併合され、一九二四年にアメリカ本土で成立した排日移民法によって完全に停止されたが、ハワイについてのイメージは、基本的に変わることがなかった。たとえば、一九三二年に日本郵船が発行した『布哇案内』では、ハワイは「四季を通じて花常に咲。鳥常に唄ひ、果実、穀類も豊穣に実るといふ全く天恵の楽園であります」と紹介されている（日本郵船 1932）。ここでも、ハワイの楽園イメージは、絶えることなく継承された。

オセアニアが欧米社会から与えられた表象についての研究で著名なニコラス・トーマスは、これら一九世紀後半に誕生し、二〇世紀前半に受け継がれた太平洋に関するイメージを、異国趣味（エキゾティシズム）なもの、野蛮なもの、異教なもの（改宗した「原住民」を含む）、異種交配（ハイブリッド）なものの四つのタイプに分類している（トーマス 1999）。フィジーやニューギニアなどのメラネシア人の表象が食人や人狩りなどの「野蛮」で「非文明」な「未開部族」を視覚化するものであるなら（本書吉岡論文も参照）、ハワイやタヒチに代表されるポリネシア人の表象は「楽園幻想」に根を持つエキゾティシズム（異国趣味）を視覚化するものであったといえるだろう。

3　観光旅行CMに描かれたハワイ・イメージの原型
——一九七〇年前後、日本航空の海外旅行CMを事例に

戦前期の日本人渡航者のハワイ・イメージに、ヨーロッパ人の楽園幻想が色濃く投影されていることは、今述べたとおりである。それでは、戦後、ハワイへの渡航の主要な目的となった観光において、ハワイはどのようなイメージを与えられたのであろうか。ここで手がかりとなるのは、日本航空の海外旅行CMである。

一九六四年に海外旅行が自由化されると、さまざまな海外旅行が商品として市場に供給される可能性が開かれた。なかでも、日本航空が提供するパッケージ型の海外旅行ジャルパックは、一九六五年一月から集客が開始され、もっとも注目を集めた旅行商品となった。日本航空は、当然このジャルパックのテレビCMに力を注いだ。当時、すでにテレビ普及率は九〇パーセントに達し、テレビは広告メディアの中で最大の力を持ち、一九六五年の総広告費に占めるテレビ広告費の割合は三割に達していた。ジャルパックのテレビCMの広告効果は絶大であったと考えてよい。

日本航空がまとめた一九六八年から七二年にかけてのジャルパック関連テレビCMを手がかりに、当時の海外旅行CMにおいてハワイがどのようなイメージを与えられているかみてみたい。

3・1　ジャルパック・ブランドCM（六八年）が描くハワイ

まず最初に取り上げるCMは、ジャルパックのブランド広告を目的に制作されたCMである。この一分間のCMは、世界各地に設定されたコースの中からいくつかの代表的な訪問先をイメージ化し、ジャルパックのブランド・イメージの確立をねらうものであった。

この代表的な訪問先として、ハワイは、ニューヨーク、パリ、香港、ロンドン、スイスアルプスに先立ってCMの冒頭に取り上げられ、ジャルパックのロゴの背景にも使われている。つぎに、このCMに登場するハワイのイメージを順を追って抜き出してみよう。

〈CMの構成〉

まず、CMの冒頭を飾るカット（図1）は、ジャルパックのロゴであるが、その背景には、ダイアモンドヘッドを背にしたワイキキ・ビーチとそこに係留されたヨットの映像が使われている。つぎに、その映像が、ワイキキで波に乗るサーファーたちの映像（図2）に変わると、左のようなコマーシャルソングが流れ始める。

ジャルパック、ジャルパック
青い海、花のレイ、ハワイ

この歌詞が歌われる数秒間に、つぎの三つのカットが挿入されている。一つ目は、先ほどのサーファーと同様にワイキキの波を滑ってくる六人乗りの手漕ぎカヌーの映像（図3）。二つ目は、空港のタラップの下で到着した訪問客（このときカメラはレイを掛けてもらう訪問客の視線を代表している）にレイを首に掛けようと近づいてくる女性たち（図4）。さらに、三つ目は、おそらくはワイキキのはずれにあるカピオラニ公園で毎日催されているコダック・フラショウでフラを踊るダンサーの一群の映像（図5）である。

ハワイの映像が登場するのはここまでで、以降は左のような歌のフレーズとともに、別の観光先の映像が紹介されていく。

光がジャズ歌うニューヨーク
甘い夢、セーヌのほとりに憩い
白い月、香港の夜に開く
海外旅行はジャルパック

このあと、ヨーロッパの都市を観光する日本人団体旅行者（男性の多くが背広とめがねを着用し、ジャルパックのロゴで染め抜かれた旗に先導されているのが印象的である）の実写映像が数カットつづき、それに併せて左のようなメッセージが流れ、CMは終わる。

日航機で行く海外旅行ジャルパック。すでに一万名の方がすばらしい思い出を作りました。経験豊かなコンダクターがお供しますから、言葉の心配はありません。手軽に行ける東南アジアをはじめ、世界各地に二六種類一三五コースを用意しました。お申し込みは日本航空または航空代理店で、ジャルパックとご指定下さい。

ジャルパックのブランドCMの冒頭で、ハワイのイメージが使用されていることは、きわめて重要である。これは、日本人の羨望する海外旅行のイメージのもっとも主要な部分をハワイ旅行が象徴すると送り手が考えたことを示しているからである。旅行業界では、「ハワイはメートル原器」だといわれてきた。これが何を意味するかと言えば、つまり、日本人が海外旅行に行こうとするとき、その日程、飛行時間、予算、宿泊ホテルの水準、オプショナルツアーの種類などに関して、多くの場合、ハワイ旅行を比較対照の基準にしてきたということである。ハワイ旅行は、その意味で、日本人にとって海外旅行のプロトタイプだった。

さて、このCMの中には、ハワイにかかわるイメージが七つ登場している。ワイキキ、ダイアモンドヘッド、ビーチとヨット、レイとハワイ女性、フラである。これらの表象は、一九三〇年代以来、ハワイ・ツーリスト・ビューローが繰り返し使用してきた観光広告に登場してきたイメージでもあった。図6は一九三〇年代のハワイ観光ポスターであるが（Brown 1982）、このポスターに使用されているイメージの大半が、ジャルパックのCMでも引き続き使用されていることが分かる。戦後日本の海外旅行の目的地としてのハワイが、すでに三〇年代以前より欧米向けのハワイ観光の中に形成されていた「太平洋の楽園」というイメージを踏襲するものであったことがこれで理解できるだろう。

3・2　ジャルキット新婚旅行CM（六八年）が描くハワイ

つぎに、同じく日本航空が一九六八年に放送したジャルキット・ハワイのテレビCMをとりあげてみたい。このジャルキッ

図1

図2

図3

図4

図5

図6

トは、ジャルパックの姉妹商品として日本航空が発売した少人数によるグループ海外旅行のパッケージであった。ジャルキット・ハワイは、とりわけ新婚旅行客をターゲットにしており、この一分間のCMは、新婚カップルに焦点をしぼった内容の展開となっている。以下、すこしくわしくこのCMをみてみよう。

〈CMの構成〉

ハワイの海岸を思わせる白い砂浜を波打ち際からウエディングドレス姿の花嫁が駆け寄ってくるカットからこのCMは始まる。この花嫁の映像に、「おー、ハワイ」という甘い女声コーラスが重ねられる。続いて、ウッドドラムの軽快な打撃音に併せてハワイに関連するいくつかの短いイメージ・カットがフラッシュで挿入され、オアフ島東部にあるハナウマ湾[1]を俯瞰するカットが続き、それにジャルキットのロゴ・タイトルがズームインしながら表示される。そして、つぎのようなCMソングが流れはじめる。

ジャルキット、あなたと
ジャルキット、ふたりで
おーハワイ、ハワイ、ハワイ

このCMソングに、ハワイの観光名所を訪ねる新婚旅行のカップルを思わせる若い男女の映像が重ねられ、次のようなナレーションが入る。

ハネムーンは思い切ってハワイになさいませんか。あなたがた専用のガイドが乗用車でご案内するジャルキット。ご家族づれグループでお好きなコースへお出かけ下さい。お問い合わせは航空代理店または日本航空へ

ナレーションには、先ほどのカップルが楽しそうにハワイの観光地を専用の自動車とガイドの案内付きでめぐる情景が重ねられている。そして、ナレーションが終わると、ホラ貝を吹くポリネシア系先住民であるハワイ人男性の上半身が現れ、それが上空を飛び去っていく日本航空機の機影に置き換わり、ジャルキットのロゴと日本航空のシンボルマークがオーバーラップしてCMは終わる。

このジャルキット・ハワイのテレビCMを構成する四七カットを順に示す（図7）。これらのカットを一つ一つ丁寧に検討してみよう。

まず、CMの主キャラクターである新婚カップルが絡んだカットは一八カットあった。このうち、新婦だけのワンショットのカットが五カットあり、また、新郎新婦のツーショットが一二カットあった。それぞれを細かく見ていきたい。

新婦だけのワンショットのカットについてみると、一つはウエディングベールをかぶってビーチを駆け寄ってくるアップ（図

7・1、7・2)。一つはカヌーの上でスカーフを髪に巻いた姿(図7・18)、一つは新郎の手を借りてホテルのプールからあがってくる水着姿のアップ(図7・22)。残りの一つは襟を立てたヨットパーカー姿(図7・39)である。ワンショットではないが新婦だけが登場するカットには、ディナーの席で新婦がギターを持って歌うハワイアン女性の歌声を聴くカット(図7・44)もある。これに対して、新郎だけのワンショットは一カットもない。それが何を意味するか、いろいろな解釈が可能だろうが、一つ指摘できるのは、CMが男性の目で撮られているということ。つまり、美しいハワイの風景の中に最愛の新婦を置いてみたいという男性の願望を刺激するように工夫されているのである。

つぎに、新郎新婦のツーショットを扱った一二カットについて、見てみたい。まず、バストショット以上のツーショットが四カットある。一つは二人がレイを首に掛けて並んだカット(図7・15)、一つはハイビスカスの花を耳に差した新婦に新郎がやさしく語りかけるカット(図7・20)、一つは洋上クルーズの船上で新郎が新婦の肩に腕を掛けているカット(図7・38)、一つは専用の乗用車の窓から楽しそうに窓外を眺める二人のカット(図7・41)である。

つぎに、二人を中心に周辺の人物や景観も含み混んだミディアムショットあるいはロングショットなどのカットが八カットある。これらのカットにはハワイを象徴するするさまざまな表象が写し込まれている。たとえば、椰子の木の根本に広がるよく刈り込まれた芝生に腰を下ろして談笑する二人のカット(図7・19)、岩に砕ける波しぶきを浴びながら新婦に手をさしのべる新郎とのロングのツーショット(図7・21)、パリ峠の断崖からの眺望を楽しむ二人のカット(図7・24)、白人観光客に混じってシーライフパーク[2]のイルカショーを見物する二人のカット(図7・34)、黄昏のビーチを夕日に向かって駆ける二人のカット(図7・45)などがある。また、新郎新婦に現地人が絡むカットには、睡蓮が浮かぶ穏やかな水上を上半身裸のハワイ人男性が漕ぎ進むカヌーに乗った二人のカット(図7・17)、ハワイアン・ショーを新郎新婦が並んで観覧する席で、演じ手らしきムームーを着た初老のハワイアン女性から新郎がキスをうけて照れるカット(図7・23)、サングラスを掛けた日系人らしき専属ガイドから説明を受ける二人のカット(図7・42)がある。ここでも、新婦をエスコートする新郎という構図が顕著に読みとれる。また、新郎新婦の服装がともに白ずくめで、新婦は広い縁取りの帽子をかぶっているという当時の新婚旅行特有のファッションが印象的である。

さて、このCMのなかには、新郎新婦以外のカットが二九カットある。このうち、エンドタイトルが挿入される日航機のカット(図7・47)を除く二八カットは、すべてハワイに関連する何らかの表象である。それらを細かく見てみたい。

まず、もっとも多かったのが海を大きく写し込んだカット(一一カット)で、そのうち洋上をいくヨットや双胴のカヌーを

図7・25

図7・26

図7・27

図7・28

図7・29

図7・30

図7・31

図7・32

図7・33

図7・34

図7・35

図7・36

図7・37

図7・38

図7・39

図7・40

図7・41

図7・42

図7・43

図7・44

図7・45

図7・46

図7・47

図7・1

図7・2

図7・3

図7・4

図7・5

図7・6

図7・7

図7・8

図7・9

図7・10

図7・11

図7・12

図7・13

図7・14

図7・15

図7・16

図7・17

図7・18

図7・19

図7・20

図7・21

図7・22

図7・23

図7・24

写したイメージショットが六カット（図7・4、8、12、25、29、31）、ついでサーフィンをする男性のカットが三カット（図7・6、26、35）、ワイキキの海上からロイアルハワイアンホテル[3]を撮ったロングショットが一カット（図7・10）、ハナウマ湾を俯瞰するカットが一カット（図7・16）あった。つぎに顕著なのは海以外の自然を写したカットが五カットあり、南国の花を象徴するプルメリア、ハイビスカス、極楽鳥花がそれぞれ一カットずつ（図7・3、28、37）、椰子の葉ごしにこぼれる陽光のイメージショットが一カット（図7・14）、夕日のアップが一カット（図7・43）あった。海と自然が絡むカットの多さは、ハワイのイメージが南国の自然といかに強く結びつけられているかを示している。

つぎに多いのが白人女性が絡むカットで三カットあり、すべてビキニ姿でビーチに憩う若い女性のカット（図7・27、30、36）であった。水着姿の白人女性という記号はハワイに限らず、海浜型リゾートの表象としてきわめて普遍的な存在なのだろう。

これら以外にも、ハワイに関連するさまざまな表象が登場している。現地の人々が絡むカットでは、ハイビスカスの花を髪にさしたハワイ人女性のアップ（図7・5）、フラを踊るハワイ人女性の上半身のカット（図7・9）、アイスクリームをなめる子どものカット（図7・11）、サーフボードを頭に載せて運ぶ筋肉質なローカルボーイのアップ（図7・13）、海岸で砂遊びをする母子のカット（図7・7）、ホラ貝を吹くハワイ人男性の上半身のカット（図7・46）がそれぞれ一つずつあった。また、ヒルトン・ハワイアンヴィレッジ・ホテルのロゴが入った帆布が風をはらんで膨らむカット（図7・33）、アラワイ運河沿いの道を疾走する専用自動車のカット（図7・40）、グラスに注がれるコカコーラのカット（図7・32）などもあった。

3・3　日本航空の海外旅行CMにみるハワイ・イメージの特徴

以上、詳細にCMに写し込まれたさまざまな表象をみてきた。全体の印象としていくつかの点を指摘したい。

まず、ハワイの自然景観と女性（新婦であれハワイ人女性であれ）とが強く結びつけられていることである。このことはハワイという場所が女性性と強く結びついて意識されていることを暗示している。この意識は、ポリネシア女性に官能性とイノセンスを求めた一九世紀のヨーロッパ人の心情と高い共通性を持っている。ハワイに注がれる視線は男性優位のまなざしだったのである。

ただし、この初期のCMにみられる男性が女性をエスコートするという設定は、その後、女性だけのグループ観光が有力な商品になるにつれて急速に後退していった。たとえば、頭金二万円でハワイ旅行に行ける日航トラベローンのCM（七二年）では、若いOLが貯金箱をひっくり返しながらハワイを夢見るシーンは登場するが、男性は一人も登場しない。また、グループ割引が効くジャルパック・マイパーティのCM（七三年）では、ビキニ姿でパイナップルボートを食べる若い女性だけのグループが登場している（図8）。このころになると、男女がいっしょに登場するのは、新婚旅行のCMだけになってしまうのである。

つぎに特徴的なのは、地元の日常生活に関わる映像がまったく登場しないことである。ヨーロッパ観光やアメリカ観光についてのジャルパックのCMには、パリやニューヨークなどの都市市民たちの日常生活のカット（たとえば、カフェテリアで新聞をよむビジネスマン、川辺で語らう恋人たち（図9）、交通整理の警官たちなどなど）が数多く挿入されているのだが、それらと比べて、ハワイ観光のCMには地元の日常生活に関連するカットはまったくない。「太平洋の楽園ハワイ」というイメージにとって、日常生活を営む地元民たちの存在は禁句ということなのだろう。欧米の都市観光がそこで生活する市民たちの日常性への擬似的同化が大きな目的の一つとなっているのに対し、ハワイ観光はあくまで楽園の非日常性を追求することに目的があるということをそれは物語っている。

図8

図9

図10

もうひとつ興味深いのは、このCMでは、ウッドドラムによる軽快な連打音が効果音として使用されていることである。厳密に言うと、これはタヒチアン音楽で多用されるドラムであって、ハワイのものではない。このCMに限らず、ハワイ観光CMの中に、ハワイ以外のポリネシアの文化要素が混入する頻度は非常に多い。典型例としては、ビキニと腰蓑をつけて腰をアップテンポで左右に振動させるタヒチアンダンスがフラのかわりに使用されている（図10、六九年ジャルパックジョイCM）。また、おそらくポリネシア文化センターで撮影されたと思われる、さまざまな太平洋諸島のダンスが混然と使用されている場合（七一年ジャルパックジョイCM）もある。このような混同は、日本のCMだけではなく、すでに戦前においてアメリカ本土向けに作られた宣伝映画の中でも認められるものであった。フラのゆっくりとしたリズムが宣伝用のテンポの速い映像には不向きなため、テンポの速いタヒチアンダンスが代用されたのである。それに加えて、太平洋戦争で兵站基地の役割を果たしたハワイでは、慰安を求めるアメリカ軍将兵のためにタヒチやサモアなどポリネシア各地から多くの芸能が呼び集められた（山中 1993）。そして、ポリネシア一帯の踊りや音楽などがひとつのショープログラムの中で融合していった。このような戦時下の状況が戦後のハワイ観光に引き継がれた結果が、これらCMに反映され

図11

図12

ているといえるかもしれない。

この他にも、七〇年前後のジャルパックCMには、今日のハワイ観光に関わるイメージの原型と言ってよいような映像が数多く含まれている。たとえば、ゴルフ（図11、ジャルパックマイパーティ七三年）、クルーザーによる海釣り（図12、ジャルパックジョイ七〇年）、ディナーショー（六九年）、お揃いのアロハシャツで身を包み集団でショッピングする（六九年）などがそうである。これらに比べて、ハワイに限らずポリネシアの伝統文化に関わるイメージは、相対的にマイナーであるのが特徴となっている。

また、ジャルパックのハワイCMにおけるカット構成の特徴として、動きのある短いカットを重ねていくアップテンポのCMが多く、「太平洋の楽園」でゆったりとした時間を過ごすというよりは、短い時間を有効に使ってさまざまな遊びに積極的に挑戦することを呼びかけるメッセージが主流になっている。ジャルパックCMの基底には「楽園幻想」が流れていると述べたが、このようなアップテンポのメッセージは、従来、アメリカ本土観光客向けに提供されてきた観光宣伝のメッセージとは異質なものである。日本人観光客の大半が四泊六日（機中一泊）の短い滞在日数でハワイに訪れるというゲスト側の事情にあわせて、日本のハワイ観光CMは、短い滞在日の間にできるだけ多くの消費を行なわせるよう仕掛けられたのかもしれない。いずれにせよ、短期集中型の新しいハワイ観光スタイルを高度成長期の日本人は作り出していったのである。

4　ハワイ・イメージを借用した商品広告が描くハワイ

4・1　ハワイ関連CMの諸タイプ

ジャルパックのような海外旅行CMに登場するハワイだけが、日本のCMに登場するハワイではない。これ以外にも、ハワイに関連する数多くのテレビCMが放送されている。その大半は、ハワイのイメージを商品の宣伝に援用する目的でハワイに関連する何らかの表象を登場させるCMである。このようなCMがいったいどのくらい制作、放送されているかは統計データがないため分からないので、あくまで印象評価であることをお断りしながらも、かなりの数のハワイ関連CMが放送されていると思われる。

テレビCMがハワイ・イメージを使用する場合、いくつかのパターンがあると思われる。一つは、「夏」「常夏」「太陽」「暖かさ」といったハワイのイメージを使用する場合である。印象では、ゴールデン・ウィークの連休前後当たりから放送されはじめる夏向けの商品ＣＭがこの類型にあたることが多い。あるいは、まったく逆に冬期のＣＭで、暖房器具や温熱グッズに関連したＣＭの中で、ハワイが心地よい「暖かさ」のシンボルとして使用されることもある。

つぎの一つは、「楽園」「パラダイス」「リゾート気分」といったハワイのイメージを借用する場合である。たとえば、清涼剤や飲料水を摂取した際の爽快感や開放感の表現として、ハワイの持つ「楽園」イメージが使われるのである。最近では、ハワイだけでなく、たとえば、バリやセブなどに代表される東南アジアの海浜リゾートを思わせるイメージが使用される場合も増加しているように思われる。

つぎの一つは、先住民ハワイ人の文化要素や性格特性に関わるステレオタイプが使用される場合である。典型例がフラである。フラ・ガールのすらっとくびれた腹部（あるいはボディ）が女性の官能性やセックスの暗喩として、あるいは、フラのそのなめらかでしなやかな身体の動きが商品の与えるセンシュアルな感覚を視覚化する表現として、使用される。フラでは、手の動きでさまざまな事象を表現するが、ＣＭでフラが使用される場合のほとんどは、「波」を意味する手の動きをもって、それがフラであることを受け手に分からせようとしている。このフラ独特の手の動きを演ずるのは、ほとんどが女性であり、ムームーや腰蓑などフラを踊る際に用いられるハワイの慣習的な衣装を身につけている場合もあるが、ただビキニや露出的な衣装だけの場合もある。しかし、その独特な手の動きで、それがフラを意味していることが容易に理解できるように演出されているのである。同様に、肥満したハワイ人のキャラクターを登場させ、楽天性、陽気さ、幸福感、滑稽さのシンボルとして使用する場合がある。ハワイ出身の元関取やハワイあるいは太平洋島嶼地域出身の先住民キャラクターが起用される。この場合、肥満は重要な記号である。また、一方、そのふくよかな体形が暗示する包容力や受容性、おおらかさなどが、生活のゆとりやのびのびとしたライフスタイルを示すシンボルとして使用される場合もある。

つぎの一つは、最近の傾向として、ハワイのもつ豊かな自然環境や自然と一体化したハワイ人の伝統文化を「エコロジー」「環境重視」「豊穣性」など、商品あるいは企業が提案するライフスタイルを象徴する記号として利用するＣＭがある。ブランド衣料品、薬品、総合家電などの企業広告にこのタイプのＣＭがよくみられる。たとえば、ある総合家電企業の企業ＣＭでは、モアナルア公園にあるモンキーポッドの巨樹の映像を使用し、「みんなが集まる樹だから」と企業の総合力と安定感を表現するシンボルとして使用している。

他にも、たんにハワイ旅行が景品として当たるキャンペーン広告など、ハワイ・イメージを使用するCMは数多い。ここでは、それらの中から、ハワイ人の文化要素に関連する典型的な二つのCMを紹介しながら、ハワイ・イメージが実際にどのような文脈の中で使われ、どのようなコノテーティブな意味づけを与えられているかを明らかにしてみたい。

4・2　CMに利用されるハワイ文化の事例
——清涼剤と風邪薬のCM（九〇年代前半）から

最初に紹介するのは、清涼剤メーカーJが提供するLという口腔清涼剤の十五秒のスポットCMである。

冒頭に忙しく会議に没頭する白人のビジネスマンたちがいる。そこに、「リラックスタイムです」と社内放送がはいる。そこで、ビジネスマンの一人が口腔清涼剤のケースから緑色をした小粒のLを数錠振り出し口に含む。と突然、会議室の壁が左右に割れて開き、リゾートホテルのものとおぼしきプールと椰子の木が現れ、プールサイドには、ラメの入ったピンク色でハイレグのビキニを着たブロンドの美女三人がハリウッドスマイルで微笑みながらフラを踊っている（図13）。それに併せて、ビジネスマンたちは急いでスーツを脱ぎはじめるのである。そして、「こんな会社に勤めていない人に、新気分転換アイテムL」とナレーションが流れ、Lのパッケージが大写しになってCMは終わる。

このCMでは、「波」を示すフラの手の動きがセクシーなビキニの美女によって演じられ、「常夏のリゾートと美女」という男性中心主義的な「楽園幻想」を想起させる仕掛けの一部として利用されている。ビジネスマンたちがビキニの美女の前で服を脱ぎはめるというカットのコノテーティブな意味は、性的な誘惑と交渉を暗示するものとして理解することも可能だろう。それは、太平洋の楽園にはべる先住民女性にあこがれた一九世紀のヨーロッパ人たちの夢想と共通する多くの要素をもっているといってよい[4]（図14参照）。楽園＝リゾートが男性中心主義的な記号体系の中に与えられる暗喩は、「イノセントな女性たちとの性的関係」であるからだ。そして、フラは、長い間、そのようなイノセントな女性たちを象徴する踊りとして意味づけられてきた。その意味で、このCMに登場するビキニの美女たちとフラの手の動作は、「セックス」と「楽園」という二つの記号の間のきわめて強い連鎖と結合を証明しているといってよいのである。

フラの手の動きを利用した商品広告には、歴史性があるといってよい。古くは一九五〇年代後半にアメリカのNBSのネットで放送された「ダイナショア・シェビー・ショー」というバラエティ番組の中で流されたシボレー自動車の広告で、流線型でセクシーな最新型シボレーのボディを舐めるようにパンニングする映像に、しなやかにくねらせるフラの手の動きだけをオーバーラップさせる表現が使われたことがある[5]（図15）。ここでもフラは自動車の流線型ボディと性的に成熟した女性の肉体とを連想させる仕掛けとして利用された。

つぎに紹介するのは、製薬会社Ｓが発売するＣという総合感冒薬の一五秒間のスポットＣＭである。ハワイのビーチで、ウクレレを奏でるハワイ人の男二人をバックに従えて寝そべる日本人の母娘がいる。男たちは「汗かいて、汗かいて」とハワイアン音楽風にアレンジされたメロディーを陽気に歌っている（図16）。場面は変わり、日本の自宅寝室で布団にくるまっている父親が体温計をみつめ、「三九度」と深刻そうにつぶやく。すると、また場面はハワイに戻り、今度は女性フラダンサーたちとともにフラを踊る母娘が「おとうさん、Ｃ飲んだかしら」「熱があるときにはビタミンＣがいいのよね」と会話を交わす。そして、ビタミンＣ配合を強調する総合感冒薬Ｃのナレーションが流れてＣＭは締めくくられる。

このＣＭでは、元気で活発な日本人女性の傍らで奉仕する陽気なハワイ人男性がキャラクターとして登場する。男性のハワイ先住民に対しては、「陽気さ」「野生」「性的な強さ」というイメージが歴史的に与えられてきた。映画や文学の世界では、白人男性と先住民女性との恋愛や結婚は倫理的に許容されるものとして描かれるのに対し、先住民男性と白人女性との間のそれは、インモラルなものとして非難の対象となってきたといわれている。しかし、そのようなイメージを逆手にとって、先住民男性から奉仕や服従を受ける女性を、積極性と行動力を兼ね備えた新しいタイプの女性として描く場合もあった。たとえば、一九三〇年代にハワイ観光局が出した宣伝雑誌の表紙では、先住民男性にカヌーを操らせて海に出ようとしている女性が描かれている（図17）。このイラストが示すように、アールデコの時代のモダンな女性像の表現として、先住民男性の野性的な性に積極的に反応する女性というイメージが女性向けの観光宣伝に

図13

図14

図15

図16

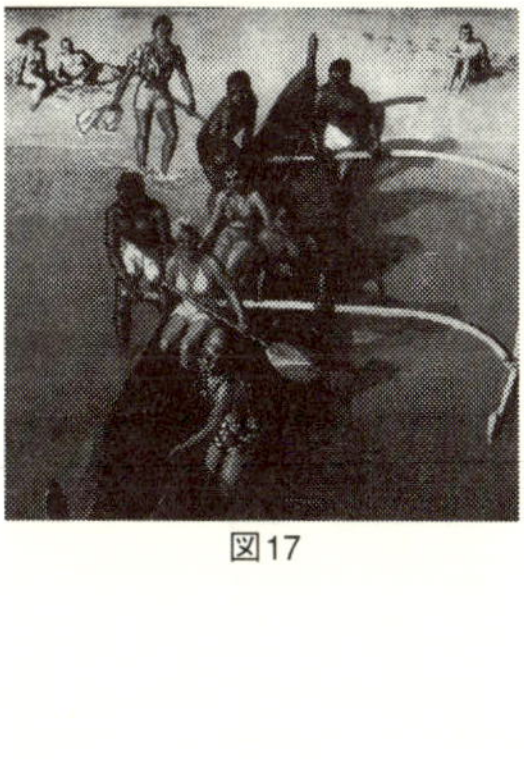
図17

使用された。このCMでも、風邪で寝込んでいる日本人男性に対して、ハワイで行動的に振る舞う強くて新しい日本人女性(一卵性親子という今日性も加えられているところがあざとい)を際だたせる道具立てとして先住民男性という記号が利用されている。

5　観光CMにみるハワイ・イメージの変容
——一九九〇年代、ハワイ観光局の観光誘致CMを事例に

日本航空のハワイ旅行広告がゲストとしての日本人観光客の欲求や嗜好にすり寄るものであったなら、ホスト側を代表する出先機関として、日本からのハワイ観光客の誘致に力を注いできたハワイ観光局のCMは、ホスト側が提示したいイメージを代表するものといえる。ゲスト側のハワイ意識が海浜リゾートやショッピング中心の消費型レジャーに留まる傾向を示し続けていた中、現地ハワイでは、一九八〇年代を中心に先住民族ハワイ人の文化的、政治的覚醒を促す大きな社会変化が生じていた。伝統文化やハワイ語の復権を促すハワイアン・ルネッサンスと呼ばれる文化運動は、その後、先住民族の自治権の確立へとつながる政治性を濃厚にしていった。このようなハワイ社会の変化は、ホスト側が日本で放送するハワイ観光CMにも、微妙な変化を生じさせるようになっていった。従来の陽気で軽薄なハワイ人男性や官能的でイノセントなハワイ人女性といったステレオタイプは影をひそめ、ハワイ人の文化的伝統や価値観に対する敬意や積極的価値付与が行われるようになった。このようなホスト側の変化は、日本で放送されるCMにおいては、ハワイ人の伝統文化であるフラや音楽をできるだけ今日のハワイ人自身が表現する形式のまま登場させたり、また、自然の中に聖性を見いだし、自然に包まれた生活を志向するハワイ人の価値観をそのままCMメッセージに織り込むといった手法を多用する傾向を生じさせた。このような変化が端的に現れるようになったのは、一九九〇年代中頃以降である。中でも、ハワイ王朝が白人クーデターによって転覆されて一〇〇周年にあたる一九九三年は、ハワイ先住民の自治権をめぐる政治的な自己主張がもっとも先鋭的な動きをみせた年であり、そのような変化が端的に現れた年でもあった。

つぎに紹介するのは、この直後の一九九四年にハワイ観光局が博報堂に依託して制作させたハワイ観光誘致のテレビCMである。これらのCMの中で、ハワイ・イメージをめぐるホスト側の変化がどのように現れているかをみてみたい。

5・1　ハワイ観光局の観光誘致CM(九四年)の構成

一九九五年夏のハワイ観光誘致キャンペーン用にハワイ観光局は四本のテレビCM(各三〇秒)を九四年に制作している。ただ、一九九五年は阪神淡路大震災やオウム真理教事件など世情を騒然とさせる出来事が続発したので、これらのスポットCMがどの程度実際にオンエアされたかは明らかではないが、ま

図18

図19

ずこれらの観光誘致CMを概観してみよう。

一本目のCMは、ロングドレスの衣装に身を包みプルメリアのヘッドドレイとクイレイを着けた子どもたちがフラを踊るCMである。印象的なのは、この六人のうちの一人が、ハワイ人が儀式を行う際に身につける両端を円環に結ばない様式で作成されたマイレの葉のレイを着用していることである（図18）。CMの冒頭には、子どものフラハラウ（舞踏団）の全員が整列した短いカットが挿入され、ついでフラを踊る六人の子どもが順にバストショットで紹介される。最後に、年長の一人がソロでフラを踊り、「ザ・ガールズ・オブ・サマー」と英文のメッセージが入り、微笑む彼女のアップに「HAWAII」の文字が重ねられる。映像の背景には、スラック・キー[6]に調弦されたアコースティックのハワイアンギターだけで演奏されるシンプルな伴奏にハワイ語で歌われるハワイアン歌曲が流れ、CMを観る者に子供時代の夏を回想させるような次のようなナレーションが重ねられている。

> 夏のこと、忘れてしまったこと、忘れられないこと、気が付いてしまったこと、分からなかったこと、心に汗をかいたこと、心が少し震えたこと夏の真ん中にいた。夏が早足で逃げていった。あの夏はここにいる、ハワイ。

二本目のCMは、オアフ島北海岸（ノースショア）と思われる海岸で、舵板（フィン）のついていない古典的な型のサーフボードを抱えた二人の少年が海を見つめているカットから始まる（図19）。ついで、高い岩場からつぎつぎに海にジャンプする少年たちのロングショット、そして、雄々しくサーフボードを操る少年のフルショット、岩場から飛び込む一人の少年を真上から俯瞰するカットへと続き、「ザ・ボーイズ・オブ・サマー」の英文メッセージが入り、最後に、日焼けしたハワイ人の少年のアップに「HAWAII」の文字が重ねられる。映像の背景には、一本目と同様に、ハワイアンギターの伴奏にハワイ語で歌うハワイアン歌曲が流れ、これも同様に、男性に子供時代の夏を回想させるようなナレーションが重ねられている。

三本目のCMは、少年たちがボディーボード（ハワイではブッギーボードと呼ぶ）で遊ぶ様子の短いカットのあと、デューク・カハナモク[7]を連想させるような胸板の厚い中年のどっしり

図20

図21

としたハワイ人男性のサーファーが腕組みしてそれを見守る姿のカットがあり、つぎに、子どもたちがその男の話に耳を傾けるカット、そして、男が腕組みをしながらロングボードに乗って悠然と波を滑っているカットで終わっている（図20）。その腕組みをして波を滑る男のロングショットに「ＨＡＷＡＩＩ」文字が重ねられる。その背景に、同様のハワイアン音楽とナレーションが流れるのである。

　四本目のＣＭが、ここではもっともハワイ人の慣習的な文化要素を色濃く反映する構成になっている。庭に向かって開いたラナイと呼ばれるハワイ独特の壁のない部屋のベンチに腰掛けて、ハワイ人の老女が数名の少女たちに語りかけているカットからこのＣＭは始まる（図21）。カメラは老女の自宅の庭を外側からのぞき込むようなアングルで据えられている。ニワトリが放し飼いにされた庭には洗濯物が干され、隅にはジンジャーが赤い花をつけ、タロの葉の一群が揺れている。つぎのカットでは、つぎつぎに手を挙げて老女に質問を投げかける少女たちの腕の間から覗く老女の優しい顔が微笑んでいる。そして、笑っている少女たちの横顔のカット。そこに、少女たちがフラ・カヒコの練習をしているカットが挟まれ、つぎに、ふたたび老女の指先のアップに変わり、右手に握られたレイ・ニードルに巧みにジンジャーの花が通されてクイ様式のレイ[8]ができあがっていく。それを見つめる少女たちの顔のアップ。シーンは変わって、それぞれに幼児を抱いた二人の若いハワイ人の母親のフルショットが続き、最後に少女たちの前でウクレレを奏でる先ほどの老女のバストショットで閉められる。それに「ＨＡＷＡＩＩ」の文字が重ねられる。背景の音楽は、他と同様、ハワイ語で歌われるハワイアン歌曲である。ナレーションはつぎのようになっている。

　年をとると教えたいことがいっぱいできる。子どもたちはお母さんの歌声で眠る。花には小さな神様がいる。好きな人の子どもを産む。できればいっぱい産む。みんなここにいるよ。ずっとここにいるよ。ハワイ

5・2　ハワイ観光局のＣＭにみるハワイ・イメージの特徴

日本で放送される以上、一般の日本人に受け入れられることが前提でこれら四つのＣＭが制作されていることは当然であろ

う。ハワイ観光が夏期と正月前後に集中しているため、これら四本のCMの最初の二つは、「夏」を基本コンセプトに設定している。しかし、後半の二本は、ハワイそれ自体をノスタルジックに印象づけることが基本コンセプトになっている。そこでは、高齢のハワイ先住民の男女が効果的に役割を発揮している。従来のハワイCMに登場するハワイ人が、女性が官能性とイノセンスを、男性が陽気さと野生をイメージしてきたのに対し、このCMに登場するハワイ人は、ともにそのようなイメージから遠いところにいる。腕組みをしながら波に乗る男性は哲人の風格を宿し、少女たちに伝統の技を授ける老女は伝統の知恵に裏付けられた聡明さをたたえている。また、この男性が操るサーフボードはハワイ人が伝統的に受け継いできたロングボードであり、少女たちが踊るフラは、ハワイアン・ルネッサンス以来、急速にその地位を回復したカヒコ様式のフラである。フラとタヒチアンダンスとを取り違えるような不配慮はそこにはない。また、従来、ハワイ人女性の官能性の暗喩であったフラは、ここでは利発そうな少女たちによって受け継がれる民族的伝統として、崇高な価値を与えられている。

さらに、老女を囲む庭には、ハワイ人の伝統文化に欠くことの出来ない象徴的な意味をもつタロを始めとして、ハワイならではの植物が配されている。ハワイの花と言えば、プルメリアやハイビスカス、極楽鳥花といったステレオタイプとはまったく異なった次元のハワイ像がここでは提示されている。また、ナレーションについても、ハワイ人の文化は多産に対して受容的であるという言説を肯定的かつ巧みに埋め込んだ表現が採用されている。

一方、先の日本航空などのCMでは必ずといっていいほど多用されてきた近代観光リゾートを象徴する記号としての水着の白人女性や近代的ホテル、ディナーショー、クルーザー、コカコーラなどは、ここにはまったく登場しない。反面、海や自然については、ここでもきわめて効果的にかつ肯定的に活用されている。それは、ハワイアン・ルネッサンス以後、急速に普及した「先住民族であるハワイ人は、豊かで美しい自然と調和する生活文化の伝統を維持してきた」という言説と矛盾するところのない、きわめて普遍的なハワイ・イメージだからであろう。ただここでは、海や自然というイメージは、リゾート観光という文脈から切り離され、ハワイ人の文化的伝統の中で新たに意味を付け直されたのだといってよかろう。

6　最後に

日本のテレビCMにおけるハワイ・イメージの使用について見てきた。最後に、まとめとしていくつかの点を指摘したい。

まず、ジャルパックやそれに関連する海外旅行CMにおいて観察されたハワイ・イメージには、基本的に、一九世紀以降、欧米社会において連綿と受け継がれてきた「太平洋の楽園」イメージの影響が認められることを確認することができた。ただ、日本人の海外旅行が短期集中型であるという特徴を反映してか、日本のCMには、欧米の旅行広告にみられるような、ハワイを、ゆっくりとした休息の時間を過ごす場所としてイメージ形成するのではなく、ショッピングやゴルフ、クルージングなどのさまざまな余暇活動を行動的に実践する場として積極的に提示する傾向がみられた。楽園の中を能動的に駆け回るという日本人観光客特有の行動パターンへの誘導が、日本のハワイ旅行CMとりわけ高度成長期のCMに認めることができたのである。

また、CMにおけるハワイ・イメージの使用はそれだけにとどまらない。「常夏」や「楽園」を象徴する記号として、ハワイは、その社会文化的背景から切断されて広く利用された。たとえば先住民族の伝統的舞踏であるフラなどは、女性の官能性や性的刺激を示すシンボルとして広く利用された。

しかし、ハワイ先住民族の文化復興やアイデンティティの覚醒が急激に進行した一九九〇年代には、覚醒され新たな価値を獲得したハワイ先住民文化の高揚を反映して、ハワイ人の文化要素を肯定的かつ効果的に取り込んだ観光誘致CMが登場するようになった。

本稿では事例として紹介できなかったが、最近では、企業のイメージ広告にも、スローライフをイメージさせるハワイ人の文化要素の利用が行われるようになっている。

かつて植民地支配者である白人によって作り上げられた「太平洋の楽園」イメージが観光開発に利用され、ハワイ先住民の文化や価値を剥奪してきたという批判が、今日、広く浸透している。その反省の上に立って、新たにハワイ人の文化や価値への配慮と肯定的評価にもとづくイメージの供給が、地元政府やカルチャー・コンシャスな企業の参加も得て、積極的になされるようになった。このような新しい傾向は、日本国内におけるフラ・ブームなどとも連動しながら、今後どのような方向へと展開するかは、まだ不明である。ただ、ややシニカルな言い方をすれば、どのような形であれCMが提示するのは、現実の先住民文化や彼らの生活実態とは異質な、「表象の次元」におけるイメージである。そのような新しく装いを施されたCMが制作されるのは、たんに従来の手垢に汚れたモダンリゾートとしてのハワイ・イメージが陳腐化し、それに代わって、ポストモダン的に差異化された「高貴な先住民」イメージが、現時点で、それなりの商業的訴求力を保持しているからにすぎないのかもしれない。そして、そのようなイメージが、ふたたび先住民の社会や文化を新たな搾取や疎外に追いやらないという保証はどこにもないのである。

注

1 オアフ島東部にある火口が海に陥没してできた湾。珊瑚礁や水中生物などを観察できるため、観光客やダイバーの間で有名な観光スポット。

2 オアフ島東海岸に設けられたイルカ・ショーなどで有名な海洋レジャー施設。

3 モアナホテルとともに、一九二六年に開業されたワイキキでもっとも古いホテルのひとつ。現在は、ワイキキ・シェラトンホテルの別館となっている。

4 フラのポーズをとる女性ヌード写真、二〇世紀初頭。(Hopkins 1982)

5 人気歌手のダイナ・ショアが司会をするダイナショア・シェビー・ショーは、シボレー自動車の単独提供で一九五一年から六二年まで放送されたバラエティ番組で、全米で高い視聴率を稼いだ。

6 開放弦で和音を奏でられるように調弦するハワイアン音楽に欠かせないギターの調弦法。

7 サーフィンの世界的な普及に貢献した伝説のハワイ人サーファーで、ターザンのモデルになったとの説もある。

8 レイ・ニードルとよばれる長い針に糸を結び、順に花の中心を刺してつなげていく様式でつくられたレイ。

文献

今野敏彦・藤崎康夫（編著）1986『移民史3』新泉社

奥村多喜衛 出版年不明『太平洋の楽園』

トーマス、ニコラス・E（中川理訳）1999「美しきものと呪われたるもの——植民地文化における太平洋の構築」春日直樹編『オセアニア・オリエンタリズム』世界思想社、三二一—五二頁

日本郵船 1932『布哇案内』日本郵船

山中速人 1993『イメージの〈楽園〉——観光ハワイの文化史』ちくまライブラリー七四。

—— 2004『ヨーロッパから見た太平洋』山川リブレット、山川出版社

Brown, Desoto 1982 *Hawaii Recalls: selling romance to America nostalgic images of the Hawaiian Islands: 1910-1950*, Edition Limited.

Hopkins, Jerry 1982 *The Hula*, Apa Production Ltd.

映像視聴の体験化
大学講義の現場から

松田　凡／赤嶺　淳／飯田　卓

はじめに

カルチュラル・スタディーズを先駆けたレイモンド・ウィリアムズは、マスメディアの読者や視聴者を「情報の消費者」ととらえるのでなく、「意味の生産者」と見なし、その後のメディア研究に大きな影響を与えたといわれる（ウィリアムズ 2001; 上野・毛利 2002）。じっさい、テレビの視聴者は、番組制作会社や放送局の意図にしたがって番組を解釈するばかりでなく、そこから逸脱した解釈をも仲間どうしで交換しあう（Hall 1980）。読者や視聴者は、マスメディアの送り出すメッセージを受容するだけでなく、それを加工して流通させているのである。

しかし、メディア利用の個人化が進む現在、逸脱した解釈に触れる機会が減少し、能動的な視聴が制限されていく可能性も否定できない（水越・吉見 2003; 土橋 2003）。マスメディアから送り出された作品群を対面的な場で話し合う機会を増やすことは、それ自体、メディア社会の活力を維持する実践として位置づけられよう（水越 2003）。

本章では、テレビ番組などの動画映像作品をもちいて大学でおこなった講義をとりあげ、そのメディア実践としての可能性を論ずる。以下で紹介する大学の講義もまた、参加者が情報を得る手段という意味で、メディアのひとつと考えてよいだろう。講義のなかでは、類似した主題を扱う複数の作品を視聴させ、関連づけて考察させた。このような視聴は、番組が放送される文脈から大きく隔たっており、放送される場合とは異なった心象を視聴者にもたらす。また、教壇に立つ者の体験談やインストラクションも、学生の心象を大きく左右する。しかし、そうした場であるからこそ、リアリティが希薄になりがちな映像体験の可能性も鮮明にできるのではないか。本章では、体験の連携という観点から映像視聴の可能性を論じたい。

なお、文中で引用する学生のコメントは、文体を統一するため、若干の手を加えている。

授業1　日本の小型沿岸捕鯨に関して

問題意識

筆者のひとり赤嶺は、身近な経験を出発点として政治や経済といった大問題に考察を広げるため、大学の講義において捕鯨問題をとりあげた。いったい捕鯨産業は、どのような歴史を経てきたのか？　その過程で、わたしたちの生活はもとより、生活をとりまく政治環境は、どのように変化してきたのだろうか？　鯨油が照明にもちいられた産業革命期から、一九七〇年代以降の地球環境主義にいたるまでの世界システムの変遷を、クジラに焦点をあてながら講義すること。そして、異文化理解の難しさはいうまでもなく、一九六〇年代の高度成長期以降のわたしたちの生活の変化について、祖父母や両親へのインタビューをとおして具体的にとらえなおすこと。以上が、捕鯨をあつかう意図である。

一連の講義の初めのほうで、二週にわたって映像資料をもちいた。これは、捕鯨の実際を理解するために他の方法をとれなかったためである。映像は、事実の細部を忠実に表現するいっぽうで、フレームの外側にある関連事実を捨象してしまうため、ときに視聴者を誤解に導くという欠点がある。この点を緩和するため、講義では、タッチのことなる二本の映像作品をもちいることにした。

授業の概要

赤嶺が担当した講義は、文化人類学という科目であり、受講者は、名古屋市立大学人文社会学部国際文化学科の一年生を中心とした約六〇名である。二〇〇三年度の一〇月に、二週にわたって一本ずつ映像作品を視聴させた。もちいた作品は、ビデオとして市販されている『捕鯨に生きる』（梅川 1998b。以下『捕鯨』と略記）と、日本テレビ系で二〇〇二年一一月二五日に放映された『巨大クジラを撃て！——海の男たちの死闘劇』（以下『巨大クジラ』と略記）の二本である。『捕鯨』は、梅川俊明が監督として初めて制作した記録映画『鯨捕りの海』（梅川 1998a）を教育用に編集しなおしたものである。企画から二年をかけて制作され、日本の沿岸で続けられている小型捕鯨を中心に、北太平洋でのミンク鯨の捕獲調査やノルウェーの捕鯨も取材したという。撮影スタッフは小型沿岸捕鯨船の第三一純友丸（宮城県牡鹿町鮎川＝当時）に乗船し、六名の捕鯨者たちと生活をともにしながら、六ヶ月にわたって捕鯨の現場を撮影、三二時間におよぶフィルムを廻した力作である。[1]

いっぽう『巨大クジラ』は、「現代の世相や風俗」の取材を目的に掲げた『スーパーテレビ情報最前線』の枠内で放映された作品である。ディレクターの前田憲昭によると、撮影は二〇〇二年七月から八月までのおよそ二ヶ月間、和歌山県太地町の第七勝丸に乗船しながらおこなわれた。[2]企画にどれほどの年月が費やされたかは、不明である。

　講義に先立ち、複数の映像をみる目的として、より広く情報を収集することと、制作者の意図と映像作りの関係を理解することの二点をのべておいた。また、沿岸捕鯨といえども、国際捕鯨委員会の規制によって大型クジラ類の捕獲が禁止されていること、映像作品に登場するゴンドウクジラなどには委員会の権限がおよばず、日本の水産庁が捕獲割り当てをおこなっていることなどものべた。学生には、『捕鯨』を先に見せ、その翌週に『巨大クジラ』を見せた。この順番を選択したのは、監督の梅川自身が述べるように、前者がより感情を抑えた、中立的な映像に仕上がっていると感じたためである。[3]梅川は、日本労働党機関紙のインタビューで次のように述べている。

　クジラに関しては、捕鯨と反捕鯨という対立が社会問題になっている構造がありますが、そういう議論を調べていくうえで感じたのは、現場がおきざりにされているというか、机の上でいろいろ決めますから、現場はそれに従うようにといった感じがしたんです。それで僕は理論武装したいわけでもないですから、まず現場に行って、鯨捕りの人たちに会って、船に乗せてもらうことにしました。／捕鯨船に乗って、クジラを捕るということを肌で感じて、いま思うことは、捕鯨に携わる人たちの仕事は、少なくとも尊敬に値する素晴らしい労働だということです。／（中略）／だからといって「クジラは捕ってもいいんだ」という映画にもしたくなかったんです。捕鯨と反捕鯨というふうに、白か黒かどちらかひとつだけと決着をつけるべきではないと思っていましたから。たとえば、食物としてのクジラの需要が日本にあるように、他国の人にはことなった価値観があるわけです。イルカと泳ぐことで、心を閉ざしていた子供が回復したりとか。／外国の人がクジラの食文化を拒んだように、こちらもその食文化を押しつけるべきではないですよね。それぞれの価値観を認め合って、ともに生きていけるような状況が、映画を見せることで探れればと思っているんですけどね。（傍点引用者）

二つの作品の視聴後には、それぞれについての感想を書かせるかたちで小レポートを課した。また、これらの授業の終了後、課外時間に書かせるレポートとして、二つの作品を比較して感想を述べよという課題を与えた。

学生の感想――『捕鯨』

『捕鯨』に対する感想としては、全員が捕鯨や解体の現場を初めて見たこともあり、驚きと発見を述べたものが多かった。

《講義を聞いただけでは、まだ架空のことのように思えて捕鯨問題について現実味を感じることはなかったが、捕鯨とい

うものを初めて見て、リアルに感じることができた》

《一頭のクジラを捕獲し、解体するのに、多くの人びとが関わっていることが印象に残り、とくに解体の様子は非常に手際がよく、巨大なクジラが、あのように素早い作業で解体されていくのだと、初めて見て感心した》

《捕鯨の様子そのものを見たのは、今日が初めてだった。海に食糧を求める漁船と同じように、網を張って獲るのかと思っていたが、捕鯨は漁ではなく、狩りなんだと感じた》

また、日常的に接することの少ないこうしたリアリティについて、自分の体験と比較しながら感想を述べた学生もいた。

《以前なら、漁や解体の場面は、生なましくて、とても見ていられなかっただろうが、ここ数ヵ月間ずっと家事を一切合切やっていて、魚を捌くこともよくあるので、鯨を解体するのも、サバやアジをそうするのとなんら違わないんだな、との印象をもった》

《「生き物を殺してはいけない」ということばを聞くたびに、昔、祖母から教えられた「食べられる生き物に感謝しなさい」ということばを思い出す。たんに「生き物を殺すな」では、あまりにキレイごとすぎる。わたしたちは、毎日生き物を食べて生きている。キレイごとだけでは生きていけない、現実を見据えた生き方を捕鯨者たちは体現しているように感じた》

《わたしの祖母の家では、チャボを十数羽飼っていて、ある時、そのなかで老齢なものを絞めて食べることになった。何羽殺したのかは覚えていないが、その時のチャボの鳴き声が印象的だった。夜だったこともあって、とても怖かったし、かわいそうだと思った。でも、その時に自分が毎日食べている肉は、こうやって入手している現実を体験できた。多くの人びとは、スーパーにならんだ解体済みの肉しか見ていないから、捕鯨をかわいそうだと思ってしまうのだ》

映像メディアは、一時的に日常生活の流れを中断して視聴者を作品のなかに引き込み、しばしば日常生活を異化する作用をもたらす。ここに示した学生たちの感想は、そうした映像の喚起力を示していよう。

学生の感想――『巨大クジラ』

いっぽう『巨大クジラ』を見た感想としては、捕鯨そのものよりも、演出やナレーションに対する意見が多かった。学生たち自身がすでに捕鯨の様子を学んでいたためと、『巨大クジラ』の音響効果がいちじるしく、和太鼓以外のBGMを極力抑え、『捕鯨』と対照的だったためだと思われる。

《今回のビデオ（『巨大クジラ』）は、前回見たもの（『捕鯨』）にくらべて、見やすいなと感じた。ゴールデンタイムに放映し、視聴率を稼ぐ必要もあるだろうし、ナレーション、バックミュージックなど効果的な演出によるものも大きかった》

《今回見たビデオ（『巨大クジラ』）は、この前のビデオ（『捕鯨』）よりもいっそうヒューマンドラマになっていて面白かっ

た。ナレーターの言い方が結構断定的だったから、説得力が感じられた》
このように好意的な意見もあったが、批判的なものも多かった。
《今回みたビデオ（『巨大クジラ』）では、「保全」とか「保護」ということばが、ほとんど出てこない。一方、商業捕鯨船が、全国で「たった五隻」であると何度も何度も強調される。また、個人的には、捕鯨船のクルーを「男たち」と呼ぶことが、かれらを美化する象徴のように感じられ、違和感をもった》
《「小型沿岸捕鯨船は日本に五つしかない」を強調しすぎではないかと感じた》
《わたしはもちろん船に乗る人間ではないけれども、「乗組員は運命共同体」というのは、誇張しすぎた表現のように感じたし、「鯨を獲ることがスリル、家族を養うため」というのも捕鯨に賛成か反対かの視点から見れば、的外れのように思う。ミンククジラの量が増えていることとサンマの漁獲量が減っていることを関連づけているのも短絡的すぎないだろうか。どうも、クジラ獲りの男たちを美化、英雄化していて、かれらをとりまく環境がみえてこない》
《少々オーバー気味に捕鯨というものをドラマチックに描きすぎていると言う面も否めなかった》

学生の感想――比較

二つの作品を比較してもらってわかったのは、学生たちが過度な演出効果を嫌うものの、飽きさせない「面白さ」を求めているということである。以下の二つの感想は、課外時に書かせたレポートから引用したものである。
《『巨大クジラ』は、番組自体が一般大衆向けであるせいか、客観的要素は少なく、……全体的にしまりがあり、スピーディーな展開で、かなり視聴者の眼を意識しているため、こちらの方が面白さという点では上であった》
《『巨大クジラ』は、エンターテイメント性についていえば、よくできているのではないだろうか。ドラマチックに構成されていて、見ていて飽きなかった。そして、印象に残る作り方がなされていた》
これらの学生は、事実の細部よりも編集のテンポを重視している。ドキュメンタリー的主題を扱う作品に対しても、バラエティ的演出を期待しているのである（本書南論文と吉岡論文も参照）。
いっぽう別の学生は、番組の信頼度を暗黙に序列化し、ある種冷めた態度で作品を受容しているようにうかがえた。次の二つの感想は、本節で引用した他の五つと異なり、『巨大クジラ』視聴後の小レポートとして提出されたものである。
《『巨大クジラ』は、民放が制作したものだからかもしれないが、かなりテレビうけするように作られていたように思う。捕鯨者も、「命をかけている」というようなことばに弱い日本人に訴えかけているような感じがした》

《今回の捕鯨番組(『巨大クジラ』)は、人の感情に訴えかけるようになっていたと思います(スーパーテレビなど民放系の番組はすべてこういう作りになっているものだと思うので、別に捕鯨にかぎったことではないですが)》

娯楽重視の民放と対極的な位置には、予期されるとおり、NHKの教育番組が置かれている。

《『捕鯨』の全体的な印象としては、NHKの番組のような教育番組的構成がなされていたような気がした》

番組の制作背景をまったく無視してしまうことはもちろん問題だが、それを意識するからといって、問題が解消するわけではない。NHK制作の番組においても演出や舞台設定はおこなわれているのであり(本書増田論文も参照)、民放制作かNHK制作かという基準だけでは番組の良し悪しを判断できない。重要なのは、そうした既成の基準に頼らずに映像の信頼性をある程度まで判断できる能力である。それを養うためには、映像とはなにか、映像における編集とはなにかを学習する必要があろう(鈴木 1997, 2001)。以下のコメントからも察せられるように、同じテーマの映像をみくらべることは、学生にとって面白い作業だったようである。

《両者を比較してみると、さまざまな違いがあることに気づいた。同じ題材をあつかっているのに、編集者の意図の違いで、どのような表現をするかによって視聴者に与える影響が変わってくるという事実は興味深いものであった》

《『捕鯨』は、できるだけ主観的な考えを述べることを排除して、事実だけを伝えようとしている。しかし、『巨大クジラ』においては、捕鯨関係者の主観的な意見を積極的におしだしている。この根本的な違いによって、ふたつの与える印象はことなっている》

映像作品から事実だけを選り分けることは、必ずしも容易でない。大学教員とて、メディア社会の一員にすぎないという点では、学生たちにくらべてそれほど優位な立場にあるわけではない。しかし、事実を選り分ける方法を教授するのでなく、互いに学び合うことこそ重要だという構え方を忘れなければ、講義の場は少なからぬ実りをもたらしてくれると期待できる。

授業2　エチオピア西南部に関して

問題意識

もうひとりの筆者である松田は、エチオピアを長年の調査地としてきた。この国は、社会主義政権時代の情報統制や政情不安などにより、外国のテレビ取材班があまり訪れなかったが、一九九〇年代以後は、日本の一般向けテレビ番組でも頻繁にとりあげられるようになった(本書増田論文も参照)。西南部のオモ川下流域も、世界自然遺産の指定により「未知の世界と大自然が手つかずのまま残っている」と喧伝されただけでなく、「今なお独自の儀式・風習・文化や習慣を保ち続ける」人びとが住む場所として[4]、日本の茶の間に露出する機会が急激に増えた。その紹介のされ方には疑問が多かったものの、松田は、文化人類学の講義を学生が理解するための手助けとして、ビデオ教材をもちいるようになった。この段階では、映像のもつ潜在的な力にたいして、松田は無自覚であったといえる。

しかし、一九九五年に新設された現在の職場で学生の志望動機を尋ねてみて、テレビ番組の影響力の大きさにあらためて気づかされた。松田の勤務する京都文教大学人間学部文化人類学科は、日本で唯一、「文化人類学」を冠した学科として発足し、一学年一二〇名の定員を有する。その学生たちが、世界のさまざまな文化や暮らしをテーマとしたテレビ番組を見て、文化人類学科を志望するようになったというのである。

こうしたなかで、松田自身もテレビ番組の制作現場を徐々に知るようになった。二〇〇二年一月にはフジテレビ系の『グレート・ジャーニー 8』の制作に協力するため、自らの調査地であるエチオピア西南部のコエグ人[5]の集落に滞在した。さらに、同年にTBS系で放映された『世界ウルルン滞在記』では、コエグ人とその隣人であるムルシ人の集落が舞台となった。松田が一六年間関心を寄せてきたコエグ社会を、テレビはどのように描くのか、そしてそれを多くの一般視聴者はどのように受けとるのか、また、テレビでの放映は自分の研究とどんな関わりを今後もつのかなど、これを機会に考えてみたいことがあふれ出た。

授業の概要

そこで、二〇〇二年度秋学期、映像資料をもちいながら四回にわたって授業をおこない、学生にレポート書いてもらった。この授業は、文化人類学科一回生配当の「自文化を考える」の一環で、身近な文化の問題を自分の問題として考えさせることが目的である。受講者は、文化人類学科一回生を中心とする合計約二〇〇人である。授業のはじめにはレジュメを配布して約三〇分間講義を行い、その後に映像を見せ、最後に一五分程度で小レポートを書かせた。とりあげたテレビ番組は『世界ウルルン滞在記』の枠内で二〇〇一年一月二八日に放送された「ムルシ族の大家族に……金田直が出会った」(以下『ムルシ編』と略記)と、同じ枠内で二〇〇二年一一月一〇日に放送された「エチオピアのコエグ族に……内田朝陽が出会った」(以下『コエグ編』と略記)の二本である。このほかに、娯楽要素が少ない対照的作品として、イギリスの放送局が制作した『消えゆく世界』シリーズの「ムルシ――ニサ」(Woodhead 1991 以下『ニサ』と略記)も見せた。

第一回の授業では、まず、「未開」のイメージがテレビや写真、インターネット、民族誌などによって形作られてきたこと、そしてその結果、ムルシの人びとが観光化による生活の変化を余儀なくされていることなどを説明した。さらに、前年までの学生が『ムルシ編』を見たときの感想を紹介した。肯定的意見としては、①「未開」民族のイメージに親しみを与え、異文化理解をすすめる働きがある、②同世代の若者が登場することで共感がえやすい、③人間同士のコミュニケーションのすばらしさを感動的に表現している、④珍しい世界の諸民族の生活を茶の間にいながら学ぶことができ、世界への興味、視野が広がる、などである。

いっぽう否定的意見としては、①個人的関係のなかでの心のふれあいという美談に仕立てあげることによって、相互のあいだにある権力関係を隠蔽している、②現地住民とわたしたち視聴者のあいだに通訳やガイド、番組制作会社やテレビ局など多くの媒介者が介在する中で、これを生の映像とはいえない、③日本的価値観の押し付け、あるいは普遍的人間性への過信がある、④演技の強要など、巧妙にセッティングされた一種のやらせではないか、⑤番組取材が地元住民に残したもの、与えた影響などについてまったく無自覚である、などである（本書南論文、吉岡論文も参照）。

その後に見せたテレビ番組『ムルシ編』は、ムルシの一夫多妻の家族に日本人の若者が投宿するという設定である。主人公の若者は、仲のよくない五人の妻たちとその子供たちをすべて一ヶ所に集め、食事をしようと世帯主の男性に提案する。この試みは失敗に終わるが、その努力は世帯主の男性には認められ、若者はねぎらわれる。この作品において視覚的にきわだっているのは、一般に「未開」と考えられがちなムルシの装束である。なかでも、女性が下唇に身体変工をほどこし、そこにデヴィと呼ばれる直径一二センチほどの素焼きの丸い板を嵌め込む習慣は、写真集などを通じてよく知られており、世界中の観光客からも関心を集めている。番組の中では、「皿が大きいほど美しいとされる」というナレーションが入る。これをつけない女性がいることも、番組中で紹介されている。

講義の終わりに、この番組についての感想を小レポートに書かせた。そのさい、肯定／否定の評価をできるだけ明瞭にするよう指示した。

第二回の授業では、人類学者の全面的協力を得たユニークな制作体制でしられる『消えゆく世界』シリーズの一作品『ニサ』を視聴させた。このシリーズは、欧米でも民族誌映画として定評があり、教材にもしばしばもちいられる。『ニサ』の撮影地は『ムルシ編』のすぐ近くであるが、『ニサ』では、『ムルシ編』に見られるような異文化交流の舞台を意識的に設定していない。また、イギリス人の文化人類学者デイヴィッド・タートンがアドバイザーのひとりとして参加しており、娯楽的要素を加味した演出はほとんどないといえる。

視聴に先立っては、民族誌映画と呼ばれるジャンルがあることや、その定義、問題点などを述べた。その定義は、「学術的な目的に資するため、文化規範に関する人間行動を動画で撮影し、なるべく研究者によって構成された作品」と要約できよう（大森 1984）。問題点としては、学術の名のもとに反証不可能な解釈が視聴者に押し付けられること、学界の内部でのみ流通し独占されること、展開が難解かつ退屈であり一部の視聴者への配慮を欠いていること、などがあげられる。これらの指摘の多くは民族誌映画にかぎらず、文化人類学者が生みだしてきた論文や作品一般について言われていることであり、とくにその権力性については学界内部でもしばしば議論されてきた（クリフォード／マーカス 1996）。

時間の制約のため、見せたのは第一部（約二〇分）のみである。ニサと呼ばれる成人加入儀礼の場面や、進行をつかさどる年長者へのインタビュー場面、儀礼に参加しない女性たちへのインタビュー場面などからこの作品は構成されていた。ムルシ語のインタビュー場面を翻訳した字幕や解説は英語だったので、理解を助けるため、ナレーションを書き起こして配布し、一部に日本語訳をつけた。視聴後の小レポートでは、『ムルシ編』と『ニサ』を比較して感想を述べるよう指示した。

第三回と第四回の授業では、『コエグ編』を見せた。視聴が二回にわたったのは、講義に時間をとられたことによる。この番組の舞台は、松田が一九八九年以来たびたび訪問している集落であり、番組のホームページでは松田の論文も紹介されている[6]。その場所がどう描かれ、松田の経験とどう異なるかを説明することで、情報系娯楽番組と人類学者とのあいだにみられる視点の異同を理解してもらおうと試みた。第三回の授業では、従来のエスノグラフィーに潜む問題点を「フィールドワークの危機」（松田 1991）を参考に説明した。第四回には、ウォーラーステインの「近代世界システム」の考え方を援用して、テレビのこちら側にいるわたしたちと向こう側にいる彼らとの関係が対等ではないこと、人類学が措定した「未開」の虚構性、そして二一世紀の同時代に生きる仲間として彼らを認識することの必要性を話した。

番組のなかでは、都会育ちの日本の若者がある家族の家にホームステイし、畑仕事などを手伝うが、疲労で倒れてしまう。手厚く看護してもらったお礼に、若者が手料理をご馳走する、というのが番組の大筋である。二回の授業で時間を割いて指摘したこととして、番組内における村人の話しことばと字幕の不一致、そして、家族愛を強調する演出がある（飯田 2004）。

たとえば、日本人の若者が村を離れる際に礼を述べたのに対し、彼を世話した家の主人が反応するシーンがある。字幕は「なぜだ、なぜだ、なぜ帰ってしまうんだ」となっているが、彼の発話は正確には、「わかった、こいつのいま言ったことはよくわかった」である。これに続く、「こいつはここに来て（日々を）過ごした。われわれも（移動してきて）ここに留まった」という発言は、「でも、この子の親も息子の帰りを待っているんだろうな」と字幕で訳されている。そして、「荷物を片付けてやれ」と主人が息子に命令する場面で、字幕は「さあ、息子が旅立つ。みんなで見送ろう」となっている。一連の字幕は、家族愛を強調するよう演出されているようだ。コエグの人びとが惜別の感情をもたないとは思わないが、かの文化においては、別れぎわの感情表出は一般に控えめといってよい。それを「家族との涙の別れ」に「翻訳」することは、異文化に対する関心が芽生える機会を摘んでしまいかねないと筆者らは思う。

このほか、テレビのエンターテインメントでは客観的情報が提示されるわけでないため、自文化のフィルターを通したフィクションとして見るべきだと授業では指摘した。また、翻訳のズレが生じる背景を知るために、番組ができるプロセスについて知る必要があることも述べた。第四回の授業の後には、『コエグ編』についての感想を小レポートにまとめるよう指示した。『ムルシ編』の小レポートのときとは違い、肯定／否定の評価をしいて述べさせることはせず、自由な形式で書かせた。

学生の感想――『ムルシ編』

第一回の授業後に寄せられた一九六枚の小レポートの内訳は、番組に対して肯定的なもの六〇枚、否定的なもの二七枚、判断を留保しようとするもの四四枚、いずれにも分類しえないもの六五枚であった。肯定意見の多くは、「知ることの快感」「疑似体験できることのすばらしさ」に言及している。否定意見の論点の多くは、演出や構成において撮影地の文脈が軽視され、かわって視聴者や制作班の嗜好が重視されていることを指摘していた。たとえば次のようなものである。

《視聴者の観点を恣意的に方向づけている》

《その国・民族のことをまったく知らない若者が現地に行って日本の文化や考え方で物事を解決しようとしたことが図々しいと思った》

そのうえで、動画映像や放送といったメディア一般に対する不信を表明するものもあった。

《テレビを見ていると、内面的なことを考えられなくなってしまう》

分類不能な六五枚のうち四四枚は、一夫多妻制やデヴィなど、番組で知った特定のことがらについて感想を述べただけのものである。授業では、番組の内容そのものではなく語り口や演出技法を問題としていたにもかかわらず、二割近くの学生がその趣旨を理解せず、エキゾチックな事象に心を奪われてしまっていたのである。これらの学生は、番組のメッセージをほとんど無批判に受け入れていたと考えざるをえない。また、多くの肯定意見にも共通することであるが、異文化が何よりもまず視覚的に意識され、異文化理解がイメージ獲得という狭隘ないとなみに還元されているように思えた。

《ムルシ族が下唇にデヴィというお皿をつけることは、番組を見ていなかったら知ることもなかったと思う。私たちとはまったく違った感覚をもつ民族が世界にたくさんいることや、[彼らと]コミュニケーションをとれることなど、本当にすごいことだと思う》

デヴィについては驚きや否定、不快感をともなった意見が多く、「人間とは思えない」「痛々しい」「変った習慣」などと表現されていた。また、「皿が大きいほど美しいとされる」というナレーションを鵜呑みにする傾向が見られた。

もうひとつ興味深かったのは、肯定／否定を明確に示した学生の多くが「やらせ」という語をめぐって考察を展開していたことである。その割合は、肯定意見六〇枚の一八パーセント（一一枚）、否定意見一七枚の一二パーセント（六枚）にのぼった。これに対し、判断を留保した四四枚のうち「やらせ」に言及していたのはわずか二枚であり、分類不能の六五枚では「やらせ」の語がまったくもちいられていなかった。

『ムルシ編』における「やらせ」を疑う意見は、視聴前のインストラクションですでに紹介していたが、松田はその意見だけをことさらにとりあげたつもりはない。学生たちがこの語に対してとくに敏感に反応したのは、テレビ局各社が互いに競うようにして「やらせ」を暴きたてるメディア状況や、「やらせ」の意味内容が各人各様であるために論述の題材になりやすいこと、第三者による「やらせ」の証明がきわめて困難なために憶測がふくらみがちなこと、などによるものと思われる。

《肯定意見：［遠い国の生活を］テレビで放送することは、たくさんの文化を理解するためのひとつの方法として受け入れてもいいのではないかと思う。……あの［一人の夫を共有する］妻たちが仲良くなってしまえば、そこにヤラセを疑うが、そうはならなかったことを考えると、ヤラセはないのではないか》

《保留意見：一回やらせだと思ってしまうと、次から全部がやらせに見えてきて、混乱してしまう》

筆者らは当初、根拠を曖昧にしたまま番組を批判するために「やらせ」のレッテルを貼る学生がいるのではないかと予想したが、そのような回答はなかった。逆に、たんなるレッテル貼りは不毛だとほのめかすような意見が、むしろ目立った。

《肯定意見：テレビなんだから、多少生の映像でなかったり［演技が混じるということか］、やらせがあったりするのは当然やし、私たちが行けないような未開の地を紹介できるわけで、私は全然不快感を持ちませんでした》

このように「やらせ」の語をもちいた学生たちの多くは、映像視聴前に紹介した意見を繰り返すのではなく、複数の意見を自分なりに天秤にかけ、その過程を示すうえで「やらせ」に言及しているようだった。

学生の感想――『コエグ編』

『ニサ』に対する感想では、日ごろ接することのない表現ジャンルに対する戸惑いや驚き、わかりにくさを指摘するものが多かった。英語による作品であったことも、この傾向を強めたのであろう。『捕鯨』と『巨大クジラ』を比較した学生にくらべれば、細かい点に目が行き届かなかったようだ。『ニサ』はむしろ、映像表現の幅広さを意識させ、次に見た『コエグ編』の感想に影響したと考えられる。

『コエグ編』の視聴後には、番組に対する評価を加えるように強調せず、フリーな感想を求めたため、『ムルシ編』でまとめたような分類ができなかった。総数二〇七枚のうち、番組に対し何らかの評価を下した一二七枚では、①翻訳の相違に関する違和感、②取材する側とされる側の非対称な関係、③番組に対する親近ないし疎遠な印象、④民族誌とテレビ番組との近似性、⑤通訳者が画面に映らないことの不自然さ、⑥人類学とテレビに共通する虚構性への疑問、⑦人類学の目的に対する疑問、⑧民族誌映画とテレビ番組の比較、などが述べられていた。

番組に対する評価というより、個別の場面や解説に対して感想を述べたものは六八枚あり、その多くは、撮影地の生活環境の厳しさや、それにもかかわらず生活をいとなむ人びとの健気さに言及していた。たとえば、①「気温五〇度」という説明に驚いた、②日本が裕福なことを自覚した、③命がけの危険がいっぱいある生活なのだと思った、④村人のやさしい受け入れ態度、病人への看病に感心した、⑤食べ物を入手するたいへんさのなかで一生懸命がんばっている、⑥大自然のなかで生きるたくましさは昔の日本人にも共通していた、などの印象である。過酷な自然と謙虚な生活という対照は、番組においても強調される傾向にあった。つまり、『ムルシ編』を見た学生がデヴィや一夫多妻に印象づけられたのと同じように、『コエグ編』を見た学生の多くもまた、制作班のあつらえた語り口に導かれていったのである。

《いろいろな文化のビデオを見て、異文化の意味がわかるようになってきた》

という意見があったが、異文化に属する生活習慣が現地でもつ意味を理解したわけではなく、制作班による異文化の意味づけ方がわかったということかもしれない。

また、視聴前のインストラクションでは、番組に登場するコエグの話しことばと字幕の不一致について時間を割いて説明したため、この問題に言及した学生が多かった。「訳」「字幕」「テロップ」などの語をもちいてこのことに言及したレポート[7]は、五二枚にのぼる。次の意見は、そうした不一致に対する驚きまたは戸惑いを表明したもののひとつである。

《『ニサ』のように娯楽的要素の少ない作品は、自分たちよりもずっとずっと遠い存在に思えました。その点ウルルンはわかりやすいし面白いです。けれども、意訳をすることはやっぱり問題にはなるのだろうと思います》

ちなみにこの学生は、『ムルシ編』を強く肯定しており、「ヤラセだと言われても信じません」とまで述べていた。また、「やらせ」の可能性に言及しつつ『ムルシ編』を肯定した小レポートは一一枚あったが、そのうち、『コエグ編』の演出をも明確に肯定したものはわずか一枚であった。しかも、その唯一の小レポートもまた、以下のように驚きを隠していない。

《どこからそんな言葉が出てきたのだと思えるくらい、先生の説明とテロップのちがいにおどろいた。はじめから、「感動させる」とか「笑わせる」という意図をもっていたのだろうと思った》

「やらせ」の語をもちいて番組作りの過程に想像をめぐらせて

いた学生たちは、フィールド体験にもとづいた講義に対して、比較的敏感に反応したといってよい。

ただし注意したいのは、戸惑いが高じた結果、映像表現一般に対して不信感をもつ者も少数いたということである。『ムルシ編』に対する評価を保留し、『ニサ』に対して明らかに好意的な感想を述べたある学生は、『コエグ編』について以下のような感想を述べた。

《『ウルルン』と民族誌の映像(『ニサ』)と……どっちの映像も信じられなくなってきた》

なお、彼女は、三回の小レポートのいずれにおいても「やらせ」には言及していない。

彼女のような不信感が高じると、映像メディアだけでなく活字メディアに対しても疑念をもつようになりかねない。事実、松田が高い得点を与えた感想のなかには、次のようなものがあった。

《エスノグラフィーにしてもエンターテインメントにしても、調査者/制作者の価値観をとおして[異文化を]歪めてみていることが否めないとわかってきた。……全然違うものだと思っていた両者の共通点が見えてきたことは、なんとなく不思議な感じがする》

こうした意見とはまったく別の立場から、ある学生は、教壇に立って字幕の食い違いを指摘した筆者に対して、次のように問題提起した。

《[学者は、]「真実」や「事実」[を知っていること]を自慢げに披露するだけでなく、夢を見ている人間の安眠を守ることもすべきである》

ここでいう「夢を見ている人間」とは、真実の追究と無関係に日常を過ごしている者を指すのであろう。人それぞれの流儀で世界ととりもっている関係を、人類学者の介入によって捻じ曲げてはならないというのである。

三つの文脈——取材、編集、視聴

編集のフィルター越しに取材地を見通す

一連の授業の最初に見せた『捕鯨』および『ムルシ編』の感想からうかがえるのは、リアリティを鮮明に喚起するという、映像の力である。経験したことのない捕鯨業やムルシ文化の細部を、映像は、わずかの時間で学生たちに伝えていた。場面を忠実に描写する映像技術によって、われわれのコミュニケーション能力は拡大したといってよい(本書プロローグも参照)。

しかし、映像の再生は現実の再現ではない。たとえば、短期間なりとも実際に捕鯨船に乗り合わせた者なら、他の乗組員と関係を築き、互いにコミュニケーションをとり合うことができる。そして、そうした交渉の積み重ねによって、捕鯨船内のものごとすべての意味づけを知る可能性を手にしている。落し物の持ち主といった些細なことから、非常時において求められる振る舞いにいたるまで、第三一純友丸という場の中だけで通用する暗黙の了解事項を、撮影スタッフはじっさいに他の船員たちと共有しただろう。これに対して、『捕鯨』の視聴者は、第三一純友丸という場に内在している了解事項を知ることができない。映像中の登場人物と交渉する可能性が、最初から断たれているからである。

カメラのフレームは、たんに視野を制限するだけでない。撮影現場のものごとを意味づけ、場を成り立たせるさまざまな文脈をも、フレームは断ち切るのである。そのようにして宙吊りになった映像は、鑑賞者の想像力によって解釈される。このことは、写真（静止画像）という表現ジャンルにおいてとくに顕著といえよう。ここでいう想像力とは、たんに撮影対象の来歴に思いをはせる感受性だけでなく、撮影対象を特定するための博物学的知識や、撮影地を特定するための地理学的知識など、きわめて幅広い知識や経験、感性にもとづいている。映像化によって失われた文脈を現場性と呼ぶとすれば、鑑賞者は、みずからの知識や経験、感性によって現場性を想像し、他の鑑賞者とのコミュニケーションによってあらたな文脈を紡いでいく。

動画映像でも事情は似ているが、鑑賞者（視聴者）が作品を目にする段階ですでに、かなりの程度まで再文脈化が進んでいることに注意したい。多くの動画映像作品は、演出や構成とよばれる編集作業段階を経ているが、この作業に関わるのは、撮影現場に居合わせた者とはかぎらない。撮影に居合わせなかった者たちの力をも借りて、ひと続きの動画がカットされ、つなぎ合わされ、字幕や音声などの新たな要素が盛り込まれるのである（本書門田論文も参照）。撮影現場でなく編集スタジオで付け加わるこれらの素材や情報は、もともと、カメラのフレームや時間的制約によって失われた現場性を補助的に伝える役割を果たしていた。したがって、何らかの現場性を伝えることを目的とする作品であれば、撮影に居合わせた者が編集作業の舵取りをすべきである（大森 1984: 579; 森 2005: 130）。しかし、実際にそれができたかどうかは、鑑賞者に判断できないことが多い。なぜなら、鑑賞者は、撮影地の人びととのコミュニケーションによって細部を確認できないからである。また、撮影に居合わせた者であっても、撮影地の了解事項を細部にわたって知らなければ、編集の舵取りに自信をもてない場合があるだろう。この結果、あらゆる映像作品は、撮影地で了解されているのとは異なる意味を鑑賞者に与える可能性を秘めている。[8]

学生たちの反応からわかったのは、編集のバイアスに敏感な学生と、逆に鈍感ないし寛容な学生、どちらも無視できない割合にのぼることだった。『巨大クジラ』に対しては、ドラマチックな演出を歓迎する者がいるいっぽう、オーバーな印象を受ける者もいる。『ムルシ編』に対しては、デヴィという視覚的になじみのないものに興味を持つ者がいるいっぽうで、別の者は、「やらせ」の議論をふまえて作品の背後を見通そうと努力している。『コエグ編』に対しては、「過酷な自然と謙虚な生活」という制作班の語り口に同調する者がいるいっぽうで、別の者は、松田が訳した発話と字幕の違いに戸惑っている。

複数の映像を並置して視聴させたり、教員が補助的な情報を与えたりすることで、映像が視聴者に与える印象は大きく変わる。このことを利用してメディア・リテラシーを高めるという教授法は、関連科目の教育現場ですでにもちいられているにちがいない。本章で報告した事例に関して、メディア・リテラシーの議論につながる課題を列挙してみると、以下のような点があげられよう。①松田の教示を受けて戸惑った学生たちは、今後、より批判的にメディアに接することになると期待してよいか。②松田の教示後、相変わらず制作過程より内容に関心を示した学生たちは、番組の意図に盲従しやすいといえるのか。③『捕鯨』と『巨大クジラ』の「比較」のくだりでふれたように、既成の枠組みにもとづいて視聴態度を決めるのではなく、きめ細かな番組制作背景に配慮できるためには、どのような指導をおこなえばよいのか。

これらの課題は、ここでは指摘するだけにとどめよう。最後に、授業の本来の目的である文化人類学との関わりで、体験という観点から映像視聴の可能性をまとめておきたい。

映像視聴の体験化

文化人類学は、フィールドワークを方法論の根幹に据えた学問領域である。この分野では、研究者自身が耳にした現地の人びとの発話（語り）を重要な資料としてきた。そのことによる古くて新しい問題は、資料となる発話がさまざまな文脈／意図のもとになされ、虚実ないまぜになっていることである。これらの発話は、それ自身では真偽を判定できないにもかかわらず、研究者はそれらを積み上げて妥当な（と研究者自身が信ずる）民族誌を編んでいかなくてはならない。

この難題を解決するため、研究者は、集まった発話をフィールド滞在中に何度も吟味する。その発話は誰が誰に対して発したもので、どのような意図にもとづいていたのか。それに対して周囲はどのように反応し、内容をどう評価していたのか。その発話は、すでに集まった発話と矛盾するものでなかったかどうか。同じ発話を別の場で繰り返したとしたら、どのような反応が得られるか。——こうした吟味を繰り返して、研究者は意味のある発話をふるい分けていく。吟味において考慮されるのは、発話がなされた文脈、および、すでになされた無数の発話である。

吟味の結果残った発話は、真実といえるほど確からしいものではない。吟味をおこなった調査期間中に、特定の場所で妥当だった、といえるていどのものである。こうした発話を無数に集め、言語化できなかった研究者自身の体験や観察、文献資料や広域調査の結果などと照らし合わせてさらなる妥当性を推し量っていき、ようやく妥当とおぼしき民族誌ができあがる。妥当性の吟味に動員されるのは、半生にわたる研究者の体験すべてと言っても過言でない。

　映像作品中で視覚／聴覚的に表現されている多くの情報もまた、確たる真偽を判定できる性質のものではない。本来ならば、それぞれの視聴者は、過去に体験したことの記憶を総動員し、作品にあらわれなかった背景にまで想像力をおよぼしていくべきだろう。『捕鯨』の小レポートを書いた学生の一部は、食用動物の血を見た体験をもとに、そのような想像力を駆使していた。しかし残念ながら、パッケージ化された素材や調理済みの食品を買うことが多い現在、過去の体験と作品を結びつけられた学生は多くない。日本で撮影した作品を異文化理解のトレーニングとして見せたこと自体、とりあげた作品が学生の日常生活にあまり関わっていなかったからにほかならない。

　異文化を主題とした映像作品は、想像力をめぐらせる手がかりが少ないという点で、難解な専門書にたとえることができよう。専門書は、ある範囲の知識や読書体験を習得した専門家には理解できるのに対し、そうした体験のない読者にとっては理解しづらい。[9] しかし見方によっては、異文化を主題とした映像作品は、専門書よりも厄介かもしれない。映像作品は鮮明な視覚的インパクトを与えうるため、視聴者は、体験による吟味なしに作品を受け入れることができるからである。そのようにして記憶された作品は、盲信の対象となるかもしれないし、現実との関わりをもたない一過性の娯楽として終わってしまうかもしれない。いずれにせよ、そうした映像視聴は過去の体験に連なることはなく、将来の体験を吟味する材料ともなりえないであろう。映像メディアの難しさは、妥当か否かを判断できないことよりも、体験を吟味する習慣を忘れさせてしまうことにあるのかもしれない（本書吉岡論文も参照）。

　たんに視聴覚的な刺激として映像を受容するだけでなく、視聴者自身の履歴の一部として映像を体験すること。現代において映像メディアと付き合うえでは、そうした姿勢が求められているように思う。個人個人の流儀に口を出したくはないが、『コエグ編』を見て相変わらず制作班の語り口をなぞることしかできなかった学生や、『巨大クジラ』の演出方法を無条件に歓迎した学生は、映像に深く関与しているようでありながら、最終的には自分の体験として映像を受け入れることを拒否しているようにみえる。彼らにとって、映像が伝える情報は、虚実の境目に浮遊するおとぎ話のようなものであり、背景に思いをはせながら妥当性を吟味する対象ではないのだろう。たしかに、毎日目にする映像すべてに思いをはせることは、実際問題として難しい。映像情報の氾濫が、映像視聴の体験化を阻んでいるようにみえる。

　松田と赤嶺の講義は、こうした状況に楔を打ちこむことを意図していた。二つの映像作品を並置して視聴させ、あるいは作品中の発話を翻訳して学生に知らせることで、映像情報の背景を捨象するカメラ・フレームをあらためて意識してもらおうとしたのである。こうした体験は、映像情報の妥当性と同様、それ自体としてよいか悪いかを評価できるものではない。教壇に立つ権威を利用して学生の意見を誘導するという効果が、まったくなかったとも言い切れない。しかし、複数の情報を比較し、質疑応答のかたちで情報の背景を論じ、放課後にも友人たちとのあいだでこの問題を議論していたとすれば、それは、一連の体験として、ひとつの映像作品の視聴よりもはるかに豊かなものとなる。さらには、身近な友人たちと体験を共有することにもつながる。何より重要なことは、その体験がこれまでの体験の束に加えられ、将来に体験することを吟味するための資本となることである。

すべての学生がこのように映像視聴を体験化したわけでないことは、レポートをみても明らかである。しかし、ひとつの映像に関わる互いの体験をもちよって吟味し体験化することは、映像から何かを読みとるよう指導するよりはるかに容易であり、かつ、現代においてははるかに本質的なことのように思える。

注

1 http://www.cine.co.jp/works1/whalers/what/index.html 二〇〇五年四月六日取得。

2 スーパーテレビのホームページは、次のように、真摯な取材を強調している。「もちろん、取材スタッフは、学者でも研究者でもありません。しかし、その事象に没頭し、のめり込んでゆく姿は、決して専門家のそれに負けるものではありません。（中略）どんな物事を取材対象に選んでも、スタッフは誰よりも、取材対象を深く知りたいと願い現代社会の中で、それらがどんな意味を持っているのかを、明らかにしたいと考えています。だから、スーパーテレビの取材は短いもので数ヶ月から、時に何年にもおよぶことがあります」（http://www.ntv.co.jp/supertv/old/data/2002/1125/index.html 二〇〇五年四月六日取得）。

3 『巨大クジラを撃て！』は、ホームページの「問い合わせ」の項目において、その冒頭に「今回、我々はクジラ捕り（捕鯨）を讃える番組を制作しているのではなく、政府から認可を受けた小型捕鯨業のドキュメントを取材したものである」と赤字でことわっている（http://www.jlp.net/interview/990101f.html 二〇〇五年四月六日取得）。反捕鯨運動家からの批判を意識してのことであろうか、たんに捕鯨の現実を報道したまでのことだ、といわんばかりである。この報道姿勢については、本稿の目的とあまり関係がないので深入りはしない。とはいえ、学生たちのほとんどが、『捕鯨に生きる』よりも『巨大クジラを撃て！』の方が捕鯨を賛美しているように受けとったことは指摘しておきたい。この断り書きの意味することについては、ドキュメンタリー制作の社会的意義という観点から、いずれ論じてみたい。

4 引用はいずれも、旅行会社である㈱道祖神発行の『Do Do World News（どぅどぅわーるどにゅうす）』八三（二〇〇二年）一八ページにもとづく。

5 現在、松田がこのグループを指示する場合、コエグという彼らの自称ではなく、ムグジという近隣グループからの他称をもちいる場合が多い。これは、コエグを自称するグループがその近隣に複数分布しており、混乱を招くためである。しかし本稿では、テレビ番組にならって、コエグという呼び方を採用する。

6 http://www.ururun.com/bn/345.htm 二〇〇五年四月一二日取得。

7 このほかに、「言葉」「会話」ないし「編集」「加工」などの語をもちいてこの問題に言及した小レポートもあったが、必ずしも明示的ではなかったため、除外した。

8 ただし、映像表現だけが特別に危険というわけではない。研究論文やルポルタージュなどの活字メディアにおいても、映像メディアと同様に、読者は取材地の文脈を間接的にしか知りえない。活字メディアもまた、取材地以外の文脈で生じた意味をテクストに付加しているからである（本書大村論文も参照）。活字と映像がもっとも異なる点は、後者の描写力が格段にすぐれており、ともすればスタジオでの編集過程が看過されやすいことであろうか。しかし、この差は程度の差であり、本質的なものではない（本書プロローグも参照）。

9　『世界ウルルン滞在記』は、異文化という困難な題材をあつかいながらも、巧みな演出方法を確立した。異文化だけを提示するのでなく、日本人の若者が異文化に対して示した反応をあわせて提示し、日本の視聴者が体験に照らして番組を理解しやすいようにしたのである。ただしこの番組では、本文で述べたように、日本人の若者の感情を表現しようとするあまり、異文化に想像力がおよぶ可能性を閉ざしてしまう場合がある（本書南論文も参照）。

文献

飯田卓 2004「異文化のパッケージ化——テレビ番組と民族誌の比較をとおして」『文化人類学』六九（二）、二三八—二五八頁

ウィリアムズ、レイモンド 2001「生産手段としてのコミュニケーション手段」吉見俊哉（編）『メディア・スタディーズ』せりか書房、四一—五四頁

上野俊哉・毛利嘉孝 2002『実践カルチュラル・スタディーズ』ちくま新書

大森康宏 1984「民族誌映画の編集にかかわる試論」『国立民族学博物館研究報告』九（三）、五七一—五九二頁

—— 1987「映像人類学」石川栄吉ほか（編）『文化人類学事典』弘文堂、九八頁

クリフォード、ジェイムス／マーカス、ジョージ（編）1996『文化を書く』紀伊國屋書店

鈴木みどり（編）1997『メディア・リテラシーを学ぶ人のために』世界思想社

——（編）2001『メディア・リテラシーの現在と未来』世界思想社

土橋臣吾 2003「アクターとしてのオーディエンス」小林直毅・毛利嘉孝（編）『テレビはどう見られてきたのか——テレビ・オーディエンスのいる風景』せりか書房、四九—六七頁

松田素二 1991「方法としてのフィールドワーク」米山俊直・谷泰（編）『文化人類学を学ぶ人のために』世界思想社、三二—四五頁

水越伸 2003「メディア・プラクティスの地平」水越伸・吉見俊哉（編）『メディア・プラクティス——媒体を創って世界を変える』せりか書房、二〇—五〇頁

——・吉見俊哉 2003「メディア・プラクティスとは何か」水越伸・吉見俊哉（編）『メディア・プラクティス——媒体を創って世界を変える』せりか書房、六—一九頁

森達也 2005『ドキュメンタリーは嘘をつく』草思社

Hall, Stuart 1980. Encoding / decoding. In Center for Contemporary Cultural Studies, University of Birmingham (ed.) *Culture, Media, Language*, London: Hutchinson, pp.128-138.

動画映像（放送以外で公開されたものにかぎる）

梅川俊明 1998a『鯨捕りの海』16ミリ／35ミリフィルム、八四分、シグロ作品

—— 1998b『捕鯨に生きる』ＶＨＳビデオ、四〇分、シグロ作品

Woodhead, Leslie 1991 *The Mursi: Nitha (Disappearing World 52)*, VHS, 60 min., Granada LWT International.

column

学界の論争とマスメディア

飯田　卓

本書のこれまでの部分では、異文化を題材としたテレビ番組で生じがちなズレについて、詳しくみてきた。しかし序論でも述べたように、多数の人々の日常生活にかかわりながらも抽象的な「文化」について何かを語ろうとすれば、さまざまな立場から異論が出るのは避けられない。学術活動でも同じで、たとえばアメリカの『カレント・アンスロポロジー』誌などでは、各論文の後にコメント記事の枠を設け、複数の研究者が対立意見を表明するようにしている。そこでは、論争が制度化されているのである。

学術的論争が研究者の問題であるように、マスメディアの論争はテレビや新聞にまかせておくべきである――学会内部にはそうした見解もあるが、そのように悠長に構えてばかりもいられない。というのも、社会科学の知識や用語は、現実社会の分析のすえに抽出されるだけでなく、現実社会のあり方を構成していくはたらきも持っているからである。このことは、人類学での「やらせ騒動」とも受け取れる次の二つの論争に示されていよう。

「ミード／フリーマン論争」は、アメリカ人類学の基礎を築いたマーガレット・ミード（一九〇一―七八）のデビュー作『サモアの思春期』が厳密な手法にもとづいておらず、若きミードはいたずら好きの情報提供者にだまされてうその証言を公表してしまった、という見解に端を発している。この見解を発表したデレク・フリーマンは、ミードの調査地の近傍で調査した人類学者である。この論争が市民を広く巻き込み、時にはスキャンダルとして語られるに至った一因として、『サモアの思春期』の社会的影響力の大きさがあげられよう。同書は、サモア社会における青少年の心理的安定を主題としており、西欧社会のさまざまな青少年問題が社会的に引き起こされると示唆していた。このため、さまざまな分野の社会運動家がミードの発言に注目し、ミード自身もこれに応えて、アメリカ社会の病理に関してさまざまな提言をおこなっていた。

もうひとつの「タサダイ論争」は、一九七一年にフィリピン・ミンダナオ島の山中で「発見」された二五人の集団をめぐるものである。発見当時の調査報告によると、彼らタサダイは、近隣から結婚相手を受け入れる以外は外部との交渉を避け、五～八〇〇年ものあいだ孤立して生活してきたという。調査後、この地域への訪問は制限されていたが、一九八六年に人類学者が彼らを訪ねたところ、彼らは「ふだんは草葺の家に住んでいるが、少数民族援助機関から指示があると洞穴へ移り住み、石器時代人を演じていた」と証言した。これを受けて、「発見」に関与した者たちと「捏造」を指摘した者たちが、学界内で激しく論争した。現在、タサダイは少数民族として認知されているものの、「石器時代人」などではないとする見解が有力である。一連の虚飾は、少数民族の保護者として名声を高めようとした現地の有力者が仕込んだものであり、争いを避け自然に調和した生き方を称賛すべく、アメリカのジャーナリストが騒動を拡大したと考えられている。人類学者は、どちらかといえば政治の場に巻き込まれたわけだが、そのような事態が起こるのも、人類学的な言説が大きな政治力を持つからである。

このように、学界の論争はマスメディアで流布する価値観と無縁ではない。また、社会科学の対象となるさまざまな文化現象は、いまやマスメディアを触媒として活性化することが多い。映像資料をもとに祭礼を復活させることはその一例で、類似の例は、次の第三部で概観することになる。メディアが直面する現実は、さまざまな点で学術活動にも影響しているのであり、そのことをふまえて、学界と調査地社会、そして市民社会全般との関係を解きほぐしていく必要があろう。

参考文献

玉置泰明 1998「『石器時代人』タサダイ再考」清水昭俊（編）『周辺民族の現在』世界思想社、一九一―二〇九頁

原知章 2000『民俗文化の現在――沖縄・与那国島の「民俗」へのまなざし』同成社

フリーマン、デレク 1995『マーガレット・ミードとサモア』（木村洋二訳）みすず書房

山本真鳥 1997「サモア人のセクシュアリティ論争と文化的自画像」山下晋司・山本真鳥（編）『植民地主義と文化』新曜社、一五二―一八〇頁

Ⅲ　メディア活用の現場を知る

メディアのなかの民俗
アマメハギにみる相互交渉の場としてのメディア

川村清志

はじめに　一九九九年のアマメハギ

一九九九年の一月六日は、珍しく風のない穏やかな日だった。能登半島の外浦、石川県鳳至郡門前町の皆月では、毎年、この日の夜にアマメハギが行われる。アマメハギは、同じ日本海沿いの男鹿半島に伝わるナマハゲなどと同じく「小正月の来訪者」と呼ばれる儀礼に属する。鬼や天狗に扮した村の若者が家々を回り、その家を寿ぐと同時に怠け者や子供を戒める。皆月のアマメハギは、現在、国の重要無形文化財に指定されている。

午後七時過ぎにアマメハギの一行は神主の番場家を出発した。天狗の面を被り御幣を持った面様とスリコギとノミを持ったガチャ面（鬼をかたどったとされる）が二人、各家でもらうモチを入れる大きな布袋を持った猿面が一人、都合四人が一つのパーティを組む。皆月では、二班のアマメハギが、村の北側と南側に分かれて家々を回る（図1参照）。

村の南側、デブラと呼ばれる場所を回る斑に私は同行した。面様は小谷奉之君、ガチャ面には、川島大和君と倉本君、猿面は伏見孝之君である。さらに小谷紘樹（奉之の弟）、桝本和道、菅芳樹、稲垣賢一郎の四人の中学生（当時三年生）が、一行についてくる。また、当初は、三台のテレビカメラと四人のカメラマン（いずれも新聞社の関係者のようである）も、この集団に同行してきた（中略）。

七時二〇分、妙行寺へと向かう。ここの奥の部屋には囲炉裏があり、七浦保育園（妙行寺に隣接する）に通う子供や門前町内の親戚の子供が、親子連れでアマメハギを待っている。同時にここには、アマメハギの姿を取ろうと陣取っているカメラマンたちも七、八人来ていた。その部屋に向かう前に当主の森了昭さんが面様役に声をかけた。「小谷君はおとなしいけど、「こらああっ」いうて怒らな、絵にならんねやぞ」と身振りを交えて教えている。

廊下からアマメハギは部屋に入っていく。カメラマンたちは、縁側の方におり、アマメハギが子供たちとその親を脅かすところを囲炉裏越しに撮影する。番場家からついてきたカメラマンたちも、縁側の方に回り、構図に他のカメラマンが入らない角度から撮影を行った。ひとしきり面様が子供たちに「言うこと聞くか」と叱ったあとも、「もう一度、お母さんに抱かれているところで脅かしてください」と注文をつける者がいた。

図1

ここには約十分間、留まることになった。妙行寺を出ると、当時の区長の家の前でカメラマンたちが、アマメハギの一行に歩いているシーンを撮らせてくれるように要求する。そこはちょうど、家の前が竹のマガキになっており、地域性を画面に折り込むのに都合のよい背景なのである。もちろん、その一行についていた私や自転車に乗った小学生たちは、撮影の枠からどかされる。アマメハギがライトに照らし出され、マガキ沿いを静かに歩む姿が二度、撮り直された。この頃から風が少し出ており、粉雪がちらつくこともあった。

七時四五分、カメラマンたちは一端、アマメハギの一行についていくのを止めて待っていた。彼らは中学生たちに子供のいる家がいないか尋ねていた。彼らが教えたのは同じ中学生の家であった。その時点では私も、家には小さな子供が本当にいると、カメラマン同様に思っていた。その家に行く順番となり、三人のカメラマンとテレビカメラのスタッフ二人が家に入っていった。私は彼らの後について最後に家に入った。カメラマンの背越しに覗きこむが子供の姿は見えない。どうやら、三人の「子供」が炬燵の中に潜りこんでいるようで、尻だけがみえた。その上から面様をする小谷奉之が御幣を掲げて、「悪いことせんかっ、言うこと聞くか」と独特の口調で脅かしている。それにしても、どこかで見たことのあるジーンズである。やがて、テレビカメラの一人が気付いた。「ありゃ、子供じゃないよ」その一言で白けた雰囲気が漂い、カメラマンたちの半分は、アマメハギが神棚に神事を行う様子には一瞥もくれず、家を出ていった。炬燵に隠れて恐がっているふりをしていたのは、菅と桝本、稲垣の三人である。あらかじめ小谷紘樹が示し合わせて三人を家に待機させておき、カメラマンたちを呼び込んだわけである（中略）。

その後、アマメハギは、川南の家を順番に回り終えたが、本町と西町に向かったアマメハギが予定より遅れていたため、皆月川沿いの家々、本町の一部もまわることになった。全て家を回り終えて社務所に戻ったのは、九時四〇分過ぎである。

1　メディアと民俗

本章は、最初に記した能登のアマメハギを事例として、日本のメディアにおける「民俗文化」の表象のあり方を議論する。以下の議論では、表象上の問題をマスメディア批判へと収斂することはしない。また、地域におけるオルタナティブメディアの可能性を過度に強調するものでもない。それらの議論の有効性を認めつつ、第三の方途を探ることが、本章の唯一の目的となる。

これまで私は、マスメディアが映し出してきた「民俗」が、対象地域についての不十分な知識や先入観によって偏向された可能性を指摘してきた（川村 1996, 2001）。確かに対象を完全に再現しうるメディアはありえない。製作者の意図や解釈を完全に払拭した「作品」も存在しない。だが、取材や調査の制限があるからといって、現実とは乖離した意味付けや偏りのある映像を流通させる言い訳にはならない。それが基本的な立場であることは、現在も変わりはない。

このような視点は、研究者とマスメディアの癒着と依存の関係への批判も意図されていた。とりわけ民俗学者たちは、マスメディアが配給する表象に対して、理論的に無防備であるばかりか、不必要な迎合の素振りを示すことがある。例えば、私が批判したＮＨＫの『ふるさとの伝承』は、放送終了後に三〇巻のビデオとして発売されている。その解説は宮田登が監修を務め、全国の民俗学関係者が執筆している。これらの記述は映像とはなかば独立した文章もあるものの、映像自体の問題を指摘する視点はほとんどみられない。それどころか、当の宮田登自身が「日本文化の特性を究明できる有力な材料がビデオに収録され今度のような形で再現されることはまことに喜ばしい限りである」（宮田 1997:15）と手放しで称賛する。[1]

それに対して文化人類学者の和崎春日は、京都の大文字焼きを巡る都市人類学的な考察のなかで、メディアに依存した祭りやイベントが長続きしない実態を指摘している（和崎 1996）。さらに理学研究者でありながら「民俗探報」についてのすぐれたホームページを作成している塩田研一は、『ふるさとの伝承』の取材陣の現地での横暴さを如実に記している。これらの事例から分かるように、しばしば、マスメディアは、現地に対して物理的な脅威となる。一時、マスメディアに注目されても、やがて話題にのぼらなくなった「民俗」は、常に消滅の危機にさらされる。さらにマスメディアは、しばしば、自らが描いた「絵」を現実の「民俗」に嵌め込むために、彼らが逸脱とみなす現地の要素を映像から排除することさえ厭わない。

もっとも、このようなマスメディアの表象の限界を理論的に批判するだけでは十分ではない。先に記した和崎も、「現代知やその情宣媒体であるマスコミにおもね」（和崎 1996:401）らず、それらを選択的に受容し、利用する左大文字の祭祀集団の事例を記している。私自身も同様な視点から、マスメディアのオルタナティブとして地域社会の側が発信するインターネットによる民俗の表象を報告しておいた。私がそこで示したのは、祭りの表象が、マスメディアと地元のホームページでは、対比的に描かれていたという点である（川村 2001, 2003）。

すなわち、テレビ番組は祭りを観念的な信仰の現れと捉え、ホームページは現場における実践的な行為と捉えている。また、一方は祭りを無時間的な静態的なものと描き、他方は継起的に変化する動態的なものとして描いている。さらに一方は民俗の表象に際して地域の外部の情報や民俗学的な知見を交えて意味づけを行い、他方は地域内の価値観に従った表象を行う。このような対比からすれば、地元の人々は、インターネットという新たなメディアを駆使して、自己表象としての「民俗」を対抗的に構築しているようにみえた。

しかし、その同じホームページにおいては、対抗的なイメージとも異なった印象を受ける画像がみられる。それが、これから紹介することになるアマメハギのページである。そこでは、新マスメディアとインターネットが互いに交渉しあいながら、新たな表象のあり方を探る姿勢をみることができる。本論では、むしろ、このようなメディアを通じた地域社会と「外部」との相互的な交渉のあり方に注目したいと考える。

2　アマメハギのホームページ

ここで紹介するのは、一九九七年の一一月に立ち上げられた『皆月青年会』[2]のホームページである。管理人は皆月の本町に住み、かつて青年会長を務めた教員の斯波安夫さんである。『皆月青年会』のコンテンツでアマメハギは、「山王祭り」「雪割草」などのコーナーとともに主要な部分を占めている。そのアマメハギのコーナーの表紙に現われるのが、行事についてのある意味で紋切型の紹介である。

石川県門前町皆月に古くから伝わる国指定無形文化財「あまめはぎ」が六日夜、行われました。奇怪な形相の面様をかぶった若衆らが同地区の家々を回り、「怠け者はおらんか」「（親の）言うことをきかん者はおらんか」と、子供たちに迫って怠け癖を戒めて歩きます。日吉神社の社務所（番場氏宅）で神事を受けたあまめはぎ一行（天狗、ガチャ、猿面）は二班に分かれ、約一五〇戸を回りました。

「あまめはぎ」の由来は、冬場囲炉裏の傍で座ってばかりいるとできる「あまめ」を剥ぐ、怠けてばかりいたらいけないという戒めをするためのもの。皆月では、約四五〇年前から、一月六日の晩の行事として受け継がれている。尚、近隣の五十洲地区にも同様の「あまめはぎ」があり、こちらは一月二日の晩に行われている。[3]

この紹介は、まさに「無形民俗文化財」としてのアマメハギについての表象にほかならない。アマメハギとは「冬場囲炉裏の傍で座ってばかりいるとできる「あまめ」を剥ぐ、怠けてばかりいたらいけないという戒めをするため」と語られる。[4] ここでの行事についての説明は、門前町史の文化財指定についての説明や、かつて私が指摘した『ふるさとの伝承』のナレーションと全く変わるところがない（川村1996）。約四五〇年前から「受け継がれている」という歴史的連続性の説明も、人々自身の実感というよりは、文字や映像情報によって再帰的に参照されたものだろう。だが、興味深いのは、そのような紋切型の表象の皮膜をすり抜けていくような画像がこのあとに続いていることである。

このアマメハギの表紙から、さらに二つの画面へとつながる。一つが「一九九九年のアマメハギ」のコーナーであり、もう一つが、「二〇〇〇年のアマメハギ」のコーナーである。

「一九九九年」はさらに二六枚にわかれている。大きな区切りとしては、社務所である番場家での様子を紹介する画像と、各家を回って子供を脅したり、神棚に神事を行う場面の二つに分けられる。前者の準備や着替えの様子が一〇枚、後者の各家の場面が一五枚という構成である。もっとも、部外者には意味不明な写真が、二六枚目の「おまけ撮影続行不可能」と題された画像である。そこには包帯の巻かれた右足のアップが写し出されている。実はこれは、斯波さん自身の右足である。彼は、この年、戸外でのアマメハギの撮影中にあやまって溝に落ち、救急車で運ばれるというアクシデントに見舞われていた。

この年のアマメハギの様子は、冒頭に記した川南ではなく皆月内の本町や西町を回る班が撮影されている。そこでの画像は斯波さん自身が懇意の青年会員を中心に撮影していることが一つの特徴となっている。子供を脅かす場面の画像でも、同様の傾向がみえる。アマメハギと子供という主題自体は、行事の表現としては定型的である。だが、そこでは、子供と同じくらいそこに写り込んだ両親や親族の姿に注意が払われている。彼らはいずれも、斯波さん自身にとって身近な地元の人たちである。子供たちも、アマメハギの脅嚇に涙を流す匿名的な田舎の子供ではない。そのような近しい存在の人々のスナップ写真として、アマメハギは写し出されている（表1参照）。

一方、「二〇〇〇年」は五層に分かれている。最初の画面には、「今年の＜あまめはぎ＞にもたくさんの取材陣がまいりました」と記され、「そのカメラの間をぬって私も去年の結末に懲りずにあまめはぎ様に同行し、去年とはちょっと違った趣向の画像を何枚か撮りました」と記している。「去年の結末」とは間違いなく、溝落ち病院搬送事件のことである。

その文面の下の三枚と二層目の六枚は、社務所での準備の様子やお神酒を頂く場面が紹介され、それぞれの写真にはコメントとタイトルを兼ねた短文が記されている。三層目から五層目の計一八枚では、各家を回って脅かしている様子が記され、最後の五層目には、斯波さん自身が「二〇〇〇年」を更新した際のコメントが付加されている。

表1　アマメハギ画像説明一覧

1999年のアマメハギ	2000年のアマメハギ
社務所での神事	1ページ
1　お面	1　手前がＮＨＫの取材の方たち
2　装束を合わせます	2　２組（８人）＋α（大勢）集まりました。手前が有賀会長の頭
3　おはらいの練習	3　今年は，お面の裏側を撮ってみようかな
4　お払いを受けます(1)	2ページ
5　お払いを受けます(2)	4　お神酒やから遠慮せんと　一番右側のガチャを見習って
6　お払いを受けます(3)	5　カメラにケツ向けるところが素人やね
7　お払いを受けます(4)	6　結構，迫力があります。
8　御神酒をいただいて	7　かなり念入りに脅しています。
9　出発です	8　実はガチャの息子でした。
各家々を回ります	9　今年のあまめはぎ様にはおっかけが....
10　1軒目へ入ります	3ページ
11　神棚にお参りして	10　さて，次のお宅へ「うお～」と言ってお邪魔します。
12　子供を脅します(1)	11　お払いはきちんとやります
13　子供を脅します(2)	12　お払いが終わると豹変します
14　子供を脅します(3)	13　さすが男の子。堪えています
15　満足げなあまめはぎ	14　女の子は父ちゃんにしがみつく
16　子供を脅します(4)	15　初めて見る子かな
17　子供を脅します(5)	4ページ
調子が出てきたぞ	16　ちょっと休んでいかっし　やまちゃんはこんがかいね
18　さて，次の家では	17　しごとしてますよ～
19　怖いよ～	18　カメラさん，こっちは取らないで
20　調子に乗りすぎて	19　おお～金沢放送局の宮崎君。皆月の水は美味いやろ ＮＨＫ評論家の杉本さんに勧められるままに....
21　餅３つでかんべんして	20　おいおい，何杯目や？
22　さて，次のお宅へ	21　麦茶でのどを潤して
23　こわい，こわい	5ページ
24　袋に入れて連れて行くぞ	22　脅すのもほどほどにして　来年もまた来てね
25　ポーズを決めて	23　しごとしてますよ～
26　おまけ撮影続行不可能 （斯波さん自身の包帯の巻かれた右足アップ）	24　いつ見てもこぇえよお～
	25　なぜかここへ来ると毎年こうなってしまうガチャ
	26　ぎゃあ～～っ，父ちゃんやめでぐれ
	27　ぎゃあ～～～っ

しばらく更新作業も滞っていた「皆月青年会」でしたが、この度ＮＨＫの取材があったことをきっかけに久方ぶりの更新をすることができました。（中略）最初は皆月青年会の活動状況を現青年会員、元青年会員向けに情報発信していこうと思いホームページを立ち上げたわけですが、それに留まらず、「皆月」に興味を持つ人すべてに楽しんでもらえるようなホームページに模様替えしました。超過疎化の進むこの地区にまだこのような活動をしている若者がいて、またその活動を温かく見守っている年寄りがいるということを、ここへ訪れた方々に知ってもらいたいというのが最近のホームページ作りのテーマになってきているように思います。[5]

ここで彼は、ホームページの更新が、ＮＨＫの取材に触発されたものであったことを明示している。ここからもＮＨＫやそれ以外のカメラマンたちの存在が、地域の年中行事を再認させるきっかけとなっていることが了解できる。ホームページに折り込まれたメディアと現地の眼差しの問題は、「二〇〇〇年のアマメハギ」において、斯波さんが記していた「違った趣向の画像」と重ね合わせながら考察することとなるだろう。しかし、その前に、当のＮＨＫが取材によって作った番組の概要をみておく必要がある。

3　ＮＨＫによるアマメハギ映像

ここで紹介するのは、ＮＨＫの朝のニュース番組の一枠として設けられた『ときめきの旅　能登の正月あまめはぎ』という番組である。ＮＨＫの金沢支局が中部地域向けに作成したもので、地方の風物詩をアナウンサーが探訪する様子を描き出している。時間にすれば約八分ほどの小品である。私自身は、この番組を録画した地元の話者から借りて視聴することができた。

この作品は、いわゆるドキュメンタリー番組ではない。また、ＮＨＫがゲストを起用して、旅先を紹介するという紀行番組でもない。それらの要素を含みつつも、進行役を務めるのは、ＮＨＫのディレクター自身である。彼が皆月を訪れて、アマメハギを行う人々と接し、実際の様子を見聞する。ある意味で制作費のかからない、地方局の身の丈にあった番組ということもできるだろう。実際、撮影期間もアマメハギが行われる一日間であり、スタッフも五、六人だったと想像される。

この番組の全体の構成をまとめたのが表2である。最初のシーンでは、皆月の海岸部と村の遠景が示されたあと、アナウンサーが皆月のマガキ沿いを歩く姿が映される。地元で魚を売る老人からアマメハギの話を聞き、さらに日吉神社の宮司、番場さんのもとを訪れる。そこでかつてのアマメハギで使われていた面が紹介され、ガチャ面という独得の面の存在が説明される。

次に「年々過疎化が進む皆月では、今、一五〇戸あまりの集落全体で、小学生が一八人しかいません」というナレーションとともに場面が変わる。やや暗い画面には「皆月青年会」のホームページが映される。「なんとかアマメハギに参加する人を増やそうとホームページを開いたのは、集落で先生をしている斯波安夫さんです」という紹介のもと、斯波さんとのインタビューが始まる。アマメハギの画像が紹介され、昨年、斯波さんが撮影の最中に怪我をしたエピソードが示される。

場面が再び切り替わり、社務所でアマメハギの準備をする青年会の姿が映し出される。アマメハギの天狗面を被ろうとしている男性の姿が写り、「沖汗雄二郎さん」というテロップが表示される。それに先立ち「面をかぶる人々の確保も大変です」というナレーションが入る。過疎化が、子供の減少だけの問題に留まらず、行事を運営していく村全体の問題であることが改めて提示される。

準備が整うと、社務所を出て村を移動するアマメハギの姿が映される。番組では判別しにくく、説明もないが、以下では四軒の家の様子が示される。最初の家は、沖汗さんの実家である。神棚に神事を捧げたあと、天狗の面を被った沖汗さんが実の娘と息子を脅かす場面が映し出される。「沖汗さんの二人の子供たちは、面を被っているのが父親だとは全く気付いていません」というナレーションが入る。さらにそこでは今年もアマメハギの撮影を行っている斯波さんの姿が映し出される。

次に、この放送でもっとも印象的な場面が映し出される。夜の通りを次の家に向かうアマメハギの一行である。一行は、「アーマーメン様ごーざった。モーチミッツ、デードケや」と歌いながら通り過ぎる。この時、天狗面、ガチャ面の横には、カメラを持った斯波さんが続き、さらにその横にはアナウンサーの宮崎さんが映っている。彼らアマメハギ以外の者が画面に写り込むことは、他の番組ではほとんどありえない。アマメハギは、静かな海沿いのムラの夜を、粛々と通り過ぎていくべきものなのである。冒頭に記したマガキの側を進むアマメハギという絵の撮り方が、そのことを如実に物語っている。

二軒目でも子供を脅かす場面が中心に示される。しかし、三軒目の家からは、アマメハギの別の一面が描き出される。泣き顔の子供の画面が切り替わると、当主から酒を酌み交わす斯波さんやアマメハギの姿がある。この家の当主、奥村高広さんは、斯波さんの前の青年会長であり、天狗面の沖汗さんとも旧知の間柄である。この時の放送のナレーションは、次のようなものである。「若者たちにとっての大きな楽しみが家々でのもてなしです。冷えた体も温まります。酒好きの斯波さんもついつい何度も手が伸びます」。このシーンによってアマメハギは、地域の人々がお互いに出会い、交流する場所であることが、確認される。その一見当たり前の行為が、多くのアマメハギ映像では、見事に消去されていたのである。

最後の家での様子は、さらにハメを外したものとなる。「アマメハギはさらに盛り上がります。大人たちにまで襲い掛かりま

	(宮)「今年は、……去年は、怪我されたわけですが、今年も、もちろん撮影されると」 (斯)「ええ、その予定はしております」	
3:55 4:03	子供たちが皆月湾の堤防で遊んでいる姿 〈いよいよあまめはぎの当日です、例年にない暖かい一日になりました〉 社務所で宮司以下が、アマメハギの準備をしている姿。 〈夕方、神社に人々が集まってきます。面をかぶる人々の確保も大変です〉 アマメハギの準備をする男性のアップ（「沖汧雄二郎さん」というテロップ） 〈この日は、去年、皆月から隣の集落に移った沖汧雄二郎さんも応援にやってきました〉 子供の脅かす仕草と声を実演する沖凪さん (アマ)「オオオワー」(笑い声)	 神社ではなく神主の番場家であり、社務所が正しい。
4:35	アマメハギの一校が出発する場面、すでに辺りは暗くなっている 〈まず、向かったのは沖汧さんの実家でした〉 沖汧家の玄関からアマメハギが入る場面。家の団欒の様子（「長女美羽子ちゃん」というテロップ） 〈子供の少ない皆月、沖汧さんはこの日、二人の子供を実家に預けていました〉 小さな子供とそれを抱く婦人のアップ　「長男竜太郎君」というテロップ 神棚のアップからアマメハギの神事の姿 〈家に入ってまず行うのは神棚へのお参りです。子供たちは、隣の部屋で息を潜めています〉 アマメハギが部屋を移動する。子供たちを脅かす場面。 (アマ)「オオワー。オオオオオオワー」 子供たちが脅かされて泣いているシーン 〈沖汧さんの二人の子供たちは、面を被っているのが父親だとは全く気づいていません〉 子供の前に回りこんで、写真をとっている斯波さんの姿。 〈斯波さんはここぞとばかりにデジタルカメラのシャッターを切ります〉	
5:55	家の外の場面、斯波さんと宮崎さんが歩きながら歓談している姿 (宮)「もう、みんな、わんわん、わんわん泣いていますね」 (斯)「脅かし方が上手いね」 (宮)「上手になってますか、張合いがありますね」 ウタを歌いながら、アマメハギの一行が歩いていくシーン。斯波先生と宮崎アナウンサーの姿も写される（テロップ：「あーまーめん様ごーざった。餅三つ出したとけや」) (アマメハギの一行)「アーマーメン様ごーざった。モーチミッツ、デードケや」 別の家で子供を脅かす姿 〈面をつけた若者たちは大きな袋や木槌の音で脅かします〉 (子供)「〈泣き声で〉ちゃんということ聞きます」 〈コタツの中に隠れても、見逃すことはありません〉 別の家で酒を酌み交わす様子当主と斯波さんの様子 〈そして、若者たちにとっての大きな楽しみが家々でのもてなしです。冷えた体も温まります。酒好きの斯波さんもついつい何度も手が伸びます〉 別の家、餅を持つ壮年の男性を脅かすアマメハギ 〈アマメハギはさらに盛り上がります。大人たちにまで襲い掛かります〉 壮年の男性を押さえている様子 (アマ)「こらっ、おらおらっつ、これが一番言うことききかんぞっ」 〈餅を三つ渡して、ようやく許してもらいました〉	西町の奥村家 西町の池田家
7:17 8:02	アマメハギが家から出て通りを行くところ。 (アマ)「9時半です」 (アマ)「こんなことやと思った」 〈最後の家を回って気がつくと斯波さんの姿はありませんでした。斯波さんは飲みすぎて、今年もリタイヤ、撮影不可能です〉 社務所に戻るアマメハギの一行。その後、社務所で沖汧さんと有賀さんが酒を飲んでいるシーン (有)「ご苦労様」 (沖)「はい」 〈神社にたどり着いた若者たちも、アマメハギが無事終わったことを祝って再び宴会です〉 社務所の玄関を外側から写したカット。 〈にぎやかな声は夜遅くまで続きました〉 海岸でアナウンサーが歩いている姿。 〈アマメハギと迎えた新しい年。伝統をつなぐ努力をおしまない人々に出会った旅でした〉	どうやら、予定よりも時間がかかったことを指すらしい。 酒を注いでいるのは有賀さんと沖汧さん、二人とも歴代の青年会長。 ここも神社ではなく神主の番場家であり、社務所が正しい。

表2　番組の概要

時間	ナレーションと情景	註
0:00	七浦湾の外藻の風景から右へパンし、皆月の集落の様子〈能登半島の西側、外海に面した小さな入り江に皆月の集落はあります。海と山に挟まれた狭い土地に150戸あまりの家々が並んでいます〉 海岸に波が打ち寄せる風景から右へパン、皆月の家々を守るマガキ沿いの道を歩くアナウンサーの姿（「宮崎浩輔アナウンサー」というテロップ） 〈私が訪れたのは、能登の海にしては珍しく穏やかな日でした〉 道沿いで魚を売る久保さん夫妻の姿 〈海辺の道では、この日取れたばかりの魚が売られていました〉 久保さんの姿のアップ （宮）「すいません、こんにちは」 （久）「こんにちは」 （宮）「あの、皆月の方ですか」 （久）「ええ」 （宮）「ああ、そうですか、あのアマメハギをね、見に来たんですが」 （久）「ああ、なるほど。昔はね、庭の土間、入り口の方ね、土間の上がね薪を入れる倉庫兼用やったんですね、そこへはしごがかけてあったんです。でね、アマメハギが来るっちゅうもんでな、そこへがあっと、その薪小屋に逃げたもんやね。子供ら」 （宮）「それほど、怖いもんなんですか」 （久）「怖いね」	マガキは竹で作った防風壁で皆月を中心とした門前町の海沿いに集落にみられる。 皆月の川南に住む久保さん夫妻の様子
1:17	海を背景に坂道をあがっていく宮崎アナウンサー	日吉神社への坂道
1:37	〈皆月の子供たちが恐れるアマメハギ。その怖さの秘密は面の表情にあります〉 日吉神社の石鳥居の向かって右端のアップから、カメラを引き、神社の拝殿全体の姿（「日吉神社」というテロップ〉 〈地元の日吉神社には300年前のお面が伝わっています〉 襖を開けて、神主の番場さんが面を入れた箱をもってくる場面、 〈宮司の番場誠さんがその貴重な面を見せてくれました〉 面の箱を開けているシーン、天狗の面のアップ ガチャ面と猿面の三つが並んでいるカット、ゆっくり右から左にパン（ガチャ面というテロップ〉 番場さんのアップ（「番場誠さん」というテロップ） かつてのアマメハギでこのガチャ面が用いられているシーンの写真のカット （宮）「あのまあ、天狗は、あの、分かるんですが、こちらの、初めてみた面なんですけどれども」（番場）「ガチャというのは何なのか、といろいろ聞かれたんですけれども、ようは、簡単に子供の頃は、顔がつぶれてる、あの方言での音の表現でガチャッとした顔、ようするにつぶれた顔、そういう意味からのお面だということでガチャ面というふうについているのかなあと、ただ、信仰としてまあ、まあ天狗の両端に鬼が二人いて、あとまあ、猿がおともをしてという形になるのかなあと」	この様子は神社ではなく、番場家の様子である。神社と神主の家は離れており、地理的に画像は正しくない。 現在では面は新調されているので、この面は使われていない、写真は、昭和40年代初期と考えられる。
2:33	皆月の通りで二人の子供たちが自転車で走っていく場面 〈年々過疎化が進む皆月では、今150戸あまりの集落全体で、小学生が18人しかいません〉 モニター中のホームページ表紙のアップ。それを操作する男性の横顔	皆月の西町の通り。
2:46	〈なんとかアマメハギに参加する人を増やそうとホームページを開いたのは、集落で先生をしている斯波安夫さんです〉 斯波さんと宮崎アナウンサーがコンピューターに向かっている姿を後ろから撮ったカット。ホームページの中の写真が順に5枚、紹介されていく （宮）「いろいろっ、何枚くらい写されているんですか」 （斯）「そうですね、えっと、全部で25枚ですか」。（宮）「これは、全部こう、斯波さんが撮影されて、ほんとっこう、時系列に沿って25、6枚の写真がありますが」 二人の姿を斜め前からとったカット （宮）「あの撮影続行不可能というのがありますか」 （斯）「これですか」 ホームページの中のおまけ〈撮影続行不可能〉の文字のアップ （宮）「これは、あの、どういうことでしょうか」 （斯）「これはまあ、あの」 （宮）「見していただいていいいですか」 斯波さんのアップ（斯波安夫さんというテロップ） （斯）「不慮の事故で足を怪我しまして。でまあ、……」 （宮）「ほんとだあ（笑）」 （斯）「……これ以上撮影ができなくなりまして」 （宮）「それほど、こう、撮影に熱中しておられたんですね」 足に包帯を巻いている画像のアップ （斯）「（苦笑い）そういうことですね」	

す」。ナレーションがそう語るように、天狗面が脅かしているのは、銀髪の壮年男性である。音が悪くよく聞き取れないが、天狗面の沖汗さんが「おらおらっ、これが一番言うことききかんぞ」と後ろから押さえ付けようとしている。映像の一場面は、そのアマメハギの姿を笑いながら見ている家族の姿も捉えている。

放送は、その後、社務所でアマメハギを慰労する場面に切り替わる。無事にアマメハギを終え、酒を酌み交わす青年会員たちの姿を描きながら、そこにいない斯波さんについての言及もある。「斯波さんは飲みすぎて、今年もリタイヤ、撮影不可能です」。斯波さんの性格からして、酔いつぶれたというより、一段落ついたので、疲れて帰ったというのが真相に近そうである。だが、この言葉から先の歓待のシーンを思い起こす視聴者も多いだろう。画面は暗転し、再び宮崎アナウンサーが日中の海辺を歩く様子が映し出される。「伝統をつなぐ努力をおしまない人々に出会った旅でした」というナレーションで放送は締め括られる。

ここに描き出されるアマメハギ映像には、多くの映像メディアが隠蔽してきた地域社会の現実が、様々な場面に折り込まれている。例えば、ほとんどの映像は、アマメハギが子供を脅かす場面を特徴的に取り上げてきた。しかし、この放送では「過疎」の現状と子供の人数を明示することで、そのような表象を相対化している。アマメハギが形式化された儀礼ではなく、演じ手とそれを待つ人々からなる交流の場であることも描き出している。また、アマメハギに関わる地元の人々が、現代の我々と同様の情報社会に生き、彼ら自身がアマメハギを記録し、その表象に携わっていることが、この番組では主題化されている。さらにアナウンサー自身が画面に写り込むことで、——しかも、移動の最中にそこに加わることで——この儀礼に関与しているメディアの存在が浮彫りにされているのである。

もちろん、この放送において、全く問題がないわけではない。例えば、ラストの浜辺のシーンは、どうやら、アマメハギの当日に収録されていたようである。だが、アマメハギが終わったあとに再び日中のシーンが出れば、あたかも取材陣は皆月に二日間滞在した印象を受ける。あるいは、神主の番場さんに面の説明を受ける場面も、視聴者をミスリーディングする。このインタビュー直前のシーンでは、日吉神社に上る坂を歩く宮崎さんの姿が映され、神社の全景も紹介されている。だが、実際のインタビューは、番場さんの実家である社務所で行われている。実はアマメハギの一行もこの社務所から出発し、社務所に戻る。ところが、放送では「神社にたどり着いた若者たちも、アマメハギが無事終わったことを祝って再び宴会です」というように全て社務所を神社に置き換えている。日吉神社は村から少し上った丘の上にあり、一方、社務所は、村の中心部、本町に位置する。直線距離でも少し離れており、社務所に向かうために坂を上ることはありえない。番組の構成を考慮しても、疑問の残る置き換えであったことは確かである。

ただし、これらの問題はなかば技術的な問題である。むしろ、既存の番組や映像が、紋切型の表現を再表象したり、民俗学的なイディオムに依存することで地域の現実からかけ離れた表象を行ったことから考えるなら、この放送に描かれたアマメハギははるかに現実に即したものであったと言える。確かに番組の最後は「伝統をつなぐ努力をおしまない人々」と皆月を振り返っている。しかし、この「伝統」の危うさやそこで駆使されるメディアの存在も、それ以前のエピソードによって、十分に表象されている。複雑で微妙な均衡のなかにあるアマメハギが、この放送では確かに描き出されているのである。

4　再び、ホームページへ

図2

この番組の取材陣を受けた地元の対応を描いたのが、先に記した「二〇〇〇年のアマメハギ」である。そこにはメディアの「受容」から「交渉」へという流れを明確に見て取ることができる。「文化財」であることを強調し、その伝統的な行事内容についての説明に始まったこのページは、「二〇〇〇年のアマメハギ」において、作成者の意図とは取りあえず関係なく「ちょっと違った趣向の画像」をみることができる。

まず、最初の一枚に、それは表明されている（図2）。この写真の左側にはアマメハギの一人が立ち、出発前の準備をしている。その手前にはアマメハギを接写しようと近づくテレビカメラマンと音声のマイクが映し出されている。それが誰であるかは「手前がNHKの取材の方たち」というキャプションから明白となる。このような取材班の映り込んだ写真は、これ以外にも四枚ある。なかでも一八枚目と二三枚目の写真では、一枚目と同様にわざわざ、NHKのカメラマンが写りこむようなアングルからアマメハギが写し出されている。

このような画像をして、斯波さんが撮影そのものに不慣れな可能性を指摘することもできるだろう。マス・メディアだけでなく、多くの素人カメラマンたちも、被写体となる「民俗」以外のものが写り込むことを極端に嫌う傾向がある。彼らは我先に被写体の前に出ようとし、彼らの同業者たちが画像を「汚す」のを怖れる。[6] 私自身現場で経験したことだが、そのような「純粋な」映像や画像への欲望は、慣れない者にとっては大きな威圧と感じられる。斯波さんが、地元の人間でありながら、派手な一眼レフや重厚な映像機器に気圧されて、彼らよりも後方に位置して撮影を行ったと考えられないことはない。

だが、そのような後塵を踏んだと思われる画像をわざわざ、映像の巻頭に持ってくるだろうか。また、それぞれの家で撮ら

図3

れた画像ならば、地元の関係を生かして、いくらでも撮り直しが可能なはずである。事実、アマメハギの行事の現場では、泣いている子供を抱くように注文をつけたり、アマメハギたちに脅かし方を指示したりする素人写真家が何人もいたはずである。

そこから、斯波さんがこれらの画像を敢えて記録し、掲載したことについて、二つの可能性を指摘できる。まず一つは、これらの画像に登場するメディア関係者やカメラマンという存在自体が、アマメハギという行事において「自然」な存在、あるいは重要な構成要素とみなされているという可能性である。例えば一九枚目の写真には、「おお～金沢放送局の宮崎君。皆月の水は美味いやろ」というキャプションがついている（図3）。NHKの取材陣が、ある家でアマメハギとともに「お神酒」を頂いたシーンが掲載されているのである。少なくともこのアマメハギにおいては、彼らの存在は、——逆説的な状況ではあるが——行事を執行するとともにそれを再表象する立場でもある斯波さんにとって、「不純」な存在とは写らなかったようである。

もう一つは、そのような行事の現実を冷静に眺めようとする視点が、ここに想定できる。彼が敢えてやらせの注文をつけることもなく、むしろ、そのような注文をつけるメディア関係者たちを含み込んだ現在のアマメハギがここで切り取られている。しかも、そのようなメディアの関心がこれらの行事に影響を与えていることも彼は認めている。斯波さんは、このアマメハギの最後のページで「更新作業も滞っていた「皆月青年会」が、「NHKの取材があったことをきっかけに久方ぶりの更新をすること」ができたと記している。これらの注釈とNHKが写り込んだ画像とは決して別々のものではないはずである。

以上の点を踏まえて、もう一度、最初の写真を眺めてみる。二〇〇〇年のアマメハギの巻頭に据えられた支度するアマメハギとそれを撮影するカメラマンの姿。このNHKのカメラマンの背後には、全体像を撮影している斯波さんがたたずんでいる。この「地元の人」が、「マスメディアの肩越し」にのぞきみたアマメハギの像は、「民俗文化」がいかに重層化され、様々なメディアの中に幾重にも折りこまれているかを如実に示している。だが、そのような現場を写し出すことで、この画像は、マスメディアがしばしば自らを隠蔽したうえで表象する「民俗文化」の現実を照射している。

実際、ここで生じている事態は、文化の記号論的な解読の破綻を告知するものでもある。クリフォード・ギアツは、人類学者の立場を「テクストの所有者の肩越しに文化を」（ギアツ1987(1973): 458）みる者と規定した。そこには暗黙のうちに、現地の人々には独自の完結した文化や象徴体系があり、その見取り図を描く立場にあるのが、人類学者に他ならないという想定がなされていた。当然のことながら、ここで問題となるのは、その「文化」を読み解く作法をギアツが明示していないということでは、もはやない。

むしろ、かつての人類学者の位置に現地の人が立ち、その間にはマスメディアが介在し、それらの情報の総体を捉えねばならないはずの研究者も、決して人々から離れた場所で「肩越し」にみることなどできないという現実である。さらに言えば、そこで眼差しを一身に受けているアマメハギを演じる若者たちは、マスメディアが介在する儀礼を所与のものとして経験し、場合によってそれらを翻弄し、再解釈する主体でもあった。おそらく、ここで必要な視点は、どこか特権的な視座を再構築することではない。そうではなくて、そのような階梯の異なるメディアや研究者を巻き込み、しかもそのような立場の者からの情報や価値観を再帰的に読み取る現地の人々との相互交渉の場として、フィールドが存在することをここで確認すべきなのである。

図4

この他にも興味深い「趣向」が、この「二〇〇〇年」には施されている。「ちょっと一休み編」と題された一六枚目から二一枚目までの画像に、それは現われている。ここでは、アマメハギにつきものの子供は一切現われず、一行が休憩を取っている場面が紹介されている。もちろん、これは予定された休憩などではなく、御祓いに向かった先で偶発的に休憩を取っているにすぎない。一升ビンを前に日本酒を飲んでいる場面には「しごとしてますよ〜」といった、およそ、冗談めかしたキャプションが添えられている。さらにその極端な描き方が、二一枚目の「麦茶でのどを潤して」である（図4）。番組で「もてなし」を受けていたのは斯波さん自身だったが、ここではガチャ面をつけた若者たちが、何かを飲んでいる場面が写されている。ところが、斯波さんによって、わざわざモザイクが入れられており、同定が困難となっている。これは、もちろん、被写体のプライバシーを保護する目的のもとに行われた作為と捉えることもできる。だが、それならば、わざわざキャプションに「麦茶でのどを……」などと書き込む必要があるだろうか。これでは、そこに写っている者が未成年であり、飲んでいるのはビールであることを示しているようなものである。

このような作為は、インタビューの際に音声を変えたり、モザイクをかけたりしているニュース番組やドキュメンタリーのパロディと受け取れないだろうか。彼は、規範的なアマメハギの姿を、これらの表象のユーモアを透過することによっても相対化していく。モザイクの向こう側には、アマメハギという「伝統行事」を隠れ蓑にアルコールを飲んではめをはずしている高校生たちの姿があるかもしれない。[7] 結果としてそこに描き出されるのは、アマメハギという行事の柔軟さ、すなわち、形式化された儀礼であるよりも、個々の演者がアド・ホックに楽しみを見出す社会関係の構築の現場である。

このような再表象は、はじめに記した中学生たちの振舞いとどこかで通底するのではないだろうか。彼らは自らの実践のなかにメディア関係者を巻き込んでいくことで、メディアが自明としている表象する側の特権に異議を提示していた。メディア関係者の存在をあえて明示し、しかも彼らが行事の一環に関わっていることを切り取り、紋切型の説明から逸脱していくことで、このホームページは、地域社会の現実を再帰的に照射している。

だが、その一方で、アマメハギに同行し、デジタルカメラのシャッターを切り、それをインターネットにアップロードする「地元の人」がいることを、『ときめきの旅』は描き出していた。さらにそこではアナウンサー自身が儀礼の一行に加わるシーンさえ描かれていたのである。この二つのメディアは、お互いの儀礼への関わり方を表象することで、自らの位置性を指示しつつ、現在のアマメハギの執行状況を示しえている。マスメディアとマルチメディアは、お互いの発するメッセージを巧みに流用しつつ、重層的な自己表象の場を模索しているといえるだろう。[8]

おわりに　メディアのなかの身体へ

文化人類学において、メディアに関わる議論は、今も周縁的である。それを一時の流行のように感じ、揶揄する研究者も多い。彼らが暗黙のうちに――あるいはしばしば明示的に――メディアと対比するのは、より直接的な声と身体が接し合うフィールドの場である。自分の目で見、耳で聞き、体で触れ、五感の全てを投入することこそが、フィールドワークの醍醐味というわけである。そのような研究者たちにとっては、メディアの問題を扱ったり、それらの調査地への関与を指摘することは、軽佻浮薄な「若さゆえのあやまち」にみえるのだろう。

ここでは、それに対する反論を述べるかわりに、一つの徴候を指摘しておきたい。近代の文化人類学が人間の身体へと視線を向けた嚆矢ともいえる議論に、モースの『身体技法』がある。その本でモースは、個々人には自覚されないままに身体所作や行為を規定しまう文化的な傾向性をハビトゥスと名づけた。このハビトゥスによる身体技法の具体的な研究項目として、運動競技や芸能、食事や休息といった幅広い領域を彼は設定している（モース 1976、福島 1995）。このハビトゥスという概念は、社会学者のブルデューにおいてより精緻に定式化され、構造主義や現象主義を乗り越える議論として再構築されることになる。それは、人々が慣習的におこなってきた実践が、既存の構造化されたモデルに準拠しているわけではなく、個々人の恣意的な主観性に依存しているわけでもないことを示している。人々は、自らの実践のなかで、一定の転調可能な行為の鋳型としてのハビトゥスを身につけている。彼らは慣習的な行為を反復しているようにみえても、それらを状況に合わせて変化させ、刷新してもいるのである(ブルデュー 1988)。

このような議論は、文化人類学者が現地に赴き、各々の「民族」や「文化」に内在するハビトゥスを、自らの身体を通じて体得するという、みずみずしい目的を付与してくれたわけである。おそらく、民族誌批判やポストコロニアリズムに関する議論を経た後も、人類学者が現地に赴くもっとも大きな動機の一つは、このハビトゥスを巡る問題系の延長上にあると考えて間違いないだろう。

ところが、ハビトゥスという着想をモースが得た過程は注目に値する。彼はその着想をニューヨーク滞在中の病院生活での天啓に求める。旅先で入院を余儀なくされたモースは、病院の看護婦の歩き方に見覚えがあると感じた。それは彼がフランスで見たことのある女性の歩き方と同じものだった。なぜ、全く異なった国において、同じような歩き方が行われているのだろうか。やがて、モースは、両者の歩き方がハリウッドの映画女優のスタイルを踏襲したものであることに気付くことになる。そう、モースの身体論にインスピレーションを与えたのは、当時のマスメディアがもたらした「身体技法」の類似性に他ならなかったわけである。

我々は良きにつけ悪しきにつけ、メディアから隔絶して生きるわけにはいかない。近代以後のマスメディアの発達や映像メディアの蔓延は、我々の身体にも圧倒的な影響力を行使してきたし、民俗表象やその実践においても例外ではない。それどころか、今日、目にする民俗の大半は、そのような「外部」としてのメディアの視線に晒されることによって構成され、更新されてきた。我々が共にある現代社会において、メディアの媒介なしに接する「民俗」など存在しない。

冒頭に取り上げたアマメハギに関わった者たちを想起してみよう。そこには、たくさんのテレビや新聞の取材陣、アマチュアカメラマンたちがいた。また、彼らを意識して演技を指導する地元の老人や、逆にメディア関係者を翻弄する中学生たちの姿が浮かび上がった。さらには、そのような状況に直面しつつ、アマメハギを演じる青年会員たちが、そこにいる。それぞれの立場や意図が複雑に絡み合いながら、アマメハギが継承されていることが、これまでのメディアの検証によって、逆に照射されたはずである。そのような状況を踏まえつつ、眼前で起きている無数の微細な行為に向き合う姿勢こそが、今、フィールドについて語ろうとする意思を持つ者に必要とされるものではないだろうか。繰り返すが、そこで調査者は、一人の媒介者に過ぎない。

注

1　また、二〇〇三年に新谷が編集した『民俗学がわかる事典――読む・知る・愉しむ』では、マスメディアと民俗についての事例が紹介されている。ところが、そこでの事例は二つともメディアが見出すことによって価値が再認識され、行事として延命してきた事例である。もちろん、このような事例を掲げることに異論はない。だが、その一方でメディアによる弊害も指摘するのがバランスのとれた記述というものである。

2　『皆月青年会』のURLは（http://www2.nsknet.or.jp/˜cba/）である。

3　アマメハギメイン http://www2.nsknet.or.jp/˜cba/ama/amamehagi.htm（二〇〇一年一一月二五日閲覧）。

4　一方、五十洲のアマメハギの一行は、天狗面とジジ面とババ面の三人から構成され、神社から出発はするが、神主は関与しない。

5　皆月青年会HP（http://www2.nsknet.or.jp/˜cba/ama/ ama2000_5.htm）、二月一六日更新　二〇〇一年一一月一日閲覧。

6　ページの関係で紹介できないが、地元で長く年中行事を撮り続けている元学校教員によるアマメハギの写真が、小学校の同窓会会誌に継起的に紹介されてきた。そこには、見事に他のカメラマンやマスコミ関係者の姿は写されていない。

民俗写真家の荻原秀三郎も、祭りで遠望撮影が困難である理由として「被写体の周辺のカメラマンが邪魔に」なることや「電線その他の夾雑物が多すぎ」る点をあげている（1976:43）。さらに文化人類学者もまた、同様な表象の修辞法を内在化していた。山下晋司はインドネシアの現地調査を振り返り、「写真を撮る場合はカメラのファインダーから観光客を注意深く除いた」過去を旧懐する（山下 2004:59）。その反省に立って彼は、観光事象を主題化するわけだが、「観光」が主題化されることで再び隠蔽される自己と他者との複雑な位相があることも忘れてはならないだろう。

7　実際、祭りや年中行事にはよくみられることだが、この時、ビールを飲んでいた姿が写っているのは、全員高校生であることは想像に難くない。

8　これは、インターネットというメディアの特質によるところが大きい。インターネットは、情報の双方向的なやりとりができるうえ、個々人による全国からのアクセスが可能である。これまで表象される側であった人々によって作成されたメッセージが、日本全国の人々に向けて発信され始めているといえるだろう。このことは、斯波さんが「『皆月』に興味を持つ人すべてに楽しんでもらえる」ようにホームページを更新したと記したことにより明確となる。ただし、メディアの双方向性が孕む陥穽については、すでに多くの研究者が注意を促している。

文献

川村清志　1996「『ふるさとの伝承』にみる表象の限界――映像化された「伝承」と映像化されない「現実」」『比較日本文化研究』三、六六―九二頁

――――2001「映像メディアにおける「民俗」の表象とその受容――石川県鳳至郡門前町七浦地区を中心として」『国立歴史民俗博物館研究報告九一、六七三―六九一頁

――――2003「フォークロリズムとメディア表象――石川県門前町皆

月の山王祭り事例として」『日本民俗学』一三六、一五五―一七二頁
ギアツ、C 1987(1973)『文化の解釈学I・II』吉田禎悟・柳川啓一・中牧弘允・板橋作美 訳、岩波書店。
新谷尚紀（編著）1999『民俗学がわかる事典――読む・知る・愉しむ』日本実業出版社
萩原秀三郎 1976『日本の祭り撮影ガイド』朝日ソノラマ
福島真人 1995「序文――身体を社会的に構築する」『身体の構築学』福島真人編、一―六六頁、ひつじ書房
ブルデュー、P 1988『実践感覚』1今村仁司・港道隆 訳、みすず書房
宮田登（監修）1997『ふるさとの伝承解説編』示人社
モース、E 1976『社会学と人類学II』有地亨・山口俊夫 訳、弘文堂
山下晋司 2004「写真を撮ること／撮られることを越えて――写真と観光と人類学」『木野評論』三五、五六―六一頁
和崎春日 1996『大文字の都市人類学的研究――左大文字を中心として』刀水書房

ハワイのオキナワン・コミュニティと電子メディア

原　知章

はじめに

メディアは、単に人びとに情報を伝えるだけでなく、人びとの間の多様なつながりをマテリアルかつ想像的な次元で媒介している。私たちはテレビを眺めて、番組に登場する人びとの呼びかけに応じたり、その番組について見知らぬ人びとと電子掲示板で語り合ったり、その番組を観ているであろう「視聴者」を漠然と想像したりする。本章では、このように人びとの間の多様なつながりを媒介するメディアの側面に注目して、ハワイにおけるオキナワン（＝沖縄系の人びと）・コミュニティが、電話、ラジオ、テレビ、インターネットという電子メディアとどのように関わってきたのかを鳥瞰的に把握することを試みる。つまり本章では、本書の他の章とは異なり、テレビやインターネットといった電子メディアに個別的に焦点を当てるのではなく、電子メディアの多重化の過程に注目する。その際、オキナワン・コミュニティの形成と変容の過程をたどりながら、その叙述のなかに電子メディアに関わるエピソードを挿入していくことにしたい。それはひとえに本章で取り上げる主題の大きさによるものであるが、より積極的には、オキナワン・コミュニティの歴史的展開の過程の全体に目配りすることによって、電子メディアの多重化の過程が埋め込まれた、あるいはそれに先行する歴史社会的文脈を浮き彫りにすることができると考えられたからだ。

近年のメディア研究は、単にメディアが社会に一方的にインパクトをもたらしたというのではなく、メディアがどのような歴史社会的文脈のなかでどのように人びとに受容され、用いられてきたのかを問うことの重要性を論じてきた（安川・杉山 1999）。そして人類学においても、同様の視座から人びとのメディアを用いた実践を捉えようとする研究が現われている。たとえばミラーとスレーターは、従来の親族研究の延長上で、インターネットがトリニダード島の人びとの家族関係・親族関係をどのように媒介しているかを問い、「オフライン」の世界と「オンライン」の世界が相互に深く浸透していることを説得的に論じている（Miller and Slater 2000: 55-83）。このようなオフラインとオンラインの相互浸透は、ひとりインターネットを媒介とした社会的世界にかぎられたことではないだろう。本章は、インターネット以外に電話、ラジオ、テレビという電子メディアも視野にふくめて、オキナワン・コミュニティの形成と変容の過程におけるオフラインとオンライン（そしてオフエアとオンエア）の相互浸透をエスノグラフィックに追究していくための予備的な考察として位置づけられるものである。

問題の所在を明らかにするために、オキナワン・コミュニティという場合の「コミュニティ」をどのように捉えることができるのかという問いについて考えることからはじめたい。ここで参考になるのが、ウエウンテンによるオキナワン・コミュニティに関する議論である（Ueunten 1989）。ウエウンテンは、ハワイにおけるオキナワン・アイデンティティの持続を分析するにあたって、①沖縄出身者とその子孫にあたる人びとすべてを含む集合体としてのオキナワン・コミュニティと、②沖縄文化に対して積極的な関心をいだき、オキナワンとしてのアイデンティティを呈示する一部の人びとによって構成されるオキナワン・コミュニティを区別した。前者を「広義のオキナワン・コミュニティ」、後者を「狭義のオキナワン・コミュニティ」と呼ぶならば、本章で注目するのは、後者の狭義のオキナワン・コミュニティのほうである。[1]

ところで、ウエウンテンが広義のオキナワン・コミュニティと狭義のオキナワン・コミュニティを区別していることから推察できるように、ハワイにおけるオキナワン――沖縄出身者とその子孫にあたる人びと――は、誰もがつねにオキナワンとしてのアイデンティティを強調しているというわけではない。[2]そもそも、一口に「ハワイにおけるオキナワン」といっても、そこには二〇世紀初頭にサトウキビプランテーション（以下、プランテーションと表記）で働くために沖縄からハワイに渡った人から、近年、沖縄からハワイに移住したという人まで実に多様な人びとがふくまれる。

本章では、特に二〇世紀初頭にプランテーション労働者として沖縄からハワイに渡った人びととその子孫にあたる人びと、そのなかでもとりわけオアフ島のホノルルとその近郊という大都市圏で暮らす――あるいはホノルルとその近郊へ移住した――人びとに焦点を当てていくが、これらの人びとに限ってみても、そのすべてが狭義のオキナワン・コミュニティのメンバーであるわけではないという点に変わりはない。沖縄系の三世と四世にあたるホノルル在住の筆者の友人たちは、「自分たちと同じ世代（三〇～四〇代）のオキナワンのなかで沖縄の文化に関心をもったり、オキナワンとしてのアイデンティティを積極的に主張したりする人は少数派だ」と口をそろえて語る。また、狭義のオキナワン・コミュニティのメンバーにおいても、そのアイデンティティの構成と呈示は重層的かつ状況的であり、オキナワンとしてのアイデンティティの強調の程度には状況や個人によって差異があるといってよい[3]（Kaneshiro 2002; Ueunten 1989）。

議論をもとにもどそう。コミュニティという概念にはしばしば「特定の地域における集住」という含意がつきまとう。しかし、「狭義のオキナワン・コミュニティ」（以下、単にオキナワン・コミュニティと表記）のメンバーは、特定の地域に集住して共同生活を送っているわけではない。換言すれば、オキナワン・コミュニティとは、いわば「地図にないコミュニティ」なのであり、空間的には分散しているメンバーの実践や参加によって紡がれる社会的ネットワーク（以下、ネットワークと表記）の集積――そしてこのネットワークの集積を基盤として想像されるコミュニティ――として捉えることができる。このネットワークを構成する「点」は、個人、もしくは個人が参加・利用する団体や機関であり、複数の点を結ぶ「線」は社会関係である（Fischer et al. 1977）。このように、オキナワン・コミュニティをネットワークとして捉えるならば、電子メディアは、ネットワークを構成する複数の「点」を結ぶ「線」を生成、維持、変形する媒介のひとつとして位置づけることができる。それでは、電話、ラジオ、テレビ、インターネットといった電子メディアの多重化の過程はオキナワン・コミュニティの展開の過程とどのように関わってきたのだろうか。次節では、この問いを念頭におきながらオキナワン・コミュニティの形成と変容の過程を概観する。

オキナワン・コミュニティの形成と変容――一九〇〇～二〇〇五

シマからプランテーションへ

一九世紀後半、ハワイの砂糖産業は「流星のように急速な成功」を収めつつあった（タカキ 1986: 31）。他方で、一九世紀半ばまでプランテーションにおける主要な労働力となってきた先住ハワイ人の人口は、白人によって欧米から持ち込まれた伝染病などのために激減していた。これら二つの要因から、プランテーションの労働力不足という問題に直面したプランテーション経営者は、この問題を解決するために、海外からの労働者の大規模かつ計画的な導入をすすめた。そしてその結果、ハワイ社会は、一九世紀後半から二〇世紀初頭にかけて、中国大陸、ポルトガル、日本、朝鮮半島、フィリピン、プエルトリコなど、多くの国・地域からプランテーション労働者を受け入れ、急速に多民族化していった[4]。

沖縄からハワイへの移民が開始されたのは一九〇〇年であったが、それは日本本土からハワイへの組織的移民が始まってから一五年後のことであった。一九〇〇年当時、ハワイにはすでに六万人を越える日本本土＝「内地」系の人びとが在住しており、ハワイの全人口の四割以上を占めていた。[5] 一方、沖縄からの最初の移民はわずか二六名に過ぎなかったが、その後、移民数は爆発的に増加した。[6] いわゆる「排日移民法」が施行され、日本からハワイおよび米国本土への入国が禁止された一九二四年の時点におけるハワイ在住の沖縄出身者とその子どもたちの数は一万六〇〇〇人を超えた。わずか二四年の間にオキナワンは、ハワイ在住の日系人のなかで、広島系、山口系、熊本系についで四番目に人口が多いグループへと成長したのである（Kimura 2001: 16）。

当時、沖縄からハワイに渡った人びとの大半は村落部の出身者であった。当時の沖縄の村落＝「シマ」（現在の地域区分の「字」におおむね相当する）は、一般的に、一〇〇～二〇〇戸程度からなる閉鎖的、自己完結的、孤立的な生活圏を形成していた。通婚の範囲もシマの内部にほぼ限られており、シマの間の交流はきわめて限定的であった。タカキは、世界各地からハワイにやってきた移民の多くは「それまで村の境界をこえたことさえなかった」と述べているが（タカキ 1986: 43）、同様のことは大多数の沖縄からの移民についても当てはまることであった。

シマからハワイに渡った人びとは、総じて母村との密接な関係を保った。彼らは、多額の仕送りやハワイに関する情報を母村に送り、母村からの後続移民をさまざまな形でサポートした。一九〇八年の「日米紳士協定」により、日本から米国への移民が自主規制され、すでにハワイに暮らしている移民の家族の呼び寄せのみが許されるようになると、「写真」という新しいメディアを媒介として、今度は母村からハワイにむけて多くの「写真花嫁」が送り出された。沖縄のシマはたしかに「閉鎖的、自己完結的、孤立的」であったが、それと同時に、シマからハワイやブラジルに渡った人びととの間にトランスナショナルなネットワークを形成していたのである。また、ハワイのプランテーションにやってきた人びとの間では、母村との間のトランスナショナルなネットワークとは別に、母村で暮らしていたころにはきわめて限定的であった隣接するシマの出身者の間のネットワーク、さらにはシマや市町村を超える次元における沖縄出身者の間のネットワークもしだいに形成されていった。[7]

こうした沖縄出身者の間のネットワークの形成は、プランテーションにおける沖縄出身者と内地出身者の関係と密接に関わっていた。ハワイのプランテーションは、沖縄出身者と内地出身者が直接的に、そして大規模に接触した最初の場となったが、そこで沖縄出身者たちが直面したのは、内地出身者からの過酷な偏見と差別であった。ハワイに在住していた内地出身者の多くは、沖縄出身者の言語、食、よそおい、身体的特徴などを有徴化し、沖縄出身者を彼らと同じ「日本人」とはみなさなかったのだ。当時のハワイに在住していた内地出身者の多くにとって、沖縄は、日本の一部として組み込まれたとはいえ、中国の影響が色濃い、海のかなたの「異域」としてイメージされていたと考えられる。しかも彼らにとって、沖縄出身者は、直接接したことがないイメージのなかの存在でしかなかった。このような沖縄／沖縄出身者に対するイメージを基盤としつつ、「新入り」の移民でもある沖縄出身者に対する抑圧の移譲――当時、プランテーションにおいて日本人労働者は最低の待遇を受けていた――が作動した結果が、内地出身者の沖縄出身者に対する偏見や差別として顕現したのである。

内地出身者からの偏見や差別に対して、沖縄出身者は一方では内地出身者によって有徴化された「沖縄性」を払拭し、さらには内地出身者よりも自分たちのほうが優秀であることを示そうとすると同時に、他方では、いわば「安息所」(Fantasia and Hirsch 1995) としての沖縄出身者の間のインフォーマルなネットワークを形成して、「沖縄性」を発露することができる場を確保していた。こうしたインフォーマルなネットワークに加えて、沖縄出身者の相互扶助を目的としたフォーマルな団体も結成された。一九一〇年代には、各地のプランテーションで沖縄出身者の相互扶助を目的として「沖縄県人会」が組織されていき、それと同時に、沖縄出身の知識人・リーダー層を中心としたグループによって、新聞・雑誌の発行や沖縄出身者の「啓蒙・啓発」を目的とした活動が進められていった (湧川 2000: 97)。

プランテーションからホノルルへ

当初はほとんどがプランテーション労働者としてハワイにやってきた沖縄の人びとは、一九二〇年代以降、オアフ島のプランテーションにおける大ストライキ、第一次世界大戦後の不況や物価の高騰などを背景として、新たな経済的チャンスを求めてしだいにプランテーションを離脱し、その多くがホノルルへと移住した。一八二〇年ごろには、三〇〇〇人ほどの人口をかかえる村落にすぎず、伝染病が蔓延していたために「太平洋の下水だめ」とよばれることもあったホノルルは、一九世紀後半から二〇世紀初頭にかけて、ハワイの内外を行き交う人、モノ、情報などのフローが幾重にも重なる結節点として成長をとげ、一九二〇年ごろには、その人口も八万人を超える程度にふくらんでいた (久武 1999; Bushnell 1993)。

各地のプランテーション・キャンプにおける集住生活を離れてホノルルへ移住する人びとが出てきたことによって、沖縄出身者のネットワークは広域化した。そして、ホノルルにおいて都市的環境に直面した人びとによって、一九二〇年代から一九三〇年代にかけて、シマや市町村単位の同郷団体 (locality club) が次々と結成された。これらの同郷団体は、メンバー間の親睦や交流、就職の斡旋、資金の調達、あるいは病気・怪我・死などのライフ・クライシスに直面した際の相互扶助を目的としていた。

一九三〇年代になると、プランテーションを離脱してホノルルへ移住する動きが加速し、畜産業や外食産業などの分野において、沖縄出身者の活躍がしだいに目立つようになった (浅井 2001)。また、相互に関連する事業をはじめた人びとの間では、ビジネス上のネットワーク――たとえば、養豚業者とレストラン業者の間でのネットワーク――も形成されていった。このような沖縄出身者の起業において重要な役割を果たしたのは、プランテーションでの経験と、同郷出身者間のネットワークであった（Atta and Atta 1981: 190）。多くの沖縄出身者は、プランテーション時代に、副業として養豚、理髪業、豆腐の製造・販売などの「スモール・ビジネス」を行なっていた。アッタらによれば、プランテーションにはスモール・ビジネスに適した環境――小規模かつ稠密な市場、特定のニーズをもつ均質な顧客――が整っており、沖縄出身者は、こうした環境におけるスモール・ビジネスの経験を基礎として新たな事業に着手したのだという。プランテーションは、いわば起業家育成のためのインキュベーターとなったのだ。起業家育成という点で同様に重要な役割を果たしたのが、同郷出身者間のネットワークであった。起業に必要な資金は模合（頼母子講）によって調達された。この資金を元手に、いち早くプランテーションを離脱して起業し、みずからの事業を軌道に乗せることができた人びとは、後続の同郷出身者に対して、起業するためのインセンティヴやサポートを提供した。

太平洋戦争とその影響

一九四一年に勃発した太平洋戦争は、オキナワンに多大な影響を与えた。沖縄系の団体は解散を余儀なくされ、母村との間のモノ、カネ、情報のフローも断ち切られた。二世の若者たちは米軍兵士として戦場で戦い、多くの死傷者を出した。戦争はまた、一部のオキナワンに思わぬ経済的利潤をもたらすことになった。戦時中のハワイでは、軍人・軍属の急増により食料増産が急務となり、多くのオキナワンが携わっていた食料の生産や販売に関わる事業が急成長をとげたのである。しかも、戦争によって母村への送金が不可能になったために、「戦時景気」によって得られた経済的利潤は貯蓄や投資へとまわされることになった。

太平洋戦争最後の激戦地となったのは、いうまでもなく沖縄であった。ハワイにおいても連日のように沖縄戦の戦況が新聞やラジオを通じて人びとに伝えられた。沖縄戦の報道は、一部のオキナワンにとっては、偏見や差別のニュアンスから離れて「沖縄」が繰り返し語られたという点で、それ自体が大きな意味をもつ出来事であった。ある二世の男性は、ラジオのアナウンサーが沖縄について「客観的に」、あるいは「尊敬した口調」で語るのを連日耳にするうちに、みずからが「沖縄〔オキナワン〕であることにも確固たる自信をもつように」なり、さらには「もう何の不快感もなく『沖縄』『沖縄人』と人前で言うことができるようになっていた」と語っている（Ige 1981: 159）。

沖縄戦によって沖縄が焦土と化したというニュースがハワイにもたらされると、同郷団体や琉球芸能の同好会的団体（以下、芸能団体と表記）が沖縄救済のための活動を展開し、また、沖縄救済を目的とした独自の団体も次々に結成された。この沖縄救済運動の経験を経て、一九五一年には、今日、「ハワイ沖縄連合会（Hawaii United Okinawa Association, HUOA）」とよばれるオキナワンの統一団体が設立された。[8] 一九五二年、沖縄が日本本土から切り離されて米軍の施政下におかれると、HUOAは、米国政府と、沖縄におけるその出先機関である琉球列島米国民政府からハワイのオキナワンを代表する団体として位置づけられ、「琉布親善プログラム」（一九五九〜一九七二年）への全面的協力などを通じて、沖縄と米国／ハワイの「架け橋」としての役割を担うようになっていった。こうしたプログラムをすすめるにあたっては、米軍兵士としての従軍経験をもち、米軍とのパイプをもつ二世が大きな役割を果たした。そしてこのころから、オキナワン・コミュニティにおけるリーダーシップは、一世から二世へと次第に移行していった。一九六三年には、各界で活躍する沖縄系二世へのインタビューによって構成される『二世の横顔』という長期シリーズのラジオ番組が放送され、オキナワン・コミュニティの内部において大きな反響を呼んだが、この番組は、ある意味ではオキナワン・コミュニティにおける世代交代の進行を象徴していたといえる。

　戦後になって活動を再開した同郷団体は、一方で沖縄救済運動を進めると同時に、他方では、親睦や交流を深める社交団体としての性格を強めて、その活動はむしろ戦前よりも活発化した。こうした同郷団体の活動の活発化には、戦後、オキナワンの間で電話と自動車が普及したことが大きく関係していると思われる。[9] たとえば、ある同郷団体では、戦前はメンバーが少なかったものの、戦後、電話と自動車を所有する家庭が増えるにつれてメンバーが増えていったという。沖縄系の家庭の多くが「電話をもつようになるにつれてメンバー間のコミュニケーションは容易になり、自家用車を所有することによってカピオラニ公園でのサマー・ピクニックへの参加も容易に」なったのである（Okinawan Centennial Celebration Issei Commemorative Booklet Committee 2000: 81）。

「沖縄文化」の開花

　リーブラは、一九五〇年から一九七〇年までの二〇年間をハワイにおける「沖縄文化の開花期」と位置づけている[10]（Lebra 1980: 125）。今日もなお継続しているようにみえるこの「沖縄文化の開花」において中心的な位置を占めてきたのは、古典音楽、民謡、舞踊などの琉球芸能である。沖縄救済運動の一環として、寄付金を集めることを目的とした琉球芸能のイベントがたびたび開催される過程で、「その副産物とでもいうか、それまで沖縄人だけの芸術であった琉球芸能が他人種間にも愛される」ようになり（比嘉太郎 1974: 279-280）、早くも一九四七年には、「今や沖縄の音楽と舞踊はハワイアンミュージック及びフラダンスと共にホノルル否ハワイの名物となった」と評されるまでになっていた（比嘉 1994: 46）。

すでに戦前からハワイには琉球芸能の同好会的団体が存在し、琉球芸能の大規模なイベントが開催されたりすることもあったものの、戦後になると、右に述べたような状況をひとつの背景としつつ、ホノルルを中心に芸能団体が叢生していった。一九五四年ごろ、ホノルルには一五の芸能団体が活動していた（比嘉 1978: 19）。同じ時期の、ホノルル以外の地域における芸能団体の数が二つにすぎなかったのに対して、ホノルルにおいて一五もの芸能団体が活動していたのは、これらの団体の活動を支えるだけの人口がホノルルに集中し、「臨界量」に達していたからとみることができるだろう。[11] 沖縄文化は、ハワイのなかでも、とりわけホノルルにおいて「開花」したのである。

ホノルルを中心としたハワイにおける琉球芸能の発展には、ハワイと沖縄の間の人、モノ、情報などのフローも密接に関わっていた。戦後まもなくに、「琉球音楽界の巨星」と呼ばれるような人びとがハワイを訪れて指導にあたったことや、沖縄の劇団がハワイで公演を行なったことなどから、「琉球音楽界復興の気運が一段と促進」されたのであり（比嘉 1978: 19）、こうしたハワイと沖縄の間の人、モノ、情報のフローの蓄積から、やがて、海を越えてハワイと沖縄をつなぐ芸能団体のネットワークが築かれていった。

また、戦後になると、琉球芸能や沖縄関連のニュースなどを中心的にとりあげるラジオの定時番組が次々に現われ、「沖縄語放送協会が設立されるのではないか」という噂が流れるほどになった（親川 1974: 280）。オキナワンが経営する企業や店舗がこれらの番組のスポンサーとなった。なかには私費を投じて沖縄のラジオ局で放送されている琉球芸能関連の番組をハワイに取り寄せ、「ラジオおじさん」と呼ばれる人もいた（比嘉 1978: 111-112）。さらに一九五二年からテレビ放送が始まると、テレビ番組にも琉球芸能が登場するようになり、一九六二年ごろには「最近は外人の舞踊が〔テレビに〕続々登場、『沖縄ブーム』を巻き起こ」すほどになった（比嘉 1978: 158）。それからおよそ一〇年後の一九七三年ごろも、ハワイでは「日夜、まるで沖縄にでもいるかのような錯覚をおこすほど『琉球音楽』が、ラジオやテレビから流れて」いたという（大田 1980: 177）。こうしたラジオとテレビの放送に、各種のイベントや学校教育などの機会も加わって、戦後、ハワイにおける琉球芸能の認知度は飛躍的に高まり、非沖縄系の人びとのなかからも、単に琉球芸能に関心をもつだけでなく、みずから琉球芸能を習う人びとがしだいに現われるようになった。

沖縄施政権返還以後

一九七二年、沖縄の施政権は日本に返還された。比嘉正範によれば、沖縄の施政権返還は、ハワイのオキナワンにとって、オキナワンが他の内地系人と同じ日系人であるということを確認すると同時に、オキナワンと内地系人の間の過去の不幸な関係を清算し、両者の和解を図るシンボリックな機会になったという点で大きな意義をもっていた（比嘉正範 1974; 山下 2001）。沖縄の施政権返還を記念して、ハワイのテレビ・ラジオの日本語放送局では、特別番組を一週間以上も編成したが、このときには、放送局側が、「この調子だったら沖縄にあと何度か復帰して欲しい、と嬉しい悲鳴をあげ」るほど、多くのスポンサーが集まったという（比嘉正範 1974: 58）。そして、この沖縄の施政権返還の前後より、HUOAをはじめとする沖縄系団体の活動の焦点は、沖縄復興の支援や沖縄と米国／ハワイの「架け橋」となる活動から、ハワイにおけるオキナワンの歴史と文化を、若い世代へと継承し、また、ハワイ社会の非沖縄系の人びとと広く共有するための活動へとしだいに移っていった。

たとえば一九七一年からは、HUOAとフイ・オ・ラウリマ（沖縄系二世の女性を中心に結成された「婦人会」的団体）の共催により、沖縄文化祭（Okinawan Cultural Jubilee）というイベントが開催されるようになり、このイベントはやがてオキナワン・フェスティバルへと発展していった。[12] 一九八一年には、HUOAは、その創立三〇周年と沖縄移民来布八〇周年を記念して、ハワイ大学の「エスニック・スタディーズ・オーラル・ヒストリー・プロジェクト」の協力を得てハワイのオキナワンに関する論文、エッセー、一世のライフヒストリーなどを収めた『ウチナーンチュ――ハワイにおけるオキナワンの歴史』という大部の書籍を刊行した（Ethnic Studies Oral History Project, United Okinawan Association of Hawaii 1981）。一九九〇年には、HUOAの活動の拠点となる施設としてハワイ沖縄センターが竣工した。また、同年、世界各地のオキナワンが一堂に会する「世界のウチナーンチュ大会」という大イベントが沖縄で開催され、ハワイからも多くのオキナワンがこの大会に参加した。「世界のウチナーンチュ大会」はその後、これまでに一九九五年、二〇〇一年の三回にわたって開催された。そして、この三回にわたる「世界のウチナーンチュ大会」の蓄積をふまえて、二〇〇三年には、HUOAと世界ウチナーンチュ・ビジネス・アソシエーション（Worldwide Uchinanchu Business Association, WUB）ハワイ支部（後述）の共催により、ハワイで「世界のウチナーンチュ会議」が開かれている。

オキナワン・コミュニティにおけるパブリック・アクセスとインターネットの活用

『ハワイ・オキナワ・トゥデイ』（HOT）

こうした近年のHUOAの活動のなかで、電子メディアとの関連でとくに注目されるのが、『ハワイ・オキナワ・トゥデイ』（Hawaii Okinawa Today, 以下、HOTと表記する）というテレビ番組の制作である。ハワイにおけるオキナワンの歴史と文化を映像記録として残すことを目的として一九九六年にスタートしたプロジェクトが、その後、オアフ島をカバーするオレロ（'Olelo）というパブリック・アクセス放送局のチャンネル[13]における

ＨＯＴという定時テレビ番組へと発展したのである（原 2003）。二〇〇五年四月現在、ＨＯＴは、オアフ全島をカバーするチャンネルで、毎週月曜日夜七時からの一時間枠で放送されており、オキナワン・フェスティバルとならんで、ハワイにおけるオキナワンの歴史・文化を広く紹介する機会となっている（白水 2004: 304-324）。放送開始当初からＨＯＴの制作に関わってきた三世の男性によれば、六〇分の番組を一本つくるには八〇時間以上かかるという。このように多くの時間と労力を必要とするＨＯＴの制作作業は、基本的にすべてボランティアによって行なわれている。オレロのチャンネルにおいて定時番組の枠を維持するためには、一ヶ月に一回は新しい内容の番組を放送しなければならない。そのためには、多くの時間と労力が必要であり、短命で終わる番組も少なくない。そうしたなかで六年間以上も放送を継続しているＨＯＴの場合は、番組の内容もさることながら、番組の継続それ自体がオキナワン・コミュニティの活力の表現になっているといえよう。

それでは、視聴者の側ではＨＯＴをどのように受けとめているのだろうか。現在、ＨＯＴの制作において中心的な役割を果たしている別の三世の男性によれば、「ポジティヴな反響もネガティヴな反響も両方ある」という。彼が語ってくれた「ネガティヴな反響」は技術的な次元に関することであったが、なかには、オキナワン・コミュニティのありかたそのものを問い直すような声もある。たとえば、ある二世の男性は、「ＨＯＴは文化的な話題ばかりを取りあげて、沖縄の基地問題などシリアスな話題を取りあげない」と筆者に語った。彼のコメントは、ＨＯＴだけではなく、現在のオキナワン・コミュニティの活動のありかたにも向けられている。沖縄で暮らした経験をもつ彼は語る。「ハワイのオキナワンのなかには、先住ハワイアンの文化復興（ルネッサンス）とハワイにおける沖縄文化の復興、あるいはハワイアン・スピリットとオキナワン・スピリットをだぶらせて見ている人たちがいる。でも、彼らは先住ハワイアンも沖縄の人たちもともに、軍隊によって土地を奪われた人たちであるということには目を向けようとしないんだ」[14]。ドイツ系の父親をもち、ロサンジェルスで生まれ育った「非典型的」な二世である彼は、「ハワイのオキナワン・コミュニティでは自分はアウトサイダーだと感じることがある」という。この点に関しては、米軍軍人の妻として沖縄からハワイにやってきた女性からも別の場面で同様の意見を聞くことができた。

集合的記憶の問い直し

彼らが感じる疎外感を生み出す一因となっているのは、ＨＯＴやオキナワン・フェスティバルなどを通して語られるハワイのオキナワン・コミュニティの集合的記憶である。プランテーションにおいて何重ものマイノリティとして偏見と差別にさらされた経験、畜産業や外食産業などの分野における経済的成功と社会的上昇、沖縄救済運動の展開とその後のＨＵＯＡの設立、そして「沖縄文化」の開花……。「いまや一世の大半がこの世を去り、四世や五世が増えてきている。三世と四世の間には大きな世代間のギャップがある。三世までは一世と直接接した経験をもっているけれど、四世以降の若い世代はそうした経験をもっていないんだ。だからこそ、二世や三世は、四世以降の若い世代に、一世や二世が苦労して築きあげてきたオキナワンの歴史と文化を伝えていかなければならないんだ」と、オキナワン・コミュニティの中核的メンバーである三世の男性は語る。しかし、先のロサンジェルス出身の男性や米軍軍人の妻としてハワイにやってきた女性は、HOTやオキナワン・フェスティバルで「私たちの歴史」として語られる――そして、本章でも語られてきた――こうした集合的記憶を共有することができず、ここで語られる「私たち」の範疇に自分は含まれていない、と感じることがあるというのだ。

実は、こうした集合的記憶、あるいは集合的記憶の主体となる「私たち」の範疇の問い直しは、オキナワン・コミュニティの内部ですでにはじまっている。チネンは、沖縄移民来布一〇〇周年を記念したブックレットのなかで、「異邦の地であるハワイで苦労を重ねた一世、主流社会との橋渡し役となった二世、文化的ルーツを探求する三世」といった従来の「世代発展モデル（the generational-development model）」では、オキナワン・コミュニティの過去と現在の多様性と複雑さを捉えることができず、このモデルに依拠することによって重要な問題がむしろ覆い隠されてしまうこともある、と主張する（Chinen 2000: 64）。チネンは、第二次大戦後に沖縄からハワイにやってきた人びとの存在や、今日もなおマージナルな社会的・経済的地位にとどまっているオキナワンの存在などに注意を促すと同時に、インターマリッジ（いわゆる「異人種・異民族間結婚」）が日常化しているハワイでは、もはや「出自にもとづいてウチナーンチュを定義することはますます無意味になっており、スピリットという観点からウチナーンチュを語るほうがより生産的だ」と論じるのである（Chinen 2000: 68）。チネンはまた、オキナワンが全般的に社会的上昇をとげたのだとしても、その歴史は、先住ハワイアンの人びとが多くのものを奪われ、失っていく過程と相即不離の関係にあったのではないか、そうであるならば、オキナワン・コミュニティは、先住ハワイアンとの間に今後どのような関係を築いていくことができるのか、とも問うている（Chinen 2000: 67）。

ウェブ上のオキナワン・コミュニティの出現

このようなオキナワン・コミュニティのありかたに対する問い直しは、これまでにも提出されており、実際にこうした問い直しがオキナワン・コミュニティのありかたを変える契機となってきた。たとえば、一九九〇年には、HUOAの内部から「オキナワン・コミュニティは男性中心的だ。これまで女性がHUOAの会長に選出されたことはない」という批判の声があがり、そのことを契機として、以後、女性がＨＵＯＡの会長に選出されるようになった（Chinen 2000: 67-68）。また、ＨＵＯＡ設立五〇周年にあたる二〇〇一年には、ＨＵＯＡが今後も活力を保っていくための組織改革の一環として「戦略イニシアチヴ」が策定されたが、この「戦略イニシアチヴ」をまとめる過程で、リーダーたちの間では、以下のような問いかけがなされたという。「私たちは何者なのか、どこから来たのか、今どこにいるのか、そしてどこへ向かおうとしているのか」。このような反省的な問いかけのもとでオキナワン・コミュニティのありかたを見直し、将来を展望する現代のオキナワン・コミュニティのリーダーたちの姿勢それ自体もまた、オキナワン・コミュニティの活力の源泉のひとつとして捉えることができるだろう。

さらに、最近では、ＨＵＯＡや同郷団体のような既存の団体を離れたネットワーキングの動きが現われている点が注目される。たとえば、世界ウチナーンチュ・ビジネス・アソシエーション（ＷＵＢ）ハワイ支部は、これまでオキナワン・コミュニティの結節点となってきた諸団体と密接な関係を保ちつつも、これらの団体から独立した形をとっている。ＷＵＢは、世界各国のオキナワンのネットワークをビジネス面で活用とすることを目的として、一九九七年に設立された。ＷＵＢハワイ支部は、世界各地のＷＵＢの支部とのネットワークを有しており、オキナワン・コミュニティにおける影響力を強めつつある。[15]

他方では、よりパーソナルな次元での、草の根的なネットワーク構築の模索がはじまっている。先に登場したロサンジェルス出身の男性は、ハワイアンと沖縄の人びととの歴史的経験の共通性を基盤として、ハワイと沖縄を結ぶ平和運動のネットワークを築く活動に取り組んでいる。二〇〇〇年には、ウェブ上の出会いをきっかけとして、彼の呼びかけで沖縄・名護市の市民団体の人びとがハワイを訪れ、軍用地利用の現状などを視察し、ハワイで平和運動に携わる人びとと交流している。また、三世のある女性は、「ウェブ上初のウチナーンチュ・コミュニティ」を形成しようと試みている。[16] 彼女を中心として、オキナワンであるかどうかを問わず、多くの人びとの協働によって沖縄に関する情報をウェブ上で発信するプロジェクトもスタートしており、こうした試みに共振する人びとがハワイの内外に現われつつある。[17]

おわりに

従来、ハワイにおけるオキナワン・コミュニティの歴史は、おもに内地系人による偏見・差別や、沖縄救済運動との関係という観点から語られることが多かった。本章では、これらの観点に加えて、オキナワン・コミュニティが多重化する電子メディアとどのように関わってきたのかという問いを念頭におきながら、その形成と変容の過程をたどってきた。駆け足ではあったが、以上の概観からも、電話、ラジオ、テレビといった電子メディアが、とりわけ戦後のオキナワン・コミュニティのありように大きく関わってきたことをうかがい知ることができるだろう。

たとえば戦後になると、むしろ戦前よりも（少なくとも一部の）同郷団体の規模が拡大し、活動が活発化していった要因のひとつとして、電話の普及をあげることができるように思われる。また、戦後のハワイ社会において琉球芸能がポピュラーになっていく過程でラジオとテレビが果たした役割も大きかったと考えられる。電話が、オキナワワン・コミュニティの内部におけるコミュニケーションを活発にしたメディアであったならば、ラジオとテレビは、オキナワワン・コミュニティの外部に、琉球芸能に関心をもち、琉球芸能を習おうとする非沖縄系の人びとを——おそらく思いがけずに——生み出し、これらの人びとをオキナワワン・コミュニティへと引き込んでいく大きな契機をつくったメディアであった。ラジオとテレビはまた、これらの人びとが視聴者として琉球芸能を鑑賞するだけでなく、ときには琉球芸能の新たな担い手としてみずからの演奏や舞踊を披露する場にもなった。非沖縄系でありながら、琉球芸能に関心をもち、琉球芸能を習おうとする人びと——こうした人びとは「オキナワンの心をもった人」（Okinawan-at-heart）と呼ばれる——の出現は、「狭義のオキナワン・コミュニティ」のネットワークの広がりが、「広義のオキナワン・コミュニティ」の範囲を越えたことを意味するといえよう。[18] そして最近では、オキナワン・コミュニティの中核に位置するＨＵＯＡが、パブリック・アクセスを利用してＨＯＴというテレビ番組を制作するようになった。ＨＯＴは、一九七〇年代以降、ＨＵＯＡが力を注いできたハワイにおける沖縄文化の継承と共有を目的とした活動の延長上に位置づけることができ、その放映の持続自体がオキナワン・コミュニティの活力の表現となっている。

しかし他方では、オキナワン・コミュニティの内部から、ＨＯＴやオキナワン・フェスティバルに代表される従来のオキナワン・コミュニティの活動やありかたを問い直す声や、これまでのオキナワン・コミュニティの結節点となってきた既存の団体を離れた草の根的なネットワーク構築の動きも出てきている。こうした草の根的なネットワーク構築の射程はハワイ内部にとどまるものではなく、実際にハワイ以外の地域にも、彼／彼女らの試みに共振する人びとが現われつつある。二〇〇一年に沖縄で開催された「第三回世界のウチナーンチュ大会」では、大会に参加した学生たちの間から、既存の団体や血縁・地縁にはこだわらずに、沖縄をキーワードにした問題関心を共有する人びとの間で「ウチナー・ネットワーク」を築いていくべきだとの提案が出されたが、こうした取り組みは、ある意味ではすでにハワイを基点として始まっているといえる。そして、この「ウチナー・ネットワーク」の提案にも織り込まれていたように、このようなネットワーク構築の取り組みにおいてインターネットが大きな役割を果たしつつある。というよりはむしろ、インターネットの登場と普及が、こうしたネットワーク構築の発想と実践を育む土壌となったのだといえるかもしれない。
いうまでもなく、オキナワン・コミュニティと電子メディアとの関わりは、以上に論じてきたような図式化におさまりきるものではない。たとえばインターネットは、草の根的なネットワーキングにおいてだけではなく、ＨＵＯＡをはじめとする既存の団体においても活発に利用されているし、パブリック・アクセスは、ロサンジェルス出身の男性を中心とした平和運動のネットワークによっても利用されている。オキナワン・コミュニティと電子メディアとの関わりをエスノグラフィックに追究し、両者の関わりをより立体的に捉えていくことが筆者の今後の課題である。

注

1　なお、ウエウンテン自身は、「広義のオキナワン・コミュニティ」を単に「オキナワン・コミュニティ」と呼び、「狭義のオキナワン・コミュニティ」を「オキナワン・エスニック・コミュニティ」と呼んでいる。

2　本章では、沖縄で生まれてハワイに移住した移民一世のみに言及する場合は「沖縄出身者」と表記し、移民一世からハワイで生まれた二世以降の世代の人びとまでに包括的に言及する場合は、「オキナワン」と表記することにしたい。

3　たとえば、狭義のオキナワン・コミュニティの中核的メンバーである七〇代の男性は、「私たちは基本的にはアメリカ人だ。たしかに私たちは、オキナワン・スピリットとして、『相互扶助、家族のつながり、調和』などを強調するけれど、私たちにも多分に〔アメリカの主流社会の特徴とされるような〕個人主義的、競争主義的という側面はあると思う」と語っている。

4　プランテーション経営者は、出身地によって労働者の居住区（キャンプ）を分け、仕事内容、賃金などの待遇に格差をもうける「分断統治」策をとった。そのねらいは、出身地が異なる労働者間の対抗意識を利用して生産効率を高めると同時に、労働者の広範な連帯を阻むことにあったが、別の角度からみれば、「分断統治」策は、人びとがプランテーション・キャンプにおいて、各々の出身の国・地域の言語や生活習慣などを保持することをも容易にした。そしてこのことが、後述するようなプランテーションにおけるスモール・ビジネスの展開に適した環境を用意し、さらにはハワイにおける「沖縄文化の開花」の基盤をつくることになったといえる。

5　以下、本章ではいわゆる「日本本土」出身者やその子孫にあたる人びとを「内地」系と表現する。本章で「内地」という語を採用する理由は、とりわけプランテーション時代に、「内地／内地人」という呼称が、「沖縄／沖縄人」に対置される自称／他称としてしばしば用いられていたことによる。

6　特に日露戦争後に沖縄からの移民が急増したが、その背景としては、①戦後不況による経済的困窮、②日露戦争を契機とした国土拡張論の高まり、③徴兵忌避、④ハワイからの多額の送金や、ハワイ移民経験者の成功や成功談の広がり、⑤以上を背景とした若者の間におけるハワイ移民ブーム、といった要因を挙げることができる（Kimura 1981: 57）。

7　当時は、知識人や宗教家が、こうしたネットワークの結節点として重要な役割を果たしていた。たとえば、布教目的でハワイに渡った初期の本派本願寺派の開教使は、プランテーション・キャンプ住民の間で起こった紛争の仲裁、彼らの貯金通帳や頼母子の帳簿の保管、母村への手紙の代筆などを行なっていたという（山里 1990: 45）。また、本章では詳述する余裕がないが、ホノルルの慈光園本願寺は、オキナワンにとってコミュニティ・センターとしての役割を長らく果たしてきた。

8　ＨＵＯＡの設立当初の名称はハワイ沖縄人連合会（United Okinawan Association of Hawaii, ＵＯＡ）であったが、一九九五年にＨＵＯＡに改称した。本章では、文章表記上の都合から、名称をＨＵＯＡで統一している。

9　特に電話の普及に関しては、一九五〇年代に「［ハワイにおける］他人種系家庭の平均人員数を三人とするならば戸数に対する電話の架設率は沖縄社会が寧ろ優位にある」と評されるほどになっていた（湧川 2000: 88-89）。

10　戦後のハワイにおける「沖縄文化の開花」の背景としては、①戦前の白人支配の基盤となってきた共和党にかわって、一九五〇年代半ば以降、支配的な勢力となった民主党が、マイノリティの権利拡大や多民族共存を掲げた政策を進めたこと、②琉球列島米国民政府が沖縄において伝統文化の保護・育成を掲げた政策を進めたこと、③一九六〇年代後半以降、米国本土における公民権運動やエスニック・リバイバルがハワイに波及したこと、といった要因を挙げることができる（岡野 2003）。

11　ここでいう「臨界量」とは、フィッシャーが都市度（＝人口の集中度）の効果としての下位文化の生成を論じるなかで提起した概念であり、「それがなければたんなる小集団にすぎなかったものが、活力ある、活動的な下位文化になるのに十分大きな［人］数」のことである（フィッシャー 1996: 56）。

12　オキナワン・フェスティバルは、毎年、レイバーデイ（九月の第一月曜日）の直前の週末二日間にわたってホノルル市内で開催されている。オキナワン・フェスティバルは一九八二年からはじまったが、その直接的契機となったのは、一九八〇年に、当時の沖縄県知事の招聘によって沖縄を訪れた三世の若者たちの「ハワイでも那覇まつりのようなフェスティバルを開催してはどうか」という発案であった（新垣 1998; Chinen 2002）。現在ではハワイ最大のエスニック・フェスティバルとなっている。会場を訪れる人びとの数は開催期間の二日間で五万人以上にのぼり、ボランティアの数は、フェスティバル当日だけでも五〇〇人以上になるという。

13　パブリック・アクセス・チャンネルとは、ケーブルテレビ局と自治体の契約によって市民に開放されたチャンネルであり、すべての市民が、みずからの発言・発表の場として利用することができるチャンネルである。その利用は、原則として無料、先着順、無差別（放送検閲禁止）となっている。

14　この点に関しては、以下の文献も参照されたい（Ueunten 1989: 5; 新垣 1998: 33-34; 中嶋 1993: 310）

15　ＷＵＢハワイ支部の母体は、一九九三年にハワイから沖縄を訪れた「沖縄ビジネス視察団」の参加者の間で設立された「ハワイ・ウチナーンチュ・ビジネス・グループ」（Hawaii Uchinanchu Business Group, ＨＵＢ）であり、このＨＵＢが中心となって、一九九七年にホノルルでＷＵＢが結成された経緯がある。

16　以下のウエブサイトを参照されたい。http://www.okinawa.com/（二〇〇五年二月一日参照）

17　以下のウエブサイトを参照されたい。http://www.internet-okinawa.com/（二〇〇五年二月一日参照）

18　城田は、沖縄の「盆踊り」に相当するエイサーを基盤にした創作舞踊の団体「琉球國まつり太鼓」ハワイ支部を対象にした参与観察を通じて、ハワイのエイサーを、伝統的民俗舞踊や民族舞踊

るというよりはむしろ、非沖縄系の人びとをふくめて「新たな文化と人間関係のネットワークが創られる」場として捉えるべきであると論じている（城田 2000）。

文献

浅井易 2001「移動と食とエスニシティ」『沖縄文化研究』二七、二九五―三四三頁

新垣誠 1998「沖縄の心――ハワイにおける『ウチナーンチュ』という主体性についての一考察」『移民研究年報』四、二一〇―四〇頁

大田昌秀 1980『沖縄人とは何か』グリーンライフ

岡野宣勝 2003「ハワイ沖縄系移民をめぐる言説」『アジア遊学』五三、一四一―一四九頁

親川喜栄 1974「琉球メロディー担当（ハワイにおける沖縄語放送の今昔）」比嘉太郎（編著）『移民は生きる』日米時報社、二八〇―二八二頁

白水繁彦 2004『エスニック・メディア研究――越境・多文化・アイデンティティ』明石書店

城田愛 2000「踊り繋がる人びと――ハワイにおけるオキナワン・エイサーの舞台から」福井勝義（編）『近所づきあいの風景――つながりを再考する』昭和堂、五九―八九頁

タカキ、ロナルド 1986『パウ・ハナ――ハワイ移民の社会史』（富田虎男・白井洋子訳）刀水書房

中嶋弓子 1993『ハワイ・さまよえる楽園――民族と国家の衝突』東京書籍

原知章 2003「テレビとアイデンティティ――『琉球の風』と『ハワイ・オキナワ・トゥデイ』をめぐって」『アジア遊学』五三、一三〇―一四〇頁

比嘉武信 1978『ハワイ琉球芸能誌』自費出版

――― 1994『ハワイの沖縄人の九〇年――戦後編』自費出版

比嘉太郎 1974「ハワイの琉球芸能」比嘉太郎（編著）『移民は生きる』日米時報社、二七四―二八〇頁

比嘉正範 1974「ハワイのオキナワ」比嘉太郎（編著）『移民は生きる』日米時報社、四八―五九頁

久武哲也 1999「ホノルル大都市圏におけるエスニック構成――プランテーションの遺産と制度的人種主義」成田孝三（編）『大都市圏研究（上）――多様なアプローチ』大明堂、三五六―三八四頁

フィッシャー、クロード 1996『都市的体験――都市的生活の社会心理学』（松本康・前田尚子訳）未來社

安川一・杉山あかし 1999「生活世界の情報化」児島和人（編）『講座社会学8　社会情報』東京大学出版会、七三―一一五頁

山里慈海 1990『ハワイ今昔ノート』琉球新報社

山下靖子 2001「ハワイの『沖縄移民』と沖縄返還」『国際関係学研究』二八、六一―七八頁

湧川清栄遺稿追悼文集刊行委員会（編）2000『アメリカと日本の架け橋・湧川清栄――ハワイに生きた異色のウチナーンチュ』ニライ社

Atta, George and Claudia M. Atta 1981 "Okinawans and Business," in Ethnic Studies Oral History Project, United Okinawan Association of Hawaii, *Uchinanchu: A History of Okinawans in Hawaii*, Honolulu: Ethnic Studies Program, University of Hawaii at Manoa, pp.188-203.

Bushnell, Oswald A. 1993 *The Gifts of Civilization: Germs and Genocide in Hawaii*, Honolulu: University of Hawaii Press.

Chinen, Joyce N. 2000 "Uchinanchu Today," in Okinawan Centennial Celebration Issei Commemorative Booklet Committee (ed.) 2000 *To Our Issei...Our Heartfelt Gratitude*, Honolulu: Hawaii United Okinawa

Association, pp.63-68.

Chinen, Karleen C. 2002 "The Okinawan Festival: Back to the Beginning," *Uchinanchu* 88: 9.

Ethnic Studies Oral History Project, United Okinawan Association of Hawaii 1981 *Uchinanchu: A History of Okinawans in Hawaii,* Honolulu: Ethnic Studies Program, University of Hawaii at Manoa.

Fantasia, Rick and Eric L. Hirsh 1995 "Culture in Rebellion: The Appropriation of the Veil in the Algerian Revolution," in Johnston, Hank and Bert Klandermans (eds.) *Social Movements and Culture*, Minneapolis: University of Minnesota Press, pp.144-159.

Fischer, Claude S. et al. 1977 *Networks and Places: Social Relations in the Urban Setting*, New York: The Free Press.

Ige, philip 1981 "An Okinawan Nisei in Hawaii," in Ethnic Studies Oral History Project, United Okinawan Association of Hawaii, *Uchinanchu: A History of Okinawans in Hawaii*, Honolulu: Ethnic Studies Program, University of Hawaii at Manoa, pp. 149-160.

Kaneshiro, Norman 2002 "Uchinanchu Identity in Hawaii," *Social Process in Hawaii* 41: 75-94.

Kimura, Yukiko 1981 "Social-Historical Background of the Okinawans in Hawaii" in Ethnic Studies Oral History Project, United Okinawan Association of Hawaii, *Uchinanchu: A History of Okinawans in Hawaii,* Honolulu: Ethnic Studies Program, University of Hawaii at Manoa, pp.51-71.

——— 2001 "Immigrants from Okinawa-ken," in Okamura, Jonathan Y. (ed.) *The Japanese American Historical Experience in Hawaii*, Iowa: Kendall/Hunt Publishing Company, pp.13-38.

Lebra, William 1980 "The Okinawans," in McDermott Jr., John et al. *People and Cultures of Hawaii: A Psychocultural Profile*, Honolulu: John A. Burns Scool of Medicine and University of Hawaii Press, pp.111-134.

Miller, Daniel and Don Slater 2000 *The Internet: An Ethnographic Approach*, New York: Berg.

Okinawan Centennial Celebration Issei Commemorative Booklet Committee (ed.) 2000 *To Our Issei...Our Heartfelt Gratitude*, Honolulu: Hawaii United Okinawa Association.

Ueunten, Wesley 1989 *The Maintenance of the Okinawan Ethnic Community in Hawaii* (Master Thesis), Honolulu: University of Hawaii at Manoa.

「伝統文化」のリアリティとメディア
岐阜県高山市、高山祭の事例から

岡田浩樹

飛騨の高山はふしぎな町である
四面山に囲まれた田舎町と思えばそうでもなく、むしろ優雅ですらある。また貧しい飛騨というイメージをもっていた人も、いったんこの町に足を踏み入れてみると、やはりそれも違うことに気付く
その高山に春秋二回、「屋台」と呼ぶ祭車の出る絢爛豪華な祭がある。人呼んで「飛騨の高山祭」

山本茂美（『飛騨高山祭――絢爛たる民衆哀歌』より）

1 「伝統文化」とメディア、そして既視感

幼い時の記憶は、ふとしたきっかけで鮮明に呼び戻されるものである。このような体験は誰しも経験があることであろうが、わたしの場合、それが毎年の四月一四日と一五日に繰り返され、しかも自分自身がある種のフィルターを通ったような奇妙な感覚を伴っている。

岐阜県高山市では、四月一四日と一五日に日枝神社例祭、つまり春の高山祭がおこなわれる。高山では秋にも八幡神社の例祭があり、それぞれ氏子の町内が異なるものの、この二つを高山祭と総称する。高校卒業まで日枝神社の祭組の町内で育った私は、六歳の時にはじめて裃を身につけ、父親とともに屋台の巡行を警護する行列に加わった。一九六八年のことであった。

すでに「小京都」という「異名」がついていた私の故郷は、年間百万人以上の観光客が訪れる観光地となり、祭ともなれば人口六万程度の小さな町に一六万人の観光客が押し寄せていた。「動く陽明門」などというキャッチコピーを付けられた屋台、これを曳く屋台組、この前後を裃姿の警護が市中を巡幸する姿は、メディア的に「絵」になる。

その日は、初春としては日差しが強く、汗ばむような暑さだったことが、身体感覚として蘇る。テレビ局、新聞社そして観光客のカメラに取り囲まれながら、どのような表情をしていいのか、子供心にもうろたえていた自分をやるせない懐かしさとともに思い起す。

このような記憶は、典型的な郷愁（ノスタルジー）から喚起されるもので、高度成長期以後に地方から都市へ移住した者に

はおそらく共通するものであろう。ただし、私の場合、やや異なる点がある。それは、私が当時の自分自身の姿を鮮明に記憶している点である。

一般に、幼い日の記憶は主観的に切り取られた自分自身を取り巻く外界についてのものであろう。その記憶には「わたし」は存在しても、自分自身の姿はない。幼児にとって自分自身を客体として認識し、周囲の世界の中に位置づけた上で、これを俯瞰的な映像にすることは困難である。

ところが私の記憶の中心にあるのは、大人の足取りで進む行列に遅れぬように小走りに走る私自身であり、それにカメラを向ける多数の観光客でごったがえす通りである。

なにゆえ、このような記憶が鮮明に残っているのであろうか。その記憶はテレビの映像を通して植え付けられたものである。祭の夜、祭のごちそうを「およばれ」に来た大人たちに混じって見たテレビのニュースでは、全国そして地方ニュースで高山祭を繰り返し放映していた。実家に祭の宴会に来る客は、互いに親戚や知人の家を回るために入れ替わる。はじめ私はそれが自分自身の姿とは実感がわかなかったであろう。その度に家族や客たちの話題にされることで、小さなテレビの画面の中の子どもの姿が自分自身の姿であることを意識させられたのかもしれない。

その後三〇年以上が経過した。すでに私は高山を離れた時間の方がそこで過ごした歳月よりも長くなった。私自身の中にある高山祭の記憶とは、自分自身の目で見た「幼き日」の記憶ではなく、テレビの画面を通した他者の目から見た私自身の姿と当時の高山の町並み、祭の様子である。この記憶の中で、私は祭の行列の中にいることを意識しながら外からも見ている感覚がある。これがある種のフィルターを通ったような奇妙な感覚をもたらす。

しかも高山祭は、毎年のように季節のニュースとして流される季節報道の定番なのである。近年盛んなグルメ番組、旅行紹介のプログラムが高山を取り上げる際にも、高山祭の映像は必ずと言っていいほど流される。春と秋の高山祭例祭の時期以外にも、ドキュメンタリーや特集のプログラムなどでも取り上げられることが多い。そのような映像では、定番とも言えるカット、例えば市内を流れる宮川にかかる赤い中橋の上を移動していく屋台の姿を近くのビルの上から映したシーンが、繰り返し放映される。そのような時に私自身は高山祭をそのような角度から見たことはないのであるにもかかわらず、あたかも常に祭の際にはそこから見たような、それでいて、映し出されている祭行列の中にいるような不思議な既視感にとらわれる。

こうしたフィルターを通る感覚や既視感は、私のような出郷者のみの感覚ではないようだ。地元にとどまり、毎年のように祭礼の巡行に従事する友人たちが次のように語ったことがある。

「祭と観光客とテレビはセットなんやさやな。祭の準備が始まるとああ観光客が来るなと思うし、観光客が来るとテレビ局も来るし。祭の最中は自分とこの屋台の事で忙しいで、よその所は見られん。屋台のからくり（人形）なんか、最近はテレビでしか見とらんさ。地元の祭やけど、祭見物はテレビかもしれん」「で、自分がうつっとりな」「そやさ、おりはこんな顔して行列しとるんやとかな。自分で見てな、なんかへんな気持ちなるんやさな」

本章では、こうした地方の「伝統文化」とメディアとの関係について、岐阜県高山市の事例を中心に検討してみたい。今日の日本の地方地域社会において問題となっている「伝統文化」の「本来あるべき姿」や、これについてのリアリティ形成に際し、テレビを初めとするメディアが大きな影響力をもつこと、そしてそれがどのような意味をもっているのかを検討してみたい。

2　「伝統文化」の本来あるべき姿とリアリティ形成

高山祭のような「伝統文化」を評価し、これを地域おこしのための文化的資源と見なす動きが日本全国各地において高まっていることは、広く認められる今日的現象と言えよう。

これについて足立は、地域社会の側からそのような関心について二点にまとめている。第一に、ローカルな伝統文化はその地域にとっての重要な観光資源として位置づけられ、地域づくりの契機となるという点、そして第二に、そのような伝統文化は、なにがしかの集合的な「アイデンティティ」をその地域に住む人びとに供給するという点である（足立 2004）。

これらの二点は、互いに矛盾するものではなく、相互補完的であることが期待されている（橋本 2000）。このような伝統文化を通じた地域づくりに関する研究ついては、足立が指摘するように、リアリティをどのように地域住民がとらえているかという問題が横たわっている。

つまり、足立の区分を援用するならば、従来の研究には、二つの大きな流れ、すなわち（伝統文化の）文化構成主義と「文化コンフリクト論」がある（足立 2004）。

前者の文化構成主義は、身近な伝統文化を地域住民が観光資源とした場合、「真正な実体」でなくなるとみなす。そして、その伝統文化は外部の観光客のまなざしを意識した「虚構」であると位置づける。そして、地元住民が観光客との相互作用を通じて虚構の「伝統文化」を構成していく過程の中には、地域づくりの契機となる「現地の人々の主体性」が見いだされると評価する。

他方、後者の「文化コンフリクト論」は、同一の地域社会における複数の文化形態、すなわち観光用につくられた文化形態と地元向けの文化形態の存在を指摘した上で、それぞれが伝統文化の真正性を主張し、コンフリクトをもたらしていると指摘する。と同時に、こうした研究は、複数の文化形態間の葛藤こそが文化のバイタリティ、祭の活性化の原動力であると結論づける傾向がある（足立 2004）。

この二つの研究の方向についての足立の批判は、筆者には妥当なものと思われるが、詳しくは彼の論考を参照されたい。ここで注目するのは、このような研究史的検討の後で足立が向かった伝統文化の「本来あるべき姿」の問題である。

「(地域)住民たちは現在の観光化された伝統文化の違和感を契機に、観光化以前に存在した(とされる)、失われた伝統文化を理想化しながら語り合う。このときそこで語り合う本来あるべき姿は、語りが展開する〈今・ここ〉において組上げられた『リアリティ』(現に存在しないけども本当らしさといった現実感)という性格を有している」(足立2004:86)。

足立によれば、重要な点は、伝統文化が虚構であるという文化構成主義的な事実ではない。地域住民が語り合う中で過去を美化する価値観が開示され、さらにこの価値観が「本来あるべき姿」について「過去にあったかもしれないが、未来に築くべきもの」という位置へと押し上げていく点であるという。そして住民たちは、組上がった「本来あるべき姿」というリアリティを語りの場において納得し、互いをゆるやかに縛りはじめるのであり、このリアリティこそ、伝統文化の実現に住民を動員させることを指摘している。

以上のような足立の主張は、それ以前の諸研究に対し、「伝統文化」が実践される現場に即し、より内部の視点に立ったという点で高く評価される。特に地域住民にとっての「リアリティの生成の問題(価値形成論的な主体性の形成)」に着目したことは、結局のところ「伝統の創造」、「真正性」、「主体性」、「葛藤」、「複合体」、「共存」などの概念を提起した時点で判断停止に陥りがちな先行研究に比べ、この問題を考える上で大きな前進であると言えよう。

しかしながら、筆者の考えでは、この足立の視点にはいくつかの点で検討すべき課題が残されているといわざるを得ない。しかもこの課題は、足立が批判した先行研究にはより深刻な形で内在している。

その第一は、リアリティの関連において現地の人びとの「語り」を強調しすぎているのではないかという問題である。「伝統文化」についての地域住民のリアリティは、常に言葉だけで認識されるのではなく、パフォーマンスなどの身体感覚も含めた、感覚やイメージの複合体から成りたっている。祭を地域住民が語る場では、言葉で語り得ない身体技法、感覚、イメージを互いに伝達しようと、表情や動作を含めた様々な表現が駆使されている。むしろ、そのような複合的な感覚、イメージすべてを言語に一元化すること、言語によって示しうると見なすことこそ、ある種の近代的認識である。このような認識が地域社会の外部の研究者や地元知識人が言語を媒介にリアリティではなく「事実」を語りうる「権威」をもつ契機をもたらすと言えよう。「伝統文化」についての現地の人びとのリアリティは、言語も含むイメージの総体として喚起されるのであり、そのイメージがいかに形成されるのかという問いが重要である。

第二に、今日地域住民のリアリティは、語りの場以外でも形成しうるという点である。つまり伝統文化の「本来あるべき姿」

というリアリティは、メディアを通じ日常生活の中に浸透しているのではないであろうか。テレビ放送は一九五三年に始まり、一九六〇年にカラー放送が開始されている。現在の「伝統文化の担い手」はテレビ世代でもある。冒頭で述べた個人的な経験は特殊かもしれないが、自らが参加する「伝統文化」がテレビに映し出され、そこで「伝統文化」を見、自らの姿を確認する地域住民は多い。テレビで放映される「伝統文化」の映像をもっとも頻繁に、かつ熱心に視聴するのは、その地域住民なのである。例えば、ローカル放送局の京都テレビが毎年祇園祭を終日実況放送しているが、この番組の主な視聴者が誰かを考えることは示唆的である。

第三に、「伝統文化」の俯瞰的なイメージやリアリティは、語りの場のみで形成されるのかという問題である。確かに人びとが「伝統文化」の過去やその後の変化を「観光化」、「商業化」などといったおおまかにいくつかの言葉でとらえること、語ることはしばしばおこなわれる。しかし、例えば祭礼を考えればわかるように、「伝統文化」を担う当事者たちはその中心的な運営の役割でない限り、その全体像を俯瞰的にイメージすることが難しい。このような俯瞰的なイメージは、むしろ外部のまなざしによって形成されるものであり、まさに映像メディアは、短時間で俯瞰的なイメージ、「伝統文化」についての全体像をコンパクトに地域住民を含む視聴者にもたらしてきた。

第四に、第二と関連し、日本の地方地域社会における伝統文化を取り扱う研究がテレビに代表されるメディアを地域住民が「見る」という現実をその大半が視野に入れていない点である（本書川村論文も参照）。観光研究において「映される対象」としての伝統の担い手の問題について言及することがある。しかしながら、その視野からは、地方の住民が同時に映像化された自己や「伝統文化」を熱心に見る視聴者でもあることが欠落している。

これはかなり早い段階で伝統文化をめぐる議論に内在してきた問題であるとも言えよう。六〇年代、宮本常一の警告はその代表である。例えば、宮本常一は民俗芸能の変化について次のように述べている。

「テレビで放送されると、その地方を訪れた観光客もそれを所望するようになって、観光用として復活したものの数は多い……しかしそれによってもとの精神は忘れ去られている」（宮本 1967:201）。

このように宮本はテレビがいかに地方の住民に影響を与えたかを批判し、その結果、「民俗芸能がみずからたのしむためのものではなく、人に見せるものになってしまった」と慨嘆した（宮本 1967:202）。

しかし、この宮本の指摘と批判は重要な点が欠落していると言わざるを得ない。伝統芸能についての映像を頻繁に見るのは、観光客よりむしろ地元の住民なのである。もはや伝統芸能は、外部の観光客に見せるものとなっているだけではない。自らも見る映像となってきたのである。なによりもテレビの急速な普及は、このような地域住民にとって「伝統文化」を日常的に「見るもの」とするまなざし[1]の転換をもたらしたと言えよう。

　ところで、この第四点は、きわめてナイーブな問題を伝統文化の現在を取り扱う研究者に突きつけてくる。これらの研究者が先行研究に対し、自らの立場、研究のアドバンテージを主張する際に、しばしば根拠となるのが、その研究者が「自分の立場がより現場に近づいていること」、「自分の視点が外部ではなく、より現地の住民の立場、内部にあること」（現地のまなざし：native's point of view）に立っているという姿勢をとっていることである。

　こうした姿勢には、メディアの生産者と消費者は常に外部に存在するのであり、現地の人々はその対象であるという暗黙の構図が設定されているのではないか、という疑問を提起したい。ここで筆者は高山祭を語る際に、「現地のまなざし」をその地域の出身者、居住者が占有するのであり、語る権利は自分たちにしかないとネイティヴの特権を振りかざしているのではない。この姿勢には、フィールドワークの認識をめぐる問題、すなわち調査する側とされる側の問題を議論しつつも、この両者の関係をかえって固定して捉えてしまう問題があることを指摘したい。

　川村が指摘したように、今日日本の地方地域社会におけるフィールドでは、現地の人びとは、「我々（調査者）と同時代に生き、様々なメディアに囲まれ、自らもそれらを駆使しつつ、『民俗』を実践している。地域独自の『文化』や『民俗』を支え、共有させているのは、今日のテクノロジーであり、メディア状況である」（川村 2005:16）。このような状況の中で「『現地』は人の往来や情報の展開においても、その結果生じる生活様式や価値観の面からも、我々の世界と地続きであるほかない」のである（川村 2005:16）。

　とするならば、多くの研究者はなにゆえ現地におけるメディア受容の問題について看過もしくは低い取り扱いしかしてこなかったのであろうか。都市住民に比べ、地方の住民はメディアに触れる機会が少ないのであろうか。あるいは、都市住民に比べるとメディアの影響をうけにくいのであろうか。

　皮肉なことに研究者が現地の内部の視線に立とうとすればするほど、結果的に映像メディアによって地続きになっている同時代性を切断し、内部、外部という設定をおこなう可能性がある。別の言葉で言えば、これは観光客、メディア関係者、さらには研究者を含む大衆（POPULAR）から「伝統文化」を担う地方の住民を「民衆（popular）」として周辺化、もしくは外部化することに他ならないのではないか。

　このような問題提起は、やや極論であるかもしれないものの、映像メディアの問題が「伝統文化」の生成を含む近代以降の文化の問題を検討する上できわめて重要であることは強調されるべきである。メディアの視聴者、オーディエンスの問題は、市民社会の問題、そして特にカルチュラル・スタディーズにおいては、近代社会における「民衆」(ここでいう大衆:POPULAR)の問題として認識されている。[2]

このように、「伝統文化」とイメージ、意識、リアリティの問題を検討する際には、「伝統文化」と映像メディアとの複雑な関係についての議論を看過するべきではない。

かつて筆者がある祭礼の調査に際して、ビデオカメラを携えておこなっていたときに、地元の人びとからどこのテレビ局なのかと質問をしばしば受けた。祭礼の盛り上がりの中で調査の主旨や意図などを細かに説明しても、地元の人びとにとってはどうでもよいことである。そのうち「テレビに映っとるで、気合いを入れていこまいか」とビデオカメラに向かい、予定にない獅子舞が始まってしまった。

宮本が述べたように、「テレビで放送されると、その地方を訪れた観光客もそれを所望」する。しかし同時に地域の人びとも、テレビに映ることを「所望」するのである。つまりテレビというメディアは、現地の人びとが外部からのまなざしを内在化し、また自らをそのまなざしでとらえなおし、自らのリアリティを構築していくという一連のプロセスにおいて重要な触媒になっているのではないだろうか。このプロセスとメディアとの関係、この場合は外部のまなざしの形成――外部のまなざしの内在化――自らの客体化プロセスとテレビとの関係は、まだまだ検討の余地がある問題なのである。

そこで、この論考では次に岐阜県高山市の高山祭を具体的事例として取り上げ、地方の「伝統文化」のイメージとリアリティの形成、これとテレビを代表とする映像メディアの関係の重要性について明らかにしていこう。

3 岐阜県高山市と高山祭

岐阜県高山市は二〇〇五年二月一日に周囲の九町村と市町村合併をおこなった。この結果、面積が二一〇〇平方キロメートルを超え、行政単位としての市の中で日本一広くなった。二〇〇五年二月現在の人口は約九万六〇〇〇である。しかし飛騨高山として知られてきたのは旧高山市(人口七万名弱)であり、本章ではこの旧高山市を中心に取り上げたい。なお、今後文中で「高山市」と述べるのは旧高山市を指す。

北アルプスをはじめとした山岳地帯に囲まれた高山盆地は周囲の農山村の中心地として江戸期以降発達してきた。ただしもともと農林業、春慶塗などの木工手工業を除き、めだった産業はなく、いわば「取り残された地域」であった。

高度成長期以降に高山は大きな変化を迎える。「日本のふるさと」「原風景」、「古い町並みと高山祭の町、小京都高山」として全国でも有数の観光地になったのである。高山が全国的な観光地になっていく過程では、一九七〇年代にNHKで放映された「新日本紀行」、旧国鉄のディスカバージャパン・キャンペーンが与えた影響がしばしば指摘される。また山本茂美の一連の著作、『ああ野麦峠』(一九六八年)、『飛騨の哀歌　高山祭』

（一九七六年）がベストセラーになったことも無視できない。観光地としての成功によって、飛騨は「経済成長から取り残された地域」というネガティブなイメージから「経済成長によって失われてしまった日本の古い伝統文化が残る地域」というポジティブなイメージへと転換したのである（岡田 2002）。

その後、東京方面からのアクセスを容易にする安房トンネルの開通、白川郷合掌造り集落群の世界文化遺産登録、二〇〇二年度のＮＨＫ朝の連続ドラマ「さくら」の舞台になるなどの出来事は、観光地としての飛騨の商品価値を高める結果となった。長引く不況で観光客が減少しつつある全国の観光地の中で、むしろ観光客が増加しており、人口七万人弱の高山市に年間二五〇万人以上の観光客が訪れる。近年では春秋の高山祭に二日間でのべ三〇万人を超える観光客が訪れるようになった。

今日、観光は高山市の基幹産業である。合併後の産業別の就業人口比率をみても、生活関連・その他の産業の比率が五九・三％と非常に高く、そのほとんどが観光関連である。[3] もはや観光客なしに高山の人々の生活は成り立たないとも言えるであろう。平日でも多くの観光客が街を散策する姿があり、観光用に作り替えられた郵便ポスト、公衆電話、観光ポスターなど、高山の人びとは日常生活の中で常に観光を意識させられる。観光シーズンともなれば、主要な道路は渋滞し、かえって高山の人びとは外出を控えることもある。

高山市をこのような「観光地」に押し上げたのは、まさにテレビを始めとするメディアの影響であった。ここで、この過程についてやや少し詳しく見てみたい。[4]

4　戦前における高山のイメージの基盤形成とメディア

一八八九年に町制が施行されていた高山町は、一九三六年に隣接する大名田町と合併し、高山市となる。この高山市が二〇〇五年まで続く旧高山市となる。この合併の二年前には高山線が開通し、これによる産業の振興、鉄道を利用する観光客の増加が期待されていた。

合併前の一九三六年五月二日、高山町と観光協会は大阪南海高島屋で開かれた「飛騨風物写真展覧会」に観光写真を送り、当時全国的に盛んであった物産展に「飛騨の物産」や案内書を送るなどした。しかし、この時期は観光客や外部のメディアのまなざしに応えるというよりは、産業振興政策のひとつとして自分たちが見せたいイメージ、売りたい物産を外部に出す傾向が強かったと言えよう。

ここで注目される事実は、戦前においても高山市内で毎年のように「観光物産展」が開かれ、また他へ出展が積極的におこなわれていたという事実である。これにともない、映画などが高山を内外に紹介する媒体として用いられた。当時、映画というメディアは娯楽だけでなく、ニュースの提供、あるいは市民の啓蒙など、後のテレビにあたる役割を果たしていた。

一九三六年には、飛騨毎日新聞社が募集した「美女一〇人」

の写真と観光飛騨を紹介する映画が昭楽座で上映されたという記録がある。また同じ年、市内の昭楽座では、合併に伴う「市制祝賀会」を朝日新聞特派員がトーキーで撮影した「市制祝賀の横顔」も上映された。当時の新奇な記録媒体であった映画は、むしろ外部に向かった物産紹介、観光紹介と内部の行事の記録などにあてられていた。

物産展への出展は、戦局が深刻になるまで頻繁におこなわれている。この一九三六年の一年間をとってみても、「第五回副業博覧会」（名古屋市松坂屋）、「振興輸出品出品展」（大阪産業会館）、「第二回東海輸出品工芸作品展示会」（静岡市奨励館）、「国産振興大博覧会」（四日市市）、「躍進日本博覧会」（岐阜市）、「おもちゃ展」（岡山市）、「日満産業博覧会」（富山市）、「全国玩具展」（名古屋市鶴舞公園）など、全国に出展されている。

こうした物産展では単に工芸品や食品などの物産の展示販売だけがおこなわれたのではない。一九三九年に金沢の丸越百貨店で一週間にわたって行われた飛騨物産展では、春の高山祭をジオラマにして展示している。同年には中国東北部（旧満州ハルビン鉄路総務局管轄地域）で開催された巡回観光展にポスター、写真、案内書、工芸品などを出品した。

いずれにせよ、すでに戦前において「観光」というものが高山の人々に意識されていたのであり、高山の外部に向かって写真、映画、物産展（博覧会）などで自らの視覚的イメージを提示する手段となっていた。と同時に、それらの映像を伴った視覚的イメージが、むしろ高山市内でより頻繁に見られるようになっていた点は注目される。

一般に観光研究における「他者のまなざし」の議論においては、このような現象はつい近年に起きた現象であるかのように記述されることが多い。しかし高山の事例では、戦前にすでに写真、映画などのメディアを通し、「他者のまなざし」を意識しつつ、自らの視覚的イメージを提示することが行われていた。いわば「他者のまなざし」を意識しつつ「高山という郷土のリアリティ」を生成する萌芽はかなり早い段階で見いだされる。

例えば、この萌芽はポスターである。一九三八年にすでに全国の主要鉄道案内所へ配布、さらに高山に来た観光客に観光パンフレット「飛騨高山」計一万部が配布され、宣伝ポスター三〇〇枚が駅などの主要な場所に貼られている。また同年には観光協会が高山出身で東京、大阪、京都、神戸などの在住者にリーフレットの配布などがおこなった。翌一九三九年には、市の観光事業で「観光知識の普及と宣伝」「特産物の改善と紹介斡旋」、「観光事業の研究と懇談会」、「宣伝物の製作」などが実施され、その中に「映画とラジオによる宣伝」が挙げられている。高山祭に関しても一九四〇年に高山市が『高山祭見物の栞』を作成し、観光客に高山祭配布しており、その栞では高山祭の見どころについて図を使って解説している。

一方で、外部のメディア、特に映画が高山を題材、あるいは舞台にする動きもすでに戦前に現れていた。例えば、一九三八年には山岡鉄舟を題材にした映画「飛騨の鷹」の高山ロケがあり、その際に八幡祭（秋の高山祭）の撮影がおこなわれた。

興味深い点は、飛騨についての民俗学的研究がこうした観光の動きとほぼ平行して進められたという事実である。まさにこの時期、一九三七年に柳田国男は飛騨考古土俗学会と教育会の共同主催の座談会に招かれている。柳田は昼に旅館で有志と座談会をおこない、夜に小学校で「郷土研究と飛騨」という講演をおこなった。

さらに当時、高山の「伝統文化」の知識を記録した現地の民俗学者とメディアと緊密な関係があった事実は示唆的である。柳田を招いた飛騨考古土俗学会の主要メンバーの江馬修《なかし》は、幕末の飛騨の農民を描いた『山の民』によっても全国に知られていた。江馬は飛騨において民俗学的研究を積極的に進めるかたわら、さきの映画「飛騨の鷹」の高山ロケに協力している。また彼自身の代表作『山の民』も、松竹・東宝映画から映画化の打診をうけていた。さらに江馬は、雪と闘って春を待つ農民の生活を撮影した映画「春を待つ民」の丹生川村（高山市東部）でのロケにも積極的に協力するなど、早くから映画界と密接な関係があった。

その後戦時体制に入り、一九三七年前後から観光客が激減、同時に物産展への参加、観光を目的とした映画の作成、上映は減少していく。そして武運長久、必勝祈願などがもっぱら行われ、一九四三年の高山祭は春秋とも中止されるにいたる。

5　戦後における「伝統文化」のリアリティ生成とテレビというメディア

一九四五年、敗戦によって戦時体制はとかれ、高山市は直接の戦災をうけなかったものの、戦後の混乱状況が続いていた。高山祭は一九四六年に再開されたものの、「当然の事ながらこの年は高山を訪れる人もなく、各祭礼とも寂しい雰囲気に終始した」[5]。しかし、いまだ戦後復興とはいいがたい一九四七年にはやくも観光協会が復活し、その記念に「観光まつり」が開催されることになる。この「観光まつり」の行事は、ミス高山選出、演劇コンクール、納涼音楽祭、歌謡曲録音など、むしろ「モダン」なイメージを喚起するものであり、この時期の「文化」は、戦前の遺物として否定されるべき「伝統」と対照的であったことがわかる（岡田 2002）。

戦後直後から一九六〇年代までは、観光を地域復興の柱にしようという動きが強まり、戦前と同じくポスター、写真、映画などの媒体を使って観光客の増加をはかろうとしていた。いわば観光によって地域の経済の活性化、戦後の不況から抜け出す活路を見いだそうとしていた。そして戦前と同じように、他所での物産展、観光展参加に積極的に参加したものの、さして大きな成果はあがらなかった[6]。

一方で、この時期は戦後の社会の変化と新しい「文化」が高山に押し寄せた時期でもあり、農地解放、民主主義、男女平等運動などさまざまな動きの中で、高山祭を初めとする「伝統文化」はむしろその基盤を失い、揺れ動いたのである。

戦前の映像メディアであったポスターや映画に描かれた高山、高山祭はそのまま地元のひとびとの現実であった。これに対し、戦後はメディアに描かれるイメージと目の前の現実が徐々に乖離していった過程がある。

例えば高山に疎開していた詩人、下田惟進が一九四八年に作詞した高山市観光の歌の一番は次のような歌詞である。「春は桜の山王祭　繰り出す屋台は竜神、麒麟、古雅な行列、闘鶏楽や、笛と太鼓で獅子が舞う、飛騨の高山、みやげは春慶塗の艶」。この歌詞には今日の高山祭に連続するイメージが示されている。ところが、この時期は、高山祭の存続そのものも危ぶまれていたのであった。婦人会からの祭礼時の女性の負担が大きいという問題提起から、春と秋の祭礼の統合、さらには神社の統合問題、祭礼の簡素化、祭の際に客を招くことの自粛などが議論され、「旧時代の遺物」「封建的な祭」をやめ、市民の祭にしようという極論まで出ていた。こうした戦後の人びとの意識の変化に加え、農地解放などによって地主層、豪商などが没落し、その支援を経済的基盤としていた祭礼の維持が困難になりつつあった。祭の形式、存続をめぐる議論は、一九五〇年代から六〇年代にかけ多くの人を巻き込みつつ、激しさを増していき、高山祭の運営は大きな転換点を迎えていた。そして、この時期にそれまでおこなわれていた「民俗行事」も高山の人びとの日常生活の中から多く消えていくようになる。

本格的に外部のメディアが高山を映像化するようになったのは、まさにこの時期であった。つまり観光の中で提示される高山についてのイメージと現実の乖離が明確になりつつあった時期である。まず一九四八年、中部日本ニュースが「飛騨大祭」を撮影した。この映画は市内の二つの映画館で一週間上映された。この年にはNHKが祭礼で行われる芸能（闘鶏楽や神楽、屋台の囃子）を録音し、全国放送した。また一九五〇年代には観光のために祭行事の一部を変え、同時に外部のメディアが祭行事を撮影することがおこなわれるようになる。一九五一年の春の祭では「観光のために」、本来は秋の高山祭に出す屋台を曳き出し、さらには六〇年ぶりの大御輿を担ぐ姿を東日本興業映画班が撮影している。さらにその年の八幡神社の大祭（特別祭）では、同じ東日本興業映画班が祭の全日程を撮影し、その一部を岐阜県の観光映画に編集した。

映画にかわる新しい映像メディアであったテレビが高山に登場したのは、一九五三年である。当時はテレビ電波を高山で受像できず、ある電気店が高いアンテナを立て、街頭テレビとして宣伝につかったのが最初であった。翌年にはNHK名古屋からの直接受信、さらにはCBC（中部日本放送）のローカル放送が開始され、一九六〇年代にはテレビが急速に普及していく。[7]

このテレビというメディアは、高山のイメージ、リアリティ生成においてそれまでの映像メディアとは比べもののならない影響力を高山の人びとにもっていた。その頻度もさることながら、テレビの映像はお茶の間という日常空間に入りこみ、また映画、雑誌やその他のメディアと連携し、複合したイメージとなって人びとに押し寄せるのである。テレビに紹介されることで映画や雑誌に示されるイメージも、「見せられ」「出かけて見る」「手にとって見る」ことによるのではなく、「見せられ」て喚起されるものとなった。

一九五五年、高山祭がはじめてテレビで放映される。春の高山祭をNHKが取材し、御輿行列、屋台囃子、からくり人形、闘鶏楽、獅子舞などを撮影し、全国放送した。その後、毎年のように、いわば季節のお便り、風物詩として高山祭が放映されるようになる。この年には高山を舞台とした恋愛映画『遠い雲』が監督木下啓介、佐田啓二、高峰秀子主演で企画され、ロケが一二日間にわたっておこなわれた。このロケ隊は造り酒屋、日下部邸、高山祭などを撮影し、市民は撮影見物に押し寄せ警官が出動する騒ぎになっている。加えて、一九五五年には『暮らしの手帖』の花森安治が高山についての特集を企画し、秋の高山祭と盆踊り、そして暮らしを取材している。また民芸の浜田庄司は、一九六一年に飛騨民芸協会の発足式に出席し、その際に「日本の中でここだけが昔の姿を残している。ぜひ保存しておきたいものだ」と激賞し、高山はその後民芸の世界でも注目されるようになる。

一九五〇年代後半から一九六〇年代にかけて、テレビ、映画、雑誌など、中部地方レベル、全国レベルの各種メディアが集中的に高山をとりあげるようになった。そして今日に至る高山の「伝統文化」の代表的な要素、高山祭、町並みが映像化され、こうした映像はそれまでになく、集中的に高山の人びとの日常生活に入り込んでいったのである。(表1参照)

特に一九六四年は一つの分岐点になった年である。この年、高山はNHKの『新日本紀行』の取材を受けた(NHK社会部1973)。また同時にNHKの別のプログラム、『日本の伝統』で高山祭の屋台の彫刻、一位一刀彫などが全国に紹介されることになった。この一九六四年を境に全国レベルで高山を紹介する番組が多く作成されるようになった。このほかのメディアもこぞって飛騨および高山を取り上げ、旅行雑誌などでも高山の特集が組まれるようになる。(表2参照)

こうした集中的なテレビメディア、これと連動した各種メディアの紹介により、高山は観光の対象として全国的に知られることになり、観光客が急増する。例えば、一九六五年の四月から九月まで団体観光バス五〇〇台以上が高山を訪れている。前年と比較すると、東京からの観光客は五割増にものぼった。

こうした外部のメディアの動きに呼応し、従来から高山市が作成してきた地元紹介の映像にも注目すべき変化が現れている。一九六六年、高山市は市制三〇周年を記念し、長編映画『飛騨の高山』制作を計画した。制作所は、東京の福原フィルムである。この計画では、春秋の高山祭のほか、市内の各所を一年がかりで撮影し、そのシナリオを曽我部博士、音楽を団伊玖磨、解説を芥川比呂志、宇野重吉、宮田輝のいずれかに依頼する予

表1　1950年代末から1960年代までにメディアに取り上げられた高山の「伝統文化」

年	事項
1959	東海テレビ　春の高山祭の屋台と行列を撮影
1960	ＮＨＫ『ふるさとの民芸』で高山の二十四日市などを紹介
1961	ＮＨＫ『婦人の時間』のなかで「ふるさとの工芸」として春慶塗の作業過程を放映（40分間）
1963	市内の車田(輪状に苗を受けた水田)の田植えの様子をＮＨＫとＣＢＣがテレビ放映
	ＣＢＣ春の祭の屋台囃子を録音
	ＮＨＫ、秋の祭に加えて、市内の風景を全国にテレビ中継する。この解説を地元民俗学者が行う。
	ＮＨＫラジオ第一放送『民謡を訪ねて』で飛騨の民謡を全国放送
	ＮＨＫ『日曜散歩』で陣屋前、中橋、三之町（古い町並）、屋台を紹介
	ＮＨＫ『ふるさとの唄』で高山民謡保存会が出演
	ＮＨＫ　秋の祭を全国放送

表2　1964年から1967年までの4年間にメディアに取り上げられた高山の「伝統文化」

年	事項
1964	2月、ＴＢＳ、連続シリーズ『日本風土記』の中で『飛騨高山』を取り上げ、放送
	4月、ＮＨＫ『新日本紀行』と『日本の伝統』の番組作成のため、春の高山祭、春慶塗、一位一刀彫などを取材
	5月、ＮＨＫ『日本の伝統』を放映。
	(10月、雑誌『太陽』が飛騨高山を特集)
1965	2月、ＣＢＣ『飛騨の高山』で家庭の正月行事を放送
	2月、東海テレビ『ふるさと紀行』で古い町並や町の風物を放映
	2月、ＮＨＫ高山放送局、第一放送でローカル番組を開始、飛騨の特集番組を連日放送
	4月、ＮＨＫ『飛騨高山』を全国放送。解説は吉村比呂詩。
	4月、ＮＨＫ高山の旅館を舞台にしたラジオドラマ『山国の春』を放送
	(8月、雑誌『太陽』が「山国に生きる喜び」として飛騨を30ページにわたり特集、高山祭を初めとする行事を紹介)
1966	(月刊雑誌『旅』の読者による新日本旅行地百選に高山が入る)
	1月、ＮＨＫ『日本の春』の中で高山の子供の版画と凧揚げ風景を放映
	4月　高山祭を各放送局が取材、放送。ＮＨＫ、ＣＢＣ（ＴＢＳで全国放送）
	(7月、雑誌『旅』グラビア特集のため、取材。9月掲載)
	8月、ＮＨＫ教育テレビの『地方都市と地方文化』の特集で、飛騨文化の特質とその美、伝統を取り上げ、地元研究者が多数出演
1967	1月、ＮＨＫ『日本の春』の中で凧揚げ風景とともに、宮川、古い町並などを放映
	5月、ＮＨＫ『新日本紀行』の『飛騨－岐阜県』で高山祭を中心に高山の暮らしなどを紹介
	6月、ＮＨＫ、高山の旧家を舞台にしたノンフィクションドラマ『やさしい女たち』を総合テレビで放映

定であった。後に、曽我部のアドバイスでワイド版オールカラーに変更し、その内容も日本の伝統が生活の中に生きている姿をまとめた中編映画に変更され、完成する。

これは高山市が観光のために作成する映画のシナリオ、出演者などを、当時の有名文化人に依頼したことを意味し、「見せたい高山のイメージ」から作られた戦前の観光映画とは大きく異なっている。しかも、外部のアドバイザーの忠告を受けて当初の内容を変更もしている。つまり、それまでの「地元のまなざし」「リアリティ」から外部に向けて作成された映像ではなく、外部のまなざしを主体的に取り入れて、地域の自画像、イメージが作成されるようになったと言えよう。

ここで「生活の中の伝統」というコンセプトが『新日本紀行』の基本的コンセプトと類似しているのは決して偶然ではない。この『飛騨の高山』は翌一九六七年に完成し、高山で催される行事などさまざまな機会に上映された。後には文部省推薦映画となり全国各地で公開されることになる。[8] この後、高山は七〇年代に旧国鉄が展開したディスカバージャパン・キャンペーンにも乗り、さまざまなメディアに露出しながら全国でも有数の観光地への道を歩んでいくようになる。

このように一九六〇年代までの状況を見ていくと、戦後の変化の中で高山の人びとにとっては自分たちが直面している現実と外部へ向けたイメージの乖離が起きていた。映像イメージはこの隙間を埋め、ある種のリアリティ、かつてそうであった「あるべき姿」のリアリティを生成する基盤を提供したと言えるのではないであろうか。そこでテレビは日常生活に深く入り込むことで、リアリティ生成の上で大きな役割を果たしたと考えられる。テレビに映し出される「高山」「高山祭」はもはや現実の祭そのものではない。しかし、人びとは映像から喚起されるイメージからかつての「あるべき姿」のリアリティを生成する。

そして、今日、高山の人びとはビデオカメラを用いて高山祭を記録するようになった。二〇〇二年に高山教育委員会は「日枝神社　例祭」というビデオ記録を編集し、関係する祭組、町内に配布した。このビデオを作成した主旨は、伝統文化を守り、後世に伝えるためであるという。祭の準備から始まり、祭の後かたづけまでの一連の祭行事を撮影したこのビデオは、まさにテレビメディアの手法そのままに手順や用語を説明するテロップが入り、効果音がつけられ、ナレーションによって進行していく。その中に映し出される自分の姿を見て、高山の人びとは屈託なく笑いあうのである。

6 「本来あるべき姿」とメディアが喚起する「リアリティ」

一般的にメディアの影響は、高度成長期以降の現象と考えられがちである。しかし、高山の事例で明らかになることは、テレビメディアこそ戦後から一九六〇年代に至って大きな影響力をもつものの、すでに戦前から映画や博覧会、物産展など広い意味でのメディアにおいて高山は表象されていたのである。それのみならず、すでにこの時期にそうしたメディアを利用し外部に向かって自らを表象することが行われている。このような自らについてのイメージのもっとも熱心なオーディエンスは、むしろ現地の人びとであった。このようなプロセスが、現地の人びとにおいて、高山祭および高山において「本来あるべき姿」やこれについてのリアリティ形成にまったく影響を与えなかったとは考えにくい。

そして戦後になり、現れたテレビというメディアは、映像という強いイメージを伴い、高山祭、高山について俯瞰的で具体的なイメージを日常生活に入りこんで提示したのである。皮肉なことに、戦後、高山祭それ自体は、その存続や形式などをめぐり様々な議論があり、揺れていた。毎年のように春と秋の高山祭の統合、開催時期、簡素化をめぐって議論が繰り返されていた。こうした議論において「しきたりを守るべきだ」、「伝統文化を維持しなければならない」と考える人々も、かつてのような形では高山祭を維持できないという現実に直面していたのである。例えば、屋台を維持する費用は各町内の祭組が賄いきることができない大きな経済的負担となっていた。これを解決するために、文化財の指定を受けることで修理費用などの補助を市や県に求めるという方策がとられるようになる。

一方で、高山祭および高山、飛騨が様々なメディアに露出し、これと平行するように観光客が増加していく背景には、日本の高度経済成長がある。一九六四年という年は東京オリンピックが開催された年である。これに備え高速道路や新幹線など国内交通手段の整備、テレビが急速に普及していった時期である。こうした変化は高山の人びとの生活にも大きな変化をもたらしつつあった。

ここで看過されがちなのは、高山の人びとが一方的にメディアや外部（観光客）のまなざしにさらされ、観光の対象になっていたのではないことである。高山の人びとはメディアを通して自らを見ると同時に、日本の他地域の「伝統文化」を見ていたのであり、そうした地域に観光客として出かけていったのである。『新日本紀行』の放送を見ることは、高山と他の地域の差異を確認し、自らのイメージを明確にする機会でもあった。「ディスカバージャパン」のキャッチコピーを援用するならば、「ディスカバー高山」でもあったのである。

今日の高山の人びとにとって「本来あるべき姿」というリアリティが形成される際に、メディアの存在とこれが生成するイメージがなにがしかの基盤を与えてきたことは十分考えられる。現地の住民にとって足立のいうところの「本来あるべき姿」つまり「過去にあったかもしれないが、未来に築くべきもの」のリアリティの形成（足立 2004:86）される際に、「過去にあったもの」のイメージは江戸時代のそれではないであろう。観光化によって変化してしまう以前、つまり戦前から高度成長期までの「かつての高山」なのである。本稿で明らかにしたかったのは、その「かつての高山」のイメージ自体がすでにメディアと深く関わり合いながら形成されてきた過程である。

冒頭で述べた現地の人びとの記憶の問題、ある種の既視感、フィルターを通った感覚の存在とは、まさに現地の人びとのリアリティに深く関与しているメディアの存在を示す一例なのである。

注

1　アーリが提唱した観光における「まなざし」の概念は、安村(2004)が指摘するように曖昧な定義であるという問題はあるものの、本稿のような問題を取り扱うときにいまだ有効である。ここでは「社会的に構成され体系化された」(Urry 1991:1) ある地域のイメージに対する知覚のあり方と便宜的に定義しておく。

2　例えばモーレー(2000)など。

3　高山市商工課(2005)「産業構造」『高山市の工業　分析編』高山市、二―三頁。周辺市町村は奥飛騨温泉郷を除き、農村が多いため、高山市に限れば、観光産業およびその関連産業への依存はより高いと言えよう。

4　以下の高山祭、高山のイメージとメディアとの関係をめぐる検討では、『高山市史』に記載された記事に依拠しながら、関連する新聞記事、パンフレットな、聞き取り調査などで確認をおこなった。ただし記事のすべてについて詳細な情報の確認をとれておらず、今後の作業課題である。

5　『高山市史第一巻』四四七頁。

6　一九五〇年には神戸博に製品を出品したが、玩具や椅子、シリンダー、製図板、額縁、食器など、一般的な手工業製品が多い。

7　テレビは当初食堂、喫茶店などの客引き用として設置されたが、一九五七年頃には家庭でも置くとこが現れる。一九五七年の高山市のテレビ設置台数は一五〇台。

8　後にはパリで開かれた国際記録映画コンクールに出展された。

文献

足立重和 2004「地域作りに働く盆踊りのリアリティ――岐阜県郡上市八幡町の郡上踊りの事例から」、『フォーラム現代社会学』3、八三―九五頁

橋本和也 1999『観光人類学の戦略――文化の売り方、作られ方』、世界思想社

川村清志 2005「現地・メディア・身体――皆月山王祭の『フィールドワーク』」から」、『歴博』一二八号一五―一八頁

宮本常一 1967「民衆の生活と放送」、『宮本常一著作集2　日本の中央と地方』、未来社、一九五―二〇六頁

モーレー、デビッド(成美弘至訳) 2000「テレビジョン、オーディエンス、カルチュラル・スタディーズ」、吉見俊哉編『メディアスタディーズ』、せりか書房、一五八―二〇二頁

NHK社会部編 1973『新日本紀行』、新人物往来社

岡田浩樹 2002「日本の地域社会における「文化」への転移と構築――岐阜県飛騨地方における事例を中心として」、『インターカルチュラル創刊号』、四八―七〇頁

高山市 1981a『高山市史第一巻』

―― 1981b『高山市史第二巻』

Urry, J. 1991, *The Tourist Gaze: Leisure and Travel in Contemporary Societies*, Sage Publications.(加太宏邦訳 1995『観光のまなざし――現代社会におけるレジャーと旅行』、法政大学出版局)

安村克己 2004「観光の理論的探究をめぐる観光まなざし論の意義と限界」、遠藤秀樹、堀野正人編、『「観光のまなざし」の転回――越境する観光学』、春風社、八―二四頁

聞くことによる参加

川田牧人

離れ小島での出来事――本論文の主題

バンタヤン島に九・一一の同時多発テロの報せがもたらされたのは、九月一二日の朝であった。その日の午後になると、「ビンラディン」という人名が人々の口をついて出るようになり、その後、マニラのアメリカ大使館に爆弾を仕掛ける計画を立てていた嫌疑で中東国籍の不審者が検挙されたといった類のニュースが、ラジオから続々と流れることとなった。ところが、テレビを持っている人々は、あいかわらずピノイ・ドラマ[1]かバスケットボールにチャンネルを合わせていた。民間航空機が世界貿易センタービルに激突する〈衝撃的〉映像を私が目にしたのは、もっとずっと後、日本に帰国してからのことだった。この経験はある種の既視感をともなっている。さかのぼること四年(一九九七年)、ダイアナ元妃死亡事故を映像として見たのは、セブ市内にもどってから衛星放送のテレビニュースを通してであったが、事件が報道された九月一日の直後から、「パパラッチ」とはどういう意味か、島の人々は盛んに議論しはじめていた。

このようなフィールドにおける出来事から、フィリピン・ビサヤ地方の一小島においてテレビや新聞よりラジオがはるかに普及していることや、テレビを購入できない一般家庭でも廉価なラジオを入手しやすいこと、文字よりも音声による情報伝達のほうが頼られやすいことなど、フィリピンにおける一般的メディア事情を指摘することは可能であろう[2]。しかし本章で焦点をあてたいのは、このような事象それ自体というよりむしろ、聴覚という受動的な感覚が、人々を参加へと向かわしめる能動性につながっている様態である。ラジオ放送を聞くという行為は、音声によって情報を受けとる行為であるから、一見すると受動的である。しかしもっとも直接的には、ラジオ放送自体への参加や放送局への訪問といった行動を伴っていることもあれば、広範囲にわたる地域的ひろがり、国家、さらには先にのべたような世界的な出来事にまでかかわるような参加が読みとれる。

ここで考察の対象とするのは、フィリピン・ビサヤ地方で用いられるセブアノ語によるローカルなラジオ放送、つまり通常は、グローバル・メディアとは考えられていないメディアである。[3]またそのとりあげ方も、インターネットのように全世界に向けた能動的な情報発信の様態ではなく、音声情報が受信される側面に注目する。そもそも聴覚という感覚は、たとえば視覚と対比した場合に顕著なように、きわめて受動的で劣位におかれる傾向にある。冒頭にあげたワールド・ニュースのトップ記事になるような出来事にしても、〈衝撃的〉シーンをビジュアルに提供するグローバル・メディアにこそふさわしい報道であって、フィリピンの地方語ローカル・ラジオ放送でもって語ること自体に違和感があるかもしれない。

しかし、アメリカで起こった大惨事やイギリス王妃の交通事故を深刻に受け止めることは、フィリピンの小さな離島の人々にとって、グローバルな状況を認識し、さらにはその状況に参加することであるともいえる。しかもそれは、映像（ショッキングな画像＝視覚イメージ）ではなく音声によって成り立っている経験である。ローカルなメディアを「聞く」ことによって、このような参加がいかに可能であるのかを考えてみたい。

ローカルな聴覚による、グローバルな参加

現代世界において進行するグローバル化を論じる際に、重要な要因としてメディア、とりわけ先に述べたグローバル・メディアがとりあげられることは、今や半ば常識化している。[4]情報の地球規模の配信と受容によって、「もはや地理的制限はなくなり、情報の伝達は国家によって制限されなくなる時代が到来するという主張」（黄 2004: 193）がなされるわけである。[5]情報が国家という境界を超越して授受されることは事実としても、そこから、一定領域における囲い込みを取り払ったアクセスがどの場所からも自由で平等になされるというイメージは、多少なりとも幻想を含んでいよう。しかしそれとは別の議論の方向性として、「あたかも、見ること、そして聞くことが理解することであるかのように。あたかも情報が知識であるかのように。あたかも、アクセスすることが参加することであるかのように。あたかも、参加することが効果を発揮することであるかのように」（シルバーストーン 2003: 245）メディアによるグローバル化が捉えられるということは、メディア行動に何らかの社会的意義を読みとっていこうとすることにほかならない。このような地点に、メディアと参加の問題が発生するわけである。

このような問いから、グローバルな広がりに参加する「地球市民」といった身の丈サイズをはるかに超える概念に到達するには、いかなる跳躍がなされているのか、あるいはその跳躍は本当に可能であるのか、といった疑問が直ちに思い浮かぶ。あるいはその手前に、グローバルな参加とはグローバル・メディアによってあらわれる現象であって、ローカル・ラジオには妥

当しないのではないか、という批判もありえよう。インターネットのようなグローバル・メディアをもちいたからといって、そのような跳躍が果たして可能なのだろうかという根本的疑念は反転して、ではあくまでもローカルなメディアは、グローバルな参加ができないのかという問いにつながっている。

マクルーハンの提示するテトラッドは、人工物にみられる増強（進展）・廃退・回復・反転という四つの過程的パターンをあらわしているが、ラジオのテトラッドにおいては、惑星全体＝すべての人への同時並存的アクセスを進展させ、電線・ケーブル・物理的身体を廃退させ、部族的エコロジー的環境を回復し、グローバル・ヴィレッジ・シアターへと反転する[6]（マクルーハン／パワーズ 2003: 249）。その補足として、オーソン・ウェルズの有名なラジオ・ドラマ「火星人襲来」がとりあげられている。臨時ニュースの形式をとったそのフィクションは、一〇〇万人あまりの聴取者の避難行動として現実のものとなった。つまりオーディエンス（聴衆・観衆）が同時に演者にもなってしまうのがグローバル・ヴィレッジ・シアターの特質であり、このような特質を担うメディアとして、ラジオという聴覚メディアが筆頭に取り上げられているわけである。

そもそもグローバル・ヴィレッジとは、ケルコフ（1999: 220）によれば、「国際的なテレコミュニケーションが行き交う複雑きわまりない舞台に、なにか名前をつけようということで生まれた」概念であり、透明性・即時性・知的環境という三つの側面において意識のグローバル化をともなった、そして都市や町より狭いニュアンスをもつ「村」という語を用いた命名であった。ラジオのニュースを通じて人々は、世界の出来事に即時にアクセスでき、新奇な現象や人名を知識として世界中と共有する結果、世界を身近で小さなものと感じる認識をそなえていく。ここから、映像・視覚メディアと音声・聴覚メディアの差異はさほど問題でなく、両者は同質の作用をもたらすといえまいか。

以上のような点から、非グローバルな聴覚メディアによる参加を考察の俎上に載せる見通しが得られる。いっぽう、グローバルなものへの参加に関してはどうだろうか。たとえば環境問題を論じるときに、「地球にやさしい〇〇」といったキャッチフレーズをともなってなされる主張に不明確さがつきまとうのは、地球全体の環境というものを等身大で考えることが困難だからではないだろうか。メディア経験においても、いかにグローバル・メディアであろうとも、ごく一部の人間をのぞくと、常にグローバルなアクセスを意識化している状態は想定しにくい。ではどのようにして「グローバルな参加」という事象を対象化すればよいだろうか。

本章で試みたいことは、ラジオを通したグローバルな参加それのみを単体として考察することをやめ、人々の日常生活におけるラジオというメディア経験をひとつづきのものとして捉えることである。フィリピンにおけるラジオを通した参加には、いくつかの様態がみられるが、それらを別個に論じていたのでは見えてこないような、人々とメディアのかかわりの総体を捉えるということは、メディア経験をする当事者の生活を中心に据えるということである。[7] このようなアプローチは、カルチュラル・スタディーズのオーディエンス研究とはまた別の角度から、フィールドワークにもとづく文化人類学のメディア研究が取り組むべき課題のひとつであると考える。[8]

ラジオ・セブアノ——フィールドノートから[9]

フィリピン全土には、テレビ局は四〇局あまりあるのに対し、ラジオ局は大小あわせて五〇〇以上もあり、セブ市にラプラプ、マンダウエ両市を加えたメトロ・セブ（セブ広域都市圏。筆者のフィールドであるバンタヤン島は、この放送圏に含まれる）には、二〇〇三年現在で、二四のFM局と一五のAM局が開設されていた。数もさることながら、フィリピンの日常生活において、きわめて普及度の高いメディアであるという点が注目に値する。ここではセブ市内のラジオ局における調査から、ラジオ番組を聴取するという行動が、いかに参加という形態となってあらわれるかを検討したい。その際、参加の形態を三種類に分類する。ラジオ放送への直接的参加、間接的参加、そして実体をともなわず仮構されるものへの参加、である。

この三つの段階を追うごとに、参加の度合いは希薄化していくように考えられる。なぜならこれらの参加の様態は、ラジオ放送を「聞く」に付随する動詞として、それぞれ「発声する」、「知らせる」、「思い描く」が対応するからである。本章の主題に直結しているのは、直接的・間接的参加行動をともなわずして「聞く」だけで参加が実現している第三段階であるが、この段階を単体として考察するのではなく、ラジオを日常生活における卑近なメディアとして使いこなしているビサヤの人々の日常行動の連続体のなかに設定して考えることが重要であると考える。

1　番組への直接参加

聞くことによる参加としてまず思い当たるのは、番組への直接参加、聴取者参加番組などへの出演である。その参加形態は電話を介したものと、聴取者がラジオ局に参集する聴取者参加番組とがある。

電話による直接参加は、FM放送にあっては音楽番組への楽曲リクエスト、AM放送にあっては生活レポート番組への電話相談など、いくつかの番組タイプで聞かれる形態である。前者は簡単な会話の後リクエストする曲が伝えられ、その曲がかかるという日本でもよく聞かれるパターンであるが、それに聴取者による伝言メッセージが付随している場合がある。聴取者が特定個人もしくは集団に対し、お誕生日おめでとう、田舎のみなさん元気、といった簡単なメッセージを伝え、ラジオ放送が声の伝言板のようになるもので、FMでもAMでも放送されることがある。これは、仕事や就学のためセブ市に住んでいる聴取者が、セブアノ語圏の郷里に語りかけるというスタイルをとっており、日常的な会話の延長として、メッセージの送り手と受け手があたかも一つ屋根の下で共住しているかのような効果を生み出す。ラジオは「空間の超越」をなしうるメディアであると同時に、「空間の創出」をも可能にする。

もっともセブのラジオ放送は、「空間の超越」より、空間をよりリアルに実体化する場合があり、それが聴取者参加番組と放送局訪問行動にあらわれる。

「一九六三年にセブ局をもった当初は、Park Place Hotel（当時はRaja Hotelといった）のビルにあったが、このホテルは五つ星ホテルなので、スリッパ履きの聴取者がたくさん訪れることを禁止し、そのためにGill Mallに移った後、現在のダウンタウンに移ってきた。番組は聴取者参加番組が多く、くじ引きで景品（米一カバン＝約四五キロ入りのサック一袋、Tシャツなど）をあててもらうようなゲーム番組もある。とくにAM局の場合、聴取者が気軽に訪れることのできる立地が必要であるので、現在の場所はそれに適している。このようなゲーム番組は、フィエスタの時のプログラムのようである。ラジオ番組がフィエスタに影響し、またその逆もしかりである。いずれにしても人々の日常の娯楽を取り入れた番組、日常とかけ離れない番組づくりが肝要である」（AM局DYHP局長）

このような語りが示しているのは、スリッパ履きの一般聴取者がいつも局を出入りしているということである。セブ市内のラジオ放送局の空間配置には、一般的に、FM局は山の手に、AM局は下町に棲み分けるという特徴的傾向がある。AM局の放送内容は、聴取者の日常生活と密接な関連があり、またそれをめざした番組づくりが心がけられている。したがってAM局にとっては、聴取者が気楽に訪問できるように住宅密集地である下町や交通の便のよい繁華街に立地していることが条件なのである。それに対して、FM局は音楽番組が中心であるため、とくに聴取者のアクセスに利する立地が必要であるとは限らない。

もっとも放送局訪問行動は、上記のようなゲーム番組に参加するだけでなく、医療や行政のサービスが十分でない、役人や警官による不正のため被害を被っているといった日常生活上の苦情をラジオ局に持ち込み、何らかの解決もしくは自体の進展を求める場合にもみられる。それはラジオというメディアが、後述する生活密着型報道番組に直結する事情聴取の機能を担っているからである。

2　参加としての情報提供

実際に番組に出演するなどの直接的形態をとらずしてラジオに参加する場合がある。それは情報提供という行為を介したものであり、典型的にはリクエストと事件報道である。

電話リクエストについてはすでに上述したが、聴取者の声が実際に放送に乗らない場合でも、音楽番組の大半は聴取者のリクエストから成り立っており、間接的な参加形態であるといえる。

近年、電話によるリクエストにかわって主流をなしつつあるのがtexting（携帯メール）による接触である。textingはとくに、「ラジオ・ジャンキー」（もしくは「プロフェッショナル・リスナー」）と呼ばれる固定の聴取者との間でやりとりされることが多く、DJの中には何台もの携帯電話をたずさえて放送ブースに入る者もいる。固定聴取者の多くは高校生で、彼らはとくにリクエストがないときでも電話をかけてきたり局を訪ねて来たりしてDJと顔見知りになるのである。このようなフェイス・トゥ・フェイスの関係が創り出されていくことによって、ラジオの公的性格という側面とはまた別に、ラジオ・メディアはきわめてパーソナルな空間を作り出す作用をももっている。[10]

リクエストに根ざした音楽番組にも工夫が凝らされているものがある。たとえばAM局DHPPの人気番組『Handomanan sa usa ka Awit（思い出のあの曲）』は、聴取者に思い出の曲をそれにまつわるエピソードとともに紹介してもらい、その思い出話にもとづいて書かれたシナリオをドラマ仕立てで放送し、ドラマの最後にその曲がかかる、という構成である。また音楽番組ではないが、聴取者から情報を得てシナリオを作成する番組としてほかに、やはり人気番組の『Kini ang Akon Suriran（これが私のトラブルだ）』がある。これらもやはり、聴取者は情報提供を通して間接的に番組づくりに参加している。

もうひとつの情報提供によって成り立つラジオ放送として考えられる事件報道については、AM局の代表的番組である生活レポート番組に着目する必要がある。このカテゴリーの番組は、局によって「ボンボ・パトロール」、「バンタイ・レポート」などの通称で親しまれており、聴取者から具体的な生活上の苦情を受け付け、行政サービスの不備や警官の不祥事、労働問題などについての現地レポートをおこなうものである。その場合、番組構成上、まず苦情主に電話出演してもらって苦情内容の口頭説明を放送する場合があり、その場合は先に述べた実態をともなった直接参加となるが、その段階を省略して直接レポートする場合にも聴取者の参加が必要となる。この間接的参加にはさらに、情報内容の取材が局のスタッフによる場合と、現地レポーターからの無線連絡による場合とがある。たとえばDYDD（バンタイ・ラジオ）はセブ州で広範に聴取されるポピュラーなAM局であり、「バンタイ・レポート」という目玉番組を放送しているが、局は一七名のスタッフで切り盛りされており、州庁担当（一名）、市役所担当（一名）、メトロ・セブ担当（一名）、リージョン担当（一名）、警察担当（三名）、ニュース原稿執筆担当（四名）、ニュース・センター担当（四名）などがいる。重大な政治問題、事故、災害などが発生したときには、彼らスタッフが地方に派遣されることがあるが、通常でも、広範な聴取圏をこの人数でカバーするのは限界があり、全ビサヤ（セブアノ語圏）に約三〇〇〇人のボランティア・レポーターがいる。彼らは行政町ごとに一つずつ配布された無線機で、事件があるとレポートする役目を担っており、ボランティア・レポーター養成のために局は各町で基礎セミナーを開催している。

3 仮想連帯への参加

上記二項目は、直接的にせよ間接的にせよ、聴取者は「聞く」という行為以外の何らかの行動（放送局を訪問する、電話をかける、など）を通して参加の実態がともなうケースであった。しかしここではさらに進んで、「聞く」行為のみによる参加の形態を考えてみたい。

ある健康商品のCMを例としてとりあげる。この健康商品は滋養強壮に効能があり、ハーブ茶もしくはカプセル剤として連続して服用することによって効能を得るものである。この健康商品を製造する会社は、ウィークデイの毎朝定時に放送される健康番組のスポンサーであり、その番組自体、その製品に適合するような症状をもつ聴取者が電話相談をもちかけ、それにパーソナリティが応じながら製品を勧めるという形の番組であった。そして番組の終わりには、その商品を取り扱う店が町村ごとに紹介されていく。この番組自体は電話による聴取者参加番組であり直接的参加の形態をとっているが、着目したいのはむしろその後の、商品取扱店やコンタクト・パーソンのアナウンスである。

「ボゴ町タンケのマクシミノ・マクセレティアはボゴ中央小学校の裏、携帯番号は××××。サン・アントニオのレリアル・ガルメサ、電話××××。グヨン町ボルボンではグヨン公設市場、電話××××。バンタヤンでは公設市場の果実売り場のアルネヴィリア・デサンパラド。バンタヤンのシリオンでは村長エバ・パクリバロ。マドリデホスでは公設市場正面のマンシオ・カラビオ、電話××××。サンタフェ町マリカバンではノエル・メルヴィダ。バランバンのエヴァン商店、携帯電話は××××。タボゴンでは生活協同組合。ダアンバンタヤンではリサ・モンティゴ、電話××××。アゴホのジャンクレ薬局、電話××××。……」

このアナウンスは十数分つづき、放送圏内のほとんどすべての町や村にわたるという詳細さである。じっさい各町村の公設市場には、最低一軒はこの商品を扱う店があり、聴取者は放送圏内の別の町村へ行ってもその商品を店頭で見ることができる。あるいは実際に他の町村へ出かけなくても、放送を聞くことによって遠隔地が次々と接続するイメージが喚起され、想像における「空間の創出」がなされるという効果を持つ。上記の放送中、バンタヤン島内にある商品取扱所は四カ所であるが、それが他の場所の取扱所と次々と並置されていくことによって、音声による地続き感が生成されるのである。あるひとつの商品によって遠隔地の町村名が長大に連続していくこのアナウンスは、聴取者が商品名を耳にするたびに流通範囲のひろがりを想起させるわけであり、CMひとつとっても商品という具体性をともなって地域的広がりを実感できる仕掛けとして働いている。

この番組を放送しているのは、先にあげたバンタイ・ラジオである。この放送局は西ネグロス州とセブ州をカバーしており、放送語としてセブアノ語を使用するというポリシーを持っている。[11] したがって音声による地続き感といっても、セブアノ語という地方語の通用する範囲を聴取圏とするまとまりにすぎないという一面はある。しかしそもそもフィリピンにおける言語共同体は、民族集団などの集団原理の代替として用いられ、それ自体が不明確で特定されない傾向を持つ。[12]「セブアノ」という自称は、彼らの活動内容や対他関係などによって臨機に「セブアノ」や「ビサヤ」、あるいは「フィリピノ」などに変更可能な、柔軟な共同体概念である。であるとすれば、ひとつの地方語を共有する聴取圏がそのままただちに実体化されるのではなく、むしろ仮想的に連なっているものと考えることの方が自然である。そして、その仮想連帯への参加を保証する知的資源としてラジオを捉えるときに、「聞く」という行為の能動的な側面をひらくことが可能となるのである。

あちら側／こちら側、の垣根を越える

フィリピン・ビサヤ地方の人々が、セブアノ語のラジオ放送を通じて「参加」という行動をとる様態を、実態をともなったものから仮想的なものまで一連のものとして示してきた。「コミュニティのシンボリックな表現とシンボリックな定義は、電子メディアがあるにせよ、ないにせよ、私たちの社会性の必須条件として確立されているのである。コミュニティは想像され、私たちはそこに対面や接触をもちつつ、あるいはもたずに参加する」（シルバーストーン 2003:227）といった指摘をここに重ね合わせてみれば、ローカルな聴覚メディアを聞くことによって、聴取者がグローバルな状況に向かい合い、参加を示すことをよりよく理解できるだろう。ラジオへの「参加」行動をひとつの連続体として捉えたときに、自らの声がそのまま流れる（直接参加）、もしくは自分のリクエストや要望が番組に生かされる（間接参加）その同じ機器から流れる、遠く離れた場所の出来事を人々は自分たちとはまったくかかわりのない出来事として聞き流すわけではないという可能性が生じるのである。ただしその参加の実態を詳らかにする準備は現在の筆者にはないので、資料をともなった議論は他日を期さねばならない。

最後にあらためて、「聞く」という行為に「参加」という主題を見出そうとすることの意味にふれておきたい。端的に言って、それは「あちら側＝彼ら」のみにみられる特異なメディア行動だからではなく、「こちら側＝われわれ自身」の姿でもあるからである。フィールドワークという営みを考える際、それが「参与観察（participant observation）」という語に置き換えて語られることがしばしばあることからもわかるとおり、観察＝見ることはきわめて重要である。しかし観察とならんで、インタビューをはじめとするさまざまな聞き取りの技法も用いられることを併せて考えれば、参与観察という行為においては、「見る」こ

とだけでなく「聞く」ことも参加の重要な一要因となっていることは看過すべきではない。すなわち「聞く」ことは、きわめて方法的な感覚であるといえる。

参与観察とは、佐藤郁哉によれば、社会生活への参加、対象社会の生活の直接観察、社会生活に関する聞き取り、文書資料や文物の収集と分析、出来事や事物に関する感想や意味づけについてのインタビューの五つの活動がふくまれる（佐藤 1992）。広義の参与観察とはフィールドワークとほぼ同義であり、上記の五つがその主な活動内容ということになるが、狭義には、最初の三点、すなわち「見る」こと「聞く」ことを通した「参加」の活動をさす。参与観察といっても観察行為そのものだけではなく、「聞く」という行為も参加につながっているのであるから、異文化集団に参加する際にはきわめて重要な要因であることを示している。

このようなフィールドワークや参与観察などにおける感覚の発動のされ方は、いわゆる学的営みにおいてみられる特殊なものであるというよりは、われわれの日常生活においてなされていることを意識化・方法化したものである。つまり日常生活においても、聞くことは参加することを可能にする重要なスキルなのである。われわれは、ある人々の仲間に入りたいと思って、その人々の声を聞く。逆に、「聞く」ことの遮断が社会的疎外を意味していることは、身近な慣用表現にもあらわれている。たとえば、「つんぼ桟敷におかれる」（必要な情報が伝達されないこと）や、「ハブかれる」（情報伝達の経路から脱落・省略されること）といった言い回しにも明らかなように、「聞く」という動作が鍵となっているのである。

もっとも日常的な社会参加の場面で起こっていることは、聞き耳を立てるだけでなく、視線を向けるとか、適度な距離を作ることなど、本章で「かかわりの総体」と述べたような感覚と身体技法を総合化させたようなかかわり方であるにちがいない。「聞く」という行為の多様な形態を一連のものとして焦点をあてるという本章で示してきた方向性のさらに先には、聴覚と他の感覚との連続性を問うという課題が広がっている。多感覚が総合的に発動する状態を回復することは、メディアに取り囲まれたわれわれの暮らしを考えるために重要である。知識の共有は、人々の集まりをつくる不可欠な要因ではある。しかし共有されるのは、知識そのものというより、それを獲得しようとしてなされる実践のすべてでもあるのだ。

注

1　フィリピン版ソープオペラ。「ピノイ」とは、平均的フィリピン庶民の意味である。

2　バンタヤン島はセブ島の北沖に位置し、連絡船で約八時間かかる。したがって新聞を購読しようとすれば、朝刊が読めるのはその日の午後以降、たいてい翌日となる。バンタヤン島における新聞購読率はきわめて低い印象があるが、それは識字率の問題ではなく、このような情報の遅延も大きな要因のひとつである。

3　一般に「グローバル・メディア」とは、トランスナショナルな情報や文化のフローを、大規模かつ日常的に流通させるようなメディアであり、従来のメディアにみられたナショナルな空間への閉鎖、均質な言語や伝統、文化的アイデンティティとの結合などの特徴と一線を画するとされる（吉見 2004）。

4　たとえばアパデュライは、トランスナショナルな人の移動とメディアをグローバル化の主要な与件として重視している（アパデュライ 2004）。

5　このような主張は、マクルーハンの「地球村（Global Village）」という言葉をある種の予定調和的世界として述べたものであるが、グローバル・ヴィレッジの力点はこのような地球規模の「想像の共同体」ではなく、視覚的空間から聴覚的空間への移行という指摘の方が、本章にとってはより示唆的である（マクルーハン／パワーズ 2003）。

6　ただしこれは、ラジオに特有のテトラッドとして示されている場合もある（マクルーハン／マクルーハン 2002）。「回復」の局面で「聴覚的なものの第一義性の回帰」に言及がなされている点にも注目すべきであろう。

7　「かかわりの総体」の考え方は、鬼頭秀一のいう「かかわりの全体性」から示唆を得ている。鬼頭は環境倫理思想の立場から、自然と人間を対置させる二分法を退け、自然と人間が「生身」の関係にたつことが環境問題の解決に必要だと説く。そのためには、社会的・経済的リンクすなわち生業と、文化的・宗教的リンクすなわち生活の諸々の活動を「切り身」としてではなく、諸リンクのネットワークの総体のシステムを回復することが課題であるが、そこでは自然と人間は分断された部分的結節点でつながっているのではなく、生業（自然に対する人間の能動的働きかけ）と生活（自然から受ける受動的働きかけ）をあわせもった人々の暮らしが中心に据えられることになる。人とメディアの関係を、当事者の日常生活（鬼頭の語法とはことなる）からみていくという本章の発想のヒントはここにある（鬼頭 1996）。

8　オーディエンス研究など、カルチュラル・スタディーズの影響とは別のところに人類学のメディア研究を構想するものとしては、原（2004）参照。原は、マスメディアを連結点とするホーム／フィールド／人類学の相互関係を検討し再構築する新たなメディア人類学を構想している。本書エピローグを参照。

9　以下の資料は、川田（2003a、2003b）などの既刊文献に加筆修正したものである。ただし資料の分類方法は、本稿の主題のために大幅に改変した。

10　Jo Tacchiは、ラジオの聴取を社会的活動であると捉えると同時に、非公式の社会空間、ドメスティックな音環境を生成させると指摘している（Tacchi 2002）。

11　このインタビューに応じてくれた局長によれば、それは、フィリピンのメディア発信の大半がフィリピノ語ならびに英語でなされることへのプロテストであるという。テレビに至っては完全にこの二語による発信がなされているため、現在、セブアノ語によるテレビ局の開設をめざしている。

12　《ethnic group》という用語の代わりに《ethno-linguistic group》という用語が多用されるのも、たとえばアフリカ社会のように民族集団が弁別的に認識し得ないことの譲歩的表現である。

文献

アパデュライ、アルジュン 2004『さまよえる近代――グローバル化の文化研究』門田健一訳、平凡社

川田牧人 2003a「多重メディア環境における文化の能動性――フィリピン・セブ市のラジオ放送」『民博通信』一〇二号、九―一二頁

―― 2003b「制度と行為体的聴取者（アクティブ・リスナー）――セブ市のラジオ放送から聞こえてくること／見えてくるもの」西村知・川田牧人 編『制度を生きる人々――フィリピン地域社会経済の学際的研究』（南太平洋海域調査研究報告 四〇号）、鹿児島大学多島圏研究センター、九五―一一八頁

鬼頭秀一 1996『自然保護を問いなおす 環境倫理とネットワーク』筑摩書房

ケルコフ、デリック・ドゥ 1999『ポストメディア論』片岡みい子・中澤豊 訳、NTT出版

佐藤郁哉 1992『フィールドワーク――書を持って街へ出よう』新曜社

シルバーストーン、ロジャー 2003『なぜメディア研究か』吉見俊哉・伊藤守・土橋臣吾 訳、せりか書房

原知章 2004「メディア人類学の射程」『文化人類学』六九巻一号、九三―一一四頁

黄盛彬 2004「グローバル・メディア」柳澤伸司ほか『メディア社会の歩き方』世界思想社

マクルーハン、マーシャル／マクルーハン、エリック 2002『メディアの法則』高山宏 監修、中澤豊 訳、NTT出版

マクルーハン、マーシャル／パワーズ、ブルース R 2003『グローバル・ヴィレッジ 二一世紀の生とメディアの転換』浅見克彦 訳、青弓社

吉見俊哉 2004『メディア文化論』有斐閣

Tacchi, Jo 2002 Radio Texture: Between Self and Others. In Kelly Askew and Richard Wilk eds. *The Anthropology of Media*. Massachusetts: Blackwell, pp.241-257.

column

電子メディアとインタラクティヴィティ

原 知章

一九八〇年代に、コンピュータ、衛星テレビ、CATVなどの「ニューメディア」が喧伝されるようになった頃から、日本のマスメディアではインタラクティヴ（双方向的）な電子メディアについて期待を込めて語られるようになった。そうした状況は基本的には今日も変わらないように思われる。インタラクティヴな電子メディアの登場によって、従来、受身的存在であった視聴者や消費者の情報選択の自由度が高まり、さらには、視聴者や消費者の側からの情報発信が可能になるというわけである。

インターネットを例に挙げるならば、電子メディアにおけるインタラクティヴィティ（双方向性）には、ウェブ上のデータベースで自らが望む情報を自由に検索することが可能になるといったレベルから、自らのウェブサイトを立ち上げて世界に向けて情報を発信することが可能になるといったレベルまで様々な次元がありうる。そしてどの次元におけるインタラクティヴィティについても、そこには「光」と同時に「影」を見出すことができる。たとえば、インターネット上において私たちが個人情報を容易に発信できるようになったことは、企業による顧客の効率的な管理やコントロールを一層強化することにつながっているのではないだろうか。あるいは、情報選択の自由度が高まったことによって、私たちは興味のある分野の情報や特定の意見だけに触れるようになり、幅広い分野の情報や多様な意見に触れる機会をかえって失いつつあるのではないだろうか。

インタラクティヴな電子メディアを喧伝する言説に潜む陥穽を自覚した上で、私たちは、「メガメディア」と称されるような巨大な複合的企業による電子メディアの支配と、それがもたらす情報のフローの画一化と均質化に対抗するひとつの手段として、インタラクティヴィティの可能性を追求する試みに改めて目を向ける必要があるだろう。パブリック・アクセス（第Ⅲ部の原論文参照）を活用して、社会的には重要な意義をもちながらマスメディアで報道されることがなかった事実や問題に光を当て、微細ではありながらも多様で対抗的な情報のフローを生み出そうとする試みは、その一例である。

こうした試みのなかで、英米系の人類学者が特に注目してきたのが「先住民メディア（indigenous media）」である。先住民メディアとは、具体的にはオーストラリアのアボリジニやカナダのイヌイトのような「先住民族」と呼ばれる人びとが、自らの文化的権利や政治的主張を伝える目的で制作したテレビ、映画、ビデオなどの作品とその制作実践を指す。これまでマスメディアによって——そして人類学者によっても——しばしば紋切り型のイメージを押しつけられてきたこれらの人びとにとって、先住民メディアは、自らのイメージをコントロールし、他のマイノリティの人びとと連携を図るための重要な手段となっている。人類学者が先住民メディアに注目してきたのは、それが単に既存のマスメディアへの対抗手段であるばかりでなく、人類学に対する根底的な問題提起を突きつけているからに他ならない（エピローグ参照）。

とはいえ、先住民メディアを手放しに称揚することは、それが依拠するテレビや映画といった近代西洋由来のメディア・テクノロジーにいかなるイデオロギーが内在しているのかという問いから目をそらすことになりかねない。また、ある人類学者は、先住民メディアがしばしば国家による公的支援を受けて制作されていることから、「先住民メディアとは、メディアのなかの保留地（media reservation）でしかないのではないか」という疑問を提出している。これらの問題をはらんでいることを自覚しつつ、少なからぬ人類学者が、先住民メディアを単に記述や分析の対象としてではなく協働の場として捉え、先住民メディアの制作に関与し、新たな人類学的実践を模索しつつある。先住民メディアは、そしてそれと向き合おうとする人類学的実践は、「インタラクティヴな電子メディア」に取り囲まれ、その利便性を喧伝する言説が流布するなかで暮らす私たちに、真のインタラクティヴィティとは何であるのかを考える契機を与えてくれる。

参考文献

サンスティーン、キャス 2003『インターネットは民主主義の敵か』（石川幸憲訳）毎日新聞社

津田正夫・平塚千尋（編）2002『パブリック・アクセスを学ぶ人のために』世界思想社

ポスター、マーク 1991『情報様式論——ポスト構造主義の社会理論』（室井尚・吉岡洋訳）岩波書店

Ginsburg, Faye 1991 "Indigenous Media: Faustian Contract or Global Village?" *Cultural Anthropology* 6(1): 92-112.

Roth, Lorna 2002 *Something New in the Air: Indigenous Television in Canada*, Montreal: McGill Queens University Press.

Weiner, James 1997 "Televisualist Anthropology: Representation, Aesthetics, Politics," *Current Anthropology* 38(2): 197-236.

Ⅳ　新たなコミュニケーションを構想する

文化を撮る
カメラが伝えるものと伝えないもの

大森康宏

映像メディアと非映像メディア

映像による現場への参与

人類学者は活字メディアを通して仕事をすることが多いが、動画映像メディアを通じて仕事をする場合には、フィールドとオーディエンスのつなぎ方が異なることがある。まず映像では、映したものが直接オーディエンスに伝わる。そのことの欠点は後述することにして、よい点は、現実に研究調査者が見たものをもう一度再現して第三者に見せられることである。オーディエンスは、調査者と同じ視覚的体験と感激を共有できる。

たとえば、先日、パリであった民族誌映画祭[1]では、ルーマニアのジプシーの葬式に関する映画が上映された（Baraldi 2004）。一時間のショットをノーカットで見せる作品だったため、観客は、音楽演奏を聞きながら現場に一時間同席したような感覚をもった。この作品は、バルトーク音楽映画賞を受賞した。

ジプシーの息子たち、娘たち、孫たち、親類縁者が狭い部屋で、亡き母親をとり囲むように集まって、その反対側には楽器を演奏する人がいる。ヒステリーになりそうなヴァイオリンの音楽が二〇分ぐらい続いてから、それがやむ。そして娘が入ってきて、泣きながら亡き母親に話しかける。その言葉は、すべて字幕スーパーとして翻訳されている。母親と自分の関係や、今までの暮らしのことなどをしゃべっていたが、ある種の「泣き女」の役にあたるのだろうか。ほかの娘たちは黙って、涙を流して聞いている。そこへ、長男とその子供が楽器を持って入って来る。長男は泣いていないが、孫は泣いている。その二人が演奏を始める。ひとしきり演奏が終わると、娘の一人が卒倒して、周りの人がそれを助ける。全部の演奏が終わって、「ごくろうさま、みんな元気にやりましょう」と話しながら出ていく。

出ていったあと、まだカメラは止まらない。みんなはお茶を飲んだりしている。そこへ一人の男が水とコップを持ってきて、カメラマンに「どうぞ」と渡す。それでカメラマンは「ありがとう」と飲んで、ぴたっと終わる。ワンシーンが一時間で構成されていた。

この作品では、運よく撮りたいことが次々起こったため、カットせずそのまま作品として応募して、入選したと思われる。偶然にも恵まれたといえるが、それだけでなく、遺体と面会する場所を撮るために、フィールドワーカーとして長いこと現地で生活する必要がある。家族の一員として受け入れられてから、映像を撮ったのにちがいない。研究調査の実績というよりも、個人的人間関係の密度が、他の作品とは違う気がした。そうした非凡さは、疑いの余地のないものとして、オーディエンスにもじかに伝わる。

この作品では、視聴者が葬儀参列者の立場を共有できた。カットに切れ目がないから、視聴時間が現実の時間と同じである。これは、実態をモノグラフに書くのと同じく、記述の価値が高い。このように、現に起こったできごとに自分もかかわれるという点が、映像のいいところである。

活字との比較

逆に映像の弱点は、たとえば一〇分のカットをつないで、一時間の映像を作った場合に顕著になる。つまり、完成した映像だけを見ても、カットのあいだの時間に起こったことがわからない。これは文章作成にも共通する問題だが、映像は文章よりも描写力が高いので、重要な場面を記録していないととくに非難を受けやすい。しかし実際には、書き手も自分が見たことだけをもとに文章を作るわけだし、書き手の主観というフィルターを一度通って文章ができあがるわけだから、文章は事実の記録ではない。助詞など言葉の使い方だけでも、意味が変わってきてしまう。映像にも文章にも、同じような欠点があるといってよい。

活字は、抽象的なことを表現できる。いっぽう映像は、目に見える具体的なことを徹底して写しとることができる。具体的な内容を記録できるから、映像が語ることは多い。ところが、目に見えないことや、相互の事象との関係などは、映像で伝えることができない。写真家の苦労は、映像の意味を表現することにあるといってよい。絵や写真によって抽象性を表現するのは難しく、それなりの技法が必要なので、学術活動では文章で書く必要がある。ある表情に含まれる意味は、活字で抽象的に表現してはじめて、見る人に分かってもらえる。

映像を使うのが邪悪だとか、言語ではじゅうぶんな表現ができないと言っても無意味である。映像と活字を一緒に用いて、互いの欠点を補うようにしたほうが、よい研究活動に結びつく。本来なら、言語と映像をタイアップさせた映像作品を一つ作ったら、別に論文を書いて映画を解説するべきだ。たとえば、登場人物どうしの関係も、映画のなかで解説するのは限界がある。義理の親族と言っても、観客には伝わりにくいだろう。どういう義理の間柄でどのくらい一緒に住んでいたのか、撮影の時にだけ来たのか、などの点は、文章で説明したほうがクリアに分かるし、映画の観客にも違った感情を与えることができるだろう。これらの点は、映像として見せるだけでなく、映像と文章の両方で示さなければいけない。

映像がいい悪いとか、文章よりも映像のほうがいいとか、今後も議論は蒸し返されるだろうが、いい成果を出すようにお互い協力させるような活用の仕方を考えるべきだ。それが一番重要なことだ。

音声の力

最初にふれたジプシーの映画には、解説が一切ない。しゃべった言葉だけを、字幕スーパーで入れてある。それに近い映画を、私も最近作った（大森 2003）。ラテン語を全部日本語に訳して、文字と音声と映像の力を総動員したが、そこにはわずかな解説しか入っていない。詳しい解説を入れると、編集の仕方によっては誤解に導くことがあるからである（後述）。

音声の力に関しては、NHKで放映していたある作品を思い出す。一〇年前にルワンダでツチ族とフツ族の対立が起こったとき、国民はラジオに翻弄された。他の媒体がない所では、ラジオの音声が強い力を持っているので、政府が扇動するとおりに国民は動いた。自分たちで相手を殺さなければいけないと、本気で信じた。その時のことに対する嫌悪感があるので、国民はラジオを聴くのをやめていたが、最近NHKが同じ家族の所に取材に行くと、音楽番組を楽しむために再びラジオを持ちはじめていた。

音声は、「神の言葉」を表現する媒体として、昔から重要である。霊媒師が神の言葉を再現する儀礼や祭式のときには、音声が重視される。音声の持つ力は、そのときどきの政治的権力にコントロールされなければならないほど、大きな意味の力をもつ。儀式をとらえた映像作品でも、視聴者は音声に酔うことが多い。たとえば、六〇年に一度のドゴン族の祭では、年長者が参列者にわあーっと声をかけて、それに合わせて参列者がダンスをして回る（Rouch 1966）。六〇年に一度しか聞けないこの音声は、強い力を持っているが、記録されたり再生されたりするとその力が失われると信じられてもいる。今はそういう考え方は薄れたが、やはり生の声は素晴らしい。

舞台芸術では、生の声と立ち居振る舞いの両方が一致するからこそ、美を表現できる。バレエや能、狂言でも、声の調子と身体の振り方が同調することで、われわれの想像がふくらむ。能では、一歩か二歩歩いて一〇〇里歩いたことを表現する。つまり、省略による時間の短縮があるわけで、この点は映像と同じである。この省略を、われわれは想像でつないでいる。映像なら、カットとカットの間を想像でつないでいる。このように理解しようとする能力によって、われわれの想像力は豊かになる。

媒体の伝えるものは確かに真実ではないかもしれないが、現実に、われわれはいろいろな情報を得ている。科学が発達して真実かどうかが問われるようになると、劇場放送や出版物のカリスマ性が問題になったり、真実の歪曲が問題になったりする。しかし、どこかで伝えなければいけないこともある。そこで、作品の作り方を前置きしたり、視聴者（読者）が作品の使い方を熟知したりすることで、媒体の長所が生かされる。これを誤ると、プロパガンダ映画を盲信するような過ちが起きる（後述）。

映像人類学のフィールド

聖域の映像化

今まで四三～四四本の作品を作ったが、最初の作品はジプシーの映画だった。そのあと、食品やフランス、アフリカなどを題材にした。一貫して考えていることは、人間の心の中にある聖域や聖性（sacré）。その境地を生活の中からどう描き出したらいいかというのが、私のテーマだった。普通に考えると、それは映像に映りにくいテーマである。さまざまな映像から、「その土地で暮らすあの人たちは、こんな気持ちで生活している」ということを、聖域とも思われる日常によって表現しようとしてきた。そのためには、一つの民族の人たちを何本もいろいろな角度から撮る必要がある。ジプシーやマヌーシュについては五～六本撮った（大森 1977, 1980a, 1988）。一本ぐらい見ただけでは、私の表現する聖域を説明なしで理解するのは難しいかもしれないが、それらを全部総合すると、彼らの生きざま、聖域とする生き方が分かってくるように思う。

日本人を撮ったシリーズでは、祭そのものが聖なるものと関係することが多かった（大森 1984b）。しかし私は、祭に関わって生活や行動様式を撮る中で、神の力が及ぶ領域を表現するよう努めた。たとえばイタコは、神とかかわる聖域そのものだが（大森 1994）、彼女なりの生き方という意味での聖域も、別にある。イタコが時代とともに減っていなくなってしまったとして、後世の人たちが彼女らを見たとき、「イタコというものが昔あったらしいが、今の世の中に別なかたちで残っていないか」と比較できる。その点で、民族学の映像記録は重要になってくる。

『消えた氷屋』（大森 1984a）では、自分の生きる道に対する信念、信条にしている聖域を、表現しようと試みた。だれでも、心の中に信条や理想を聖域として持っているはずなので、生活や職業を追いかけるなかでそれを撮影した。神様を拝む場所という形式的な意味での聖域でなく、神の力やよりどころという意味での聖域が、人間の中にある。それを描くことが私の関心である。

『追走狩猟』（大森 1980b）で撮影したフランスの鹿狩りは、遊びであるにもかかわらず、「自分たちは動物がいるからこそ生きていける」という感謝の気持ちに支えられている。殺された動物は、人間に聖なるものを還元する。そのような動物と人間とのかかわりを伝えたかった。今は肉屋があるから、そうした関わりも減っているが、映像で表現することによって、後世に伝えることができる。

人の生きざまや信条は、聖域として表現できる可能性が高い。『巡礼』（大森 2002）も同じように、巡礼宿屋を経営している人の生き方を日本人とフランス人とで比較している。撮られて映っている人物を通じて、文化的な違いだけでなく類似性にも気づくなら、聖域に通じるものを捉えられるだろう。視聴後にもう一度反復したり、他の研究と比較して考えたりした時に、何かの拍子で感覚的な判断の境地へ達することがある。論理的な判断力に加えて、そうした感知力もまた、映像を研究に役立てるうえで非常に重要である。

気を込める――撮影現場での対話

数年かけて撮った作品でも、一回だけ行って撮影した時でも、力《りき》を入れて撮影することが重要である。狙いを定めて撮っている自分自身は、映像の中で振る舞っている人にどう一体化したらいいのか、考えるべきだ。踊り手が踊りに気を込めるように、単にカメラを回すのでなく、気を込めて撮る。撮られる人の生活に対して、自分の心情を入れながら撮る。相手の立場や考え方に一体化する。相手の生活の中から、世界を見るように努力する。そうしたことに留意すると、作品として仕上がった後にも、映像は多くのことを訴えかけるようになる。

私も、マヌーシュを撮影するにあたり、自分の考えに合わせて記録を取るのではなく、私がマヌーシュに合わせて撮ったから評価されたのだと思う。本格的に映像人類学をやっている人は、同じことに気をつけている。ジャン・ルーシュ[2]は、フィクションの映画を作る時であっても気を込めているし、エスキモーを撮ったブルガリアのアセン・バリクシ[3]も、そのことをよく口にした。一般のドキュメンタリー映画を撮る人にも、そのことに留意する人は多い。気を込めることに留意すると、おのずから、オーディエンスに訴えるような映像の撮り方、カメラの持ち方を考える。これは、撮影技術のもっとも重要な点のひとつである。

とはいえ、気を込めるように心がけても、一回だけの撮影でよい作品に仕上げることは難しい。インドネシアで撮影した『土と火と水の葬送』（大森 1990）も、この点が不満であった。通訳を通して会話をしていたため、表面的な話しかできず、対等な関係も持ちにくい。そのため、一マスコミのテレビのカメラぐらいにしか思われず、残念だった。時間があれば、家族の中に入って話をしたかった。そのうえで、作品全体に気がみなぎることが重要だと思う。撮影者がそう心がけるからこそ、撮られる人も、いつもと違った表情をカメラに向けてくる。

ファーストコンタクトは大切で、それに失敗すると、いくら撮っても映像としては失敗することが多い。調査に行っても住み込みにくい場所と、人びとが受け入れてくれて自分も落ち着くという場所がある。受け入れてくれない所で無理を押して調査しても、ぎすぎすしてうまくいかない。とくに映像の場合には、そうした無理が上映画面に見えてわかってしまう。一回行ったただけで上手に撮れたり、評価がよかったりすることは、じつにまれである。

逆に、現地との付き合いが長く、そこに入り込めるのであれば、撮影に成功する。作品に仕上げる目的で撮影をおこなう場合は、何度も調査に行って状況を充分に理解してから、撮影を始めるべきだろう。私は、日本人シリーズを撮るのにも時間をかけた。『烏帽子《えぼし》の子たち』（大森 1985）も、友人の親戚が現地にいて私をよく知っていたから、撮影の話が進んだ。フィールドワーカーとして、撮影地の人たちを研究対象として見るのではなく、まず人間として付き合いながら見るという原点を忘れないことだ。

疑問を喚起するショット——オーディエンスとの対話

撮影中に意識すべき点として、撮影者が気を込めて正確な情報を記録しつつ、かつストーリーを伝えていこうとする心構えが大切である。正確さは、自分の調査の範囲でかまわない。状況によって事実は変わるかもしれないし、ほかの人が来たら違う結果になるかもしれないからである。ただし、いくらオーディエンスに気を使っても、正確さが伝わらない場合もある。たとえば、恐山にイタコが集まるのは夏の大祭の時だと最初に説明しているにもかかわらず、上映が終わってから、イタコはいつも恐山にいるのかと質問する人がいる。誤解というより、一方的な思い込みで解釈をしている。劇映画とちがって、研究のために作られた民族誌映画では、勝手に解釈されても困るので、どこかで説明する必要があろう。

撮影中は、オーディエンスが感激するようにカメラを回すことよりも、日本人以外の人が見ても分かるかどうかに注意する。とくに日本に関するものを撮影しているとき、たとえば『烏帽子の子たち』の場合には、家紋や足袋などをアップで撮った。これらは、日本人にとっては常識なので、われわれは普通撮らない。しかし、外国の人は家紋を知らないので、彼らが見たときに疑問を起こさせるよう、いくつかショットを撮っている。何を意味するかを映画のなかで解説できないとしても、そのショットはあったほうがよい。

ジプシーの映画なら、ヨーロッパ以外の人が不思議に思いそうなことに気をつける。たとえば、ルーロット（馬車）の下がどうなっているかを、必要なくとも撮ってみる。子供のようすなども、オーディエンスがフランス人の場合には必要ないかもしれないが、日本人には分かりにくい振る舞いをすることがあるので撮っておく。映像が論文と異なっているのは、研究者だけを対象にするのでなく、一般の人にも理解させなければならないということである。

映像人類学の調査法

映像人類学のもともとの考え方に従えば、最初は仮説を立てず、ある民族である相手が受け入れてくれたら、撮り進めていく。家事労働、日常生活、仕事など、その社会を多角的に撮る。撮ったものを撮られた人たち自身に見せながら、話し合うなかで、自分の追究すべき問題についてはじめて仮説を立てることができる。

人類学者のなかには、それを省略してしまう人もいる。最初から興味を持つことについて仮説を立て、それを証明するためにフィールドまで見に行って、そのことを論文に書くのである。もちろん、論文を多読する人にはそのことが分かってしまうのだが、映像人類学でそのやり方をしてしまうと、如実に作為性が出てしまう。そこで、スタート時点には思い込みを持たず、試行錯誤する中で仮説を立て、その仮説を撮られる人、調査される人にも示したうえで、互いに研究していくことが、映像人類学では必要だと思う。

仮説に頼らない姿勢は、編集の段階でも重要である。撮影しているプロセスが途中で中断したり、あるいは自分の描いていたシナリオから外れていったりしても、あきらめずに最後まで撮影して、完全な作品でないことを編集過程で明確に示すことが必要だ。見ている人に感動を与えようとして、編集で創作したり、都合よく解説でごまかしたりすると、逆に全く信頼を失う可能性がある。

たとえば、民族誌映画の撮影中に儀式が中断してしまったら、中断したことを説明したほうがよい。期待はずれも現実であり、それを収めるのがフィルムなのだから、民族誌映画では、正直に失敗を語っておくほうが信頼を得やすい。この点は、文章との大きな違いである。文章は上手に書くか、書かないでおくかして、何となく次の話に持っていくことができる。書き手がうまければ、相手を引き込むようにうまく書いてしまう。しかし映像では、失敗は一目瞭然で、それを隠すことは不可能に近い。

唯一それを隠す手段は、編集のテクニックをうまく使うことである。しかし、それをやってしまうと、視聴者の信頼を得られなくなるだろう。視聴者は、現実の映像制作でどのぐらい尾ひれがつくかをよく理解しておかないと、だまされてしまいかねない。これからは、論文の読み手も映画を見る人も、責任を持って作品に接するよう求められるのではないだろうか。日本では、与えられた情報がすべて正しいと思って疑わず、それを信じて行動したために失敗することがよくあった。その失敗の責任は、情報を受ける人にもあったと思う。これからの時代は、情報をすべて自分の責任において判断しないと、とんでもないことになる。

メディア・リテラシーについて

同じ映像を二回見る

解説が多い映像を見る場合には、二回見ることをお勧めする。一回目はまず、解説なしで見て第一印象を得る。次に内容を見取るための解説を聞く。簡単なようで、こうした鑑賞方法は難しい。しかし、映像の読解力を高めるには効果的である。

ビデオで映像を見る場合には、音の解説を消し、映像が言いたいことを音なしで判断する。次に、解説なりコメントを入れたものを見て、最初の判断と解説をふまえた判断を比較してみる。一般に、字幕スーパーによる解説は音声ほど邪魔にならず、耳から入る音声は人を信じこませやすいように思う。たとえば、曇りがちの天気の映像に対して、「今日は少し曇っています」という解説を入れると、確かにそうだと思ってしまう。しかし、解説がなければ、「花粉か黄砂で霞んでいるのかもしれない」と、いろいろな可能性を考えるかもしれない。

解説が入ると考える余裕がなくなるので、映像を見るときにはまず解説なしで見てから、解説を入れるようにする。極端に言えば、テレビのニュースも、音声を切って見ればよい。字幕だけでも理解の助けになるので、昨今のニュース番組なら、ある程度は理解できるだろう。自分が感じたことを自分で納得してから、もう一回見てみる。そうすると、自分の解釈と解説の違いがわかって、映像の一側面の問題が明らかになる。そのような訓練をすれば、映像が何を意味していて、その映像が字幕どおりのことを表しているかどうか、常に判断する習慣がつく。映像リテラシーを向上させるための、ひとつの方法である。

私の映画には、解説が多くない。初期には解説を入れるよう言われることが多かったので、再現映像を加えたアフリカの映画（大森 1983）や『追走狩猟』には解説を添えている。そのあとの作品は、原資料として使えるような映像を作るため、できるだけ解説を避けた。とくに『サント・マリー・ド・ラ・メール巡礼』（大森 2003）は、現地の言葉だけを翻訳して字幕スーパーで入れたから、その場の状況が判断できるようになっている。見るほうは解説などにとらわれず、いろいろ考えたほうがよい。映像が何を伝えているか。それから、自分が体験した場所についての映像なら、その映像が現実からどれだけズレているか。そのようなことを意識しながら映像を視聴しなければいけない。

見たことだけから判断する

一年に一回か二回しか起こらない現象を撮って、しょっちゅう起こっているように見せかけるような映像がある。たとえば最近では、観光地のポスターが問題になっている。冬にスイスでスキーをしようという文句と一緒に、素晴らしく晴れた場所の写真が出ている。実際にはいつ行っても曇っていて、一カ月に一度くらいしか写真どおりにはならない。よくあることのように解説していても、批判的な目を持って、まずは疑ってみることが必要だろう。

現にいま目にしている映像をよく見て状況を判断すること、自分の目で現実を判断することが重要である。そうすると、現実はそうではないのではないかと思えてくる。違っているならなぜ違うのか、トリックの構造を知るきっかけになる。学校でもそういう授業があるべきだが、日本では映像の見方の教室はない。

フランスでは、そうした授業が小学校からある。抽象画、ピカソとかシャガールの絵を小学生に見せて、「これは何に見えるか」と聞くと、勝手なことを言う。先生は、勝手なことを言った子一人一人に、どうしてそう見えるのかを説明しなさいと、プロセスを問いかける。日本で問いかけるのは結果で、「あれは鳥」と言う子には「鳥ではない」と教えてしまう。むしろ、鳥に見えた理由や、生徒が頭の中で考えたことを大切に育てるべきだ。そういう教育をしていくと、生徒の発想が豊かになる。

ドキュメンタリー映像だけでなく、グラフィックアート一般や、戸外でみる自然現象も、そうした授業の材料になる。たとえば窓から見える観覧車を子供に見せて、[4]何に見えるか訊いてみる。おとなには観覧車にしか見えないものを見て、全然違う発想をする子供もいる。それを無理やり「観覧車だ」と教えてしまうと、子供の想像力をそいでしまう。ヨーロッパでは、そういう教育を小さいときから十数年間もやって、高等学校を卒業するまぎわの哲学の試験では、日本の子どもたちに答えられないような問題を出題する。たとえば、「EUにおける全体主義と、過去に議論された全体主義の関係について、哲学的な意味を書け」といった問題がそうである。このようにヨーロッパでは、自分なりの考えを書かせることを厳しく訓練している。

ヨーロッパではまた、子供が悪いことをしたとき、親はやめろと言わず、なぜやったのかと聞く。そして一理あったら、ほめてやる。日本でも、そういう教育が必要である。大学に入る生徒も、そういう教育を受けてこなかった。大学院生になってからでも、ものの見方を考えさせるようトレーニングすればいい。ものの見方が分かれば、日常のテレビに対する彼らの見方も、鋭いものになる。

映像業界に関していえば、有名大学で美学を修めて評論家になる人が多いが、人のことを評価したり批評したりする前に、自分で映像を作って実践してみてほしい。なるほど、大学にある美学や映画論、哲学などのコースを取って映像を専攻するようになった人は、確かに頭がよい。しかし、実際にまず映像を撮ってみて、撮ってみた感覚と、自分の論理で考えたこととの食い違いを見極める必要がある。実践を始めると、評論することが簡単でないことがわかるはずだ。

映像人類学を志す学生は、下手でもいいから自分で作ってみて、その中で少しずつ訓練していけばいい。私が指導する総研大の[5]大学院生たちも、頭角をあらわしてきている。今の時代、ビデオカメラはどこでも入手できるし、撮り方を教える学校も少なくない。自分探しのようなフィクション映画ばかりを作るのでなく、少しはずれた視点とエスプリで、民族学や人類学に関係する映像を撮ってみてはいかがだろうか。

最後に、すでに人類学を専攻している人たちには、ストーリー性を持たせた撮影と編集をして、生活のパターンを表現するよう試みていただきたい。記録映画だけを作る人類学者は多いが、人類学が発想の中心になってしまい、一冊の本を読むような感激が多くの場合に伝わっていない。そこで、学術的な題材を記録する場合にもイントロと結末を明確にして、オーディエンスが求めるストーリー性をうまくアピールするようお勧めする。もちろんそのなかで、民族に対する作者の考え方を表すことは不可欠である。

日常生活と生業、家族の問題、もの作りの過程などを凝縮して作品化するだけでも、ストーリーは展開する。それらの主題に付随して、周りの日常でどのようなことが起こっているかを記録すればよい。そうした業績が蓄積されていると、研究者と作家という両方の分野で評価される可能性がある。私の所属する民博でも、作品が論文と同様に業績として評価されるようになった。映像作品だけでなく、音楽作品も評価対象になるのである。民族音楽を作る体制を築いて、傑作レコードを作ることなども、今後変わっていく民族学や人類学では大いに必要だろう。私は映像人類学のレールを敷いた、あとは後輩がそれを発展させてほしい。

注

1 パリの民族誌映画祭（Bilan du Film Ethnographique）は、一九八二年以来、ジャン・ルーシュを中心とする民族誌映画委員会（Comité du Film Ethnographique）がパリの人類博物館（Musée de l'Homme）で主催してきた。現在、グランプリであるナヌーク賞をはじめ、四つの賞を設けている。

2 ジャン・ルーシュ（一九一七―二〇〇四）は、西アフリカ諸社会をフィールドとしてきたフランスの映像人類学者。映画史をふまえて民族誌フィルムを位置づけ、その方法論を実践しつつ、多くの民族誌フィルムを制作した。シネマ・ヴェリテの提唱者としても知られる。おもな作品として、『狂気の主人たち』（Rouch 1953）や『ひと夏の記録』（Rouch 1960）がある。

3 アセン・バリクシは、カナダで活躍する映像人類学者。とくにネツリク・エスキモー（イヌイット）に関する研究では、多くの著作を公表するほか、一連のフィルム・プロジェクトを監修して民族誌映画の普及に努めた。

4 国立民族学博物館の窓からは、エキスポランドの観覧車が見える。

5 総合研究大学院大学。文部科学省の管轄する一八の研究所（大学共同利用機関）を基盤とした、大学院教育のための組織。国立民族学博物館の大学院生受け入れも、この総研大の教育活動の一環としておこなわれている。

動画映像

Baraldi, Filippo Bonini 2004 *Plan Séugence d'une Mort Criée*, 62 min., vidéo, présenté en 24ème Bilan du Film Ethnographique, Comité du Film Ethnographique.

大森康宏 1977『私の人生――ジプシー・マヌーシュ』六〇分、一六ミリ
――― 1980a『トリュフ』二六分、一六ミリ
――― 1980b『伝統的追走狩猟』六六分、一六ミリ
――― 1983a『木の器』五九分、一六ミリ
――― 1984a『消えた氷屋』一六分、一六ミリ
――― 1984b『隠岐の田楽』一七分、一六ミリ
――― 1985『烏帽子の子たち』八一分、一六ミリ
――― 1988『ヨーロッパ移動民族の祭典』一七分、国立民族学博物館ビデオテーク
――― 1990『土と火と水の葬送――バリ島の葬式』一一四分、一六ミリ
――― 1994『津軽のカミサマ』九三分、一六ミリ
――― 2002『巡礼・世界の聖地』一二〇分、毎日放送製作、TBS系放映
――― 2003『サント・マリー・ド・ラ・メール　巡礼』五八分、ビデオ
Rouch, Jean 1953 *Les Maîtres Fous*, 24 min., 16mm.
――― 1960 *Chronique d'un été*, 90 min., 16mm.
――― 1966 *Batteries Dogon: Éléments pour une Étude des Rythmes*, 26 min., 16mm.

民族誌の未来形へ向けての実験
オンライン民族誌の実践から

湖中真哉

1　はじめに

本章では、私が現在試みている「オンライン民族誌」について、概要を報告し、その実例に基づいて将来的な民族誌の在り方についての方向性を展望する。私は、一九九八年九月にウェブサイトを設営し、私がこれまで調査してきたケニア中北部の牧畜民サンブルの民族誌的資料をインターネット上に公開する試みを開始した。本章では、このサイトが実現したコミュニケーション過程を、私が世界中の閲覧者から受信した電子メール等を事例として、ひとつの「オーディエンス・エスノグラフィー」として記述する。そして、その過程で浮かび上がってきた、マスメディアのヘゲモニー状況下における民族誌の意義を考察し、現在的なメディア環境のなかで、オンライン民族誌が果たしうるオルタナティブな役割の可能性を展望する。

人類学において、従来の民族誌の在り方に疑問が呈されるようになって既に久しい。近年の民族誌をめぐる議論において、反実在論者は、民族誌家があたかも神のような超越的視点に立って、対象社会を客観的に記述できるという前提を疑問に付し、その視点を支えているのが植民地主義に根ざした民族誌的権威に他ならないことを明らかにした（杉島 1995:208）。その結果、民族誌作成の営みは、厳しい批判や懐疑に晒されることとなったが、実在論を放逐した結果、「実験的民族誌」と呼ばれる新しい試みが出現するようになった（関本 1988:286）。その後、社会人類学者や新マルクス主義者を中心とするリアリストは、こうした主張を相対主義の行き過ぎとして批判し、人類学は、ニヒリズムに陥ることなく、社会的現実と対峙すべきだと主張した。この立場によれば、リアリズムは、かつてのような素朴な実在論ではなく、むしろ、ひとつの戦術ということになる（松田 1999:253）。

ただし、反実在論者と戦術的リアリストは、ともに客観的科学としての立場を越えて、人類学を社会的脈絡のなかに埋め戻すことを志向している点においては共通している。両者の立場を統合すれば、民族誌が提示するリアリティは仮構に過ぎないことを十分に認識しつつも、現実社会が否応無しに突きつける諸問題と対峙できるような新たな民族誌のスタンスが浮上してくる。

　また、人類学者がこうした議論を繰り広げている間にも、現代社会の在り方自体が、グローバル化の結果登場した国際メディアの作用によって、不透明化の度合いを強め、民族誌を取り巻く環境は、さらなる変貌の渦中にある。『ライティング・カルチャー』（クリフォード／マーカス 1996）の執筆者は、確かに、民族誌テクストの在り方を再考したが、民族誌がメディアとして社会的に流通する出版形態、いわば、「パブリッシング・カルチャー」を再考することはなかった。民族誌をひとつの出版形態としてみた場合、インターネットという新しいメディアは、当然、民族誌の在り方自体を、今後、大きく揺さぶるにちがいない。現代社会における民族誌の位置付けも当然、こうしたメディア環境の激変のなかで大きく変貌し、かつての超越的な高見台から失墜した民族誌は、今や、大衆文化を浮遊する無数の言説のなかの、ひとつの言説と化しているに過ぎない（Ortner 1999:83；関本 1998:37）。

　ただし、私は、従来の民族誌の在り方に対する批判や懐疑を繰り返すためにオンライン民族誌を開始したのではない。少なくとも批評家ではなく、民族誌家である限り、こうした民族誌をめぐる困難な状況を認識しつつも、批判や懐疑を踏まえたうえで、どのような民族誌の実践がありえるのかを追求することが、今後の人類学には要請されるだろう。植民地科学の権威が失墜し、もはや、誰も神の視点には立てない現在、民族誌はヴァーチャルな構築物に過ぎないという認識に立ちつつも、メディアに曇った現代世界のリアリティと対峙できるような民族誌の実践が、現在、人類学に求められている。オンライン民族誌は、このような意味において、ポスト民族誌批判論の実験的民族誌を目指して開始された。

2　オンライン民族誌の概要

　私は、文部科学省科学研究費の助成を受けて、インターネット上に民族誌的素材を公開するプロジェクトを企画した。そして、一九九八年九月以降、ウェブサイトを設営し、オンライン民族誌の公開を始めた。[1] サイトでは、これまで調査してきたケニア中北部の牧畜民サンブルの民族誌的資料を、調査対象者の許諾を得て公開した。なお、このプロジェクトについては、別稿（湖中 2002）で既に報告しており、本章では概要を示すにとどめる。

　インターネット黎明期の当時は、「マルチメディア民族誌」、「HTML民族誌」、「インターネット民族誌」、「ディジタル民族誌」等、様々な概念が用いられていたが、それぞれの概念は、制作者の力点の置き方に対応している。例えば、クリス・テナントは、HTML言語によって様々な情報を連携させる点を最重要視しているがゆえに、「HTML民族誌（HTML ethnography）」という概念を提唱している。[2]

これに対して、私は、「オンライン民族誌（online ethnography）」という言葉を採用した。これは、ネットワーク上で幅広い対象に対して民族誌的な情報を公開するという点を最重要視しているからに他ならない。民族誌は、従来、完結した印刷物として、固定的に考えられてきた。しかし、そもそも、現在あるような民族誌の形態は、近代以前には無限に多様であったはずの異文化コミュニケーションの在り方を、植民地科学の権威を背景として組織化した結果、成立したに過ぎない。

いわゆる「多声的民族誌」を実現するためには、調査対象者を含む人類学者以外の人々が参加したり、利用したりできるような、開かれた民族誌の手法を実現することが、与件として不可欠である（本書大村論文も参照）。相互性の強いメディアであるインターネットは、そのための技術的基盤を提供している（Howard 2002: 38）。オンライン民族誌においては、民族誌的実践は、民族誌という実体的なモノに決して収斂することなく、民族誌家とフィールドの人々、オーディエンスの三者を結ぶ線上に現れるコミュニケーション過程として再認識される。ギアツ（1987: 23）は、「人類学の目的とは、人間の対話の世界の拡大である」と述べているが、この意味において、オンライン民族誌は、なんら新奇なものではなく、人類学の本来の目的を、現代のメディア環境のなかで、より包括的な形態で実現しようとする試みに過ぎない。

サイトは、トップ・ページにおいて、情報の引用に関しての制限を利用者に読んでもらい、それに同意した読者のみがインデックス・ページに進む構成にした。サイトの方針としては、①私がこれまでに調査してきたケニア中北部の牧畜民サンブルの調査資料のうち未公開の資料を公開する、②音楽や美術など非文字的な領域におけるアフリカの創造性を伝達する、③伝統的な側面を過度に強調せず、家族をスナップ・ショットに収めるのと同じ姿勢でフィールドの日常を捉える、の三つを掲げた。また、引用許可依頼を電子メールで頂いた場合には、資料について①営利を目的とした移譲の禁止、②侮蔑語使用の禁止、③再配布への注意、を依頼する電子メールを返信し、この三条件の遵守を承諾した利用者に限り、引用を許可する方針を打ち出した。

3　オンライン民族誌のオーディエンス・エスノグラフィー

カルチュラル・スタディーズの研究者達は、メディアの受け手を対象とし、その能動性を記述した民族誌を「オーディエンス・エスノグラフィー（audience ethnography）」と呼んでいる（モーレー 2000）。ここでは、このサイトの閲覧者を「オーディエンス」に見立て、アクセス・ログと受信メールを主要な事例として、オンライン民族誌のオーディエンス・エスノグラフィーを記述することを試みる。

サイトへの通算アクセス数は、二〇〇五年四月時点で、約六二、〇〇〇件を数える。このうち、二〇〇〇年五月一日から七月三一日の三ヶ月間にアクセスのあった合計二、五八五件のアクセス・ログを対象として、ログのドメイン名を手掛かりとした分析を行った。その結果、期間中、合計三九カ国からのアクセスがあったと推定される。アクセスの内訳は、日本三九%、米国三一%、オーストラリア二%、英国二%であり、残念ながら、アフリカ諸国(ケニアと南アフリカ)からのアクセスは全体の〇・二%に留まり、情報格差の問題を浮き彫りとする結果となった。

また、一九九八年九月から二〇〇〇年一〇月に、このサイトをめぐって、一三六人の送信者から合計二二六通の電子メールを受信した。この電子メールの使用言語は、英語が六二%、日本語が三八%であり、英語が日本語を上回っている。署名やドメイン名から判断した電子メール送信者の国籍は、米国(四九%)が最多で、日本(三八%)、英国(七%)がそれに続く。また、電子メール送信者の職業別割合を見ると、学生(四一%)が最も多く、教員・研究者(一一%)、会社員(七%)、主婦(四%)等が続いている。学生は、英国の八歳の小学生から米国の大学院生まで、幅広い年齢に及んでおり、小学校、中学校、高等学校、単科大学、総合大学の各段階の学生から電子メールを受信した。受信メールの内容を分類して、割合をみると、質問(三〇%)が最も多く、情報交流(二四%)、コメント(一二%)、資料使用許可依頼(一三%)等が続いている。

質問を内容とする電子メールの代表例としては、次のような事例が挙げられる(以下、本章中で紹介する電子メールの内容は、私が要約・翻訳し、固有名等を伏せたものである)——

【事例1】「米国ジェファソンシティの学校で「一二〇分間世界一周」というテーマで催しをします。学生のグループが国を選んで、食料、工芸などその国の文化について展示をします。私達のグループはケニアを選びました。なんでもいいから教えて下さい」。

【事例2】「カリフォルニア州サンディエゴの近くで、七歳から九歳までの少年少女を対象に、日曜学校の教師をしています。現在、世界各地の宗教的慣行を教えています。一九八五年にケニアとタンザニアに旅行したことがあります。その時、民芸品店でサンブルの精霊の人形を買ったのですが、その人形がサンブルの人々にとってどういう意味を表しているのかを子供達に教えたい」。

【事例3】「米国で移民の弁護をしています。ケニア人女性の依頼人が、ケニア国内の民族問題のため、米国に庇護を求めています。庇護が認められれば、依頼人は、米国に滞在資格を得ることが出来ます。依頼人の民族的帰属について、鑑定を行って下さい」。

このように、寄せられた質問は多岐にわたっているが、回答の依頼があった質問に関しては、可能な限り返信で応じた。インターネットを通じて、世界中のあらゆる年齢層の学生や、フィールドに対してなんらかの関わりをもつようになった人々から、質問を受けるようになったことは、特定のフィールドをもつ人類学者のインターネット上での役割を再認識させた。

情報交流を内容とする電子メールの代表例としては、次のような事例が挙げられる――

【事例4】「米国モンタナ州の大学で、アフリカの民衆についての講義を担当している人類学の教授です。講義でコンピュータを用いてスライドショーをする予定です。あなたの写真を幾つか使用させて下さい」。

【事例5】「レンゲルデッド一家に住み込んでいた人というのは、もしかしたら、あなたのことだったのか?」

【事例6】「ウェブ上における民族博物館（museums of ethnology and anthropology, open-air museums）について博物館学的調査を行っています。特に、それらとHTML民族誌を比較考察することに関心をもっています。ザグレブ（クロアチア共和国）の民族博物館で開催される会合で成果を発表する予定です。あなたのウェブサイトの分析と引用を行う許可をいただけますか」。

事例5は、私と同じサンプルを調査している米国の人類学者ジョン・ホルツマンからの電子メールである。私と彼のフィールドは三〇㎞ほど離れており、調査中は、両者とも外国人が住み込みで調査を行っているという噂を聞いていた。その後、発表者のサイトを見つけたホルツマンが、この電子メールを送信し、はじめて研究交流が実現することになった。この経緯は、インターネットのもつ情報交流力を再認識させた。これらの電子メールは、遠隔地との研究交流を推進するうえで、オンライン民族誌が有意義であることを示している。また、この事例6のように別の研究者からみた場合には、このサイト自体もまた、調査研究の対象となったことは、調査者と被調査者の関係性が固定的ではないインターネット上における関係性を例示している。

資料使用許可依頼やコメントを内容とする電子メールの代表例としては、次のような事例が挙げられる――

【事例7】「ワシントン州シアトルの工業デザイン学校の学生で、現在環境デザインのクラスで学んでいます。特定の文化を選んで、その影響を受けながら、身近な家庭用品をデザイ

4 多重メディア環境におけるヘゲモニー

私のサイトをめぐって、世界中の多様なオーディエンスとこうしたコミュニケーション過程が実現したが、もちろん、彼らは、インターネットだけに依存しているのではない。今日のわれわれは、同時並行的に流通している活版印刷、地上波テレビ、衛星放送、ラジオ、携帯電話など、実に多種多様なメディアに依存しながら、日常生活を送っている。こうして、様々なメディアに幾重にも取り囲まれている現代世界の状況は、「多重メディア環境」と表現することができるだろう。以下に、私に寄せられた電子メールを事例として、こうした多重メディア環境におけるインターネットと他のメディアとの関係を考察する。インターネットと活版印刷の関係に拘わる電子メールの代表例としては、次のような事例が挙げられる――

【事例8】「米国コネチカット州の企業で音響技師をしています。世界中の子供達に、地球上の様々な地理的場所を紹介している児童教育用のマルチメディアCD‐ROMを制作中です。仮想世界の中で、子供達が各地を訪れて、スクラップブックにその土地の画像や音声のお土産を集めていくという構成の製品です。あなたの音声資料は、子供達の想像力と余所の文化への興味に直接語りかけるので、この目的にぴったりです。製品に使用する許可を下さい」。

【事例9】「写真はとても素晴らしかった。とてもいいウェブサイトです。分かち合えたことを感謝します（Thanks for sharing）」。

事例9の「分かち合えたことを感謝します」という言葉からは、サイトの民族誌的資料が、ネットワーク上の共有財産として認識されたことを窺わせる。いずれにせよ、こうしてインターネット上に公開しなければ、永遠に研究室で眠らなかった他の民族誌的素材は、研究室からもフィールドからも遙かに遠く離れた場所で、子供達に異文化への興味をふくらませる教材として活用されたり、家庭用品のデザインに影響を与えたりしたのである。

【事例10】「日本のODA関連の調査業務で、ケニアの半乾燥地に調査に行く計画を立てています。ウェブサイト上に記載のある学会発表が、もし論文化されていたらその入手方法等について教えて下さい」。

【事例11】「○○図書出版株式会社マルチメディア開発室の○○と申します。お願いしたい件がございましてメールを差し上げました。……小社では中学校用教材の教師用資料として、CD‐ROMを無償配布する予定なのですが、その中に先生に授業で活用していただけるＨＰのリンク集を収録することを考えております。つきましては、小社のＣＤ‐ＲＯＭから下記の貴ＨＰへのリンクをはらせていただきたく、お願い状をさしあげました」。

【事例12】「私は、○○出版社　『○○』編集長の○○と申します。実は、先般○○テレビ、「○○」という番組で、アフリカ・ケニヤでアフリカゾウを良き仲間として共に生活しているサンブル族を知りました。このサンブル族に大変興味を持ち、ホームページで調べていたら、先生のホームページを見つけ、こうしてメールをお送りしている次第です」。

事例10は、インターネット閲覧を切っ掛けとして、活版印刷の資料提供を願い出た例、事例11は、教材としてＣＤ‐ＲＯＭ出版とサイトが連携した例、事例12は、テレビ視聴を切っ掛けとして、インターネットを検索し、活版印刷の執筆依頼へと連携した例である。このように、インターネットと活版印刷の関係は、概して、スムーズな連携が実現する場合が多かった。

これに対して、インターネットとテレビ放送に拘わる電子メールの代表例としては、次のような事例が挙げられる――

【事例13】「今週の『世界○○○○滞在記』、御覧になりましたか？　今週は、ポコット族の特集でした。なのですが、じつは僕は見逃してしまいました……もし録画なさったのならよろしければダビングをお願いしたいと思いまして」。

【事例14】「ウェブサイト見ましたが、素晴らしいですね。私は米国のサバイバル・テレビ・ショウに参加している者です。今年の七月から八月にかけてケニアでサバイバルに参加しようと思っています。この原野で生き残るにはどうしたらいいか、何かいい考えをお聞かせ願えませんか？　この地域に生息する動物や植物のうち、どの種類を食用にできるのでしょうか？」

【事例15】「○○と申します。○○テレビ「○○」というタイトルで今年秋放送予定の特別番組を担当致しております。……今のところ、アフリカの凄い動物使いの噂をたどって、アフリカ（予定ケニア）へ飛ぶ、ということで企画を考えておりまして、この情報を集めているといった次第です。ケニアを訪ねて、現地の方々との交流から、不思議な噂をお聞きしたり、その他、アフリカの魅力的なキャラクターをもつ人々を紹介したりと幅広く撮影ができればと考えております。……アフリカでこのような動物に関わる凄い人物や噂など、ご存知な情報があればぜひともお教えて頂ければ幸いです」。

事例13の送信者とはビデオの送付をめぐって数度にわたり電子メールのやりとりをしたが、彼が私のサイトについて言及することは一度もなかった。つまり、インターネットというメディアはそもそも関心外で、テレビ・メディアにしか関心がなかったのである。事例14や事例15のテレビ番組の制作意図には、「アフリカ ＝ 野生」というステレオタイプ・イメージが感じられる。事例15の場合には、相手に対してこうしたステレオタイプ・イメージを一方で押しつけておきながら、それが「現地の方々との交流」という疑似人類学的な異文化交流の物語へと接ぎ木されている。活字メディアの場合とは対照的に、インターネットとテレビ・メディアの関係は、後者の圧倒的な優位を感じさせる。

私は、オンライン民族誌の閲覧者の方々とこうした電子メールのやりとりをするようになってはじめて、自分が研究対象とするアフリカという地域が、どのようなステレオタイプ・イメージで、世界各地の人々に認識されているのかをはっきりと自覚するようになった。つまり、閲覧者の多くは、インターネットなどより、もっと圧倒的な影響力をマスメディア、とくにテレビ番組から受けていることに気づかされたのである。そして、そこでは、少なからず誇張されたステレオタイプ・イメージが、否応なしに他者に押しつけられている。

それゆえ、「多重メディア環境」と言っても、その個別要素のメディア相互は、決して対等な関係にあるわけではなく、そこで、圧倒的なヘゲモニーを握っている強者は、テレビなのである。こうした状況について、ギデンズ（Giddens 1995: 272）は、次のように発言している。

他の社会科学諸ディシプリンと同じく、人類学は、認識論的な基盤の主張を明らかに崩壊させ、より再帰的に組織化された知的文化が台頭するというポストモダニズムの影響を感じるようになった。新聞や雑誌やテレビは、学者と同じ情報源と観念を扱うようになってきたが、それは数百、数千人どころではなく、百万人の聴衆に到達する点では全く異なっている。

「民族誌的権威」という言い方は、人類学者があたかも強者であるかのような認識を前提としているが、多重メディア環境において絶大な影響力をもつマスメディアと比較した場合、活字だけに頼るその権威は、今やむしろ極めて脆弱と言わざるを得ない。

5　オルタナティブ・メディアによるペダゴジーの実践

このようなマスメディアの圧倒的なヘゲモニー状況下で、人類学者がインターネットというオルタナティブ・メディアによって、「生産手段」を手中にすることの意義は大きい（ウィリアムズ 2000: 44）。もちろん、マスメディアによる言説が全て誤りで、人類学者が語る調査報告のみが唯一の真理であると主張したいわけではない。そのどちらもが、ヴァーチャルなリアリティに過ぎないことを前提としたうえで、なおかつステレオタイプ・

イメージの押しつけに対して違和感を覚えるひとりの人類学者として、少しでもましなヴァーチャル・リアリティを戦術的に構築できないかと考えたのである。民族誌家の権威をただちに悪とみなし、それをいくら断罪してみたところで、民族誌の未来形への展望は閉塞するばかりである。むしろ、戦術的に必要なのは、よりましな権威を実現するためには、どのような手法があり得るのかを検討することである。

これを実現するためには、教える側と教えられる側を固定化する従来型の教育の在り方ではなく、カルチュラル・スタディーズの研究者達が「ペダゴジー（pedagogy）」と呼ぶ相互性を重視した教育の在り方が要請される（上野・毛利 2000:81-92）。オンライン民族誌は、こうしたペダゴジーを、インターネット上で実践することを目論んでいる。オンライン民族誌がＨＴＭＬ言語による記述を行うのは、閲覧者との相互性を重視しているからに他ならない。ただし、「掲示板」については、相互的な方法であることを理解しているが、悪質な書き込みに利用されることを憂慮してあえて設置していない。その代わりに、オンライン民族誌においては、閲覧者からの電子メールによるフィードバックを重視しており、ときには、それがコンテンツの方向に影響を及ぼすこともある。

例えば、このサイトでは、事例1や事例7の電子メールのように、学生からの反響が大きかったので、子供の遊び等を扱ったコンテンツをその後追加している。サンプルの社会では、自転車に乗る人やジーンズをはいた人も珍しくないが、サイトに掲載されているそれらの画像をみた私の講義の受講生達は、アフリカに対してこれまで抱いていたイメージが変わったという。

また、サイトを公開した当時、反ＦＧＭ（female genital mutilation：女性性器切除）運動のウェブサイトのなかには、割礼儀礼を幼児虐待とみなしたり、アフリカの野蛮さと結びつけて語ったりする言説がみられた。これに違和感を覚えた私は、少なくとも、サンブル社会ではそれが通過儀礼としての意義を持っており、割礼を受けた子供は、むしろ祝福されることを、一般に伝えようと考え、画像や動画による割礼儀礼のコンテンツを公開した。公開当初は、こうした考えを強く打ち出した小論を掲載したが、これに対して、かなり厳しい批判の電子メールをいただいた。その後、この批判を受けとめ、割礼儀礼の記述自体を通じて、閲覧者に考えてもらえるよう、小論の内容を改めた。つまり、こうした意味において、このサイトは、私と閲覧者との共同作業によって創られているのである。

なお、その後、この割礼儀礼についての小論は、別のサイトで引用されていることがわかった。そこには、次のように記されており、割礼儀礼の民族誌的記述自体によって、ＦＧＭの問題を捉え直すというコノテーションは、きちんとオーディエンスに伝わっていることがわかる。

こういうので私が最も必要と思うことは、日本にいて「あーだこーだ、それは駄目だ」と言っている方の意見を聞く前に、どのような背景で行われているのか、どのような意味を持っているのか、というようなことを、現地へ行って取材したことのある方の著作を読んで、その正確な意味を知ることだ。そして、その前提で、賛成派、反対派両方の意見を聞くことだと思う。[3]

こうしたペダゴジーは、私と閲覧者の間だけではなく、調査対象者の人々との間にも実現しつつある。サイトを公開した当初は、調査対象者であるケニア出身者・サンブル出身者からの電子メールは、少なかったが、現在では、次のような電子メールを受信している――

【事例16】「私の名前は、○○といいます。ケニアの出身です。私は授業の宿題でパワーポイントのプレゼンテーションを準備しているのですが、私の米国のクラスメートにケニア、その人々、文化、観光について、啓発（enlighten）してみようと決めたんです。あなたのウェブサイトにアクセスして、サンブルの文化についての情報をユニークな文化の一例として引用させて頂ければと思います。私の電子メールに返信してください。お願いします」。

【事例17】「湖中さん、こんにちは（*Supa oleng*：サンブル語）。私は、たった今、あなたのサンブルについてのウェブサイトに出会ったところです。私自身サンブルの出身で、現在では米国で学んでいます。私にとっては、喜ばしい驚きでした（I was pleasantly surprised）。私はマラルの近くのバハワから来ました。いいお仕事を続けてください。ありがとう」。

【事例18】「コメントに招いて下さってありがとう。きっといい調査結果が出せると思います。あなたの（サンブルについての）紹介文は、良いけれど、下記のように、いくつか訂正したほうがよいと思う部分があります」。

事例16は、ケニア出身の学生が、自文化啓発の手段として、このサイトを利用した例である。この学生が、アフリカといえば野生動物、というステレオタイプ・イメージを抱いていた米国のクラスメートに、文字表現だけでなく、このサイトの画像を通じて自国の文化を啓発できたとしたら、オンライン民族誌は、オルタナティブ・メディアとしての意義を果たしたといえるだろう。事例17は、調査対象であるサンブル出身者からの電子メールであり、彼は、米国で自分の出身地のサイトを閲覧した感想を「喜ばしい驚き」と表現している。事例18は、ワシントン在住のサンブル出身者からの電子メールで、サンブルの紹介文に対して、修正箇所を二点提案して下さった。確かに、誤解を招きかねない表現があったので、提案を受けて、紹介文をただちに修正した。こうした事例が示すように、オンライン民族誌においては、被調査者側が、民族誌の作成にコミットすることがあり、従来、固定的に論じられてきた調査者と被調査者の関係は、入れ替わり可能な可塑的関係となり得る。

また、私は、二〇〇一年の一月二九日以降、映像人類学において行われる「フィードバック」(大森 1999:145)にならって、調査地にラップトップコンピューターを持ち込み、オフラインで閲覧してもらうために、調査対象者であるサンブルの人々に、作成したサイトを閲覧していただいた。彼らは、世界中の通算二万人以上(当時)の人々が、このサイトを閲覧したことに驚き、反響の多くが賛辞であったことを喜んで下さった。

マスメディアがステレオタイプ・イメージの押しつけによって生産するコンテンツに馴化されることを拒むオーディエンスは、人類学の現場感覚から別種のリアリティを感知しようとしていると思われる。インターネットという「生産手段」は、文字だけではなく、映像や音声を通じてマスメディアを相対化することを可能にした。人類学者は、このようなオーディエンスと互いにペダゴジーを実践しながら、マスメディアのヘゲモニーに対抗できるようなオルタナティブ・メディアを創り上げていくことができるかもしれない。

ただし、私は、決して、情報技術に対する万能論や楽観論を標榜しているわけではない。インターネットは、あくまで、こうしたオルタナティブ・メディアの構想を実現するのに好適であるがゆえに選択されたひとつの手段に過ぎない。確かに、オンライン民族誌にも、情報格差や資料の悪用などの問題点が山積している。ただし、活版印刷による民族誌が、こうした問題点をすべて免れていたわけではないことは、踏まえておく必要がある。例えば、活版印刷による民族誌の「情報格差」について、人類学はこれまで十分に考えてきたといえるだろうか。

また、多重メディア環境下で、(それもまたメディアによって喧伝される)情報技術の否定的側面を重くみて、人類学者が沈黙を守ることは、結果的にマスメディアのヘゲモニーに屈することを黙認し、ステレオタイプ・イメージを放置する以上、必ずしも無傷な選択肢ではないことは、強調しておかねばならない。むしろ、オンライン民族誌は、こうした民族誌に付随する様々な問題点を浮上させるためのひとつの実験的仕掛けなのである。

6 オンライン民族誌の展望

植民地科学の民族誌は、人類学者がフィールドワークを行うことにより、民衆知をひたすら学界に回収することで成立していた。従来の実験的民族誌においては、現地の人々と共同でとりくむ民族誌の作成方法がクリフォード(2003:70-71)らによって評価されてきたが、テクストの問題に力点が置かれ、民衆知を学界に回収してしまうこと自体の問題性については議論が尽くされなかった。

オンライン民族誌が変革しようとしているのは、テクストの在り方だけではなく、民衆知をめぐるコミュニケーション回路の在り方そのものである。アパデュライ（Appadurai 2001: 20）の言葉を借りれば、草の根的な下からのグローバル化を実現するためには、グローバル化についての知識（knowledge of globalization）を蓄積するだけではなく、知識のグローバル化（globalization of knowledge）が必要なのである。この過程を、インターネットを通じて実現することができれば、民族誌的資料は、文字通り「地球規模の共有財産（global commons）」へと姿を変える。

　インターネット上で世界中の人々が知的資源を共有する試みは、ごく近年、同時多発的に創始されつつある。例えば、二〇〇一年にジミー・ウェールズらによって開始された多言語百科事典「ウィキペディア」では、オープンコンテント（ソフトウェアにおける「オープンソース」からのアナロジーによる）方式を採用しており、英語版では既に五〇万件を超える記事を収録している。[4] 著作権が放棄されたり消滅したりした著作物については、「パブリック・ドメイン（public domain）」という概念が近年頻繁に用いられるようになり、新たな公共性の在り方に示唆を与えている。また、ローレンス・レッシグらは、二〇〇一年以降、コピーをただちに著作権侵害とみなす通念に異議を唱え、インターネット上における共有の自由を確保するために「クリエイティブ・コモンズ（creative commons）」という概念を提唱している（クリエイティブ・コモンズ・ジャパン 2005）。

　人類学者は、フィールドワークによって現場で様々な民族誌的情報を収集するが、インターネットが可能にするこうした知的資源の新たな共有の仕組みを通じて、その現場の知を、再びフィールドの人々や一般のオーディエンスに対して、世界規模で還元することができる。その時、民族誌的情報は、民族誌的権威をより離れて、サイード（1992: 13）の言う「世界性＝世俗性（worldliness）」を帯びることとなるだろう。

　なお、私は、現在、東アフリカ・マー系社会における廃物資源利用事例を中心とした現在的な物質文化をインターネット上に展示公開するヴァーチャル・ミュージアムの構築に向けて準備を進めており、オンライン民族誌を更新することを予定している。

　従来、アフリカの物質文化といえば、機織りや土器制作に代表される伝統的民俗技術ばかりが強調されがちであり、グローバリゼーションに伴って世界各地から流入した商品世界は、展示対象から除外される傾向にあった。それゆえ、人類学的な博物展示自体が、アフリカの社会を過度に伝統的なものとみなすステレオタイプ・イメージを増幅させてきた可能性がある。こうした反省にたち、このプロジェクトでは、ポリ容器やTシャツなど、現在住民の方々が使用している日用品を展示対象として捉えることにより、伝統志向型のアフリカ・イメージに対するオルタナティブを提示することを試みる予定である。こうしたヴァーチャル・ミュージアムは、実物展示とは異なり生活用品そのものを調査対象者から収奪しない点にも意義があると思われる。

また、このプロジェクトは、オンライン民族誌のオーディエンスの多くが学生であったこれまでの公開結果をフィードバックして、廃物資源利用の展示により、人類学的環境教育のマルチメディア教材モデルを創出することを目的としている。例えば、従来、「第三世界の貧困」という支配的概念に一括されてきた問題系を、廃物資源利用の豊穣性を提示することを通じて、オーディエンスとともに考え直す機会を提供できるかもしれない。こうしてさらなる実践と実験を繰り返す過程で、調査対象者やオーディエンスと互いに学びあう経験を通じて、民族誌の未来形が少しずつ切り開かれていくと私は考えている。

謝辞　本研究は、筆者を研究代表者とする文部科学省科学研究費補助金、奨励研究（A）（課題番号一〇七一〇一四九）、および萌芽研究（課題番号一六六五二〇六四）による研究成果の一部である。

注

1　http://africa.u-shizuoka-ken.ac.jp/：二〇〇五年四月二四日取得
2　http://www.ethnoweb.com/philo.htm：一九九九年三月七日取得
3　http://himatsu.hp.infoseek.co.jp/cia/lib/7hen/34kan/340.html：二〇〇二年一〇月三日取得
4　http://wikipedia.org/：二〇〇五年四月二四日取得

文献

Appadurai A. 2001. "Grassroots Globalization and the Research Imagination," in A. Appadurai (ed.) *Globalization*, Durham, Duke University Press, 1-21.
クリエイティブ・コモンズ・ジャパン編 2005『クリエイティブ・コモンズ――デジタル時代の知的財産権』ＮＴＴ出版
クリフォード、Ｊ 2003『文化の窮状――二十世紀の民族誌、文学、芸術』（叢書　文化研究三）（太田好信・慶田勝彦・清水展・浜本満・古谷嘉信・星埜守之訳）人文書院
クリフォード、Ｊ／マーカス、Ｇ・Ｅ編 1996『文化を書く』（春日直樹ほか訳）紀伊國屋書店
Giddens A. 1995 "Epilogue : Notes on the Future of Anthropology," in A.S. Ahmed and C. N. Shore (eds.) *The Future of Anthropology: Its Relevance to the Contemporary World*, London, Athlone, 272-277.
ギアツ、Ｃ 1987『文化の解釈学Ｉ』（吉田禎吾・柳川啓一・中牧弘允・板橋作美訳）岩波書店
Howard A. 2002 "www.repatriating_ethnography.edu/rotuma," in S. R. Jaarsma (ed.) *Handle with Care: Ownership and Control of Ethnographic Materials*, Pittsburgh, University of Pittsburgh Press, 28-45.
湖中真哉 2002「グローバル・コモンズとしての民族誌的情報――オンライン民族誌の実践から」静岡県立大学国際関係学部編『国際関係学双書一九 グローバルとローカル』、静岡県立大学国際関係学部、一〇一―一五五頁
松田素二 1999『抵抗する都市（現代人類学の射程）』岩波書店
モーレー、Ｄ 2000「テレビジョン、オーディエンス、カルチュラル・スタディーズ」（成実弘至訳）吉見俊哉編『メディア・スタディーズ』、せりか書房、一五八―一九八頁

大森康宏 1999「映像人類学 人はじめ」伊藤俊治・港千尋編『映像人類学の冒険』、せりか書房、一四四―一五六頁

Ortner S. B. 1999 "Generation X: Anthropology in a Media-Saturated World," in G. E. Marcus (ed.) *Critical Anthropology Now: Unexpected Contexts, Shifting Constituencies, Changing Agendas*, Santa Fe, School of American Research Press, 55-87.

サイード、E・W 1992「知の政治学」『みすず』三七七、二―一六頁

関本照夫 1988「フィールドワークの認識論」伊藤幹治・米山俊直編『文化人類学へのアプローチ』、ミネルヴァ書房、二六三―二八九頁

―― 1998「文化概念の用法と効用」青木保他編『岩波講座文化人類学 第一三巻 文化という課題』、岩波書店、一九―三九頁

杉島敬志 1995「人類学におけるリアリズムの終焉」合田濤・大塚和夫編『民族誌の現在――近代・開発・他者』、弘文堂、一九五―二一二頁

上野俊哉・毛利嘉孝 2000『カルチュラル・スタディーズ入門』筑摩書房

ウィリアムズ、R 2000「生産手段としてのコミュニケーション手段」(小野俊彦訳) 吉見俊哉編『メディア・スタディーズ』、せりか書房、四一―五四頁

引用のマトリクス
新たな民族誌システムを目指して

大村敬一

〈われわれは一冊の本を読み、それを注釈する。注釈しながら、われわれはこの本がそれ自体ひとつの注釈であり、この本が送り届ける他の何冊かの本を本にしたものでしかないことに気づく。われわれの注釈はといえば、われわれはそれを書き、それを著作の地位にまで高める。公にされ、公のものとなって、こんどはそれが注釈を惹きつける番だ、つぎにはその注釈が……〉

モーリス・ブランショ（宮川 1982a: 319）

《本》とはつねにすでに引用であるとしたら？　とはいえ、ここで問題になっているのはいわゆる影響源ではない。後者はつねに絶対的なはじまり、テクスト・オリジナルあるいは先在的シニフィエ（意味されるもの）にさかのぼろうとする。引用について考えること、それは逆に《根源《アルケー》》の不在について、シニフィアン（意味するもの）の無限のたわむれについて考えることだ。あるシニフィアン（意味するもの）がひとつのシニフィエ（意味されるもの）に送りとどける。だが、それはもうひとつのシニフィアン（意味するもの）でしかなく、さらに別のシニフィアン（意味するもの）に送りとどけるだろう。この鏡のたわむれをのがれうるような超越的なシニフィエ（意味されるもの）はない。（宮川 1982b: 222-223; カッコ内は筆者の加筆、以下同様）

1　はじめに

私たち人類学者は、現地の人が語ったことを聞き、それに注釈する。注釈しながら、私たちは現地の人が語ったことが、それ自体ひとつの注釈であり、その語りが送り届ける他のいくつかの語り——インフォーマントの両親や祖父母、親族、友人たちが語ったこと、あるいは民族誌の記述、テレビ番組——を語りにしたものでしかないことに気づく。私たちの注釈はといえば、私たちはそれを書き、それを民族誌の地位にまで高める。民族誌になって、こんどはそれが注釈を惹きつける番だ、つぎにはその注釈が……。

民族誌もドキュメンタリーも、そして現地の人々が語ることも含め、あらゆる人々の語りは、つねにすでに引用ではないのだろうか。そして、民族誌もドキュメンタリーも、インフォーマントの語りも、ひとつとして特権的な「根源」、オリジナルな「正本」ではなく、それぞれに引用しあいつつ無限に増殖してゆく「異本」であるならば、どこかに権威ある「正本」を探すのではなく、あらゆる人々の語りをすべて同列な「異本」として愛しむべきなのではないのか。そのためには、誰かの語りが「正本」に仕立て上げられるのではなく、あらゆる人々の語りが、同列な「異本」として自由に引用しあう場を整備するべきではないのか。ある民族誌があるインフォーマントの語りやドキュメンタリーに、あるドキュメンタリーがある民族誌やある古老の語りに、あるインフォーマントの語りがある民族誌やドキュメンタリーに引用を通して相互に送りとどけ合い、「連想やアナロジーやレファレンスが交錯し、見ることと読むこと（と書くことと語ること）が反響し合う引用空間、あるいは《合わせ鏡の無限廊下》」（宮川 1982b: 320）。この引用空間について考えるだけでなく、その引用空間を整備し、「合わせ鏡の無限廊下」を実現させること。これこそが、今日の人類学に求められていることではないだろうか。

この章の目的は、民族誌やドキュメンタリー、インフォーマントの語りを含め、あらゆる人々の語りを引用としてとらえ、それらの無数の語りが交錯する引用空間を整備することが、一九八〇年代以来、「植民地主義的表象の様式」あるいは「オリエンタリズム」として批判されてきた民族誌を再生することを示すとともに、今日の多重メディア環境において他者について語るために必要なこととは何かについて考え、そのために人類学が果たすべき役割を提案することである。

そのために、この章ではまず、一九八〇年代以来、「植民地主義的表象の様式」として批判されてきた民族誌をめぐる問題を概観したうえで、フィールドワークの現場から民族誌が書かれるまでのプロセスを検討することによって、近代人類学の民族誌が植民地主義的表象の様式となってしまった原因について考える。そして、民族誌やドキュメンタリー、インフォーマントの語りを含め、あらゆる人々の語りは相互に引用しあう「異本」であり、どの語りも特権的に真正な「正本」にはなりえないことを明らかにし、近代人類学の民族誌が植民地主義的表象の様式となってしまったのは、民族誌の「書き方」に問題があったからではなく、「異本」の一つにすぎない民族誌に特権的な「正本」の地位を与えてしまうようなコンテキストのためであることを明らかにする。そのうえで、民族誌をめぐる問題を解決するためには、民族誌の「書き方」を改めるのではなく、民族誌をめぐるコンテキストを改めること、すなわち民族誌もドキュメンタリーもインフォーマントの語りもすべて、相互に引用しあう同列の「異本」の連鎖として扱うことを可能にするような場こそが必要であることを示す。さらに、そのための具体的な場として、コンピュータを利用したオープンなデータベース・システムを提案し、その見取り図を描くとともに、そのデータベースによって開かれる人類学の可能性と役割について考える。

2　民族誌をめぐる問題——書き方からコンテキストへ

2・1　民族誌を書くことの困難

今日、「植民地主義的表象の様式」という誹りを受けることなしに、ある特定の社会の文化を全体的に表象する民族誌を書くことが難しくなってしまっている。サイード（1993〔1987〕）のオリエンタリズム批判と『文化を書く』（クリフォード／マーカス1996〔1986〕）による民族誌リアリズム批判が提示されて以来、ポストモダン人類学によって、民族誌を書くという学的営為は「本質主義」と批判される理論的前提に基づいており、その理論的前提には、人類学者に研究する主体としての特権を与え、その人類学者に研究される客体としての位置に現地の人々を縛り付ける非対称な権力的関係が潜んでいることが、明らかにされてきたからである。

本質主義とは、「オリエントやイスラームや日本文化や日本人やヌエル族といったカテゴリーにあたかも（ホッキョクグマやノウサギなどの）自然種のような全体的で固定された同一性があることを暗黙の前提にしている」（小田 1996: 810）立場のことである。この本質主義を支えている暗黙の前提、すなわち民族などの人間集団を動物の自然種のカテゴリーと類比したものとして扱うことができるとする前提に立てば、人間の諸集団は動物の諸種のように境界が明瞭であり、動物種の間でその種の本質である本能が均質に共有されているように、特定の人間集団の間では、その人間集団の本質である文化が、第二の本能のように均質に共有されていると考えられるようになる。ポストモダン人類学は、この本質主義の前提に基づいて現地の社会の本質としての文化の全体像を客観的に書くという近代人類学の民族誌の実践が、現地の社会の文化を見渡すことができる人類学者の特権的な地位に基づいていることを明らかにしてきた（Clifford 1983; クリフォード 2003; クリフォード／マーカス 1996; Fabian 1983; Marcus and Cushman 1982; 中川 1995; 杉島 1995; ロサルド 1998）。

フィールドワークでの人類学者の経験は、あくまでも個人的で部分的な主観的経験にすぎず、フィールドワークという実践もさまざまな社会関係に埋め込まれた社会的行為であるという意味で、人類学者の視点が現地の人々の視点よりも客観的であるわけではない。しかし、そうであるにもかかわらず、近代人類学における民族誌は、「客観主義」や「科学主義」の名のもとに、「科学」的と称するさまざまな分析概念や民族誌的現在時制、自由間接話法、提喩などのレトリックを駆使することによって、あたかも唯一人類学者だけが、現地の社会の全体を見渡す特権的で客観的な「アルキメデスの点」、つまりすべてを見通す「神の視点」に立っているかのように、現地の社会の本質としての文化をその社会の人々の第二の本能であるかのように描き出し、その文化によって現地の人々が永遠に縛られているかのように描いてきた。そして、こうした民族誌の実践は、民族誌という表象を通して現地の人々を知的に支配するための装置であり、人類学者が属する近代社会と現地の社会の間の非対称な権力の関係を正当化する政治的行為に他ならないことが明らかにされたのである。

こうしたポストモダン人類学による民族誌への批判は、近代人類学の民族誌が、「客観」的で「科学」的と称されてきたさまざまなレトリックの背後で、「正しい」現実を知りうる特権的な人類学者が、「正しい」現実を知りえない無知な現地の人々を研究するというオリエンタリズム的な関係を紡ぎ出していることを暴いてしまったと言えるだろう。いかなる根拠によって、現地の人々と同じ人間である人類学者に、人間について研究する主体としての特権的な視点が保証されているのか。その根拠となってきた人類学の科学的客観性の神話が崩落し、研究の主体としての人類学者が、客体としての現地の人々を研究するという、植民地主義の非対称な権力関係に基づく人類学の知的収奪の姿が、白日のもとにさらされてしまったのである。「人類学の危機」が叫ばれ、民族誌を書くことが困難になってしまった時代の到来である。

2・2　民族誌の書き方から民族誌のコンテキストへ

こうした民族誌の問題が浮き彫りにしているのは、人類学者と現地の人々の間の非対称な関係であると言えるだろう。近代人類学の民族誌では、「正しい」文化の全体像を知る人類学者と、その文化を生きてはいるが知ることはできない無知な人々という二極化したオリエンタリズム的関係が、「客観性」や「科学性」のレトリックのもとに隠蔽されてきたわけである。したがって、民族誌が駆使してきたレトリックをいかに解体し、民族誌の「書き方」を改めても、この非対称な関係が解消されないかぎり、この民族誌の問題が解決されることはないと言えるだろう。

実際、『文化を書く』の中で近代人類学の本質主義的な民族誌に代わるものとして提示された対話モードや多声モードなどの実験民族誌も、民族誌をめぐる問題を決して解決しないことが明らかにされてきた（松田 1996; 杉島 1995）。たしかに、対話モードや多声モードにおいては、人類学者の語りだけでなく、人類学者と現地の人々の間の対話や現地の人々自身の語りが民族誌に採録されるが、その語りを取捨選択して一つの民族誌として編纂するのは人類学者なのであって、すべてを知りうる人類学者と無知な現地の人々という関係はそのままだからである。『文化を書く』で提案されたさまざまな実験民族誌に対して批判的な検討を加えた杉島（1995）が「民族誌リアリズムの放逐」を掲げ、人類学者だけが現実を唯一「正しく」知ることができるという特権的な立場を放棄し、民族誌を現実の表象ではなく、あくまで人類学者の思想の表明であると主張したのも、この故であると言えるだろう。現地の社会の文化をはじめ、現実を正しく知りうる地位に人類学者が君臨しているかぎり、民族誌は植民地主義的表象の様式であり続けるからである。

しかし、人類学者が現地の社会の現実を正しく知りうる特権的な地位を放棄し、民族誌を人類学者の思想の表明とするだけで、依然として人類学者だけが民族誌を書き、現地の人々が語る場が保証されないのであれば、この問題は解決しないだろう。もし人類学者のみが民族誌を書き、現地の人々に自由に語る場が保証されないならば、現実を知る特権的な地位を人類学者が放棄したとしても、全知な人類学者と無知な現地の人々という非対称な関係は、語る主体としての人類学者と語られる沈黙した客体としての現地の人々というかたちで温存されてしまうからである。むしろ、現地の人々の語りを元手に、人類学者が自身の思想を語るという植民地主義的な知的収奪が、ただ露骨に行われるようになるにすぎない（清水 1998）。必要なのは、人類学者の民族誌も現地の人々の語りも対等に提示され、人類学者が現地の人々の語りを利用するだけでなく、現地の人々も人類学者の民族誌を利用できるような場を確立することではないだろうか。そのときにはじめて、人類学者と現地の人々の間の非対称な関係は解消され、民族誌は植民地主義的表象の様式という誹りから解放されるだろう。[1]

それでは、人類学者の民族誌も現地の人々の語りも対等に提示され、その双方が人類学者と現地の人々によって利用されうるような場を確立するためには、どうすればよいのだろうか。この問題を考えることは、民族誌の書き方についてではなく、民族誌が書かれるコンテキストについて再考することである。そこで次に、ここでもう一度、フィールドの現場から民族誌が書かれるまでの過程を追跡し、従来の民族誌が植民地主義的表象の様式になってしまうコンテキストをさぐることによって、民族誌が書かれるコンテキストをどのように再考すればよいか考えることにしたい。

3　フィールドワークの現実――真正性の次元から引用空間の次元へ

3・1　フィールドワークの手続きと民族誌の権威化

民族誌は人類学者のフィールドワークでの経験に基づいて書かれる。しかし、これまでに指摘されてきたように（小田 1997）、民族誌をめぐって問題となった民族誌の権威、人類学者のみが現実を知ることができるという人類学者の権威は、フィールドワークの現場にはじめからあるわけではない。たしかに人類学者が調査する主体として現地の社会を訪れているという意味で、フィールドの現場においても、人類学者と現地の人々の関係は、人類学者の属する社会と現地の社会の間の政治・経済的に非対称な関係に基づいている。しかし、フィールドの現場では、人類学者は現地の人々からさまざまなことを教えてもらうのであって、人類学者の語ることにはいかなる権威もない。権威があるのは、現地の人々が語ることである。ところが、民族誌が書かれて読まれる段階になると、これまでにみてきたように、現実を「正しく」表象する人類学者と無知な現地の人々というかたちで、権威の在処が逆転してしまう。この権威の逆転は、いったいどのような魔法によって可能になっているのだろうか。

この魔法について考えるうえで参考になるのは、松田（1989: 360-362）が提示した「フィールドワークの構図」に小池（1990: 200-201）が修正を施した図式である（図1参照）。小池はフィールドワークから民族誌を書くまでの一連の流れを次のように整理している。まず、「構造または意味の体系」（A）が現地の社会に潜んでいると仮定される。そして、その「構造または意味の体系」（A）がある種のフィルター（f1）を通して「語り手の知識」（A'）となり、さらにまたある種のフィルター（f1'）を通して「現地の人の語り」（B）となる。そして、その語りが人類学者のフィルター（f2）を通して「人類学の記述」（C）となり、最終的にその社会の「客観的構造」（D）とされるものが描かれる。つまり、民族誌が書かれるわけである。

このフィールドワークから民族誌までの流れを示す図式は、現地の人々から人類学者に権威が移される魔法のからくりをよく教えてくれる。この図式では、普通に考えれば、現地の社会に潜んでいると仮定される「構造または意味の体系」（A）がもっとも歪曲されずに表象されているはずのものは、通過するフィルターがもっとも少ない「現地の人の語り」（B）であり、三回ものフィルターを通って現れる民族誌はもっとも歪曲されているはずである。しかし、近代人類学では、最終段階にある「客観的構造」（D）が現地の社会に潜んでいる「構造または意味の体系」（A）に限りなく近いとされる。この逆転が可能になるのは、人類学者に「専門家」としての特権的な権威が与えられているからである。つまり、現地の人のフィルター（f1とf1'）が現実を曲げるフィルターとされるのに対して、人類学者のフィルター（f2）が「科学的」と称され、その「科学的」フィルターによって、現地の人のフィルターを無効にし、そのフィルターの奥に潜んでいるはずの「構造または意味の体系」（A）が「客観的構造」（D）として抽出されると考えられているわけである。

このように整理すると、民族誌的権威について問題となっているのは、人類学者のフィルターの特権化であることが分かるだろう。民族誌が現実を「正しく」表象するのは、「専門家」として訓練を受けた人類学者のフィルターが「科学的」で「客観的」だからである。したがって、民族誌が植民地主義的表象の様式であることをやめるためには、この人類学者のフィルターを特権化することをやめればよいことになる。杉島（1995）が提唱した「民族誌リアリズムの放逐」とはまさにこのことを指している。

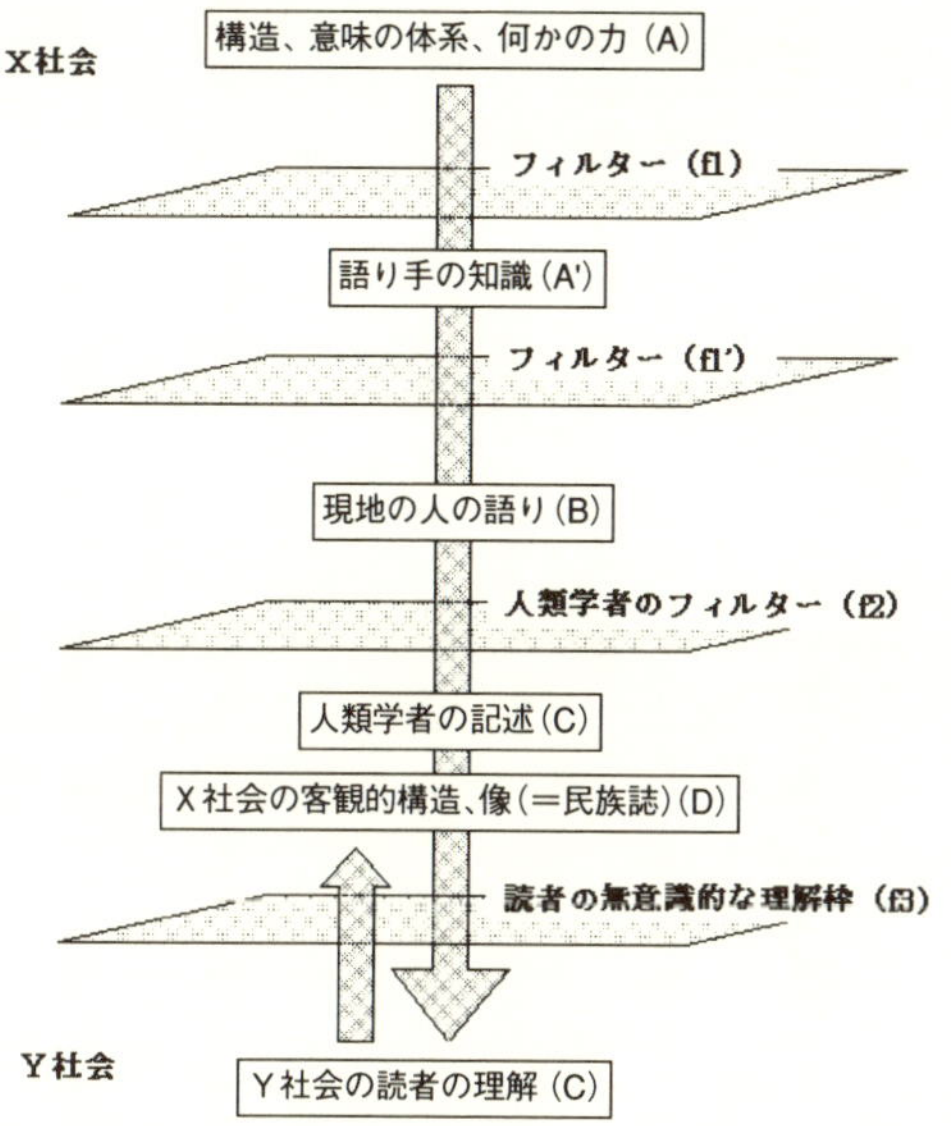

図1　フィールドワークの構図
松田（1989：360）と小池（1990：200-201）より要約

しかし、このように人類学者のフィルターから「科学性」や「客観性」を除去すると、人類学者の描く民族誌は「現地の人の語り」に人類学者の主観的なフィルターを通しただけのものとなり、民族誌はよくてもただ単なる屋上屋、あるいは「現地の人の語り」への評論、悪ければ、「現地の人の語り」を元手に自分の主張や思想を展開する知的収奪となってしまう。先にみたように、「構造または意味の体系」をもっとも歪曲せずに表象しているのは、二つしかフィルターを経ていない「現地の人の語り」であって、人類学者はそれを単に自分のフィルターを通して歪曲しているだけだからである。つまり、人類学者のフィルターから特権性を排除し、民族誌リアリズムを放逐してしまえば、民族誌はなくてもいいもの、あるいは植民地主義の申し子としてその植民地主義とともに葬りさられるべき人類史の汚点ということになってしまうのである。この結論に従えば、民族誌はその役割を終え、黄昏の光の中に消えゆく運命にあるということになるだろう。

3・2　真正性の次元から引用空間の次元へ

しかし、冷静に考えると、民族誌だけが屋上屋、あるいは他者の語りを利用した語りであるわけではないことが分かる。小池の図式では省略されているが、「現地の人の語り」も決して直接に「構造または意味の体系」に接続しているわけではないからである。

小池の図式では、おそらく議論を明瞭にするために、「構造または意味の体系」から「客観的構造」までの過程が一本の流れに単純化されているが、実際のフィールドワークでは、この過程はもっと錯綜しているはずである。人類学者は複数の「現地の人の語り」から「人類学の記述」を綜合しているのが普通であろう。そして、何よりも、「現地の人の語り」が、現地の社会に潜んでいると仮定されている「構造または意味の体系」から直接に導き出されているとは考えがたい。そもそも「構造または意味の体系」は仮定されたものであって、それを実際に聞いたり見たりした人は存在しないはずである。[2]もし、そうでないならば、人類学者は何も「現地の人の語り」を経由せずに直接、自分が現地の人になって、その「構造または意味の体系」を見に行けばよい。実際には、「現地の人」は、両親や祖父母、あるいは親族や友人たちの語りしか知らないはずであり、その無数の語りからそれぞれの「現地の人の知識」が導き出されているにすぎない。つまり、「現地の人の知識」も「現地の人の語り」も、別の無数の「現地の人の語り」から、さらにその別の「現地の人の語り」も別の無数の「現地の人の語り」から導き出されているのであって、「人類学の記述」と同様に、「構造または意味の体系」に直接繋がっているわけではない。

しかも、「現地の人の語り」が依拠しているのは、他の「現地の人の語り」だけではなく、「人類学の記述」つまり民族誌やドキュメンタリーも含まれる。今日の多重メディア環境下では、これまでに人類学者が書いた民族誌や民族誌ドキュメンタリーを現地の人々が見たり読んだりしていることは稀なことではなく、「現地の人の語り」はしばしばそれら民族誌に依拠しているのである[3](本書川村論文、岡田論文も参照)。したがって、小池の図式は、図2のように修正されるべきだろう。すなわち、相互に依拠し合う無数の「現地の人の知識」と「現地の人の語り」の網の目の中に、その一部として「人類学の語り」である民族誌が組み込まれるような図式である。このようにフィールドの現実に即して考えると、「現地の人の語り」も「人類学の語り」も誰かの語りの屋上屋にすぎないことになり、現地の社会に潜んでいると仮定された「構造または意味の体系」は、現地の人にも人類学者にも到達しえない語りの無限の連鎖の中に雲散霧消し、その「構造または意味の体系」の近似値とされた「客観的構造」は「客観的」という特権を剥奪され、この語りの連鎖の一部である「人類学の語り」に吸収される。

こうした無数の「現地の人の語り」と「人類学の語り」の連鎖は、本章の冒頭にあげた宮川のことばを借りて言うならば、引用の連鎖であると言えるだろう。宮川のことばで言えば、「現地の人の語り」と「人類学の語り」はシニフィアン(意味するもの)、「構造または意味の体系」はシニフィエ(意味されるもの)にあたる。そして、シニフィアン(意味するもの)としての「現地の人の語り」と「人類学の語り」は、別のシニフィアン(意味するもの)としての別の「現地の人の語り」と「人類

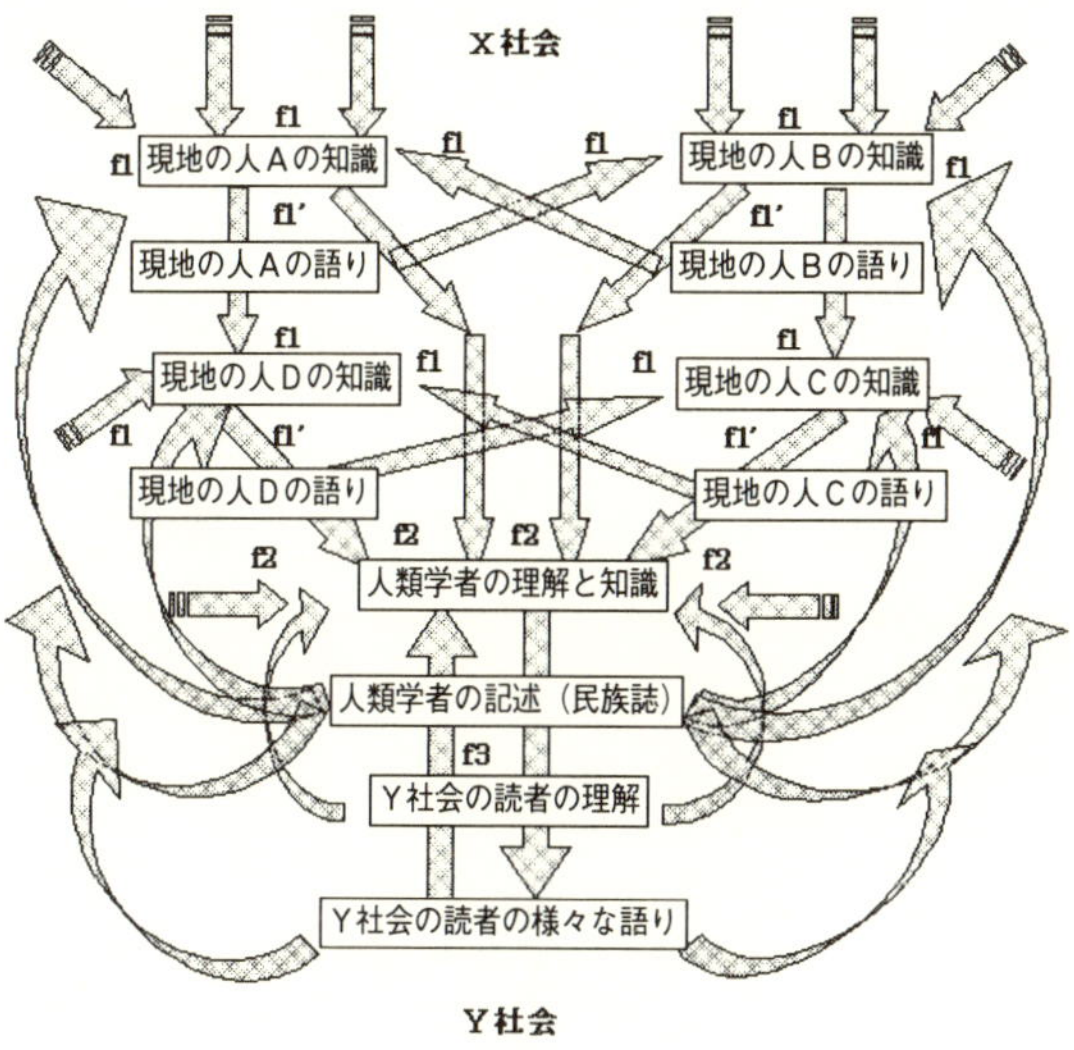

図2　フィールドワークの現実

学の語り」に送り届けられ、シニフィエ（意味されるもの）としての「構造または意味の体系」には決して辿り着けない。[4] つまり、フィールドワークの現場では、「構造または意味の体系」が不在なまま、無数の「現地の人の語り」と「人類学の語り」が相互に引用しあい、合わせ鏡の中でのように永遠に戯れるばかりなのである。[5]

　このように、「構造または意味の体系」が不在なまま、「現地の人の語り」と「人類学の語り」が相互に無限に引用しあうのがフィールドの現実であるとするならば、近代人類学での民族誌が植民地主義的表象の様式と化してしまったのは、不在なはずの「構造または意味の体系」を仮定し、その「構造または意味の体系」というオリジナルな「正本」との仮定された近さに従って、さまざまな語りを序列化したことに起因すると言ってよいだろう。「人類学者のフィルター」を特権化し、「人類学の語り」を「構造または意味の体系」の近似値とすることで、本来は相互に引用しあっているという意味でどれもがオリジナルでも、「正しい」わけでもないさまざまな「異本」としての語りの中から、民族誌を「正本」の位置にまつりあげてきたわけである。したがって、民族誌を植民地主義的表象の様式から解放するためには、このフィールドワークの現実、相互に引用しあうという意味で対等な語りの連鎖の中に、民族誌をもう一度位置づけなおし、仮定された「構造または意味の体系」に照らした真正性の次元ではなく、相互に引用しあう引用空間の次元に民族誌を据える必要があると言えるだろう。

　それでは、民族誌を真正性の次元から引用空間の次元に据え直すとは、どのようなことなのだろうか。次にこの問題を具体的に考えながら、民族誌を再生する方法を提案することにしたい。

4　引用のマトリクス——オープンなデータベース・システムの可能性

4・1　コンピュータの可能性——オープンなデータベース・システムの構築

これまでにみてきたように、民族誌が植民地主義的表象の様式となってしまったのは、「異本」の一つにすぎない民族誌に「正本」の地位が不当に与えられていたためであった。そうであるならば、民族誌を植民地主義的表象の様式から解放するためには、民族誌が「正本」にならないように、現地の人の語りやドキュメンタリーなど、他の無数の「異本」との引用のネットワークの内部に位置づけられるようなかたちで提示されるシステムを考えればよいということになる。

そのためには、次の三つの要諦を満たすシステムが必要となるだろう。まず一つには、民族誌や現地の人々の語り、ドキュメンタリーなど、あらゆる語りが対等なかたちで提示されることである。現在のように、民族誌やドキュメンタリーだけが衆目を浴びるかたちで流通するのではなく、現地の人々の語りも民族誌やドキュメンタリーと同等に流通する必要がある。次に、同等なかたちで流通するさまざまな語りは、そのどれかが「正本」として権威づけられないように、相互の引用関係が明瞭に示されるようなかたちで提示されなければならない。どのような語りであっても、誰かの語りの引用であるという意味で「正本」ではなく、相互に引用し引用されることによって「異本」のネットワークが形成されているのだから、あらゆる語りが「異本」であることを明瞭にするためには、語り相互の引用関係が明示されている必要がある。そして、最後に、望む者であれば誰でも、この「異本」のネットワークに参加し、そのネットワークにある「異本」を利用するとともに、自らの「異本」を加えることができなければならない。現在のように、人類学者やドキュメンタリー作家が現地の人々の語りを独占的に利用し、民族誌やドキュメンタリーなどの「異本」を生産するだけでは、植民地主義的表象のシステムはそのまま温存されてしまうからである。

こうしたシステム、つまり、莫大な量の語りが蓄積されうるだけでなく、常時誰からでもその蓄積された語りが自由に利用され、その蓄積された語りにさらに新しい語りが付加されると同時に、その常時膨張しつづける莫大な語りが、相互引用のネットワークで結びつけられるようなシステムを構築することは可能だろうか。おそらく、前世紀までは、こうしたシステムを実現することは技術的に不可能であったろう。しかし、今日では、コンピュータ・ネットワークが整備されつつあるおかげで、実現の可能性がある。

まず、莫大な語りを映像情報、音声情報、文字情報で蓄積することは、巨大なデータベースを構築すれば、実現することができる。しかも、このデータベースをインターネットに接続すれば、誰でもそのデータベースにパソコンや携帯電話からアクセスすることができる。そして、近い将来、音声認識が可能になるだろうから、たとえ文字を読めなくても、あるいはキーボードの操作を知らなくても、データベースにアクセスし、そこに蓄積された語りを利用したり、自分の語りを付加したりすることができるようになるだろう。もちろん、このためには、パソコンや携帯電話など、データベースにアクセスするための手段が、誰にでもゆきわたる必要がある。

もっとも問題なのは、常時膨張する語りの相互引用の様子を明示することだが、データベースの検索機能を利用すれば、これも可能になる。たしかに、民族誌やドキュメンタリーが、現地の人々の語りのどの語りを引用しているのかは、人類学者やドキュメンタリー作家が意識的に引用を行っているため、比較的容易に特定することができるが、現地の人々の語り同士では、どの語りがどの語りから引用しているのかを厳密に立証することは難しい。しかし、どの語りも、既存の言語記号を使わなければならず、その言語記号を一人で孤立して習得することができる人は誰もいない以上、それぞれの語りで使われている言語記号はすべからく、他の誰かの語りからの引用であると考えることができる。ある人がある言語記号を知っているということは、その人がその言語記号を使っている他の人の語りを聞いたことがある、あるいは辞書や民族誌などでその言語記号の説明を読んだことがある、つまりその言語記号が何らかのかたちで使われているのを見たり、聞いたりしたことがあるということを意味しているからである。したがって、データベースの検索機能を使って、それぞれの語りで使われている言語記号を検索してリンクさせれば、どの語りからどの語りへの引用なのかを特定することはできなくても、それぞれの語りの間に相互引用の可能性があることを示すことはできる。

このように考えれば、原理的には、次のようなかたちで構築されるオープンなデータベース・システムとして、無数の「異本」が相互に交錯する引用空間の実現を構想することができる。

まず、巨大な記憶容量を備えたコンピュータを準備し、そこに、現地の人々へのインタビュー、民族誌、ドキュメンタリー、現地の人々が発表した政治的言説など、これまでに記録されているすべての文字情報、映像情報、音声情報をデジタル化して記録する。その際に、それら情報の出所、つまり誰がいつ、どこでその情報を語り、書き、制作したのかを明らかにするのみならず、相互の引用関係が明瞭な情報については、必ずその該当部分同士にリンクをはっておく。たとえば、ある民族誌にホッキョクグマの狩り方についての記述があり、その記述がある現地の人の語りのある部分に基づいていれば、その部分へのリンクをはっておく。さらに、相互の引用関係が不明瞭な場合にも、その可能性が分かるように、データベースの索引機能を使って、同じ言語記号が使われている部分の間にリンクをはる。たとえば、データベースに記録されている語りや記述、映像で、「ホッキョクグマ」(英語で〈polar bear〉、イヌイト語で〈nanuq〉)

が現れる部分の間にリンクをはる。そして、このデータベースをインターネットに接続し、誰でも閲覧したり自分の語りを加えたりできるようにするのである。[6]

4・2 引用のマトリクス――引用空間の可能性

こうしたオープンなデータベース・システム、つまり、莫大な量の語りが蓄積されうるだけでなく、常時誰からでもその蓄積された語りが自由に利用され、その蓄積された語りにさらに新しい語りが付加されると同時に、その常時膨張しつづける莫大な語りが、相互引用のネットワークで結びつけられるようなシステムを実現することができれば、巨大な語りの引用空間が現出し、その引用空間の中で民族誌は植民地主義的表象の様式であることをはじめてやめるだろう。そこに参加するあらゆる語りは、相互引用によって成り立っているという意味で同じように正しくなく、誰かの語りが現実に対して特権的な真正性を主張することはできなくなり、ある語りが他の語りを圧倒して抑圧することは不可能になるからである。

しかも、この引用空間としてのデータベース・システムが実現すれば、民族誌を植民地主義的表象の様式という誹りから解放する効果だけでなく、次のようなさまざまな効果を期待することができる。

一つには、このデータベース・システムでは、さまざまな語りの相互引用の可能性が、検索機能によって示され、共通の言語記号の連関によって無数の語りの間にリンクがはられるため、このシステムには辞書あるいはエンサイクロペディアとしての機能を期待することができる。たとえば、「親族」(英語で〈relatives〉、イヌイト語で〈ilagiit〉)について知りたければ、無数の語りの中から、この言語記号が使われている部分がすべてピック・アップされるため、この記号の使われ方について、豊富な事例を参照することができる。しかも、このシステムでは、通常の辞書やエンサイクロペディアとは異なって、そこに挙げられている事例のどれにも真正性があるわけではなく、利用者は自分でもその記号の自分の使い方をシステムに追加することができ、常時、利用者によって記号の新しい「異本」が追加されてゆくため、改訂する必要がない。つまり、利用されればされるほど、自動的に自己増殖してゆく便利な辞書あるいはエンサイクロペディアとなるわけである。

次に、このシステムでは、まったく正反対の見解であっても、そのすべてが真正性のない一つの見解として並列され、検索機能によって連結されるため、このシステムには、ある問題をめぐって多様な見解が討論し合うフォーラムとしての機能を期待することができる。たとえば、先にあげた「親族」という記号の使い方を例にあげれば、この記号の競合する使い方のすべてが検索機能によって呼び出される。しかも、このシステムでは、利用者が自分の使い方を付加することができ、その新たな使い方が即座にシステム内部の他の使い方と連結されるため、システムの利用者は、ある記号の使い方をはじめ、さまざまな問題について、自分の見解を容易に表明することができる。

さらに、このシステムが実現してしまえば、もはや人類学者は民族誌の書き方で悩む必要はなく、どのような書き方であれ、積極的に民族誌を書くことによって、引用空間としてのデータベースを豊かにすることができるようになる。このシステムでは、いかなる語りにも真正性がなく、一つの見解として提示されるようになるため、人類学者の語りは現地の人々の語りを圧倒して抑圧するものから、ある特定の問題に対する現地の人々とは異なった観点からの一つの見解として、このデータベースを豊かにするものに変質するからである。たとえば、人類学者が成分分析の手法で親族呼称の弁別特徴を分析し記述しても、それは「正しい」親族呼称の使い方を規定するものではなくなり、親族呼称に対する一つの見解として、このシステムを利用する人に便利な指針を与えるものとなる。つまり、引用空間を現出させることができれば、そこでは、人類学者の民族誌に真正性を与えていた「構造または意味の体系」という仮想物も、その社会の本質として提示されるのではなく、「異本」の一つとして提示されることになるだろう。そして、人類学者が自分の調査に基づいて現地語の辞書のようなものを作り、それをこのシステムに組み込めば、「正しい」ことばの意味を示す抑圧的な記述として機能するのではなく、むしろ便利な道具として機能するようになるだろう。

このような効果を期待することができる巨大な引用空間としてのオープンなデータベース・システムの構築は、「連想やアナロジーやレファレンスが交錯し、見ることと読むこと（と書くことと語ること）が反響し合う引用空間、あるいは《合わせ鏡の無限廊下》」（宮川 1982: 320）を現出させるだろう。そして、宮川が述べるように、すべての語りが引用であるならば、語りが語りを増殖させる豊かな語りのマトリクス（母胎）が生み出され、新たな語りを無限に生みだす資源として機能するようになるにちがいない。

5　民族誌の未来と人類学者の任務

本章では、民族誌をめぐる問題を民族誌が生産されるコンテキストの中で再考し、民族誌やドキュメンタリー、現地の人々の語りを含め、あらゆる語りが引用であることを示しながら、民族誌を再生させるための方法について考えてきた。そして、民族誌の書き方にではなく、民族誌が書かれるコンテキストに注目し、そのコンテキストを改めることに民族誌を再生させる鍵があるのではないかという提案を行った。具体的には、民族誌や現地の人の語りを含め、あらゆる語りが引用の網の目によって結びつけられた引用空間を、インターネットに連結された巨大容量のオープンなデータベース・システムとして構想し、そのシステムの見取り図と可能性について考えてみた。

この構想が実現されれば、おそらく民族誌は植民地主義的表象の様式であることをやめ、無数の語りの「異本」の中の一つとして位置づけなおされ、未来に向かって語りを無数に生み出す引用のマトリクスに貢献するものになるだろう。そして、もはや人類学者は民族誌の「書き方」で悩む必要はなくなり、自由に民族誌を書くことができるようになるのではないだろうか。しかし、そうした自由と引き替えに、人類学者には一つの重要な任務が課せられることになるだろう。それは、自由に民族誌を書く前に、あらゆる語りが「異本」としての正当な権利を主張し、さまざまな語りが響き合いながら議論を繰り返しつつ、無限に引用を重ねて新たな語りを生み出してゆく引用のマトリクスを整備することである。おそらく、民族誌に自由な未来を与えるだけでなく、誰もが自由に語りの資源にアクセスし、その資源を元手に新たな語りを自由に生み出す未来をすべての人々に提供するために、人類学者は自らが語る前に、そうした語りの場を整備しなければならないだろう。そうした任務を人類学者が果たすとき、民族誌は新たな未来に向かって開かれるのではないだろうか[7]。

もちろん、本章で提示したシステムは、あくまで民族誌をめぐる問題の考察から理論的に導き出されたものにすぎない。実際に構築して運用するためには、さまざまな技術的な問題の解決をはじめ、細部について詳細な検討が加えられる必要がある[8]。また、このシステムで民族誌をめぐる問題が本当に解決するのかどうか、あるいはこのシステムによって新たな問題が発生しないかどうかついても、さらに詳細に検討しなければならない。現在、筆者はこのシステムのプロトタイプとなるシステムとして、調査を行っているカナダ極北圏の先住民、カナダ・イヌイトの伝統的な生態学的知識のデータベース・システムを構築しつつあり、こうした問題については、その構築と運用の過程で検討を加えてゆくつもりである。このシステムが本当に民族誌をめぐる問題を解決するのか、逆に新たな問題を生み出すのではないかという危惧をもちつつも、このプロトタイプの実験的な構築と運用を重ねることによって、民族誌の未来を開く一つの選択肢として、その可能性と限界について今後一つずつ確認してゆきたい。

注

1　この問題はネイティヴ・アントロポロジストの育成や「人類学のローカル化戦略」（清水 2001）によって解決することはない。「書くあるいは語る主体／書かれるあるいは語られる客体」さらには「研究する主体／研究される客体」という二極化が存在し、語り書き研究することと語られ書かれ研究されることが相互に浸透して錯綜しなければ、つまり、万人がこのどちらの立場にも立てるようになれなければ、たとえ現地の人が研究者となったとしても、単に現地の人々の内部に「研究する主体／研究される客体」という二極化がもちこまれるだけである。この問題はラトゥール（1999）が指摘したように、人類学を含め、テクノサイエンスの基本構造である中心と周縁の力学にメスを入れないかぎり解決することはないと言える。これはとくに日本の心理学や医学の現状をみればよく分かるだろう。

2　ここで問題となっているのは、「構造または意味の体系」が実在するかしないかではない。実在する、しないに関係なく、「構造または意味の体系」に直接アクセスする「神の視点」は存在しないということがポイントである。本質主義では、この「構造または意味の体系」こそが、現地社会の本質であるとされた。

3　たとえば、筆者が調査を行っているカナダのヌナヴト準州クガールク村では、村人のほぼ全員が、一九六〇年代に現地で人類学者アセン・バリクシとカナダ・ナショナル・フィルム・ボード、BBCテレビらによって撮影された民族誌ドキュメンタリー・フィルム『ネツリク・エスキモー・シリーズ』を何度も見ており、それを自分の語りの論拠とする若い世代が少なくない。

4　本章では、語りに焦点をあてているが、語り以外の実践についても、同様のことを考えることができる。人々のさまざまな実践、たとえば、漁労でヤスを巧みに使うことも、他の人々のヤスの使い方を真似たり、自分がかつてヤスを使ったときの使い方を反復したりすること、つまり行動を引用することと考えることができる。このことについては、別稿（大村 2005, Omura 2005）で詳しく論じたので参照されたい。

5　「構造または意味の体系」を不在としたまま、あらゆる語りを引用の無限連鎖としてとらえる考え方は、従来の文化概念に劇的な変化をうながす可能性がある。注2で触れたように、本質主義では、「構造または意味の体系」は現地社会の本質、つまり文化とされてきた。そして、別稿（大村 2002）で詳しく論じたように、本質主義では、この社会としての本質が個人にインストールされることで、個人が社会化されると仮定されてきた。しかし、この社会の本質としての文化を不在とし、すべての人々は、さまざまな人々の語りや実践の中で使われている記号（言語記号に限らない）を真似や反復を通して引用しつつ、自身の語りや実践を構築していると考えれば、個人に内化されるべき知識体系としての文化を想定する必要がなくなり、文化は環境にちりばめられた記号としてとらえなおされ、人々の語りや実践はそれら記号のブリコラージュとしてとらえなおされることになる。この詳細については、別稿（大村 2002）を参照のこと。なお、この考え方は、レイヴ（1995）の論考をはじめとする状況認知論と小田（1996）によるレヴィ＝ストロース（1992）解釈から着想を得たものである。

6　筆者は、このシステムのプロトタイプとして、調査を行っているカナダ極北圏の先住民、カナダ・イヌイトの伝統的な生態学的知識のデータベース・システムを構築しつつある。しかし、技術的にも予算的にも限定されている現状においては、音声認識を導入することは難しいため、とりあえず当面可能な処置として、インタビューの語りを文字化して蓄積する方法をとっている。また、いきなり、すべての情報をデータベースに入力して、それらの情報の間にリンクをはることも困難なため、まず、現地語の辞書をデータベースの核として構築し、その核から文字化された語りにリンクをはる方法をとっている。しかし、莫大な労力と予算がかかるため、このシステムが完成するのがいつになるのか、想像もつかないのが現状である。なお、このプロトタイプ・システム構築を着手した調査は、平成一四～一六年度文部科学省科学研究費補助金（若手研究（A）「カナダ・イヌイトの民族科学的知識と環境管理」、大村敬一代表、課題番号一四七〇一〇〇六）の助成を受けた。ここに記して日本国文部科学省に感謝の意を表したい。

また、本稿を草するにあたっては、小田亮先生（成城大学）より貴重なコメントを頂いた。心からの御礼を申し上げたい。

7　これまでに主張されてきたように（松田 1996; 杉島 2001）、現実に存在する非対称な社会関係や理不尽な政治・経済的状況のメカニズムを解明し、不当な支配に対して抵抗を挑むことも、人類学の重要な任務であることに疑いはない。しかし、誰もが語ることができる場が整備されず、人類学者をはじめ、一部の人々に語る場が独占されているかぎり、その抵抗も代弁＝表象の罠に陥ることになるだろう。本章の主張は、人類学者が語り研究し抵抗する以前にまず、その人類学者の営みが代弁＝表象の罠に陥らないためのシステムをこそ、考えるべきであるということである。その意味で、本章で提示したシステムは出発点にすぎず、このシステムが稼働したとして、意志決定をどのように行うのかについては、さらに考えねばならない。

8　こうした問題については、ファビアンの引用空間の先駆的な試みをめぐってすでに検討がはじまっている（Fabian 2002）。

文献

Clifford, J. 1983 On Ethnographic Authority. *Representations* 1(2): 118-146.

クリフォード、J 2003『文化の窮状――二十世紀の民族誌、文学、芸術』太田・慶田・清水・浜本・古谷・星埜（訳）、人文書院

――／マーカス、G・E（編）1996『文化を書く』（春日・足羽他訳）紀伊国屋書店(1986 *Writing Culture: The Poetics and Politics of Ethnography*. Berkeley: University of California Press.)

Fabian, J. 1983 *Time and the other: How Anthropology makes its object.* New York: Columbia University Press.

―― 2002 Virtual Archives and Ethnographic Writing: "Commentary" as a New Genre? *Current Anthropology* 43(5): 775-786.

小池誠 1990「知識の社会人類学」『社会人類学年報』一六、一九三―二〇八頁

ラトゥール、B 1999『科学が作られているとき』川崎勝・高田紀代志（訳）、産業図書

レイヴ、J 1995『日常生活の認知行動』無藤隆・山下清美・中野茂・中村美代子（訳）、新曜社

レヴィ＝ストロース、C 1992「『生のものと火にかけたもの』序曲1」『みすず』三七〇、一一四―一一八頁

Marcus, G. E and D. Cushman 1982 Ethnographies as Texts. *Annual Review of Anthropology* 11: 25-69.

松田素二 1989「語りの意味から操りの力へ――西アフリカのフィールドワークから」田辺繁治（編）『人類学的認識の冒険――イデオロギーとプラクティス』同文館、三五七―三八六頁

―― 1996「『人類学の危機』と戦術的リアリズムの可能性」『社会人類学年報』二二、二三―四八頁

宮川淳 1982a「鏡の街のアリス＊＊＊迷う　ロナルド・B・キタイ」『引用の織物』（『宮川淳著作集I』）美術出版社、三一三―三二五頁

―― 1982b「レヴィ＝ストロースの余白に」『紙片と眼差とのあいだに』（『宮川淳著作集I』）美術出版社、二一八―二二三頁

中川敏 1995「民族誌的真理について」米山俊直（編）『現代人類学を学ぶ人のために』世界思想社、二四八―二六三頁。

小田亮 1996「ポストモダン人類学の代価――ブリコルールの戦術と生活の場の人類学」『国立民族学博物館研究報告』二一（四）、八〇七―八七五頁

―― 1997「文化相対主義を再構築する」『民族学研究』六二（二）、一八四―二〇四頁

大村敬一 2002「本質主義的な記述を超えるために――『社会：個

人』の二元論への状況的認知論からの挑戦」『文化人類学研究』三、七六―一〇〇頁。
――2005「差異の反復――カナダ・イヌイトの実践知にみる記憶と身体」『文化人類学』(印刷中)
Omura, K. 2005 Repetition of Different Things: The Mechanism of Memory in Traditional Ecological Knowledge of the Canadian Inuit. In K. Sugawara (ed.), *Correlations between Ecological, Symbolic, and Medical Systems in the Construction and the Distribution of Body Resources*. pp.79-107.
ロサルド、R 1998『文化と真実――社会分析の再構築』(椎名美智訳)日本エディタースクール出版部
サイード、E・W 1993『オリエンタリズム』(板垣雄三・杉田英明監修,今沢訳)平凡社(1978 *Orientalism*. New York: Georges Borchardt.)
清水昭俊 1998「周辺民族と世界の構造」清水昭俊(編)『周辺民族の現在』世界思想社、一五―六三頁
――2001「日本の人類学――国際的位置と可能性」杉島敬志(編)『人類学的実践の再構築――ポストコロニアル転回以後』世界思想社、一七二―二〇一頁
杉島敬志 1995「人類学におけるリアリズムの終焉」合田濤/大塚和夫(編)『民族誌の現在』弘文堂、一九五―二一二頁
――(編)2001『人類学的実践の再構築――ポストコロニアル転回以後』世界思想社

民族誌における対話の可能性

飯田 卓

本書では、客観的な民族誌に対する懐疑を乗り越えるための基本的な考え方をいくつか提示してきた。その要点は、対話型メディア実践として民族誌を構想しなおし、著者と読者、読者と記述対象者のコミュニケーションを積極的に媒介していくことである。これは、オンライン民族誌について論じた湖中論文において、もっとも先鋭に示されていよう。第Ⅲ部の各論文も、メディアのインタラクティヴィティ（双方向性）の現状を示すことにより、新しい民族誌を考えるヒントを示唆している。また、大村論文と湖中論文は、職業的人類学者と他の市民が共同で民族誌を紡いでいくという可能性を論じている。大村のいう「オープンなデータベース・システム」も湖中のいう「オンライン民族誌」も、完成した作品という意味での民族誌ではない。不断の書き換えや追加が何らかの対話にもとづくという点では、両者の提案もまた、対話型メディア実践の一環と見なすことができよう。

対話の重要性は、フィールド研究一般において早くから認識されていた。なかでも人類学は、調査地の言語を体得し、隣人から直接話を聞くという「参与観察」を学問の基礎にすえた。探検家や宣教師がまとめた二次資料に頼るのでなく、対象社会の人びととの対話から情報を得た結果、民族誌の内容は豊かになったといえる。しかし、そうした情報を取捨選択して民族誌の体裁を整える過程では、対話がじゅうぶんに生かされたとはいえない。その結果、「反実在論」「反本質主義論」「ポストモダニズム」などの旗じるしのもとに、「文化を書くことの困難」が論じられるようになった。

実際問題として、ひとつひとつの民族誌すべてにおいて対話を全面的に反映させることは、不可能に近い。たとえば活字媒体を用いた場合、当事者すべての校閲を得てから民族誌を発表するなど、きわめてかぎられた条件でしかありえまい。むしろ、既存の民族誌（および民族誌的な情報）をふまえて、別の視点からの民族誌をあらたに世に問うというように、複数の作品の応酬というかたちで対話を築く必要があろう。大村が提案するのは、そのためのシステムづくりである。

ただし、発表媒体の性格によっては、かなりの程度まで対話を反映させることも可能である。完成形のないオンライン民族誌もそうだし、動画映像による民族誌フィルムもその一例にあげられよう。

映像人類学の創始者といわれる人物のひとりに、ロバート・フラハティがいる。『極北のナヌーク』などの作品で知られる彼は、研究機関に籍を置く人類学者ではなかったが、長期間の撮影地滞在によって作品をつくりあげた。撮影したフィルムはその場で現像し、彼自身の仕事を知ってもらうために撮影地の人たちにも見せたという。通常、人類学の著作は調査地の言語とは異なる言語で書かれるため、調査地の人が人類学者の仕事を知ることは少ないのだが、映像メディアを利用すれば、その可能性は大きく開かれる。活字メディアにくらべて、はるかに対話を反映させやすいといえよう。

もっとも、彼の作品には過度な演出が多いという批判もある。時代性を考慮しなければなるまいが、すぐれた道具を使いこなすうえでは慎重さが必要だろう。

博物館展示もまた、そうした可能性を秘めたメディアである。従来の博物館や美術館は、世界中の至宝を壮麗に陳列し、来館者はあたかもそれを拝むように展示品を観覧していた。しかし近年は、こうした寺院のような博物館でなく、フォーラムとしての博物館のあり方が模索されている。展示する人とされる人が対話しながら展示を作っていき、展示を見る人と見られる人が情報を交換できるような場として、展示が構想されているのである。言うは易くおこなうは難しだが、作品としての展示は物理的規模が大きく、制作に多数の人が関与するため、多数の視点を反映させること自体は容易である。いずれもささやかな試みかもしれないが、文化の壁が乗り越えられるよう、希望をつなげていきたい。

参考文献

Rouch, Jean 1995 [1974] The Camera and Man, In P. Hockings (ed.) *Principles of Visual Anthropology* (2nd ed.), Berlin: Mouton de Gruyter, pp. 79-98.

フラハティ、ロバート J 2003 [1922]『極北の怪異（極北のナヌーク）』、DVD、七八分、アイ・ヴィー・シー

吉田憲司 1999『文化の「発見」——驚異の部屋からヴァーチャル・ミュージアムまで』岩波書店

エピローグ

再帰的な人類学的実践としてのメディア研究

原　知章

……問題の核心にあるのは信頼の問題である。それも、一連のプロセスのなかの実に多くの異なる地点における信頼の問題である。フィルムの対象とされていく人々は、メディエーター〔媒介者〕として自分を名乗る人々のことを信頼できなければならない。視聴者は、プロのメディエーターを信頼しなければならない。そして、これらのプロのメディエーターもまた、正直なテクストを提供できる彼ら自身のスキルと潜在能力を信頼していなければならない。
　私たちは、そのような信頼があまりにも容易に裏切られてしまうのを眼にし、シニカルにであろうが、仕方がないのだと思わされているかもしれない。しかし、信頼はなお媒介作用のための前提条件であり、何かを表現しようとするとき、とりわけ報道的な表現をしようとするときのメディアの努力のすべてに必要な前提条件である。

（シルバーストーン　2003: 56-57）

はじめに

　社会・文化人類学（以下、人類学と表記）といえば、かつて「未開」と形容された小規模な社会の伝統的生業、親族組織、儀礼などを調査・研究する学問というイメージが今なお根強いようだ。そのようなイメージからすれば、人類学者がテレビやインターネットを取り上げて論じた本書は、畑違いの単発的な試みであるかのような印象を与えるかもしれない。あるいは、読者諸氏のなかには、本書が「異文化」の専門家としての人類学者の権威を示すために、マスメディア（以下、単にメディアと表記する）における異文化表象を俎上に載せているのではないか、という印象を持たれた方もいるかもしれない。

　しかし、少なくとも現代の人類学は、もはや「未開」社会の伝統文化やその変容だけを調査・研究の対象とする学問ではないし（MacClancy 2002）、後で見るように、メディアはこれまでにも人類学者によって様々に論じられてきている。また、（本書の各所でも触れられているように）本書のねらいは異文化の専門家としての人類学者の権威を誇示することにあるのではない。本章では、人類学におけるメディア研究——主に映像メディアに関する研究——の系譜を整理することを通じて、本書の位置づけと視座を改めて明確にしたいと思う。

人類学におけるメディア研究――あるいはメディア実践[1]――の系譜は、大別すると以下の三つに区別することができる。

①人類学的な調査・研究の「道具」としてのメディアに関する研究

②社会におけるコミュニケーションや表象を媒介する「装置」としてのメディアに関する研究

③人類学的な知識や洞察を広く共有する「手段」としてのメディアに関する研究

本書は、これらの系譜のいずれか一つの下流にではなく、三つの系譜が合流する地点に位置づけられる。以下では、まず各々の系譜をたどり[2]、その上で、これら三つの系譜が合流する地点からどのような視座が開けるのかについて論じる[3]。

「道具」としてのメディアに関する人類学的研究

一九二〇年代から一九六〇年代にかけてのおよそ半世紀の間に、人類学は人文社会科学において独立した制度的学問分野としての地位を確立した。そして、近代西洋科学が蓄積してきた人間に関する知識の体系を相対化する可能性をもつ分野として社会的に認知されるようになった。この時代の人類学を、ここでは「近代人類学」と呼ぶことにしよう。近代人類学のパラダイムにおいて、人類学者にとって最も基礎的な営為として位置づけられたのは、長期間の参与観察にもとづいて「異文化」の全体像を把握した上で、その社会で暮らす人びとの日常生活を微細に描き出すような民族誌の作成であった。

民族誌の作成とは、一面において、人間が生み出す多様な社会文化的現実を文字という媒体によって記録する営為として捉えることができる。しかし文字は、社会文化的現実を記録する媒体として常に適しているわけではない。たとえば、人類学者が長らく関心を寄せてきた儀礼には、非日常的な装いをした人びとによって踊りが繰り広げられる場面がしばしば登場する。しかし、このような儀礼の場面を文字のみによって微細に記録することは容易ではない。また、実際のところ、文字のみによる記録からは、こうした儀礼の場面の具体的なイメージをつかむことは困難である。微細で正確な民族誌的記録の作成に重きをおく近代人類学のパラダイムにおいて、映像技術を記録の「道具」として活用しようとする試みが現われ、やがてその試みが民族誌映画へと発展していくのは、なかば必然であったといえよう[4]。

民族誌映画の起源はリュミエール兄弟による映画の発明（一八九五年）とほぼ同時期にまで遡ることができる。すでに一八九八年には、近代人類学の先駆けとされるイギリスの人類学者ハッドンらによるトレス海峡探検隊が、現地調査に際して、写真用カメラと共に映画用カメラを携行していた。世界各地の社会・文化を記録し、その特質を明らかにしていく新しい媒体としての映画のポテンシャルは、人類学においてきわめて早い時期から認識されていたのである。その後の民族誌映画の歴史の詳細については他の文献にゆずることにして（伊藤・港 1999; 大森 1982, 1984, 1998; ブリガード 1979; Chiozzi 1989; Loizos 1993）、ここでは、第二次大戦後に民族誌映画の制作を中核として成立した「映像人類学（visual anthropology）」という人類学の下位分野の展開をたどることにしたい。

映像人類学が独立した下位分野として成立したのは戦後のアメリカ合州国（以下、アメリカと表記）においてであった。その背景には、第二次大戦がもたらした映画の技術革新と、戦後のグローバルな社会変動があった。まず、カメラの小型化・軽量化、高性能化が進み、映画用カメラの携行や操作が格段に容易になった。こうした技術革新により、戦前とくらべると、民族誌映画の制作に格段に取り組みやすい条件が整ったのである。また、戦後のグローバルな社会変動は、「世界各地で文化の画一化がますます進み、多くの文化が消滅しつつある」という危機感を人類学者にもたらした。そして、こうした危機感は、「消滅しつつある文化」を映像で記録しておかなければならないという使命感へと結びつき、映像人類学の成立と展開を後押しした。

第二次大戦がもたらした映画の技術革新は、民族誌映画の様式にも大きな影響を及ぼした。一方では、長時間の撮影が可能になったことによって、据え置きのカメラを延々とまわして特定の出来事の始めから終わりまでを途切れることなく撮り続け、作為的なナレーションを一切排するような、リアリズムを強く志向する民族誌映画が生まれた。客観的で正確な映像による記録として民族誌映画を位置づけるリアリズム志向は、一九七〇年代ごろまでの映像人類学における主流となった。

しかし他方では、カメラが小型化・軽量化し、容易に持ち運べるようになったことを背景として、カメラをかついで歩き回りながら被写体となる人びとの間で即興的に出来事を紡いでいき、その出来事を撮影していくような民族誌映画も生まれた。制作者と被写体となる人びとの関係や、制作者の位置・主観を前景化するこのような民族誌映画の制作に一九五〇年代から取り組んでいたのがルーシュである（Stoller 1992）。ルーシュにとって、映画とは「私がその人をどうみているかを示す唯一の方法」であり、また、彼にとって「最も優先すべき観客は……私が撮っている人」であった（ルーシュ 1979: 92）。ルーシュは映画を媒介として、自らが撮影の対象とした人びととの対話を進めることを通じて、人類学者はもはや調査・研究の対象となる人びとを、「昆虫学者が虫でも見るかのように」観察するのではなく、「相互理解（それゆえに敬意）を促進させる」ことが可能になると考えた（ルーシュ 1979: 93）。そこでは人類学者の研究は、「論文審査委員会によってではなく、彼が観察するようになった人々によって審査される」のである（ルーシュ 1979: 93）。「共有された人類学（shared anthropology）」と名づけられたこのようなルーシュの試みは、後の人類学における自省的＝再帰的（reflexive）な実践を先取りするものであったといえる。

ルーシュとは別の仕方で、映像が現実を客観的に反映したものではないことを主張し、その後の映像人類学の展開に大きな影響を及ぼしたのが、ワースであった。映画制作の経験を経て大学で教壇に立ったワースは、これまで映画を制作した経験を持たない学生たちに、いかにその方法を教えるかという問題に直面した。そしてこの問題に取り組む過程でワースは、学生たちが実際に学んでいるのは、映画の制作方法というよりもむしろ「映画的に」世界を見る方法であること、そして、学生たちが制作した映画に対する受け手の反応が、受け手の社会的地位や属性によって大きく異なることに気づいた。やがてワースは、映像の制作や受容は単に個々人の視点を反映しているというよりはむしろ、社会文化的に構造化されていると考えるようになる。そして、民族誌映画を制作するだけでなく、映像を通していかに意味が伝達され、構築されるかを問い、映像メディアがいかに社会のなかで利用され、意味づけられているかを探求する「視覚的コミュニケーションの人類学（anthropology of visual communication）」を確立する必要があることを主張するに至る（Worth 1972, 1981）。

映像人類学という用語が第二次大戦後に作り出されてから、少なくとも一九七〇年代に至るまでは、映像人類学とは「カメラを用いて文化を記録すること」とほぼ同義であった（Worth 1981: 192）。しかし、ワースの問題提起を大きな契機として、その後、映像人類学の研究領域はしだいに拡大していき、非言語的コミュニケーション、儀礼、舞踊、物質文化など、あらゆる「視覚的文化」（visible culture）が映像人類学の対象とされるようになった（Ruby 1996）。そして一九八〇年代には、一般社会に流通している映画・テレビなどの作品の内容分析や、その制作・受容の過程に関する厚みのある民族誌的研究も現われるようになった[5]（Intintoli 1984; Michaels 1982）。

また、一九八〇年代以降になると、映像人類学の中核をなしてきた民族誌映画は、これまで民族誌映画の被写体となってきたマイノリティの人びとの側から重大な挑戦を受けるようになった。衛星テレビ、ケーブルテレビ、ビデオといった「ニューメディア」の普及を背景として、これらマイノリティの人びとが映像メディアを活用して自らの歴史・社会・文化について表現するようになったのである。それは、メディアや人類学によって一方的に表象される客体として位置づけられ、収奪されてきた人びとが、自らのイメージを奪還し、コントロールしようとする試みに他ならなかった（チョウ 1999; ミンハ 1995; Ginsburg 1991）。

このようなマイノリティの人びとによる映像メディアの制作実践を、単に「現地の人びとの側からの批判」や「現地の人びとの文化的自意識の表われ」として客観的な記述・分析の対象とするだけならば、それは結局、ルーシュが批判した「昆虫学者が虫を見る」かのようなまなざしの中にマイノリティの人びとをふたたび回収してしまうことになるだろう（清水 1992, 2001）。

また、逆に、マイノリティの人びとによる映像メディアの制作実践を主体的な抵抗として手放しに称揚することも、かえって現実の権力関係を隠蔽し、マイノリティの人びとの実践をファンタジー化してしまう危険性をはらむといえる。これまで民族誌映画の制作に取り組んできた人類学者は、マイノリティの人びとによる以上のような映像メディアの制作実践にどのように向き合うことができるのか。この問いは、現代の映像人類学にとって——そして人類学全体にとっても——最も重要な問いの一つとなっている（第Ⅲ部コラム参照）。

「装置」としてのメディアに関する研究

前節でみたように、ワースによる問題提起を大きな契機として、映像人類学では、社会におけるコミュニケーションを媒介する装置としてのメディアに関する研究が現われるようになった。実はこのような「装置」としてのメディアに関する人類学的研究は、一九四〇年代のミードやベイトソンらによる「遠隔の文化（cultures at a distance）」研究と、パウダーメイカーのハリウッド研究にまで遡ることができる。

第二次大戦中、ミードらは、ヨーロッパやアジアの国々の文化や国民性を主題とする研究プロジェクトを進めた。その際、ミードらが主要な資料として用いたのは、これらの国々の映画や小説であった。人類学がフィールドワークを重視するにもかかわらず、ミードらが映画や小説を資料として用いたのは、様々な理由からフィールドワークを行なうことが困難な場合における文化分析の方法を開発するためであった。米海軍研究所による支援を受けて進められたこの研究プロジェクトが「遠隔の文化」研究である（Mead and Metreaux 2000）。現代のカルチュラル・スタディーズやメディア研究を先取りしていたという再評価の声もある「遠隔の文化」研究では、たとえばナチス映画の作品のプロットや、作品の中で繰り返されるテーマを分析することによって、「ナチスとはどのような種類の人間であるのか」を明らかにしようとするような、精神分析学的な観点を導入したフィクション映画の内容分析が行なわれた（ベイトソン 1986; Beeman 2000）。

この「遠隔の文化」研究とほぼ同時期に進められていたのが、パウダーメイカーによるハリウッドの映画産業界に関する民族誌的研究である（Powdermaker 1950）。パウダーメイカーは、第二次大戦終結後まもない頃、ハリウッドで一年間の参与観察を行ない、紋切り型の「アメリカン・ドリーム」を描き出す映画を大量生産するハリウッド社会の政治性を批判的に論じるとともに、人間を操作の対象となるべき受動的存在とみなすハリウッド社会は全体主義的国家と同根であると喝破した。

こうしたパウダーメイカーの議論は、当時ドイツからアメリカに亡命していたフランクフルト学派の研究者たちの大衆文化批判に明らかに通じるものであった。その代表的論者といえるアドルノは、映画・ラジオ・雑誌などの「文化産業」（culture industry）が相互に連関して一つのシステムを構成し、文化のあらゆる領域における画一化を推し進めていく帰結として、文化産業が生み出す製品が表象する世界と現実世界の区別が薄れ、人々の想像力や自発性は萎縮していくと論じた。その背景には、一九三〇年代のドイツにおいて伝統的な共同体が崩壊し、人びとがメディアを通じた大衆プロパガンダに直接的にさらされていく様を目の当たりにしたアドルノの現代社会に対する悲観的な見方があった。

メディアの影響が受け手に対して等しく直接的に及ぶとするアドルノの議論は、マスコミュニケーション研究では「皮下注射針モデル」や「弾丸理論」と呼ばれる。しかし、こうしたアドルノの議論は、当時のアメリカの研究者たちにとっては、必ずしもそのまま受け入れることが出来ないものであった。その理由の一つは、多元主義・民主主義を標榜していた当時のアメリカと一九三〇年代のドイツとではあまりに社会的状況が異なっていたためであったが、もう一つの理由は、アドルノの議論が経験的な調査にもとづかない思弁的なものであったためであった。たとえば、戦後のアメリカにおけるマスコミュニケーション研究を牽引したラザースフェルドは、一九三八年にアドルノに宛てた私信で次のように述べていた。「私は、あなたが実証と体系的な経験的調査を無視していること……に強く反対します」（Marris and Thornham 1996: 6）。その後、ラザースフェルドは、一九四〇年のアメリカ大統領選挙におけるキャンペーンと投票行動の相互関係を他の研究者と共に実証的に分析し、メディアの効果を限定的に捉える「選択的接触」仮説と「コミュニケーションの二段階の流れ」仮説を提唱した（Lazarsfeld et al. 1944）。「選択的接触」仮説とは、個々人が抱いている信念や価値観の先有傾向にもとづいて、メディアへの接触が選択的になされるというものである。一方、「コミュニケーションの二段階の流れ」仮説とは、メディアは個々人に直接的に影響を及ぼすのではなく、人びとが所属する集団のオピニオン・リーダーを媒介して、間接的に影響を及ぼすというものである。ラザースフェルドらは、「選択的接触」という心理的な過程と「コミュニケーションの二段階の流れ」という社会的な過程の双方からメディアの効果が限定的なものになると考えたのである。こうしたラザースフェルドらの限定効果説は、その後、一九六〇年代半ばごろまでマスコミュニケーションの実証主義的効果研究において大きな影響力を保っていく。

以上のような文脈をふまえるならば、精神分析学的な観点から映画の内容分析を行なったミードらの「遠隔の文化」研究と、経験的な調査を通じてフランクフルト学派の大衆文化批判と同じ地平に到達したパウダーメイカーのハリウッド研究は、いずれも戦後アメリカにおいて主流となったラザースフェルドらの限定効果説に対する批判的意義を有していたとみることができる。実際、ワースによれば、「遠隔の文化」研究は、限定効果説を修正する一九七〇年代以降のマスコミュニケーション研究の視座に影響を与えたという（Worth 1981: 191）。しかし、こうしたミードらの「遠隔の文化」研究やパウダーメイカーのハリウッド研究が、その後の人類学において発展的に継承されることはなかった。これらの先駆的な研究が再び注目されるようになるのは、一九九〇年代以降、人類学においてメディアに関する研究が次々と現われるようになってからのことである。

一方、この間にイギリスにおいて、フランクフルト学派の大衆文化批判と戦後アメリカの実証主義的効果研究をともに乗り越えるようなメディア研究の地平を切り開き、現代の人類学におけるメディア研究に大きな影響を与えたのが、カルチュラル・スタディーズである。ウィリアムズやホールによって代表されるカルチュラル・スタディーズでは、一九七〇年代以降、アルチュセール、グラムシ、バルトらからの理論的影響を受けつつ、メディアをめぐる社会的プロセスを、表象、権力、テクノロジー、アイデンティティが交差し、多様な意味付与実践がせめぎあう場として批判的に捉え、重要な研究の対象として位置づけてきた。特に一九七〇年代後半以降は、オーディエンス・スタディーズと称されるメディアの受容の具体的な様態を民族誌的に記述・分析する研究が興隆していった。

このオーディエンス・スタディーズに理論的枠組みを提供したのは、よく知られるように、ホールによる「エンコーディング／デコーディング」モデルであった。フランクフルト学派の大衆文化批判は、初期のワトソン流の行動主義心理学における「刺激（S）―反応（R）」図式にもとづくものであり、そこでは受け手は受動的な存在として捉えられていた。また、主にアメリカで展開したメディアの実証主義的効果研究においても、マスコミュニケーションを送り手の「メッセージ」が受け手にそのまま伝達される透明で直線的な過程として捉えがちであった。これに対して、ホールはメディア・テクストの言語学的・イデオロギー的構造に多くの注意を払うとともに、メディア・テクストの生産、流通、消費という各々の局面を、独自の存在様式をもつ相対的に自律的な諸実践によって維持されるものとして再概念化した。そこでは、「デコーディング」、すなわち、受け手によるメディア・テクストの「消費＝読み」は、受け手の側の理解の構造や受け手がおかれている社会的位置によって枠付けられながら意味が生産される過程として捉えられた（毛利 2003; 吉見 2000）。

人類学においてもカルチュラル・スタディーズの成果は一九七〇年代末ごろから注目を集めていた。たとえば、ウィリアムズの「文化」、「ヘゲモニー」、「感情の構造」といった概念をめぐる議論や（Williams 1973, 1977）、ウィリスによる民族誌『ハマータウンの野郎ども』などは（Willis 1977）、人類学の未来を展望しようとする論者たちにとって、多くの示唆を与えてくれるものであった（Clifford and Marcus 1986; Marcus and Fischer 1986; Ortner 1984）。しかし、「エンコーディング／デコーディング」モデル以後のカルチュラル・スタディーズにおけるメディア研究の展開が人類学において幅広く注目を集めるようになるのは、一部の例外をのぞけば（Intintoli 1984）、おおむね一九九〇年代以降のことである。

一九九〇年代になると人類学においてメディアを主題的に取り上げた研究が急速に増えていった（Abu-Lughod 1993; Caldarola 1994; Crawford and Hafsteinsson 1996; Dickey 1993; Heider 1991; Kottak 1990; Mankekar 1993; Moeran 1996; Nacify 1993; Painter 1994）。その主な背景として二点挙げることができる。第一に挙げられるのは、とりわけ一九八〇年代以降、オリエンタリズム批判をはじめとして、人類学の内外から近代人類学に対して根源的な批判が寄せられるとともに、人文社会科学全般において表象をめぐる問題が前景化したという点である。このことを背景として、人類学はもとより、メディアにおける異文化表象もしだいに俎上に載せられるようになったのである（Gross et al. 1998, 2003; Nacify and Gabriel 1993）。第二に挙げられるのは、同じく一九八〇年代以降、観光、開発、労働移動、民族紛争、大量生産品の消費など、近代人類学の枠組みでは看過されがちであった「現代的」な事象に関する人類学的研究が活発化していたという点である。これらの事象の多くは、ヒト、モノ、カネの大規模な「移動」に関わるものであり、情報の「移動」を媒介するメディアとも深く関わっていた。

以上のような一九八〇年代以降の人類学の動向を背景として、一九九〇年代以降、人類学におけるメディア研究が次々に現われる。そして、これらのメディア研究にとって強力な参照枠組となったのがカルチュラル・スタディーズであった。というのも、カルチュラル・スタディーズは、民族誌的な手法によって、そして人類学においても関心が寄せられていた表象、権力、アイデンティティといった視角から、メディアにアプローチすることが可能であることを示していたからである。さらに、カルチュラル・スタディーズに加えて、一九九〇年代以降の人類学におけるメディア研究にとって大きな刺激となったのが、アパデュライの「想像の世界」に関する議論とブルデューの「文化生産の場（界）」に関する議論であった。

アパデュライは、人類学とカルチュラル・スタディーズを架橋する役割を担うことになる『パブリック・カルチャー』という雑誌の立ち上げに関わり、この『パブリック・カルチャー』において、「グローバル文化経済における乖離構造と差異」というきわめて影響力のある論文を発表した（Appadurai 1990）。この論文のなかでアパデュライは、グローバルな規模で展開するヒト、メディア、技術、資本、観念のフローが交錯するなかで、「想像の世界（imagined worlds）」が生み出されるという議論を展開した。「想像の世界」とは、「地球全体にひろがる個人や集団の、歴史的に状況づけられた想像力によって構成される多様な世界」のことである（アパデュライ 2004: 70）。アパデュライは、「想像の世界」が、今日、個人から国家に至るまでのあらゆる主体の構築の過程と主体間の交渉の過程において中心的な役割を果たしていると論じる。

この「想像の世界」という概念は、アンダーソンの「想像の共同体」という概念を発展させたものである。よく知られているように、アンダーソンは、印刷資本主義が互いに面識のない人びとの間に「国民」としての共同体意識を醸成させる上で大きな役割を果たしたことを論じた（アンダーソン 1997）。しかし今日では、支配的なメディアは印刷メディアから電子メディアに移行し、電子メディアは、もはや一国内で「われわれ」という集合的自己の想像を作動させる力となるだけにとどまらず、国境を越えて「われわれ」と「彼ら」に関する膨大なイメージを流通させている。こうして現代の世界においては、電子メディアが「想像の世界」を生み出す原動力となっているのである。このようなアパデュライの「想像の世界」論は、人類学者の世界観・文化観を刷新し、人類学におけるメディア研究を刺激するとともに、カルチュラル・スタディーズにも大きな影響を与えてきた（吉見 2004）。

一方、ブルデューの「文化生産の場」に関する議論は、メディア・テクストの生産過程に対して、人類学者の目を改めて向けさせるものであった（Bourdieu 1993）。カルチュラル・スタディーズの影響を受けたメディア研究では、受け手によるメディア・テクストの「消費＝読み」が多様でありうる点がしばしば強調されるが、ブルデューの「文化生産の場」をめぐる議論は、メディア・テクストを生産する送り手の側もけっして一枚岩ではなく、また、単なる支配的なイデオロギーの運び手でもないことを浮き彫りにする。

たとえばブルデューは、文学作品を作家の内面や作家が生きた時代の社会歴史的背景などに還元されるものとしてではなく、「文学界」の力学のなかから生成するものとして捉える（ブルデュー 1995, 1996）。文学界とは何か。それは、作家はもとより、編集者、出版人、批評家といった行為者、さらには文芸雑誌や文学賞といった制度が占める互いに異なる位置のあいだの客観的諸関係によって構成される相対的に自律的な社会空間である。文学界は独自の歴史と価値・規範の体系を有したミクロコスモスであり、文学作品の生産過程とは、この文学界において異なる利害と関心をもつ異なる位置の行為者＝文化生産者のあいだの力関係の網目が交錯するなかで、作品が形をなし、そこに特定の価値が付与されていく闘争的な過程にほかならない。近年の人類学では、こうしたブルデューの議論をふまえてメディア・テクストの生産過程に焦点を当てた研究が増えつつある（Dornfeld 1998; Mahon 2000）。

以上に見てきたように、一九九〇年代以降の人類学におけるメディア研究は、カルチュラル・スタディーズの影響下で、また、アパデュライやブルデューの議論に触発されながら、急速に展開してきた。近年では、映像人類学の新しい潮流とも合流しつつ、メディア・テクストの生産から消費に至るまで、また、ローカルなメディアからグローバルなメディアに至るまで幅広い主題が論じられるようになっている。そしてこれらの動向をふまえて、一部の人類学者は、「メディア人類学（media anthropology）」、ないし「メディアの人類学（anthropology of media）」という下位分野の成立を宣言するに至っている（Askew 2002; Ginsburg et al. 2002）。

「手段」としてのメディアに関する研究

人類学には、前節で見たメディア人類学の系譜とは異なるもう一つのメディア人類学の系譜が存在する。ここで便宜的に、前節で取り上げたメディア人類学を「メディア人類学Ⅰ」、以下で取り上げるもう一つのメディア人類学を「メディア人類学Ⅱ」と呼ぶことにしたい。メディア人類学Ⅱは、新聞、雑誌、テレビなどのメディアを積極的に活用することによって、人類学的な知識・洞察を、一般の人びと（general public）と広く共有することを目的としている。民族誌映画の場合、作品は主に研究・教育の場面で活用されることが念頭に置かれており、映画の技術は基本的には記録のための「道具」として位置づけられていた。これに対してメディア人類学Ⅱでは、新聞、雑誌、テレビなどのメディアが人類学と一般の人びとのあいだをつなぐ「手段」として位置づけられている。たとえば、アメリカのメディア人類学Ⅱにおいて主導的な役割を果たしている「人類学と科学的コミュニケーションのためのセンター（The Center for Anthropology and Science Communications）」は、人類学者とジャーナリスト（主にサイエンス・ライターが念頭に置かれている）、そして一般の人びとの対話と交流を促進することを目的としており、人類学的な認識論や方法論をジャーナリズムに導入する「人類学的ジャーナリズム（Anthro-Journalism）」の推進を掲げている[6]。

研究というよりはむしろ実践や運動としての性格が強いメディア人類学Ⅱは、一九七〇年代にアメリカで出現した。その直接的契機となったのは、一九六九年のアメリカ人類学協会の年次大会におけるジェンセンによる人種とＩＱの相関に関する発表であった（ジェンセン 1978）。ジェンセンの主張だけが、メディアを通じて独り歩きし、さらにはその主張がメディアによって歪曲されていった状況に対して、いかに人類学的な知識・洞察が公衆に伝わっていないか、また、いかに自らが人類学的な知識・洞察を公衆に伝えるスキルに欠けていたかを痛感した人類学者たちが提唱したのが、メディア人類学Ⅱであった（Allen 1994a）。より広い歴史的文脈で捉えるならば、メディア人類学Ⅱの誕生の背景には、一九六〇年代から一九七〇年代にかけての、アメリカにおけるいわゆる「新しい社会運動」の展開を目の当たりにして、人類学者はどのように社会と関わることができるのかという問題意識があったという（Allen 1994b）。

このように、メディア人類学Ⅱは一九六〇年代から一九七〇年代にかけてという特定の歴史社会的状況のもとで出現したのだが、人類学的な知識・洞察を広く一般の人びとと共有しようとする試みそのものは、それ以前から、すでに多くの人類学者たちによってなされていたといえる。人類学の歴史を通じて、人類学と社会の関係がさまざまな形で問われてきたなかで（Fox et al. 1996）、メディア人類学Ⅱが特徴的であるのは、人類学と社会の関係を媒介する手段としてのメディアに焦点を合わせた点にあった。[7]

ここで注目すべきは、メディア人類学Ⅱが立ち上げられていくなかで、前節で見たようなメディア人類学Ⅰの領域を含む、いわば「総合メディア人類学」とでもいうべき構想が提示されていたということである。一九七〇年代半ばにアイザラインとトッパーは、人類学者とメディアの関係を、①メディアの研究、②メディアを用いた公衆への伝達、③メディアを用いた資料の収集、④メディアを用いた教育、⑤応用メディア人類学、という五つの側面から捉え、これら五つの側面すべてを包括する領域としての総合メディア人類学の構想を提示していた（Eiselein and Topper 1976: 114-118）。上記のうち、①はメディア人類学Ⅰにほぼ相当するといえるが、アイザラインらは、マスメディア以外に、伝達・連絡の手段として用いられる太鼓や煙も広義のメディアとして捉えて視野に含めている（彼らは、こうした広義のメディアがあらゆる人間社会に見られるにもかかわらず、人類学がその重要性、あるいはその存在そのものを無視してきたことを厳しく批判している）。②はメディア人類学Ⅱに相当する。③と④は人類学者の日々の研究・教育の営為に関わり、民族誌映画のような映像メディアの利用も射程におさめている。したがって③と④は映像人類学とも部分的に重なる領域であるといえる。⑤は、文化的遺産の保存といった現実の社会問題への関与とその解決を目的とする応用人類学のプロジェクトのなかでメディアを積極的に活用しようとするものである。

以上のようなアイザラインらの総合メディア人類学の構想の出発点には、人類学者は日々の教育・研究の営為のなかで常にすでに何らかの形でメディアと関わっているという認識があった（Eiselein and Topper 1976: 114）。それゆえ彼らは、メディア人類学を、一部の人類学者が従事する専門的な領域としてではなく、すべての人類学者に関係する領域として構想した。しかし、このように人類学とメディアの関係を包括的に捉えようとしたアイザラインらの総合メディア人類学の構想が、その後、具体的に展開されることはなかった。

再帰的な人類学的実践としてのメディア研究

はじめに述べたように、本書は、以上で見てきたような人類学における三つのメディア研究の系譜が合流する地点に位置づけられるものである。そこから開ける視座は、アイザラインらの総合メディア人類学の構想と部分的に重なりながらも、彼らの構想の限界を浮き彫りにし、その限界を乗り越えるものである。

たとえばアイザラインらはメディア人類学Ⅰとメディア人類

学Ⅱを包括する枠組を提示しながら、この両者の関係については何も触れなかった。しかし、果たしてメディア人類学Ⅰとメディア人類学Ⅱは無関係なのだろうか。この問いについて考える上で示唆に富むのが、民族誌映画の受容に注目したマルチネスの議論である（Martinez 1992）。

マルチネスは、映像人類学や、ポストモダン人類学における民族誌映画や民族誌の批判的検討が、作品や作者に関する検討にとどまっており、受け手の存在を無視していると批判した。こうしてマルチネスは、文学理論、映画研究、そしてカルチュラル・スタディーズの成果をふまえつつ、民族誌映画の受容を問題化するのだが、興味深いのは、マルチネスの問題関心が、研究というよりはむしろ教育の実践を通じて育まれたという点である。すなわちマルチネスは、民族誌映画を用いた人類学の授業にティーチングアシスタントとして参加するなかで、教員の意図や民族誌映画の作者の意図と、学生たちの民族誌映画に対する反応の間にみられる解釈のギャップに気づき、ここから学生たちが民族誌映画をどのように観ているのかを問題化しているのである。

学生たちを対象にした定性的および定量的な調査からマルチネスが明らかにしたことは、ある意味で人類学者にとってショッキングな内容を含んでいた。マルチネスによれば、学生たちは、人類学教育で用いられることを念頭において制作された民族誌映画を無味乾燥でつまらないものと捉えることが多かったのだという。さらに、こうした民族誌映画は、情緒性に富んだテレビのドキュメンタリー番組を授業で提示した場合と比較すると、むしろ学生たちの「未開社会」や「未開人」への偏見をしばしば強める結果になったという。

マルチネスによる調査結果は興味深いが、ここで重要なのは、マルチネスの議論がメディア人類学Ⅰとメディア人類学Ⅱが無関係ではないことを示している点にある。つまりマルチネスは、学生による民族誌映画の受容を問うことを通じて、「教育におけるメディアの活用」というメディア人類学Ⅱの領域に近い問題と、「受け手によるメディアの消費」というメディア人類学Ⅰにおいて論じられてきた問題を、同時に提起しているのである。さらにマルチネスの議論は、以下に論じるように、メディア人類学Ⅰとメディア人類学Ⅱがそれぞれ抱える問題点をも浮き彫りにしてくれる。

メディア人類学Ⅰの論者は、受け手によるメディア・テクストの「読み」やメディアのイデオロギー性のことを問題とするものの、自らもまた日々の研究や教育の営為のなかで種々のメディアを利用していることを等閑視してきた。より正確にいうならば、人類学者が種々のメディアを利用しているというよりはむしろ、メディアが人類学者の日々の研究や教育の営為を可能にしているといったほうがよい（菊池 2001: 263）。メディア人類学Ⅰの論者には、以上に述べたような人類学者の日々の営為とメディアの関係に対する視点が概して希薄であるといえる。

他方、メディア人類学IIの論者は、人類学的な知識・洞察を公衆と共有するためにメディアを積極的に利用するべきであると主張するものの、近年のメディア研究において盛んに論じられてきたメディアの受容やメディアのグローバル化といった問題を等閑視してきた。たとえばメディア人類学IIの実践に取り組んできた人類学者やジャーナリストたちの経験談がおさめられている『メディア人類学』という論集では、一般の人びとがメディアを通じて人類学的な知識・洞察をどのように受容しているのかということは不問に付されている（Allen 1994c）。また、この論集の副題として掲げられている「グローバルな市民に知らしめる（Informing Global Citizens）」という発想は、メディアのグローバル化や、アメリカから発信されるメディアのヘゲモニーを暗黙裡に前提としているが、この前提が批判的に捉え返されることもない。メディア人類学IIの論者には、以上に述べたような問題に対する視点が希薄であるといえる。

さらに、この論集を読み進めると、実際に「市民」として念頭におかれているのは、アメリカの市民であることが明らかになる。そこでは、「グローバルな市民」どころか、調査対象の地域の人びとすら視野の外におかれてしまっている。しかし、たとえ調査地の人びとを視野の外においたとしても、人類学者が好むと好まざるとに関わらずメディアが人類学と調査地の人びととの関係を媒介する可能性は、メディアのトランスナショナルなフローが増大し、電子的翻訳の技術・サービスの開発が急速に進んでいる今日、ますます増大している。

かつての人類学者は、自分の著作を調査地の人びとが読むことを、まして自分の著作に対して調査地の人びとが異議申し立てをすることなどほとんど想定していなかった。しかしこうした状況はすでに大きく変わりつつある。自然科学では研究成果公表のオンライン化と英語化は常態となっているが、今後、もしも人文社会科学において同様の傾向が強まっていくならば、一九八〇年代以降の人類学における自省の一つの契機になったとされる「人類学者が書いたものを、調査地の人びとが読む」という状況に拍車がかかるだろう（Brettell 1993）。たとえ人類学者の著作が、調査地の人びとの目に直接触れることがなくても、本書が示してきたように、現代においては人類学者の著作はメディア・テクストの生産の過程で参照され、メディア制作者によって言及されることでふたたび調査地の人びとのもとへと還流していく可能性をつねに胚胎している（飯田 2004; 白川 2004）。メディア人類学Iとメディア人類学IIはともに、このようにメディアが人類学と調査地の人びととの関係を媒介する可能性に対する視点も希薄であるといえる。

以上、マルチネスの議論を手がかりとしながら、アイザライらの総合メディア人類学の構想の限界、さらにはこれまでのメディア人類学Iとメディア人類学IIが抱える問題点について論じてきた。では、これらの限界や問題点を乗り越えるメディア研究の視座とはどのようなものだろうか。その基本となるのは、単にテレビ番組における異文化表象と人類学者における異文化表象を対立的に捉えたり、調査地の人びとによるメディア実践と人類学者によるメディア実践を切り離して論じたりするのではなく、これらを、あるテクストから別のテクストへ、ある言説から別の言説へ、ある出来事から別の出来事へと絶え間なく意味が移動し、変容していく一連のプロセスの局面として捉える視座であろう。シルバーストーンは、このような絶え間ない意味の移動と変容のプロセスを「媒介作用（mediation）」と呼ぶ（シルバーストーン 2003; Mazzarella 2004）。そして、媒介作用という観点からメディアについて考察する必要があることを以下のように説得的に論じる。

> 私たちは、さまざまな意味に関与したり、関与しなかったりする多かれ少なかれ連続的な活動のなかにメディアの生産者と消費者を含みこませ、そうした媒介作用を捉えていかなければならないのである。その場合、さまざまな意味の源泉や焦点は、まずは媒介されるテクストにあるのだが、しかしまたその意味は、無数に異なる層をなしながら人々の経験のなかで拡張され、またそうした経験に照らして評価される……書くことのなかで、話すことのなかで、あるいは視聴覚的な形式において、あるメディアのテクストとそのメディアについてのテクストが還流していく。私たちは、個人的であれ集団的であれ、直接的であれ間接的であれ、そのような輻輳する意味の産出に貢献しているのである（シルバーストーン 2003: 46-47）。

このような観点からすれば、私たちの日々の行為を媒介作用の一環として捉え直すことができるのであり、その意味で、私たちは常にすでにメディアと関わっているといえる。いうまでもなく、媒介作用とは、平板な社会空間のなかで展開されるものではない。媒介作用は、文化生産者たちの力関係の網目のなかで展開される闘争的な過程を内包している。そして、このような闘争的な過程を含む媒介作用がグローバルに展開するなかで、無数の「想像の世界」が生成しているのである。

メディアについて研究しようとする者は、こうした媒介作用の外部に立ってそれを俯瞰的に把握することができる特権的な位置にいるのではなく、その過程に巻き込まれている（水越・吉見 2003）。かつて人類学者は、近代人類学の成立の過程において、異文化の専門家としての権威を確立すべく、宣教師や探検家による異文化の記述を「アマチュア」による非正統的な記述として排除していった。そうすることで人類学者は、対象を俯瞰的かつ客観的に捉えることができる特権的な位置に立とうとしたのである。しかし今日において、人類学者が、テレビや映画における異文化の表象を「アマチュア」による表象として排除して、異文化の専門家としての権威を改めて確立することは可能だろうか。サイードは、「オリエンタリズムとは結局、著作と著者を引用するシステムなのである」と述べているが（サイード 1993: 63）、人類学者の著作は、好むと好まざるとに拘わらず、「世界のスペクタル化」を強力に推し進めてきた映画やテレビにおける「著作と著者を引用するシステム」にすでに組み込まれている（オジェ 2002; 森山 2004）。こうした状況下で、人類学者がメディアの送り手に対して何らかの権威をもちうるとすれば、それはもはや単なる異文化の専門家としてではなく、異文化を表象することに伴う困難と暴力性をみすえてきた者としてではないだろうか（第I部コラム参照）。

本書におさめられた論文では、メディアにおける異文化表象の批判的分析やその表象の生産過程から、調査地の人びとによるメディアの利用、そして教育や研究成果の公表におけるメディアの活用に至るまで幅広い主題が論じられてきた。これらの論文の通奏低音となっているのは、上記のような視座のもとで、多様な行為者によるメディア実践と媒介作用を捉え直していこうとする姿勢であった。ここでいう行為者のなかには、いうまでもなく人類学者自身も含まれている。それは単に人類学者の著作が「著作と著者を引用するシステム」に組み込まれているからというだけではなく、人類学者の日々の営為それ自体が、社会的に構成された慣習的行為としてのメディア実践と分かちがたく結びついているからである。この点において、田辺が論じるように、「人類学者の実践のすべては彼／彼女が対象とする人びとの実践と同一地平で行われて」いる（田辺 2003: 26）。田辺は続けて次のように論じる。「人類学者は自己の行いに不断に立ちかえることによってしか彼らを理解できない……そうした再帰的な反復運動を維持しながら彼らへの理解に達することは、自らの主体の形式を少しずつ、あるいは大胆に転換する可能性を追求することでもある」（田辺 2003: 26）。私たちが常にすでに関わっているメディアに関する研究を進めることとは、ここで田辺が論じる再帰的な人類学的実践の可能性を追求することに他ならない。本書に即していえば、教育や研究の現場におけるメディアの活用について自省的に考察し、その新たな可能性を模索しようとする論文（松田・赤嶺・飯田論文、大村論文、大森論文、湖中論文）を、こうした再帰的な人類学的実践の一方の極に位置づけることができるだろう。このような人類学的実践の可能性の追求は、サイードが、オリエンタリズム批判をめぐる論争を経た上で語った次のような「夢」に通じるものである。

私には夢がある。それは記憶の銀行をつくることです。世界には公共の図書館もない民族がたくさんいる。沈黙させられ、散逸した記憶を集めるのです。アメリカの先住民やアフリカから奴隷として来た人たちの記憶も重要です。パレスチナ人の記憶は仲間と収集を進めているところです。この記憶の銀行、記憶の博物館に、失われようとしている我々小さな民族の記憶を集め、だれもが利用できる共有の財産にしていくのです。実現すれば、地球の文化の本当の豊かさや歴史の

多様性を知ることができる。それによっても、次の世紀の姿は変わるのです。(『朝日新聞』二〇〇〇年一月三日朝刊)

そして他方の極には、調査地の人びとにとって身近な存在でありながら、これまで視野の外におかれがちであったメディアに焦点を当てて、調査地の人びとによるメディアの利用やメディアとの交渉を取り上げて論じている論文(岡田論文、川田論文、川村論文、原論文)を位置づけることができるだろう。これらの論文は、単に調査地の人びととメディアの間の諸関係を捉えようとしているのではなく、そこには、川田の言葉を借りるならば「あちら側/こちら側の垣根」を越えようとする志向が内在しているのである。

むすびにかえて

それでは――本書においておそらくもっとも読者の注目を集めるであろう――個々のテレビ番組を具体的に取り上げて批判的検討を行なっている論文は、以上に論じてきたような視座のもとでどのように位置づけられるだろうか。最後にこれらの論文の位置づけと射程を確認することを通して、再帰的な人類学的実践としてのメディア研究の課題を浮き彫りにしたい。

まず、改めて強調しておくべきは、これらの論文のねらいは、単に個々のテレビ番組の制作に直接携わった人びとや機関を攻撃することにあるのではない、という点である。この点に関連して、ブルデューはジャーナリズム界を分析することの意義について次のように述べている。

人々は、対象として取り上げられること、客観化されることを決して好みません。この点では、ジャーナリストは他の全ての人々以上です。ジャーナリストは狙われ、さらしものにされるように感じるのです。実際には、私たちが一つの世界の分析をより進めれば進めるほど、個人を責任から解き放ち――これは、その世界で起こっているあらゆることを正当化するということを意味しません――私たちは、その世界がどう働いているのかをよりよく理解し、そこに属している人々が操る側であるのと同じ程度に操られてもいるということをより理解できるようになるのです。(ブルデュー 2000: 23)

同様に、本書において個々のテレビ番組を批判的に検討した論文が、その射程に捉えていたのは、テレビ特有の語り口や描き方が必要とされる背景やその変遷を見定めることであり(増田論文、山中論文)、また、送り手の側だけではなく、受け手の側にもある自文化中心主義を問い直すことであり(吉岡論文)、そしてメディアにおける異文化表象に向けるのと同様の批判的検討のまなざしのもとで人類学における異文化表象を捉え返していくこと(大西論文、南論文)であった。それは換言すれば、テレビの送り手も受け手も含めて、私たちが何に操られているのかを詳らかにしようとすることに他ならない。

この点に関して示唆的なのが門田論文である。門田は、私たちが漠然と「社会の現実を映し出している」と捉えがちなドキュメンタリー番組が、何よりもまず、絶え間ない競争の世界において生み出される「視聴率第一主義の商品」であるという事実を改めて突きつける（森 2005）。このような視聴率第一主義の世界では、視聴率という数字に還元される存在として想像＝創造される「視聴者」の存在が深い影を落とすと同時に、時間という希少な資源をめぐる闘いが日々繰り広げられている。番組編成の枠組や個々の番組の放送時間がそもそも限られている上に、他局に遅れをとってはならないという時間競争に追われ、そして個々の番組の制作にかけることができる時間も――特にドキュメンタリー番組の場合は――限られている（飯田 2004；康・一谷・飯田 2003）。かつてパウダーメイカーはハリウッド社会の政治性を批判的に論じる一方で、他方ではハリウッド社会では誰もが極度の不安――仕事や利益、あるいは名声を失う不安――にとりつかれていると論じた（Powdermaker 1950）。現代のテレビ界は、これらの不安に加えて、「時間の無さ」に由来する不安に覆われているのではないか（ブルデュー 2000: 45-49）。ブルデューが論じるように、このような「時間の無さ」のなかでは人は真の意味で「考える」という営みができなくなり、紋切り型の思考へと陥っていくだろう。テレビ界へと足を踏み入れた当初、疑問や違和感を抱くことがあったとしても、多くの場合、その疑問や違和感は、時間に追われるなかでしだいに麻痺していき、紋切り型の思考へと取って代わられてしまうのではないか。「家族愛」や「受け継がれる伝統」をモチーフとする紋切り型のわかりやすい異文化表象が繰り返し生み出される主要な背景の一つとして、こうした「時間の無さ」を挙げることができると考える。

「時間の無さ」に追われているテレビ界の人びとにとっては、「ドキュメンタリー番組は、真に人間的な交流のきっかけとなることを第一の目的とすべきである」といった意見は（飯田 2001: 90）、絵空事に聞こえるのかもしれない。しかしここで、数多くのドキュメンタリー番組の制作にたずさわった牛山が、かつてつぎのように述べていたことを想起したい。

新しいテレビ報道の方法として「相互交流のドキュメンタリー」を実践する必要がある。特に、異質文化を描く場合、従来は「撮る人」と「撮られる人」の間の交流はなかった。撮影してもフィルムを東京にもちかえらなければ、制作者自身も見ることはできなかったが、最近では、ジャングルのなかでも使用できるポータブル現像機や、特に、ポータブル・ビデオカメラとビデオ・テープレコーダーの発達によって、撮影現場で映像を確認することができる。撮影対象となった人々と一緒に、何回でも映像を視聴し、その相互交流を番組要素に加えていくことはできないだろうか。外側の目と内側の目とがかみあえば、従来の映画・テレビ史になかった新しいドキュメンタリーを創造することができる。（牛山 1979: 261）

ルーシュの「共有された人類学」にも通じる牛山の「相互交流のドキュメンタリー」は、媒介作用のグローバルな展開が加速する今日においてこそ、試みられるべきだろう。ひるがえって、これまでの日本のテレビ界について考えてみれば、海外ドキュメンタリー番組を制作した場合、「相互交流のドキュメンタリー」どころか、どのような形であれ、撮影対象となった人びとがその番組を観て、批判するという可能性をほとんど考慮していなかったのではないか。すでに述べたように、かつての人類学者も、自らの著作を調査地の人びとが読むことを想定していなかった。しかし、状況はもはや大きく変化しつつある。マイノリティの人びとは、人類学やメディアがつくりあげる彼らのイメージに対して、ますます異議申し立ての声をあげるようになってきている。

このことは日本のテレビ界にとって決して無縁の問題ではない。たとえば一九八九年に来日したハワイ先住民運動団体のリーダーの来日目的の一つは、観光ガイドブックにハワイ先住民への差別的表現を載せた日本交通公社出版事業局に対して謝罪と訂正を求めることにあった（山中 1996）。最近では、二〇〇四年に開かれた世界知的所有機関（ＷＩＰＯ）の会合において、メディア等による伝統文化の不正利用が議論されるなかで日本製のゲームソフトがニュージーランドの先住民族マオリのイメージを不適切に使用していることが問題化した。[8] ドキュメンタリー的要素を取り入れた日本のテレビ番組に対しても、自文化中心主義的で人種差別的であるという批判がすでに海外の研究者からなされているが（Powell 2002）、こうした批判の声が、研究者の側からのみならず撮影の対象となった人びとの側からあがるようになる可能性はますます強くなっている。

人とメディアのグローバルな流れは、単に無数の「想像の世界」を生み出すのみならず、「想像の世界」間の衝突をも生み出す。しかし筆者の論点は、こうした状況下において「マイノリティの人びとがますます異議申し立てをするようになっているので、テレビ番組を制作する上でこの点を考慮したほうがよい」という点にあるのではない。重要なのは、マイノリティの人びとによる異議申し立てを通じて、本章の冒頭に引用した文章においてシルバーストーンが述べている、媒介作用における「信頼」の問題の重要性が改めて浮き彫りになっているという点である。牛山の「相互交流のドキュメンタリー」やルーシュの「共有された人類学」の意義は、この「信頼」の問題に関わっている。牛山やルーシュが見抜いていたように、撮影の対象となる人びとを、「昆虫学者が虫を見るかのよう」なまなざしで捉え、一方的に表象される客体として位置づけるのではなく、対話の相手として認め、「彼ら」が「私たち（の番組）」に向けるまなざしに対する感受性を鍛えなおすことが、「信頼」を生む前提となるであろう。そしてこの「信頼」の問題は、調査対象となる人びととの関係においてはもとより、メディアの送り手との関係においても妥当する点で、再帰的な人類学的実践としてのメディア研究の課題であるといえる。

注

1　本書では、「メディア実践」や「人類学的実践」という語が度々登場するが、「実践」という語にはいくつもの意味合いをもたせている（飯田によるプロローグを参照）。特に「メディア実践」に関していえば、本章では、水越らの「メディア・プラクティス」の概念に深く共感し（水越・吉見 2003）、それをふまえた上で、社会的に構成された慣習的行為としての意味合いもメディア実践という語に含みこませている。というのも、水越らがいうように、上記のようなメディア実践が、メディアをめぐる制度的な条件や慣習的な規範の網目に織り込まれていることに加えて、いかに自覚的な意図と反省的な思考をともなった行為であっても、本来的にその行為は社会的な構成や身体化された慣習と分かちがたく結びついており、その行為の周辺には社会的に構成された慣習的行為が広がっているからである。

2　とはいえ、限られた紙数のなかで、各々の系譜に位置づけることができる重要な研究を網羅的に取り上げるのは不可能である。したがって本章では言及していないものの、多くの重要な研究が存在することをあらかじめお断りしておきたい。また、本章で論じているのは英米系の人類学におけるメディア研究の系譜であるが、英米系の人類学の系譜の上に日本の人類学を接木することが、人類学を国際的に均質かつ透明な研究空間とみなし、欧米の人類学を中核とする「人類学の世界システム」を隠蔽する危険性があることには注意を喚起しておきたい（桑山 1997; 清水 2001）。日本においても、映画、テレビ、コンピュータ、インターネットなどを主題的に取り上げた研究が存在するものの（奥野 1993, 2000; 久保 1996; 小池 2003; 白石 2003; 杉田 1997; 竹村 1998; 西沢 1999; 原 2000）、大森が主導してきた映像人類学の展開をのぞけば（大森 2000a, 2000b, 2003; Hockings and Omori 1988）、系譜を構成できるほどの十分な蓄積と相互連関性をいまだ有していない。本章では、こうした状況をふまえた上で、本書の位置取りを明確にするために英米系の人類学におけるメディア研究を取り上げた。なお、人類学におけるメディア研究のレビューについては、以下の文献をあわせて参照されたい（Dickey 1997; Mahon 2000; Spitulnik 1993; Wilson and Peterson 2002）。

3　なお、人類学におけるメディア研究の射程については、以下の論文で別の角度から論じている（原 2004）。

4　民族誌映画の定義については多くの議論がある。たとえば、民族誌映画の典型となってきたのは、「人類学者が制作した、もしくは制作に関与したドキュメンタリー映画」であるといえるが、これに対してワースは「人類学者が考察の対象とする映画は何であれ民族誌的な映画である」という（Worth 1981）。さらにハイダーは「あらゆる映画は民族誌的である」とも述べている（Heider 1976）。

5　このような近年の動向をふまえるならば、visual anthropology は、今日では「映像」人類学というよりはむしろ「視覚的文化」の人類学とでも訳すほうがより適切かもしれない。あるいは、映像人類学という訳語をあてる際には、この場合の「映像」を、フィルムやビデオなどのメディアを通して再現された映像という狭義の概念ではなく、人間の網膜に写る映像や、大脳に形成される外界の心象としての映像を含む広義の概念として捉えることが必要であると思われる。

6　同センターについては、以下のウェブサイトを参照されたい。http://www.sciencesitescom.com/CASC/（二〇〇五年三月三一日参照）

7　なお、近年、英米系の人類学では、人類学と社会の関係が問題化されるなかで、「公共の人類学（public anthropology）」と呼ばれる領域が現われつつある。以下のウェブサイトを参照されたい。http://www.publicanthropology.org/（二〇〇五年三月三一日参照）

8　この会合の報告書は、以下のURLで読むことができる。http://www.wipo.int/documents/en/meetings/2004/igc/pdf/grtkf_ic_6_14.pdf（二〇〇五年三月三一日参照）

文献

アパデュライ、アルジュン 2004『さまよえる近代——グローバル化の文化研究』（門田健一訳）平凡社

アンダーソン、ベネディクト 1997『想像の共同体——ナショナリズムの起源と流行』（白石さや・白石隆訳）NTT出版

飯田卓 2001「イメージの中の漁民——ある海外ドキュメンタリー番組の分析」『民博通信』九二、八一—九五頁

—— 2004「異文化のパッケージ化——テレビ番組と民族誌の比較をとおして」『文化人類学』六九（一）、一三八—一五八頁

伊藤俊治・港千尋編 1999『映像人類学の冒険』せりか書房

牛山純一 1979「テレビ報道にとっての映像人類学」ホッキングズ、ポール／牛山純一（編）『映像人類学』日本映像記録センター、二五一—二六二頁

大森康宏 1982「映像人類学」祖父江孝男（編）『現代の文化人類学（2）——医療人類学・映像人類学・教育人類学』至文堂、八五—一三二頁

大森康宏 1984「民族誌映画の撮影方法に関する試論」『国立民族学博物館研究報告』九（二）、四二一—四五七頁

—— 1998「映像としての文化」青木保ほか（編）『岩波講座文化人類学第13巻　文化という課題』岩波書店、二一九—二四八頁

——（編）2000a『進化する映像——影絵からマルチメディアへの民族学』千里文化財団

——（編）2000b『映像文化』ドメス出版

——（編）2003『マルチメディアによる民族学』国立民族学博物館

奥野卓司 1993『情報人類学——サルがコンピュータをつくった理由』ジャストシステム

—— 2000『第三の社会——ビジネス・家族・社会が変わる』岩波書店

オジェ、マルク 2002『同時代世界の人類学』（森山工訳）藤原書店

菊池暁 2001『柳田国男と民俗学の近代——奥能登のアエノコトの二十世紀』吉川弘文館

久保正敏 1996『マルチメディア時代の起点——イメージからみるメディア』日本放送出版協会

桑山敬己 1997「『現地』の人類学者——内外の日本研究を中心に」『民族学研究』六一（四）、五一七—五四二頁

小池誠 2003「ジャワ村落社会のテレビ視聴者——メディア人類学の試み」『国際文化論集』二七、一二三—五二頁

康浩郎・一谷牧男・飯田卓 2003「座談会　民族誌映像の可能性」『民博通信』一〇二、一二一—一五頁

サイード、エドワード 1993『オリエンタリズム　上』（今沢紀子訳）

平凡社
ジェンセン、アーサー 1978『IQの遺伝と教育』（岩井勇児訳）黎明書房
清水昭俊 1992「永遠の未開文化――近代西欧人類学史点描」『国立民族学博物館研究報告』一七（三）、四一七―四八八頁
―― 2001「日本の人類学――国際的位置と可能性」杉島敬志（編）『人類学的実践の再構築――ポストコロニアル転回以後』世界思想社、一七二―二〇一頁
白石さや 2003「文化人類学と大衆文化――マンガ・アニメのグローバリゼーションを事例として」綾部恒雄（編）『文化人類学のフロンティア』ミネルヴァ書房、一二一―一五四頁。
白川千尋 2004「日本のテレビ番組におけるメラネシア表象」『文化人類学』六九（一）、一一五―一三七頁
シルバーストーン、ロジャー 2003『なぜメディア研究か――経験・テクスト・他者』（吉見俊哉・伊藤守・土橋臣吾訳）せりか書房
杉田繁治 1997『コンピュータ民族学』共立出版
竹村真一 1998『呼吸するネットワーク』岩波書店
田辺繁治 2003『生き方の人類学――実践とは何か』講談社
チョウ、レイ 1999『プリミティヴへの情熱――中国・女性・映画』（本橋哲也・吉原ゆかり訳）青土社
西沢治彦 1999『中国映画の文化人類学』風響社
原知章 2000『民俗文化の現在――沖縄・与那国島の「民俗」へのまなざし』同成社
―― 2004「メディア人類学の射程」『文化人類学』六九（一）、九三―一一四頁
ブリガード、エミリー・ド 1979「民族誌フィルムの歴史」ホッキングズ、ポール／牛山純一（編）『映像人類学』日本映像記録センター、一五―四四頁
ブルデュー、ピエール 1995『芸術の規則Ⅰ』（石井洋二郎訳）藤原書店
―― 1996『芸術の規則Ⅱ』（石井洋二郎訳）藤原書店
―― 2000『メディア批判』（櫻本陽一訳）藤原書店
ベイトソン、グレゴリー 1986『大衆プロパガンダ映画の誕生――ドイツ映画「ヒトラー青年クヴェックス」の分析』（宇波彰・平井正訳）御茶の水書房
水越伸・吉見俊哉（編）2003「メディア・プラクティスとは何か」水越伸・吉見俊哉（編）『メディア・プラクティス――媒体を創って世界を変える』せりか書房、六―一九頁
ミンハ、トリン 1995『女性・ネイティヴ・他者』（竹村和子訳）岩波書店
毛利嘉孝 2003「テレビ・オーディエンス研究の現代的地平」小林直毅・毛利嘉孝（編）『テレビはどう見られてきたのか――テレビ・オーディエンスのいる景観』せりか書房、二〇八―二二九頁
森達也 2005『ドキュメンタリーは嘘をつく』草思社
森山工 2004「〈特集〉マスメディア・人類学・異文化表象　序」『文化人類学』六九（一）、九一―九二頁
山中速人 1996「メディアと観光――ハワイ『楽園』イメージの形成とメディア」山下晋司（編）『観光人類学』新曜社、七四―八三頁
吉見俊哉 2000「経験としての文化　言語としての文化」吉見俊哉（編）『メディア・スタディーズ』せりか書房、二二―四〇頁
―― 2004「グローバル化の多元的な解析のために――アパデュライの非決定論的アプローチ」アパデュライ、アルジュン『さまよえる近代――グローバル化の文化研究』（門田健一訳）平凡社、三六九―三八三頁
ルーシュ、ジャン 1979「カメラと人間」ホッキングズ、ポール／牛

山純一（編）『映像人類学』日本映像記録センター、七五—九五頁
Abu-Lughod, Lila (ed.) 1993 "Screening Politics in a World of Nations," *Public Culture* 5.
Allen, Susan 1994a "A Brief History of Media Anthropology," in Allen, Susan (ed.) *Media Anthropology: Informing Global Citizens*, Westport: Bergin and Garvey, pp.1-14.
——— 1994b "What Is Media Anthropology?" in Allen, Suzan (ed.) *Media Anthropology: Informing Global Citizens,* Westport: Bergin and Garvey, pp. 15-32.
———(ed.) 1994c *Media Anthropology: Informing Global Citizens*, Westport: Bergin and Garvey.
Appadurai, Arjun 1990 "Disjuncture and Difference in the Global Cultural Economy," *Public Culture* 2(2): 1-24.
Askew, Kelly 2002 "Introduction," in Askew, Kelly and Richard Wilk (eds.) *The Anthropology of Media: A Reader*, Massachusetts: Blackwell, pp. 1-13.
Beeman, William 2000 "Introduction: Margaret Mead, Cultural Studies, and International Understanding," in Mead, Margaret and Rhoda Metraux (eds.) *The Study of Culture at a Distance* (with an Introduction by William O. Beeman), New York: Berghahn Books, pp. xiv-xxxi.
Bourdieu, Pierre 1993 *The Field of Cultural Production: Essays on Art and Literature*, New York: Columbia University Press.
Brettell, Caroline (ed.) 1993 *When They Read What We Write: The Politics of Ethnography*, Westport: Bergin and Garvey.
Caldarola, Victor 1994 *Reception as Cultural Experience: Mass Media and Muslim Orthodoxy in Outer Indonesia*, East Brunswick: Rutgers University Press.
Chiozzi, Paolo 1989 "Reflections on Ethnographic Film with a General Bibliography," *Visual Anthropology* 2: 1-84.
Clifford, James and George Marcus (eds.) 1986 *Writing Culture: The Poetics and Politics of Ethnography*, Berkeley and Los Angeles: University of California Press.
Crawford, Peter and Baldur Hafsteinsson (eds.) 1996 *The Construction of the Viewer: Media Ethnography and the Anthropology of Audiences*, Hojbjerg: Intervention Press.
Dickey, Sara 1993 *Cinema and the Urban Poor in South India*, Cambridge: Cambridge University Press.
——— 1997 "Anthropology and Its Contributions to Studies of Mass Media," *International Social Science Journal* 153: 413-427.
Dornfeld, Barry 1998 *Producing Public Television, Producing Public Culture*, Princeton: Princeton University Press.
Eiselein, E. B. and Martin Topper 1976 "Media Anthropology: A Theoretical Framework," *Human Organization* 35(2): 113-121.
Fox, Richard et al. 1996 "Special Issue: Anthropology in Public," *Current Anthropology* Volume 37, Supplement.
Ginsburg, Faye 1991 "Indigenous Media: Faustian Contract or Global Village?" *Cultural Anthropology* 6(1): 92-112.
——— et al. 2002 "Introduction," in Ginsburg, Faye et al. (eds.) *Media Worlds: Anthropology on New Terrain*, Berkeley: University of California Press, pp. 1-36.
Gross, Larry et al. (eds.) 1988 *Image Ethics: The Moral Rights of Subjects in Photographs, Film, and Television*, Oxford: Oxford University Press.
—— et al. (eds.) 2003 *Image Ethics in the Digital Age*, Minneapolis: University of Minnesota Press.
Heider, Karl 1976 *Ethnographic Film,* Austin: University of Texas Press.
——— 1991 *Indonesian Cinema: National Culture on Screen*, Honolulu:

University of Hawaii Press.

Hockings, Paul and Yasuhiro Omori 1988 *Cinematographic Theory and New Dimensions in Ethnographic Film*, Osaka: National Museum of Ethnology.

Intintoli, Michael 1984 *Taking Soaps Seriously: The World of GUIDING LIGHT*, New York: Praeger Publishers.

Kottak, Conrad 1990 *Prime-Time Society: An Anthropological Analysis of Television and Culture*, Belmont: Wadsworth Publishing Company.

Lazarsfeld, Paul et al. 1944 *The People's Choice*, New York: Columbia University Press.

Loizos, Peter 1993 *Innovation in Ethnographic Film: From Innocence to Self-Consciousness, 1955-1985*, Chicago: University of Chicago Press.

MacClancy, Jeremy (ed.) 2002 *Exotic No More: Anthropology on the Front Lines*, Chicago: University of Chicago Press.

Mahon, Maureen 2000 "The Visible Evidence of Cultural Producer," *Annual Review of Anthropology* 29: 467-492.

Mankekar, Purnima 1993 "National Texts and Gendered Lives: An Ethnography of Television Viewers in a North Indian City," *American Ethnologist* 20(3): 543-563.

Marcus, George and Michael Fischer (eds.) 1986 *Anthropology as Cultural Critique: An Experimental Moment in the Human Sciences*, Chicago: University of Chicago Press.

Marris, Paul and Sue Thornham 1996 "Some Introductions," in Marris, Paul and Sue Thornham (eds.) *Media Studies: A Reader*, Edinburgh: Edinburgh University Press, pp. 5-13.

Martinez, Wilton 1992 "Who Constructs Anthropological Knowledge? Toward a Theory of Ethnographic Film Spectatorship," in Crawford, Peter and David Turton (eds.) *Film as Ethnography*, Manchester: Manchester University Press, pp.131-161.

Mazzarella, William 2004 "Culture, Globalization, Mediation," *Annual Review of Anthropology* 33: 345-367.

Mead, Margaret and Rhoda Metraux (eds.) 2000(1953) *The Study of Culture at a Distance* (with an Introduction by William O. Beeman), New York: Berghahn Books

Michaels, Eric 1982 *TV Tribes* (Ph.D. dissertation), Austin: The Graduate School of The University of Texas at Austin.

Moeran, Brian 1996 *A Japanese Advertising Agency: An Anthropology of Media and Markets*, Honolulu: University of Hawaii Press.

Nacify, Hamid 1993 *The Making of Exile Cultures: Iranian Television in Los Angels*, Minneapolis: University of Minnesota Press.

——— and Teshome Gabriel (eds.) 1993 *Otherness and the Media: The Ethnography of the Imagined and the Imaged*, Pennsylvania: Harwood Academic Publishers.

Ortner, Sherry 1984 "Theory in Anthropology Since the Sixties," *Comparative Studies in Society and History* 26 (1): 126-165.

Painter, Andrew 1994 "On the Anthropology of Television: A Perspective from Japan," *Visual Anthropology Review*, 10(1): 70-84.

Powdermaker, Hortense 1950 *Hollywood: The Dream Factory*, Boston: Little Brown & Co.

Powell, Lindsey 2002 "Offensive Travel Documentaries on Japanese Television: *Secret Region and Japan!!* and *World Tearful Sojourn Diary*," *Visual Anthropology* 15: 65-90.

Ruby, Jay 1980 "Exposing Yourself: Reflexivity, Film, and Anthropology," *Semiotica* 3: 153-79.

——— 1996 "Visual Anthropology,"in Levinson, David and Melvin Ember (eds.) *Encyclopedia of Cultural Anthropology* Volume 4, New

York: Henry Holt, pp.1345-1351.

Spitulnik, Debra 1993 "Anthropology and Mass Media," *Annual Revue of Anthropology* 22: 293-315.

Stoller, Paul 1992 *The Cinematic Griot: The Ethnography of Jean Rouch*, Chicago: University of Chicago Press.

Williams, Raymond 1973 *The Country and the City*, Oxford: Oxford University Press.

——— 1977 *Marxism and Literature*, Oxford: Oxford University Press.

Willis, Paul 1977 *Learning to Labour: How Working Class Kids Get Working Class Jobs*, Farnborough: Saxon House.

Wilson, Samuel and Leighton Peterson 2002 "The Anthropology of Online Communities," *Annual Review of Anthropology* 31: 449-467.

Worth, Sol 1972 "Towards an Anthropological Politics of Symbolic Forms," in Hymes, Dell (ed.) *Reinventing Anthropology*, New York: Vintage, pp. 335-364.

——— 1981 *Studying Visual Communication* (Edited, with an Introduction, by Larry Gross), Philadelphia: University of Pennsylvania Press.

執筆者紹介

赤嶺　淳（あかみね　じゅん）＝1967年生れ。名古屋市立大学人文社会学部助教授。海域世界研究。コモンズ論。定着性沿岸資源の利用にさいして浦々が培ってきた慣行を無視し、国際条約で一律的に管理しようとする風潮に怒りをおぼえます。

飯田　卓（いいだ　たく）＝1969年生れ。国立民族学博物館助手。生態人類学。対面的に継承される技術や知識をテーマとするいっぽう、メディアを介した経験が技術・知識におよぼす作用についても考え始めている。

大西秀之（おおにし　ひでゆき）＝1969年生れ。総合地球環境学研究所研究部技術補佐員。人類学、考古学。現在は、生計活動に伴う発話化・言語化されがたい認知・行動様式に注目するなかから、「制度」や「規範」に関わる言説と実践の齟齬を研究課題としている。

大村敬一（おおむら　けいいち）＝1966年生れ。大阪大学大学院言語文化研究科助教授。文化人類学（極北人類学、認知人類学）。カナダ極北圏の先住民、カナダ・イヌイトの伝統的な生態学的知識について調査しながら、先住民知識が環境問題に貢献する可能性について検討している。先住民知識と近代科学の比較、実践知の解明、先住民知識とメディアの関係についても調査している。

大森康宏（おおもり　やすひろ）＝1943年生れ。国立民族学博物館教授。民族学博士。映像人類学専攻。映像による民族学調査・分析研究。30年間の映像作品の多くは「聖域」をめぐる儀礼、技術、時間と空間利用などが中心。『映像人類学の冒険』（せりか書房）、『進化する映像』（千里文化財団）等。映像作品49本。撮影･制作の「津軽のカミサマ」が1995年フランス　パリ第14回民族誌映画大会グランプリ受賞。

岡田浩樹（おかだ　ひろき）＝1962年岐阜県高山市生れ。神戸大学国際文化学部助教授。文化人類学・東アジア地域研究。「日本」というナショナルな枠を跳び越し、飛騨高山—在日コリアン—韓国—中国朝鮮族—オーストラリアコリアンに至る「地続きの人類学」を実践することを模索中。

川田牧人（かわだ　まきと）＝1963年生れ。中京大学社会学部助教授。専攻は文化人類学、東南アジア民族誌。主著に『祈りと祀りの日常知』（九州大学出版会）。フィリピン・ビサヤ地方を中心に、呪術的諸実践と知識の民族誌的研究を続行中。

川村清志（かわむら　きよし）＝1968年生れ。札幌大学文化学部日本語・日本文化学科助教授。文化人類学、日本文化学。民俗文化の近現代における変容を民謡、祭礼、民俗芸能といった具体の地平から検証中。

湖中真哉（こなか　しんや）＝1965生れ。静岡県立大学国際関係学部助手。生態・経済人類学、アフリカ地域研究。東アフリカ・マー語系社会における生業経済と市場経済、物質文化と商品経済の複合化現象について調査研究中。

原　知章（はら　ともあき）＝静岡大学人文学部助教授。人類学専攻。『民俗文化の現在』（同成社）、『間主観性の人間科学』（共著、言叢社）など。沖縄・読谷村における近代以後の社会文化変動と、ハワイ・ホノルルにおけるオキナワン・コミュニティの動態の過程を同時にたどりながら、グローバルな時空間における沖縄とハワイの関係を論じるマルチサイテッド・エスノグラフィー（Multi-Sited Ethnography）を構想中。

増田　研（ますだ　けん）＝1968年横浜生れ。長崎大学環境科学部助教授。エチオピア南部をフィールドに、国家と周辺社会が、政治と文化と経済をとおして、どのような関係を結んで来たのかについて研究。

松田　凡（まつだ　ひろし）＝1958年京都生れ。京都文教大学人間学部文化人類学科助教授。文化人類学、アフリカ地域研究。モノの交換と社会関係に関心をもって研究する一方、最近は、文化人類学教育の地域実践に汗を流している。

南　真木人（みなみ　まきと）＝1961年生れ。学術修士。国立民族学博物館助教授。生態人類学、ネパール研究。主としてマガール人の村落社会を研究し、最近は在外ネパール人のトランスナショナルな活動に関する調査もはじめている。

門田　修（もんでん　おさむ）＝1947年生れ。映像制作会社（有）海工房主宰。世界の海洋文化に関心を持つ。『海のラクダ』（中公文庫）『漂海民』（河出書房新社）『海が見えるアジア』（めこん）。DVD作品「海と森と人の映像シリーズ／バハリ」を制作・販売する。

山中速人（やまなか　はやと）＝1953年生れ。関西学院大学教授、社会学博士。文化社会学、メディア研究。主著に、多文化社会論としての『ハワイ』（岩波新書）。『マルチメディアでフィールドワーク』（有斐閣）で主張したメディア技術のフィールドワークへの応用を実践中。

吉岡政德（よしおか　まさのり）＝1951年生れ。社会人類学博士。神戸大学国際文化学部教授。著書に『反・ポストコロニアル人類学』（風響社　2005年）、『メラネシアの位階階梯制社会』（風響社　1998年）など。

電子メディアを飼いならす——異文化を橋渡すフィールド研究の視座

2005年9月8日　第1刷発行

編　者　飯田 卓・原 知章
発行者　佐伯 治
発行所　株式会社せりか書房
東京都千代田区猿楽町2-2-5　興新ビル303
電話 03-3291-4676　振替 00150-6-143601
http://www.serica.co.jp

印　刷　信毎書籍印刷株式会社
装　幀　工藤強勝

ISBN4-7967-0266-0